U0527802

我的艺术生活

我的艺术生活

Моя Жизнь в Искусстве
К.С.Станиславский

［苏联］斯坦尼斯拉夫斯基 著

瞿白音 译

上海译文出版社

大师是如何炼成的

——斯坦尼斯拉夫斯基《我的艺术生活》序

斯坦尼斯拉夫斯基在中国戏剧界是个如雷贯耳的名字，长期以来，斯坦尼斯拉夫斯基体系和布莱希特体系作为两种相互对立的演剧体系占据着中国戏剧教科书和教学课堂，斯坦尼斯拉夫斯基的表演训练方法更是被奉为"演员圣经"，它们在教学课堂的使用直接影响到了戏剧舞台，许多经典的或者创新的剧目背后都可以看出对斯氏体系的恪守或刻意扬弃。

斯坦尼斯拉夫斯基对其戏剧体系的建立是自觉的，他计划用八卷本文字来阐述这一体系，其中《我的艺术生活》是第一本，通过介绍自己的艺术创作历程，先行介绍"体系"的生成史。但遗憾的是，在斯坦尼斯拉夫斯基生前，只有这本《我的艺术生活》得以出版，他最负盛名的《演员自我修养》是去世后不久出版的。这两本算是斯坦尼斯拉夫斯基钦定的出版物。后来由《斯坦尼斯拉夫斯基全集》编辑委员会结集的《演员创造角色》等出版物，虽然也在斯坦尼斯拉夫斯基本人的写作计划内，但大多是汇集了他为写作准备的材料或者演讲稿。无法看到戏剧大师亲自对创立的体系做出权威而全面的阐述，这当然是俄罗斯乃至世界戏剧界的损失，但也愈发凸显了这本大师生前唯一出版著作《我的艺术生活》的重要性。

斯坦尼斯拉夫斯基走上艺术道路离不开家庭环境的影响，这本书开始于他的出生，分为艺术的童年时代、青少年时代和成年时期三部分。阅读这本书，首先可以了解到艺术家的生平，特别是他的艺术生活。

1. 简要生平与艺术生活

斯坦尼斯拉夫斯基原名康士坦丁·阿列克赛耶夫，1863年1月18日出生于莫斯科一个富裕商人家庭。斯坦尼斯拉夫斯基是一个波兰姓氏，取自当时一位颇受艺术家喜欢的业余演员斯坦尼斯拉夫斯基，他以此作为青年时期登台演出一些不入流角色时的艺名，以免给家人丢丑。但偏偏有一次在演出一个流里流气的角色时，斯坦尼斯拉夫斯基发现自己的家人正坐在台下，穿帮出丑是难免的了，但这个艺名也就从此沿用了下来。

斯坦尼斯拉夫斯基的外祖母是一位法国喜剧演员，有家族艺术基因，加上19世纪下半叶俄国资本主义化过程中，资本家、暴发户与传统贵族相互攀比营造的浓重的文化艺术氛围，给斯坦尼斯拉夫斯基的成长提供了优渥的艺术条件。斯坦尼斯拉夫斯基自述，童年时期每个周末都是全家的节日，他们早早穿戴好，坐上马车去城里看演出，有戏剧、音乐会，也有马戏。当时也是俄罗斯业余剧团演出最为鼎盛的时期，许多富裕家庭都组织了业余剧团，斯坦尼斯拉夫斯基爱好戏剧与艺术的父母也不例外，他们家成立了"阿列克赛耶夫剧团"，父亲还专门在家里给兄弟姐妹们搭建了小剧场。1877年9月，斯坦尼斯拉夫斯基十四岁时有了第一次比较正式的剧场演出经验。浓郁的艺术氛围不仅造就了斯坦尼斯拉夫斯基这样的大师，在他的十个兄弟姐妹中还出现了大哥弗拉基米尔、大妹季娜、三弟乔治三位导演，二妹安娜、三妹玛丽亚、四弟鲍里斯则成了演员。

从家庭剧团的业余演出开始，痴迷于表演的斯坦尼斯拉夫斯基逐渐走上了兼做导演的道路，因为当时的俄罗斯业余剧团往往没有专职导演，作为演出的发起者、组织者，斯坦尼斯拉夫斯基大多时候也就承担了导演的工作。从1881年做导演开始，经过一年的历练，1882年在自家的留比莫夫卡剧场，斯坦尼斯拉夫斯基独立导演并主演的《诗人理发匠》（《春药》）被他的妹妹季娜称为"阿列克赛耶夫剧团"第一次真正的演出，此后这个家庭业余剧团又成功演出了法国喜歌剧《莉莉》等，直到1888年1月，随着兄妹姐妹们纷纷结婚成家，才不得不解散。

斯坦尼斯拉夫斯基是个献身舞台艺术的人，在接受了家庭教师的教育后，他只在青少年时期短暂入读过一年左右的学校，之后就到了父亲的工厂工作，并继续他的演出事业。虽然后来上过一些表演培训班，但他并未经过科学或者文学的系统教育，因此文学基础的薄弱一度成为他与契诃夫等剧作家交流的短板。在他的戏剧之路上有两个阶段格外重要：一是1885年，二十三岁的他接替当选为莫斯科市长的堂兄出任俄国音乐协会莫斯科分会和莫斯科音乐学院的理事，得以接触到柴可夫斯基等音乐界名人；二是1888年底，斯坦尼斯拉夫斯基联合导演费多托夫和柯米萨尔日夫斯基等人成立了莫斯科艺术文学协会，团结业余剧团的演员们开展学习和演出。经费和场地主要由斯坦尼斯拉夫斯基提供，那年他父亲的生意格外好，他得到了三万卢布的红利。斯坦尼斯拉夫斯基富裕的家庭出身，也让社会很长时间认为他对戏剧只是有钱人的玩票。

1889年夏天，斯坦尼斯拉夫斯基与还是大学生的丽莲娜在一次合作演出中结识并结婚，不久丽莲娜因为出演一些激进戏剧被学校退学，从此也就走上了专业戏剧之路。依托莫斯科艺术文学协会，在费多托夫的指导下，斯坦尼斯拉夫斯基开始了宝贵的表演探索。在本书中，他详细记录了在塑造一系列角色时遇到的困惑，如何从模仿到体验，从自我控制到放松，他处在从业余演员到专业演员破茧成蝶的探索中。

1890年，德国梅宁根剧团在导演克隆涅克带领下第二次来莫斯科演出，斯坦尼斯拉夫斯基被克隆涅克强调纪律和包办一切的"独裁式"导演风格所吸引，也形成了自己强势的导演风格——包括根据自己的理解任意修改剧作、直接示范指导演员表演、构思详细的舞美设计和舞台调度等。直到晚年他的"体系"成熟时，斯坦尼斯拉夫斯基才认识到导演不能包办一切，舞台上重要的是激发演员的创造力。

1891年2月，斯坦尼斯拉夫斯基第一次独立导演正规话剧，剧本是伟大的俄罗斯作家列夫·托尔斯泰的《教育的果实》。他现实主义的处理让这部戏获得了很大的成功，不仅多次重演从而改善了艺术文学协会窘迫的经济状况，六年后与他合作创办莫斯科艺术剧院的聂米罗维奇-丹钦柯也给与了大大的称赞。1895年1月《乌里叶尔·阿科斯塔》的演出成功，让斯坦尼斯拉夫斯基和他的业余剧团名声大噪，他们应邀到外地演出，斯坦尼斯拉夫斯基的大名也被标注在海报上，成为吸引观众的卖点。这年4月，他首次执导了契诃夫的剧本《蠢货》。

1896年，斯坦尼斯拉夫斯基一系列的成功和他要指导莎士比亚剧作《奥赛罗》的消息引起了上一辈莫斯科戏剧界代表人物、曾经拥有莫斯科最大剧院的米哈伊尔·连托夫斯基的注意。他押上自己没落事业的前景，邀请斯坦尼斯拉夫斯基在真正的专业大剧院为他导戏，演员则从全国的职业演员中遴选。这次经历，成为斯坦尼斯拉夫斯基戏剧态度的最好展现，他拒绝老板和演员对待艺术随意散漫的作风，从面试地和剧场的环境干净整洁入手，从对演员的尊重、对纪律的强调入手，让戏剧演出变成一个高尚的受人尊重的事业。斯坦尼斯拉夫斯基通过数次直接的警告和退场，成功做到了这一点，他甚至让酗酒的连托夫斯基在演出期间戒了酒。

1897年6月21日是世界戏剧史上一个值得纪念的日子，这一天斯坦尼斯拉夫斯基与聂米罗维奇-丹钦柯两位戏剧大师第一次相约会面，并就建设一座新型剧院、开展戏剧探索进行了长达十八个小时的漫谈。两位戏剧大师一个有深厚的文学积累，一个有丰富的演出经验，恰好形成互补。他们的合作关系一直保持了二十年，直到1917年，两人因演出根据陀思妥耶夫斯基的小说改编的话剧《斯切潘奇科沃村及其居民》产生的艺术分歧而决裂。那个戏的导演是丹钦柯，由于两人对斯坦尼斯拉夫斯基出演的主角理解不同，丹钦柯决定换掉斯坦尼斯拉夫斯基。斯坦尼斯拉夫斯基按照自己定下的剧场规则默默接受，但毋庸置疑自尊心受到了严重伤害。从此斯坦尼斯拉夫斯基再也没有创造过新角色，但他至死也没有说过丹钦柯一句坏话，他们仍然保持通信，只是无法做朋友。他心里一直感念着没有丹钦柯就没有莫斯科艺术剧院。

1898年10月14日，莫斯科艺术剧院（最初叫做"莫斯科大众艺术剧院"）以演出阿·托尔斯泰的历史悲剧《沙皇费奥多尔》揭开了帷幕。经过两位戏剧大师的协商，剧院的文学否决权，即剧目的选择权属于丹钦柯，而艺术呈现的否决权则属于斯坦尼斯拉夫斯基。莫斯科艺术剧院的成立标志着一支崭新的戏剧力量在俄国出现，他们提出的原则影响深远，包括：（一）没有小角色，只有小演员（俄罗斯著名演员史迁普金的名言）；（二）今天演哈姆雷特，明天演配角，但即使演配角，演员也必须以艺术家的身份来演；（三）剧作者、演员、舞台设计、化妆师与舞台工作者都是为了一个目的而服务——表达剧作家写作这个剧本的主题思想；（四）一进剧院就脱去外衣和帽子；（五）违反剧院创作生活的任何行为都是犯罪；（六）迟到、懒惰、任性、歇斯底里、对于角色的茫然无知、一件事需要三番五次地重说，这一切都是非常有害的，必须加以根绝。虽然已经过去了一个多世纪，这些规定今天看来依然有针对性，也依然有意义。

在经历了1905年协助剧院青年导演、丹钦柯的学生梅耶荷德在"波瓦尔斯克研究所"不算满意的"表现派戏剧"探索后（梅耶荷德后来成为著名的"表现派"戏剧演出的代表人物），1906年1月，莫斯科艺术剧院开始了它的第一次国外演出，在柏林、德累斯顿、莱比锡、布拉格、维也纳、汉诺威、华沙等地共演出了六十二场。演出的剧目有五个，分别是：《沙皇费奥多尔》（阿·托尔斯泰）、《万尼亚舅舅》（契诃夫）、《三姊妹》（契诃夫）、《在底层》（高尔基）和《斯多克芒医生》（易卜生）。这以后，斯坦尼斯拉夫斯基遇到了对他的体系建立帮助颇大的好朋友列·安·苏烈尔日茨基。这位比斯坦尼斯拉夫斯基小十岁的年轻人曾经是托尔斯泰最信任的人，后来成了斯坦尼斯拉夫斯基最重要的助手和终生好友，直到1915年因病去世。

1917年俄国革命的爆发给斯坦尼斯拉夫斯基带来了一定的困

惑：一方面他拒绝演出那些只有口号没有内容的所谓"革命剧"；另一方面，激进的艺术青年们把莫斯科艺术剧院和斯坦尼斯拉夫斯基坚持的现实主义演剧体系说成是要打倒的保守主义，但是以列宁为首的苏维埃政府坚持了保存伟大的文化遗产的立场。1928年10月27日，在纪念莫斯科艺术剧院创立三十周年纪念会上，斯坦尼斯拉夫斯基曾回忆说："当时我们还不了解所发生的事件的真正意义，但我们的政府没有强迫我们把自己染成红色并假装不是我们本来的面目的人物。"1918年后，斯坦尼斯拉夫斯基将很大一部分精力放在了莫斯科大剧院歌剧研究所，在教学和排练中探索着他的演剧体系。

1922年9月14日开始，斯坦尼斯拉夫斯基率领莫斯科艺术剧院开始了长达两年的第二次国际演出。这一次他们带去了十一个剧目，共演出了五百六十一场。柏林、布拉格、巴黎，所到之处，无不引起轰动。但这次国际演出最重要的一站是美国纽约。1923年1月8日星期一，莫斯科艺术剧院以《沙皇费奥多尔》开启的纽约演出季第一场就获得了巨大的成功，无数人拥上舞台，夸张地鞠躬、握手和吻手，让斯坦尼斯拉夫斯基也颇感意外。

1926年，莫斯科歌剧研究所被命名为"斯坦尼斯拉夫斯基歌剧院"，斯坦尼斯拉夫斯基一边指导助手们排戏，一边继续总结他的体系。他摒弃了曾经习惯的"专制导演之路"，认为导演的主要工作是寻找剧本的"最高任务"，并用"贯穿动作"串联起来。

1928年10月，斯坦尼斯拉夫斯基在演出《三姊妹》的舞台上心脏病发作，但他坚持到下场，此后他就处在断断续续的患病与疗养中，一旦身体许可，他就继续他的体系研究、写作和指导演出。1938年1月18日是斯坦尼斯拉夫斯基的七十五岁生日，他获得了俄罗斯所有剧院的祝福,苏联政府不仅授予他列宁勋章,还以他的名字命名了一条街。8月4日,这位伟大的天才在这个世界的最后一天,他突然问拿药过来的妻子:"谁在照顾聂米罗维奇-丹钦柯?他现在只有一个人,他没生病吧?他有足够的钱吗?"不久,他就停止了呼吸。成千上万的莫斯科人出席了他的葬礼。

2. 成书过程以及斯氏体系的内涵

以上是戏剧大师斯坦尼斯拉夫斯基一些重要的人生经历,但《我的艺术生活》只写到俄国革命后的1920年前后,斯坦尼斯拉夫斯基最后十几年的艺术探索并没有被记录下来。因为这本书的写作缘于1923年艺术家访问纽约期间一家美国出版社的建议。当年3月他开始动笔,有时候则是口授给助手。两年后,这本书首先以英文版本在美国出版,进一步扩大了斯坦尼斯拉夫斯基体系在美国的影响。

1923年莫斯科艺术剧院在纽约演出期间,纽约先锋戏剧杂志《戏剧艺术》就介绍过斯氏体系,加上这本书的出版,在美国形成了"方法"派演员训练体系,培养出了马龙·白兰度、罗伯特·德尼罗等著名演员。1924年,日本现代戏剧第一个剧院"筑地小剧场"也是受斯氏体系的影响而建立,斯坦尼斯拉夫斯基体系作为一门主课进入了日本的戏剧教学课堂。20世纪30年代,斯坦尼斯拉夫斯基体系传到中国,郑君里等人翻译的《演员自我修养》第一、二章就在《大公报》上刊载,1942年全文已被译出,被许多演员奉为圭臬,用以创造角色、练习表演。新中国成立后,中国的戏剧理论及教学直接借鉴了苏联体系,斯坦尼斯拉夫斯基体系在孙维世等人的言传身教下确立了在中国戏剧教育界的权威地位，一直延续至今。而戏剧大师焦菊隐早在1948年就写有《聂米罗维奇-丹钦柯的戏剧生活》《莫斯科艺术剧院五十周年》，并于1950年参照莫斯科艺术剧院成立了北京人民艺术剧院，以《茶馆》等一系列经典话剧，为斯坦尼斯拉夫斯基演剧体系在中国舞台的实践立下了标杆。

那么，斯坦尼斯拉夫斯基演剧体系究竟指什么？基于一些研究成果，笔者简要总结如下几点：第一，是对戏剧神圣性和使命感的强调。斯坦尼斯拉夫斯基认为剧院是"人类灵魂的工厂"，戏剧要真实艺术地表现出人的灵魂，让人的灵魂变得自由高尚，行为变得健康美丽。第二，是他对演员地位的强调。他认为"剧场是圣殿，演员是祭司"，没有演员就没有戏剧，演员是戏剧创造的中心，因此要尊重演员，而演员则要严格约束自己。第三，好的表演不是只会模仿的匠艺，也不是只做到情感逼真的表现，而是演员在放松的基础上"以自己本人的活生生的心灵的一部分来创造角色的人的精神生活，并以自己本人的活生生的身体把它体现出来"。表演是一种体验艺术。第四，在美学原则上，斯坦尼斯拉夫斯基坚持追求生活真实性的现实主义美学。第五，演员通过肌肉松弛、注意力训练、内心视像、划分单位、建立真实感和信念、调动情绪记忆、角色间交流、适应舞台、理解最高任务、形成贯穿动作等元素训练，实现内部自我修养；演员通过形体与语言训练、控制其速度与节奏、找到角色的外部性格特征等方式，实现外部自我修养。第六，演员通过分析剧本把握角色的总谱和基调，从有机天性出发体验角色，与角色融合，通过外部形体动作的创作，达到对角色内部动作的把握。第七，通过即兴台词的小品练习，实现对剧本的把握；通过无实物的动作练习，实现下意识的动作。

以上介绍挂一漏万，但毋庸置疑，哪怕是一个对戏剧艺术不甚了解的普通读者，也会体会到其中的合理性。这就是为什么，连一部香港无厘头喜剧片（《喜剧之王》），也会安排梦想成为真正演员的龙套周星驰手捧一本《演员自我修养》苦读，以至于在某出版社新近再版的这本书的腰封上要大大地写上"《喜剧之王》中周星驰坦诚致敬的巨著"。

3. 作者笔下的俄罗斯文学巨匠

戏剧和表演专业人士从这本书可以看到斯坦尼斯拉夫斯基体系的形成过程，更好地理解和践行斯坦尼斯拉夫斯基演剧体系。普通读者也一定不会失望，可以从一个戏剧家的特殊视角，看到19世纪下半叶以来俄罗斯浓郁的文化氛围，以及契诃夫、托尔斯泰、高尔基等众多文学大师的风采，毕竟后面三位直接为莫斯科艺术剧院写过剧本，与斯坦尼斯拉夫斯基有过密切的交往。

熟悉戏剧史的朋友都知道，契诃夫戏剧的成功得益于莫斯科艺术剧院，特别是作为导演和主演的斯坦尼斯拉夫斯基的精彩演绎，而莫斯科艺术剧院也把契诃夫专为他们写作的《万尼亚舅舅》《三姊妹》《樱桃园》等作为保留剧目，可谓相互成就。但最初，契诃夫和斯坦尼斯拉夫斯基的相处非常困难。契诃夫独特的现实主义生活剧区别于以往俄罗斯舞台上热闹的、奇观式的情节剧，他的《海鸥》在圣彼得堡的首演是失败的，因此他的妹妹一度要求莫斯科艺术剧院的演出延期以免打击到生病的契诃夫。即便在1898年底莫斯科的演出大获成功，斯坦尼斯拉夫斯基感慨一座新的剧院因此诞生，契诃夫专门看过汇报给他的演出后，还是完全不接受女主角的演绎，威胁要"抽回这个剧本"。直到莫斯科艺术剧院再演《万尼亚舅舅》成功，看了正式演出的契诃夫才基本接受了斯坦尼斯拉夫斯基。此后，他们成了朋友，但斯坦尼斯拉夫斯基承认他要很久后才体会到伟大而天真的契诃夫剧作的深意，自己最初的理解和处理是不恰当的。

斯坦尼斯拉夫斯基对契诃夫最具神韵的回忆，是1903年身患重病的契诃夫约他讨论《樱桃园》剧名一事。一天晚上，契诃夫打电话约了斯坦尼斯拉夫斯基，跟他喝茶、说笑，但一直不说正事，"就跟儿童们喜欢把甜食留在一餐的最后一刻吃一样"，把正事留在最后。他们把茶喝完，契诃夫带他到书斋，关上门，又扯了一些更换演员的建议，才"抑制不住可爱的笑容"，虽然"他竭力装成严肃的样子"，但显然十分得意地说，他为自己的新戏想到了一个极好的名字——樱桃园。可是斯坦尼斯拉夫斯基并没觉得这个名字有什么特别，反倒讥讽契诃夫"对于自己创作的东西，是发挥不出，也说不出所以然的"。直到多日之后，契诃夫身体有所恢复，来到剧团的化妆间，再次重复了这个剧名，而且强调，不是"樱桃元"（笔者模拟俄语发音的区别），而是"樱桃园"。这时候，斯坦尼斯拉夫斯基才突然明白，前者是一个有利可图的商业性果园，而后者是无利可图的，正如这部戏所传递的精神："这种果园，在它本身，在它正在开花时的一片白色里，隐藏着贵族没落生活的伟大诗意。樱桃园是为了美而栽种的。破坏这种果园是可惜的，却是必要的，因为经济发展要求破坏它。"

斯坦尼斯拉夫斯基与列夫·托尔斯泰的会面更具戏剧性。虽然斯坦尼斯拉夫斯基第一次指导的话剧就是托尔斯泰的《教育的果实》，但 1894 年在一个朋友家里，穿着农民外套突然登门造访的托尔斯泰，让崇拜他的年轻艺术家大脑一片空白，无法回答托尔斯泰的任何问题。两年以后，已经声名鹊起的斯坦尼斯拉夫斯基应邀去托尔斯泰家，有了第二次会面。在斯坦尼斯拉夫斯基笔下，那一次他不知轻重要修改托尔斯泰剧本的谈话招致了托尔斯泰夫人的当面冷遇，但托尔斯泰却举重若轻像没事情发生一样。

斯坦尼斯拉夫斯基作为活跃俄罗斯戏剧界四十年的大师，交往过的文化名人还有美国舞蹈家伊莎多拉·邓肯、比利时象征派剧作家梅特林克、英国导演哥登·克雷等等，在这里就不一一介绍，读者可以在《我的艺术生活》中看到他们的风采。

最后笔者想说，20 世纪 80 年代之后，中国戏剧界一方面继续着对斯坦尼斯拉夫斯基体系的学习和研究，另一方面也开始以之为超越对象，以摆脱它、反对它，作为创新的方向。然而，无论是学习，还是扬弃，都确证着我们依然没有走出这位大师的追光灯，我们对这位大师全面的研究才刚刚开始。

2022 年 3 月 1 日

（刘海波，文学博士，上海大学上海电影学院教授）

俄文版自序

我梦想写一部讲述莫斯科艺术剧院成立二十五年来的艺术作品以及我作为剧院的孩子是如何工作的书。不过事与愿违，在过去的几年中，我带领我们剧院的同仁们到国外去巡演，去了欧洲和美国，我的这本书也是受美国人之邀在美国用英语写成的，最终于波士顿出版，书名为 *My Life in Art*。这彻底改变了我最初的计划，也阻碍了我说出许多我想和读者们分享的事。遗憾的是，以如今的图书市场现状，我不能增加书的篇幅，以便在实质上对这本书有所补充。写书时我放弃了许多回忆，这些回忆是在我审视自己在艺术工作上度过的一生时想起的。有许多和我们一同在艺术剧院工作过的人物形象，我无法向读者们重现，他们之中有的仍然康健活跃，也有一些已经不在人世了。我没法更全面地讲述弗拉基米尔·伊万诺维奇·聂米罗维奇-丹钦柯的导演工作以及他所做的所有复杂工作，也不能更详细地讲述那些影响着我人生的同事们——艺术剧院演员们的创作工作。我无法谈论艺术剧院的职员们和工人们所做的工作，多年以来我们一直友好相处，他们也热爱剧院并且和我们一道为剧院做出了巨大的牺牲。我甚至不能一一具名我们剧院的众多好友，他们对我们事业的关注使我们的辛苦得到了慰藉，也为我们的事业顺利发展营造了良好的氛围。

总之，这本书现在的样貌已经完全不是在讲述艺术剧院的历史了。它所讲述的仅仅是我个人在艺术上的探索，也可以将其视为我的另一本书的前传，在另一本书中，我想把这些探索的结果呈现出来，也即指导我的演绎创作以及将演绎创作付诸实现的方法。

K. 斯坦尼斯拉夫斯基

1925 年 4 月

目次

艺术的童年时代   001
    一   旧俄   003
    二   家庭生活   012
    三   倔强   020
    四   童年印象的价值   030
    五   马戏   037
    六   我们的家庭剧院   055
    七   一个突然发现的天才   064
    八   戏剧学校   074
    九   小剧院   089
    十   音乐学院   101
    十一   安东·鲁宾斯坦   106
    十二   试演喜歌剧   113
    十三   歌剧   128
    十四   马蒙托夫剧团   137

艺术的青少年时代   145
    一   莫斯科艺术文学协会   147
    二   偶然的幸运   160

三	结婚	166
四	性格角色	177
五	导演克隆涅克的天才	192
六	第一次担任话剧导演	202
七	认识列夫·托尔斯泰	211
八	《乌里叶尔·阿科斯塔》	220
九	《波兰籍犹太人》	231
十	与职业演员合作的经验	239
十一	新的舞台效果	249
十二	老托马佐·萨尔维尼	258
十三	奥塞罗	271
十四	与聂米罗维奇-丹钦柯的会晤	282
十五	在普希金村度夏	294
十六	莫斯科艺术剧院的建立	304
十七	莫斯科艺术剧院的演出	320
十八	幻想剧的路线	330
十九	象征主义和印象主义	334
二十	《海鸥》	342
二十一	《万尼亚舅舅》	349
二十二	克里米亚之旅	353
二十三	《三姊妹》	358
二十四	初次旅行彼得堡	363
二十五	到各省巡回演出	369
二十六	社会政治的路线	376

二十七　《黑暗的势力》和《人民公敌》　386
二十八　《尤利乌斯·恺撒》　394
二十九　与契诃夫相处的最后一年　400
三十　《樱桃园》　405
三十一　波瓦尔斯克研究所　410
三十二　第一次出国旅行　423

艺术的成年时期　433

一　蔬菜会和"蝙蝠"俱乐部　435
二　我的体系的开端　441
三　列·安·苏列尔日茨基　451
四　《生活的游戏》　455
五　失望　461
六　《人的一生》　469
七　拜访梅特林克　473
八　伊莎多拉·邓肯和哥登·克雷　480
九　艺术剧院第一研究所　498
十　艺术剧院第一研究所的建立　504
十一　《乡村一月》　511
十二　革命　516
十三　大剧院歌剧研究所　523
十四　总结和未来　527

艺术的童年时代

一　旧俄

我于一八六三年出生在莫斯科，那可以看作两个时代的交接时期。我记得农奴制度时代的土地界碑，那时代的希腊正教的圣像和神灯、脂油烛、小马驿车、俄国特有的那种被称为四轮马车的交通工具、燧发枪、小得会被误认为玩具的炮。

我亲眼见到电力放映机、铁路、特快火车、汽车、飞机、轮船、潜水艇、电报、无线电和十二俄寸口径的大炮的出现。

就是这样，从脂油烛到电力放映机，从四轮马车到飞机，从帆船到潜水艇，从小马驿车到无线电，从燧发火枪到"贝塞大炮"[①]，从农奴制到共产主义和布尔什维克主义，我经历了灿烂多姿的生活，其间我不得不一次再一次地改变我的最基本的观念。

我记得我的祖先们的事迹，这些人出生在充满着数百年积累而成的那种力量的土地上，但未能利用他们的自然禀赋，草草度过了一生。他们的血在我的身体里流动，我乐于叙述自己所记得的他们的生活、老一代人的生活，以及这种生活的旺盛精力。

这是往事的一个片断——一个健康和体力都使人吃惊的人物。我的一位姑母在年纪很老的时候病重了。感觉到自己死期临近，她便吩咐仆役们把她抬进客厅。

"把镜子、烛台、围幔都用帆布遮起来。"她吩咐。仆役们连忙照办。这垂死的妇人仰卧在客厅中央，继续指挥仆役们。

"把停放棺材的那张桌子放到这里来。把那些花草搬到花房里去。把这个放到桌子那儿去。那个放得不对。这个放到右面,这个放到左面。"

最后,桌子已经准备好了摆放棺材,花草也按照她的趣味布置好了。她用垂死的眼睛四顾室中。"地毯,"她吩咐,"可不要拿那条新的。"

仆役们把地毯拿来了。

"铺在这里,给念祷文的人用。叫他不要在地板上吐痰。"

"吩咐每个人都穿起丧服。"垂死的妇人用一种几乎成了耳语的微弱声音接着说。仆役们立刻走出去,过了一会儿,挨次排列在女主人面前。

"蠢材,为什么你把衣服系得这样紧?"老妇人发怒地低语着。"立刻重穿。为什么你把衣服剪短了,蠢材?"她又向另一个仆役嘟囔。"立刻整理好,否则便会迟了。蠢材!"她对第三个婢女发出恼怒的咝咝声。但她的嗓音已经不受她意志的支配,她的眼睛已再看不见东西了,当她把丧礼的一切事和人准备妥帖以后,就在这间房里,就在这一天,她死去了。

还有一个关于一位心神不定的武士的故事,他仿佛是《卡拉马佐夫兄弟》②一书中的人物。那是一个著名商人的儿子,他的内心有着许多善和许多恶,而他的本性的这两方面互相斗争,在内心造成了一种混乱,他自己和友人都无法分析。他聪明、强健、能干、英勇、仁慈、懒惰、刁顽、恶毒、可亲而又可畏。他的一切行为、全部生活都是无理性和不合理的。他好端端地定下心来做

---

① 第一次世界大战时期德国制造的一种远程大炮。
② 俄国作家陀思妥耶夫斯基(1827—1881)的一部重要长篇小说。

事,并且很安静,突然会把一切都弃置不顾,出外去猎虎。有一次猎虎中,他带回家来一头虎崽。这虎崽不久便成长为一头大虎,这人觉得在他吃惊的家属看得清清楚楚的地方驯虎,是他生活中莫大的愉快。有一天,虎跳越了他家庄园和我家庄园中间的一道篱笆逃脱了。于是全城惊动,虎被擒获,关进了动物园,虎主被判罚款。但是不久,他又弄来另一头虎雏,不久又养成为一头凶猛的母虎。训练者的呼叱和虎的咆哮,又响彻整个家宅。仆役们请求他把虎带走,那位训练者却安详地答道:

"只要你办得到,就带它走好了。"

对这句话的惟一答复是沉默,而母虎的咆哮却冲破了这寂静。

这人已经结了婚,而且性情善妒。他的妻子被一位青年制造商所追求,那人肥胖、魁梧、干净、头油光光的,穿最时髦的英国式衣服,衣襟上永远戴着一朵花,手拿一方喷香的手帕,长着两撇往上翘的威廉第二式的唇髭。

某一个假日,那个小白脸带了一大束玫瑰花光临我们这位先生的家。在等候那位女主人出来的时候,他对着镜子,仔细捻着他的须尖。忽然觉得有什么东西在他的腿上摩擦。是那头母虎。他的手动一下,母虎便吼一声。他想变动一下姿势,母虎便咆哮,这位可怜的大情人一直僵僵地呆立着,手指执着须尖两端,有半小时不敢动弹。当那复了仇而感到愉快的丈夫从隐匿的地方若无其事地走出来,兴高采烈地向他寒暄,驱走母虎时,他疲惫得快要晕厥了。

"我得回去了。"那纨绔子弟惊魂初定以后,喃喃自语。

"怎么啦?"主人惊异地说。

一 旧俄

"我不舒服。"客人低声说,慌张地走了。

我们的主角是有名的斯科别列夫将军和区尔涅耶夫将军的朋友。当这两位名将开始他们向中亚细亚的历史性进军时,他自然是追随他们同去的。不久他便变成了一位传奇人物,他那不怕死的精神震惊了每个人。

"生活真无聊,"有一次在一个宁静的夜间,他喊叫,"我要去拜访可汗。"

"什么?"

"我要到可汗的营帐里去见可汗。"

"你疯了?"他的伙伴们惊讶地问。

他骑着马到可汗的营帐,和可汗订了交,得了一柄宝剑作为馈赠,又传说他在可汗的妻子的营帐中住了一夜。就在第二天早晨,在俄罗斯军队进攻之前,他带着那因他的非凡旅行而惊惶失色的支队回来了。

他的妻死了,留给他一个儿子,他非常钟爱。但不久他的儿子也死了。父亲的灵魂遭受了沉重打击。他整日整夜坐在他亡儿的棺材旁,干瞪着眼,兀然不动。一个修女整夜对着棺材,用死气沉沉的单调声音诵念祷文。

第二天,这位失去儿子的父亲几乎要发疯了。周围的人生怕他自杀。他惶惶不安。为了消愁,他喝了很多酒。那一晚他又坐在棺材旁。仍然是那个修女用死气沉沉的单调声音对着棺材念祷文。他偶然抬头望了她一下,发现她很美。

"我们一起到斯特莱尔纳去吧。"

于是这位忧伤的父亲,为了消除内心的忧伤,带着那修女坐上三匹马的车,去吉卜赛人那儿,酣歌狂饮地消磨了一整夜,直到葬礼开始他才回来。

这样的人在能够致力于有益的事业时，他们表现了慷慨和善心的极致。莫斯科社会生活的一切方面的，包括艺术和宗教方面的最好建筑物都是私人创建发明的。最早的慈善家是贵族和皇室，但当他们衰落以后，他们所扮演的角色便转移到了商人手里。

"听我说，我的朋友，"我的一位表兄，莫斯科市长，向一位这样的富商说，"你近来可胖了。你口袋里是否有一点余钱呢？来，我来把它掏出来，做件好事。"于是他便天花乱坠地叙述市政管理上的各种需要。

"向我恭恭敬敬地鞠三个躬，你才能看到我钞票的颜色。"那位富翁这样说。

"多少呢？"市长追根究底地问。

"整整一百万。"富翁应允。

"那么，如果我穿起制服，挂上绶带，佩上我所有的勋章向你鞠躬，你能再加一点吗？"市长和他讲交易。

"加三十万。"富翁大声说。

"一言为定。叫所有的职员都到我办公室来，"市长吩咐，"拿我的制服、绶带和勋章来。"

对于这种稀有的傻事作了一番堂皇的介绍演说之后，市长当着全体职员的面，向这位富翁鞠了三个躬。富翁写了一张一百三十万卢布的支票给他，职员们对市长发出了欢呼。

这位可怜的富翁心中懊恼了。直到莫斯科增添了一座以他的名字命名的新的有用的建筑物，而他把自己全部余暇用在那项工作上的时候，他才平静下来。

一 旧俄　007

在艺术的领域里私人的创建也极尽其慷慨。资助是巨大的，而那些艺术的新建筑物的创建人盲目地，但诚心诚意地付出金钱，他们并不都明白所创建的东西的真正效用。

创造了俄国音乐和俄国所有著名艺术家与名作曲家的莫斯科音乐学院，是由私人创建的，这得归功于它的创建人尼古拉·罗平斯坦的非凡的广阔交际，他和他的哥哥、著名钢琴家和作曲家安东几乎同样多才多艺。我清楚记得音乐学院组成的情形。尼古拉·罗平斯坦结交了莫斯科所有的富人。在这个人家里他玩纸牌；在那个人家里赴宴，以机智和出众的谈吐使宾主皆大欢喜；在第三个人家里他奏钢琴，博得听众大大的赞赏；在第四个人家里他教授音乐，如有必要，还向妇女们献殷勤。等到他积聚了足够的资本，他便创立了音乐学院，组成了一连串的交响乐演奏会，为学院募款。这些演奏会变成了时尚，不参加这种演奏会，被认为可耻，于是不管什么人都来参加。听得厌烦起来，就把精神全摆在调情和炫耀衣饰上面去了。

这些演奏会往往是在观众席大量的嘈杂声中进行的。可怜的罗平斯坦，不得不教育听众，不仅教他们音乐，还须教他们规矩。我就领教过他的一回教训——那时候我才八九岁。我穿着漂亮的丝质的俄罗斯衬衣和灯笼裤和一大群家属走在那正举行演奏的大圆柱厅的中央甬道上。音乐一点也没有使我们敬畏，我们的脚的拖曳和衣服的窸窣声，造成了很大的骚扰。恰巧当时乐队正弹奏着一个优美的最弱音。当我们走到观众席正中央时，罗平斯坦停止了被我们的闹声所淹没的乐队的演奏。在我们胜利进军的"强音"中是无法轻轻地弹奏的。乐队停止了，指挥放下指挥棒，转脸对着我们，以疯狂的眼睛瞪视我们。跟着他的是全场观众和全体乐队的一千五百双眼睛，似乎在注视我们的最轻微的行动。他们都肃静，惊恐于罗平斯坦的愤怒，都在等待我们走过去。

我被吓昏了。我记不得以后的情形。我只知道，在休息的时候，我的父母在毗连的各个厅中寻找我，最后发现我躲在最偏远的一间房的最偏远的一个角落里。

和欧洲的戏剧相比，俄国的戏剧只是一种年轻的艺术，大约只有两个半世纪的经历。在十七世纪末叶，沙皇亚历山大受贵族阿尔泰蒙·马特维耶夫的影响，授命一位叫格里戈里的外国教士组织一批青年，教授他们戏剧艺术。这个团体的戏，是在宫廷里表演的，只供皇室观看，而且具有宗教的神秘剧性质。直至彼得大帝登基，他才敞开俄罗斯的大门，接受西欧的影响，俄国戏剧的更大发展才得到最初的机会。外国的戏剧初次进入俄国，西欧戏剧的剧本才被译成俄文，而莫里哀才出现于俄罗斯舞台。在伊丽莎维达女皇时期，戏剧伸展到了外省，而戏剧的倡导工作，便由我的祖先所属的那个社会阶层所担任了。在俄国话剧剧场创建工作中最杰出的角色，是由一位好商人的儿子费阿多·弗尔科夫担任的。他在雅罗斯拉夫尔集合了一批业余演员，他们的表演是这样著名，以致伊丽莎维达女皇敕召他们到彼得堡来，当时彼得堡的注意力是倾注于军事学校的，即所谓贵族军团的戏剧表演上面的。

由于伊丽莎维达女皇——她是一位戏剧伟大的爱好者，她甚至还亲自编剧——创立家庭戏剧才成为有钱的贵族人士的时尚。这些戏剧中的男女演员，大半是农奴，但贵族们偶尔也亲自参加表演。嘉格林公爵和夏诃夫斯基公爵的剧团是很著名的，希里米捷夫伯爵在他邻近莫斯科的庄园上的剧团，也很著名，那庄园上

一 旧俄　009

的花园，可以和凡尔赛的花园媲美。希里米捷夫伯爵甚至和一位农奴女演员结了婚。

缪斯神的这些奴隶的生活确是艰苦的。今天，他们主人的意志会把他们捧上巴纳索斯山①；明天，这意志又会送他们去马厩服役；后天，他们又会像同等数量的牛一般地被出卖。例如，一八〇六年弗尔康斯基公爵出卖了他的家庭剧团，共有七十四个农奴，卖价三万二千卢布。

俄国的戏剧在其发展上，是很得力于这些家庭剧团的存在的。主人们为他们的农奴聘请了许多外国教师，鼓励农奴们的天赋的发展，以他们所演的戏的豪奢和品质相竞赛。弗尔肯斯坦伯爵的农奴剧团是十九世纪初叶最伟大的俄罗斯演员米哈伊尔·史迁普金的摇篮，他的传统在我年轻的时代仍然遗留在莫斯科小剧院中。史迁普金是我们的伟大作家果戈理的友人，同时是这一整个时代的伟大而有能力的艺术家们的导师。他是把朴实和逼真介绍到俄罗斯剧场来的第一个人，他教导他的学生识辨情绪在现实生活中表现出来的方式。我记得我曾努力打听他写给果戈理和其他友人的信中所讲的关于戏剧艺术的所有话，我又时常爱听他的同代人所讲的关于他的故事，而且我以永不衰竭的兴趣观赏小剧院的演出，小剧院当时正在全盛时期，把许多卓越而有才能的艺术家的杰作装点得辉煌灿烂。

政府也很慷慨地扶助戏剧艺术。为了提高一国的艺术水准，完全不必要建造数百个剧场，但在舞台艺术的每一部门建立一所

---

① 希腊中部的一座山，古代以此山奉祀阿波罗与缪斯。此处比喻把他们捧上天。

完满的剧场是必要的。这些模范剧场必须作为其他剧场的示范。从亚历山大沙皇时代起,至彼得大帝和叶卡捷琳娜女皇,俄国有许多由皇家资助的剧场和戏剧学校,其中集合了最优秀的艺术家和学生,供给他们生活,给予他们参加那些正在研究俄国艺术传统与一般创作问题的国立剧场的机会。大量的钱花在这些学校和剧场上,延揽了最优秀的法国戏剧艺术家和世界驰名的歌唱家来帮助它们发展。例如,莎拉·贝尔娜[1]和芭苔[2]是米哈伊洛夫斯基剧院的法国剧团的基本团员。

每一季节的开始,歌剧院印制了大海报,刊登着那些确属举世闻名的明星的名字,作为该院的基本演员。阿德利娜·柏蒂[3]、卢卡[4]、尼尔松[5]、弗尔比尼、阿尔图·维尔杜[6]、坦贝尔利克[7]、马里奥[8]、斯泰尼奥以及后来的马齐尼、柯托尼、包迪拉、白嘉基洛和嘉梅特,都是歌剧院演员阵容中的基本演员。

---

[1] 莎拉·贝尔娜(1845—1923),法国女演员。
[2] 芭苔(1854—1941),法国女演员。
[3] 阿德利娜·柏蒂(1843—1919),西班牙女高音歌剧演员。
[4] 卢卡(1842—1908),德国女歌剧演员。
[5] 尼尔松(1843—1921),瑞典女歌剧演员。
[6] 阿尔图·维尔杜(1821—1910),西班牙女中音歌手。
[7] 坦贝尔利克(1820—1889),意大利男高音歌手。
[8] 马里奥(1808—1883),意大利男高音歌手。

二　家庭生活

我父母所属的那一时代，都是早已在文化上登堂入室的人。这些人虽然并未受过高深的教育，而且多半是由私塾教育的，但是由于他们天赋的丰厚，他们仍然拥有丰富的文化。他们是新生活的自觉创造者。无数的学校、医院、养老院、保育院、学术团体、博物馆和艺术学院，是用他们的钱，由他们发起，甚至由他们的实地创造努力建设起来的。例如，莫斯科一些著名的医院，地方之大，合起来足可以成为一个城市，这些医院多半是由这些人和他们的后裔发起与捐资建筑起来的。他们赚了钱来，为的是花在各种社会的和艺术的建筑上。而且这一切又都是以虚怀若谷、不事张扬的态度来完成的。

举例言之，制造商巴维尔·特列季亚科夫，他收集了各画苑的珍品，献给莫斯科城。为此他自晨至夜，在他的办公室和工厂里工作，一回家，他又全身心致力于自己的画苑，与那些他认为有才能的青年画家谈话。一两年后，这些青年画家的作品就有机会进入他的画苑。青年画家们本身因此先是小有声名，后来就成名了。他是如何谦逊地从事于他的善举！试问谁能从那长着一张有牧师般的沉思和羞涩的脸、怯弱的瘦长个子身上，认出这位著名的俄罗斯的梅迪奇[①]呢？他不休假，把炎夏消磨于参观欧洲的博物馆与画品。在他的晚年，依照他的长期计划，他有系统地徒步旅行，走遍了德国、法国以及西班牙的一部分。

另一位是奇纳斯·索尔达坦科夫②，他致力于出版没有希望畅销，而对科学、社会生活、文化和教育却是必要的书籍。他希腊式建筑风格的漂亮住宅变成了一座图书馆。他住宅的窗子从无任何灿烂的光亮，只有书斋里的两扇窗，在午夜以后，灯光还安详地亮着。就在这两扇窗前，索尔达坦科夫正和一位科学家或艺术家计划着有益而无利可图的出版物。

商人史求金收集了一苑现代派法国画家的作品，其中有赛尚和毕加索最好的作品。凡是愿意观赏他的画的人，都可以自由到他的住宅去。他的弟弟创办了一所俄罗斯古物博物馆。

商人巴赫罗兴建了俄罗斯惟一的戏剧艺术博物馆，其中收集了有关俄国戏剧界的一切文物。

这里又有另一位俄国生活的创造者，他的才能、他的多面性、他的精力、他的充沛而宏大的魄力简直是超出常例。我指的是著名的慈善家萨瓦·马蒙托夫，他同时是一位歌剧艺术家、舞台导演、剧作家、俄国私家歌剧的创始人，像特列季亚科夫那样的艺术赞助人和俄国许多铁道的建筑人。

如果马蒙托夫不建筑北通阿堪遮和莫尔曼的铁道，以寻求出洋的港口，不建筑南通顿尼兹盆地煤矿的铁道，以运输煤到北方，那么俄罗斯将有如何的损失是无法估计的。当他开始这项巨大工程时，他被人讥笑，被人称为异想天开、冒险家。如果马蒙托夫不予支持，那么俄国的歌剧又将有如何的遭遇？它将仍被意

---

① 梅迪奇（1449—1492），佛罗伦萨的王子、诗人、学者、艺术与文学的保护人。
② 奇纳斯·索尔达坦科夫，罗马政治家，维吉尔和贺拉斯的保护者，以后此名演变为文学与艺术的保护者。

大利的美歌所统制，我们也决不能听到夏里亚宾，他将在外省的黑暗中默默无闻。如果没有马蒙托夫和夏里亚宾，我们决不能知道莫索尔格斯基，他是被自作聪明者所咒骂，被称为疯子乐匠的人；我们也不会知道林姆斯基-柯尔萨科夫最佳的乐曲，因为《白雪姑娘》《沙德柯》《沙皇的新娘》《撒旦》和《金鸡》都是为马蒙托夫歌剧团写的，而且在他的剧场里首演。我们也决不能见到瓦斯尼卓夫、包连诺夫、谢洛夫、柯洛文等人笔下的现代画。这些人以及列宾、安泰科尔斯基和当时其他所有大师们，可以说，都是在马蒙托夫家里培养成的。而且我们也决不会看到那些宏丽的歌剧表演，那是他本人的天才导演的产物。

在话剧剧场的领域中，我们有另一位慷慨的善士——萨伐·莫洛若夫。但我不想在此刻对他有所论列，因为他和莫斯科艺术剧院关系很密切，所以我将在叙述莫斯科艺术剧院本身的产生与发展的历史时，详细叙述他。

和我家的庄园相邻的，是我们的堂兄弟辈的庄园，他们已经建立了举世闻名的丝绸、丝绒和其他物品的制造厂。他们是很开明的人，站在时代的最前列，是第一个在俄罗斯完成制造业的完整产业，即纺织业的人。他们的家是某些很有兴趣的人物的聚集地。但是他们的朋友都比我们年长，因而他们的生活方式与娱乐也和我们的不同。夜晚大半消磨在社会问题的讨论上，因为那是俄罗斯社会生活的伟大的觉醒时代：各地的地方农业会议刚刚召开，地方自治政府还只是一种新的试验，由陪审官审案也是一样的情形。

在狩猎季节前的那些假日里，他们从事于射击竞赛。从中午到黄昏，听到的尽是枪声。在场的许多绅士淑女都参加射击练习，其余的只做观众。野餐、林中散步、谈情和赌赛是为那些不愿听枪声的人预备的娱乐。

从狩猎季节开始，直到寒冬，猎犬活跃起来了。天刚破晓，便吹起了狩猎的号角；步行的人和骑在马上管理猎犬的人，由一大群拴着皮带的狗簇拥着，左驰右骋，猎人们全身披挂，唱歌而来，后面跟着一辆装载林中早餐的干粮的车子。

在狩猎中没有份的儿童，我也是其中之一，天破晓便起身，目送猎人出发。我还记得我望着猎人们兴高采烈的脸时的那种艳羡的心情。他们打猎归来后，拿出他们一日间所得的猎获物，通常是些野兔、狐、狼之类，然后全体人员洗净，在气候不太冷时，他们还会沐浴。夜间有音乐、跳舞、游戏和猜字谜。招待宾客的部分任务通常由我们家担任。

两方面的家庭也时常合并举行水节会。白天是游泳锦标赛，夜间作彩舟竞赛。一只巨舟载着一队铜乐队，在竞赛的列舟前面。

在圣约翰节的夜晚，老老少少都来参加"仙林"游戏。他们特地裹着被单，或套上面具，我们当中有几个人隐入树丛，等候采蕨的人来临，然后我们便会毫不容情地从隐匿处袭击他们。如果我们隐匿在矮树丛中，我们便直冲出来；如果隐匿在草中，我们便爬出来，但所得的战果是相同的。其余以白被单遮蔽着船身和身子的人们，便顺流而下，直立船中，吓唬我们，逗我们乐。

在夏夜，所有的邻居时常集合起来，在户外消磨通宵，迎接黎明。在某次这样的夜晚，守门人鬼鬼祟祟地告诉我们，说在我们庄园的周围，发现几个形迹可疑的人。

"流浪者！我们去抓他们！"

二 家庭生活

我们以棍棒、伞、锄耙作武器,公推一个领队。然后我们分列开去,几个往右,几个往左。我们爬过矮树丛,派出哨兵,设下埋伏,但最后这一切使我们疲倦了,便坐在一块草地上唱起歌来。另外隐藏在麦田里的那一队,却酣睡到天明。那些实际上是我们的邻居,却被猜想成流浪者,他们原本停下来寻找遗失了的笔记簿,正在走回家去,忽然听得杂乱声起,看见一群人爬过草丛,奔向他们,他们于是返身奔跑,却又遭遇了武装盗匪,或他们当时以为是土匪的一群人。

我们时常恶作剧,那甚至是残酷的把戏。我们的恶作剧的牺牲者是一位天真的德国青年乐师,他是我们的第一任音乐教师。他像个十二岁的小姑娘那样天真,别人告诉他的事,他什么都信以为真。

有一次有人告诉他,村子里有一个胖农妇在发疯地爱他,而且在千方百计地找他。我们杜撰的这位相思病患者,就变成了这个德国青年的梦魇。某夜,他走进起坐间,脱了衣服,手拿一支蜡烛,走进相连的卧室,他忽然发现仿佛是一个体格庞大的女人躺在他的床上。他吓昏了,便奔到窗前,跳出窗子。幸好窗子离地不太高。守夜的狗看见他的两条赤裸裸的腿,便咬他。他大声呼救,惊醒了全家。从各个窗户里探出瞌睡的、惊骇的脸,大家叫喊,却不知道究竟发生了什么事。但那些躲在原地未动的恶作剧者,叱退了群犬,救出这可怜的半裸的德国人。乔装德国人的情人的那一位,离开床铺,留下一件女人衣服,迅速换上了他自己的服装,协同其他人把德国人从群犬中救了出来。这个秘密一直没有揭穿,那个胖妇人的虚构故事继续恐吓着这位日后在音乐界闻名的天真的德国人。如果不经我的父亲干涉,禁止我们戏弄这位青年的恶作剧,结果是我们会把他逼疯的。

老辈们的这一切戏谑显出他们是恶作剧者、悠闲的人和养尊处优的人,但可贵的是在于他们却都是好商人,他们知道如何工作,也知道如何娱乐。他们都是当时创造莫斯科的人。每天清早,六点钟光景,他们便离别自己的庄园,去搭进城的火车。但在那些日子里,要进城并不是容易的事,没有一班进城的早车停靠我们这个临时的停车站。所以必须搭坐开往相反方向的车,搭到列车停靠的前一个站。然后等候一小时,去莫斯科的车方才进站。商人们便乘坐这一列车,九时半抵达城区,在路上花费三个半小时。你可以想象,在这冗长、沉闷的旅程中,愉快的恶作剧者会干出些什么来娱乐自己。

这是一位年轻人和一位老神父之间含有那种性质的谈话。

"您去什么地方,神父?"年轻人先开口。

"到特罗伊兹去,朋友,"神父回答,"那么,您到什么地方去呢?"为了攀谈,他接着问。

"到莫斯科去,神父。"这位恶作剧者回答。

"到莫斯科去?你怎么说到莫斯科去?"神父愣住了。

"到莫斯科去,到莫斯科去。"年轻人重复说。

"我想你是在开玩笑。"神父回答,还不知道自己是玩笑的对象,快要发怒了。

"到莫斯科去。"恶作剧者又重复说。

"到莫斯科去和到特罗伊兹去,乘同一趟列车!"神父粗声粗气地喊着,"这是笑话!"

接着便是一阵滑稽的争论,以哄堂大笑结束。

这是消磨时间的另一种玩笑。沿途有一个车站,有一位愚蠢而粗鲁的站长,他喜欢使乘客遭受一切的不便。他时常使乘客从一个车厢换到另一个已经很拥挤的车厢,或破例地验两次票。

我们对他的每一种粗鲁行为进行报复。正当火车在他的站上——那站名是米契希契——刚一停靠,我们中间的一个人便会装出匆忙的神色下车,走到站长面前,恭敬地脱帽,愉快地问,"请告诉我,这个站是什么名字?"

"米契希契。"站长阴沉地回答。

"我非常、非常对不起你。"恶作剧者说,鞠躬而退。但忽然他又回到这忙碌的站长面前,彬彬有礼地问。

"请告诉我,列车在这里停多少时间?"

"五分钟。"站长阴沉地回答。

"我非常、非常对不起你。"

第一个恶作剧者刚走开,第二个人又从另一头走来。

"请告诉我,这里是米契希契站吗?"

"是的。"站长回答,脸色比先前更阴沉了。

"谢谢你,"第二个恶作剧者说,退下,但又立即转过身来,"我忘记了,列车在这里停十分钟吧,我想。"

"五分钟。"站长回答,用力扯扯胡子。

第三个恶作剧者又奔到站长面前:"请告诉我,这是什么站?"

"米契希契。"

"列车在这里停多久?"

"五分钟。"

"我非常对不起你。"

照这样,第四、第五,有时甚至第六个问讯者会登场,直到列车启动。然后最后一个问讯者从正在开走的火车车窗中探出头来,用很惊慌的声音喊叫:"这儿真是米契希契站吗?"

但站长不再回答了。

"列车在这里停多久呀?"窗子里的人喊叫,但火车早已驶远,几乎听不见了。

他们一到莫斯科,这一切恶作剧者立即成为最严肃的商人。他们循着由车站通往他们办公室或工厂的街道,匆忙走着,行列整齐,仿佛在竞走比赛。这是一个工作日的开始,不是俄国人是不会懂得这一点的。我们俄罗斯人不能按部就班地工作,但在短时间内,没有人能像我们俄罗斯那样紧张而有效地工作。

晚上七点钟,商人们又在那些街道上竞走了,此刻是去赶火车。一走进车厢,又变成无忧无虑的恶作剧者了。在中途站下车后,他们坐着三匹马拉的马车飞驶回家,以便尽可能在他们的生活中获得无忧无虑的快乐。

我们这些伟大的祖先和俄罗斯生活创造者的子女们,想从他们那里承继那最艰深的致富的艺术。懂得如何正当地用钱,是一种很伟大的艺术。

我们这一时代的富人大多数受过良好的教育,而且熟谙世界文学。我们学过许多种语言,我们旅行过很多地方,一言以蔽之,投入过文化的大旋涡的中心。因为在教育程度上和皇室、与贵族相等,阶级的界限自然而然地消除了。一般的政治工作和社会工作把一切有教养的人集拢起来,把他们造就成了俄罗斯的"知识阶层";最后的这一次革命把一切残余的阶级隔阂都消除了,使每个人都投入了一个共同的集体。

为了使你们明了我们这一代人,使你们有机会判别在我们时代艺术是怎样发展的,我想简单地叙述一下我的生活。

二 家庭生活

三 倔强

我的父亲谢尔盖·弗拉基米尔·阿历克谢耶夫是个富有的制造商和商人，一家百年老商行的老板，一个纯血统的俄罗斯人。我的母亲伊丽莎维达·瓦西里叶芙娜·阿历克谢耶娃有一个俄国父亲和一个法国母亲，即著名女演员瓦莱，她在极盛时代，曾以外来明星身份于彼得堡演出。这位女演员在芬兰和一个富有的采石场主瓦西里·阿勃拉莫维奇·亚科夫列夫结了婚，他就是建造著名的彼得堡宫廷广场上亚历山大圆柱的人。根据家中的传说，当那一支石柱从芬兰经海道运来的时候，船遇到了风暴。那一夜，亚科夫列夫急白了头发，因为沙皇尼古拉一世，那个性子非常急的人，曾经下令，石柱必须准时竖立在宫廷广场上。用尽了所知的一切航行技术，才救了那条差点沉没的船。

瓦莱不久便和亚科夫列夫离婚了，留下两个孩子，我的母亲和一位姨母。

亚科夫列夫另娶了一位夫人，她有一个土耳其人母亲和一个希腊人父亲，而这位新夫人是实际抚育我母亲长大的。这位新夫人的家庭布置得很贵族化。仿佛她从母亲那里继承来的宫廷生活样式都表现出来了。她的母亲原是从土耳其苏丹的宫廷里私奔出来的。这位私奔的土耳其妇人由她的希腊人丈夫把她藏匿在木箱里，从君士坦丁堡起运，直到船驶离了土耳其政府的势力范围，箱子才被打开，宫女才得解放。

我的姨母是和我的叔叔结婚的,她很像她的土耳其继母。他们夫妇俩时常盛宴欢舞,款待佳宾,那些富商巨贾也以被邀为荣,因为贵族阶级人士经常出席那些宴会,当时的贵族还轻视商人阶级,而阶级成见的消除,是我们这个社交圈子里的人认为莫大光荣的。

我还记得这些宴舞。由特快列车从尼斯①和意大利运来的玫瑰花,代替了桌布。客人坐着四匹马的和六匹马的马车来了,他们的侍从穿着制服,庄重地坐在车后和骑在马上。在这宅第对面的街上烧起了一堆火,让马取暖,车夫围着火,享用供应的食物。宅第的下面几层,是专供仆役们娱乐的。女宾们的颈项和前胸都装饰着珠宝,而那些喜欢计算他人财富的人,便会估计珠宝的价值。在场那些比较清寒的人,则郁郁寡欢,自惭形秽。富有的妇人们相信自己是舞会中的皇后。因为贫富之间的相形见绌,不少人曾流过眼泪。

那个时候莫斯科和彼得堡的人在拼命跳舞。在那个季节里,舞会每天都有,青年舞侣时常为环境所迫,一夜间参加两处至三处舞会。备有丰富礼物和奖品的奇装四对舞一直跳到第二天清晨五时。这些舞会经常在天大亮时结束,青年们匆匆更换衣装,赶到办公室和商店工作。

我的父母和这社会层的其他人不同,他们从不参加这种放荡活动和参加这类娱乐,除非是不能避免的应酬。他们是非常爱好家庭生活的人。我的母亲终日在育儿室中,专心照料她的子女——我们兄弟姊妹一共十个人。我的父亲在结婚以前一直和他

---

① 法国东南沿海的港口城市。

三 倔强

的父亲同榻而眠。老祖父以古老的家长式生活著称。结婚以后，我的父亲移到他的合欢床上，他一直在那床上睡到晚年，死在那里。我的父母从青年到老年，终生相爱不渝。他们很爱子女，尽力使子女和他们亲近。

关于我的幼年，我记忆最清楚的只是些最好与最坏的事。如果我不计算我自己受洗的记忆——那是我听了保姆讲过以后自己杜撰的记忆，因为记忆非常清晰，所以至今我还以为自己亲眼看见过受洗礼——那么我最遥远的回忆，应该以我初次登台演剧为始。

这事情发生在我们离莫斯科约三十俄里①的一座庄园的一间厢房中。在那里搭起一座儿童小舞台，挂着一块格子花布作为前幕。按照惯例，节目是由几个活人画组成的，这次表演的是一年四季。当时我的年纪在二三岁之间，扮演冬季一角。台上铺满着棉絮；台中央有一棵矮冬青树，树上也堆着棉絮；身穿皮衣，头戴皮帽，挂着一绺老是要抓爬前额的长须，坐在地板上的是我，我不知道眼睛应该看什么地方，应该如何动作。我初次登台时的这种茫然、羞怯、滑稽的印象，当时我就潜意识地感觉到了。而且甚至现在，当我登台表演时，这种印象仍然历历在我心中，使我害怕。一阵掌声以后——那掌声我记得是颇使我高兴的——又把我安放在台上，但变换了一个姿势。一支蜡烛点燃了，放在一捆树枝中间，表示一堆火，有人给了我一块木片，命令我假装投入火中。

"记住，这只是假装的呀，不要当真。"旁人对我说。

---

① 1俄里等于1.06公里。

他们严禁我将木片靠近烛火。这一切使我觉得没有意义。当我能够真实地把木片投到火里的时候，为什么只准我假装呢？而我之所以一定要把木片投到火里，或者正是因为我被禁止这样做的缘故吧？

总之，当前幕升起以后，我立刻带着极大的兴趣和好奇心，我那只拿着木片的手伸向烛火。这是做起来容易而又愉快的事，因为这动作具有意义；这是十分自然而合理的动作。而更自然和合理的事实是棉絮因此燃烧了。于是引起了巨大的骚乱和喧哗。我被人粗暴地从台上抱下来，抱进了一间大房子，在那里我遭到痛骂。总而言之，我是惨败了，而这失败是我不乐意的。成功的愉快，失败的痛苦，勉强站在台上的不自在的感觉，以及自然地登台和自然地在台上做动作的内在真实感，这四种印象直到现在，依然充满着我的舞台生活。

为了使我们儿女依恋家庭的温暖，我们的父母衷心地愿意顺从我们的一切要求。因此我们的住宅按照某一时期正在进行的事件而随时变换面貌。例如，我的父亲是著名的慈善家，为农民设立了一所药店。我的大姐便和这药店里的一位医生恋爱了，于是全家立即表现对医药的非凡兴趣。病人从世界各地前来，我姐夫的伙伴们常相聚作冗长的讨论。

不久我的二姐和一位邻居恋爱，那是一位年轻的德国商人。全家人便开始讲德语，家里便满是外国人了。我们年幼的试穿欧式服装，年长能蓄须的便蓄须，改换发式。

但是，等到我的长兄和一位穿长靴的朴实的俄罗斯商人的女儿相爱时，这整个宅第便改变成朴素的标本了。茶炊永不离桌；全家人喝过多的茶；我们勉强经常去教堂；我们布置庄重的仪式，邀请最好的唱诗班，并且实地参加唱诗班做早祷。随后我的三姐和一位自行车专家相爱了，于是我们全体穿起羊毛袜、短裤，买了自行车，练习骑车。

最后我的四姐和一位演唱歌剧的歌手相爱，这整个宅第就唱起来了。许多当时著名的歌手都成了我家的宾客，而且特别是我们庄园上的宾客。我们在家里唱，在树林里唱——白天唱情歌，夜间唱小夜曲。我们在游艇上唱，在浴场的更衣室里也唱。每晚五时，就在晚餐以前，歌手们在浴场集合。他们在更衣室的高台上排列成行，唱一个四重唱，在唱最后一个音符以前，全体从高台跳入河中，等到他们的头浮出水面后，才唱出那四重唱的最后一个高音。凡先唱出这个音的人，就是优胜者。在场的其他人都为他酾金致贺。

我记忆最深的是我与自己的倔强性格斗争时的情绪，引起那种情绪的种种事实反倒记不大清了。我的童年，在食堂里进早餐时，发生过这样一件事。我很淘气，我的父亲便警告我改正。我既没生气，也没深思，傻头傻脑地回答了一句。父亲便笑我，我生气了，我深深记得当时并不怎么生他的气，却生我自己的气。因为一时找不到话说，我就更狼狈，更对自己生气。为要掩饰窘态，而且表示并不怕父亲起见，我讲出一句毫无意义的威吓话。我自己并不知道当时是怎样说出口的。

"我不准你去维拉姑母家。"

"蠢话，"父亲说，"你怎么说不准我去？"

当我知道自己说了很蠢的话，而且对自己更生气以后，我便索性变成倔强了，而且也没理会自己怎样会重复那句蠢话：

"我不准你去维拉姑母家。"

我的父亲耸一耸肩膀,沉默了。这伤了我的心。他竟不屑和我讲话。于是我觉得,如果我更放肆些,情势或许会好转些。

"我不准你去维拉姑母家!我不准你去维拉姑母家!我不准你去维拉姑母家!"我固执而粗暴地重复这句话,且每次变换念法。

我的父亲叫我住嘴,但正因为这样,我便一字一字地、很清楚地说:

"我不准你去维拉姑母家!"

父亲读报,不作声。但我看得出他愤怒了。

"我不准你去**维拉姑母家**!我不准你去**维拉姑母家**!**我不准你去维拉姑母家**!"我带着拙笨而倔强的愤怒,一个劲儿向他嚷,无力抵抗那一股使我失却理智的恶势力。我觉得自己在这股恶势力的控制中变得多么怯弱,于是我对它恐惧了。

"我不准你去维拉姑母家。"停了一忽,我又违背本意地说,觉得没法控制自己了。

这时我的父亲开始严斥我,我更高声、更固执地重复那句蠢话。我父亲用手指敲击桌子,我就模仿他,口中仍说着那句老话。我父亲站起身来,我也站了起来,口中仍是那句话。我父亲愤怒地(以前我从未见过)提高嗓门;我也提高了我的嗓门,但声音在颤抖。他抑制自己,柔声说话。我记得这使我大受感动,我想屈服。但违反了自己的意志,我又重复了那句粗暴的话,这使人看来仿佛我在为父亲制造笑料。父亲警告我,说他要罚我站壁角,我便学他的声调,重复我的那句蠢话。

"我不给你饭吃。"父亲更严厉地说。

"我不准你去维拉姑母家!"我又学他的声音,绝望地说。

"想想你自己做的事。"父亲说,把报纸摔在桌上。

三 倔强 025

在我的内心冲激着一股恶劣情绪，驱使我把我的餐巾摔在桌上。"至少这样可以完事了。"我想，于是便尽量高声地叫嚣：

"我不准你去维拉姑母家！"

我父亲激怒了，他的嘴唇颤抖，但抑制着自己，很快地走出食堂，说了一句可怕的话：

"你不是我的儿子。"

此刻只我一个人在房中，战场胜利者的愚蠢想法烟消云散了。

"爸爸，饶恕我，我不再这样了。"我哭喊着追他，声音中含着眼泪。但我的父亲早已走进别的房间，并没听到我悔恨的号哭。

我记得我稚气发作时的这一切心理阶段，就如同这是今天发生的事一般，每当我忆起这个心理阶段时，心头又感受一番剧烈的痛楚。

另一次倔强性格的发作，却大大出丑。在进膳时，我夸口说，我能把父亲的那头最桀骜不驯的马伏龙诺牵出马厩。

"好呀！"父亲戏弄我，"饭后我们给你穿上外衣、马靴，你表演给我们看看你的英勇气概。"

"我会穿上衣靴，我会把它牵出来的。"这时我很倔强。

我的兄弟姐妹们和我争论，而且肯定我是懦夫。为了证实他们的论断，他们还列举了一些有损我尊严的往事，他们的揭发愈加使我不快，我便愈狼狈而倔强地重复说：

"我不怕，我会把它牵出来的。"

我的倔强又超越限度了，所以我非挨一顿教训不可。饭后，他们取来我的外衣、帽子、马靴、手套和冬天用的风帽。于是他们给我穿上，带我到大门外的庭院中，留下我孤单单一个人，他们都进房了，等候我牵出伏龙诺。我被寂静和黑暗包围着。庭院的黑暗仿佛因为从客厅大窗射出来的灯光而更黑，仿佛有人俯瞰地监视着我。我感到了绝望，我咬紧了衣袖的边缘，想借此忘却周围的黑暗与寂静。几步以外，我听到雪地上的脚步声，门枢的吱嘎声，闭门声。我疑心是马夫走进伏龙诺的马厩，那是我答应牵出来的那匹马呀。我想象那头大黑马用一只不耐烦的蹄子踢着地，全身支撑在后腿上，扬起了前蹄，准备冲向前方，把我当作一片无生命的木头般拖曳在后面。自然，如果在吃饭时候我早已想象到这一幅想象的图画，我也不至于乱夸我的勇武了。我既然不由自主夸下了海口，这时我也不愿自毁诺言。我会被人嗤笑的。于是我便变得倔强了。

我这样地想着，免得自己再注意周围的黑暗。

"我要在这里停留很久，好叫他们在房里担心，那时候便会出来寻找我了。"我心里这样决定。

忽然我听得一声惨叫，我就开始谛听周围的声响。那是好多种声音呀！一声比一声恐怖！在黑暗中溜到我背后来的是谁？走近了，更近了！一只狗？一只老鼠？我向最近的墙角处走了几步。这时候黑暗中有个东西跌倒了。那是什么？现在一步步地逼近了！或许伏龙诺在踢它的厩门，或许是一辆马车的轮子撞了街旁的石头。那咝咝响的是什么？嘘嘘声又是什么？仿佛是我有生以来从没听见过的一切恐怖声音都突然出现，在我周围回响。

"呀！"我叫喊着，跳到墙阴最深的角落。有什么东西抓住了我的腿。那其实是守夜犬罗斯加，我的最好的朋友。现在我们两个在一块儿了！不像以前那么可怕了。我抱起罗斯加，它用它的温暖而润湿的舌头舐我的脸。我笨重的冬衣跟风帽带子紧系在一

三 倔强　027

起，使得我无法动弹，躲避脸被狗抚弄。我推开它的鼻子，它便倒在我温暖的怀中安静地睡了。有人从大门那边向我奔来。是来找我的吗？我的心期待地跳动着。但不是的，那个人走过去了，走到马夫们的下房去了。

我想我全家人此刻都是可鄙的。他们把我扔出了家门，把我一个小孩扔到这样的严寒中几乎像神话里一样。我决不宽恕他们。

从房里传来了钢琴声。

"那一定是我的哥哥在弹琴。仿佛什么事都不曾有过似的。他还在弹琴呢！他们都已经忘记我了。我得在这里等多久，他们才会想起来呢？"我更害怕了，我那时觉得回到客厅，回到温暖中，回到钢琴旁，是世界上最愉快的事。

"我是傻子！傻子！为什么我会起这个念头？为什么我会想起伏龙诺？我是个笨蛋！"我想到自己处境的狼狈，这种处境，在我看来似乎是摆脱不了的，我便责骂自己。

大门吱嘎地响了，传来蹄子踏地声、车轮碾雪声。一辆马车在大门口停下了。前门砰的一声关上，马车就在庭院中转身。

"那是我的表兄弟们，"我记起来了，"他们今晚是被邀请来的。现在我更不能回屋去了。他们会笑我是懦夫的。"

新来的车夫叩下房的窗，我家的车夫走出来，于是他们高声谈话，打开仓房的门，把马牵了进去。

"我要和他们一同走进去，这样我以后就可以推说，他们不让我牵出伏龙诺。我向他们要求让我牵出伏龙诺，他们当然不会答应。于是我可以不必撒谎，我便可以回去了。"

我得救了；这是一个好主意。于是我便放下抱着的罗斯加，准备走入马厩。

"我又怎能穿过这黑暗的大庭院呢。"我迈了一步又停下来，因为又一辆马车进来了，我怕在黑暗中被马蹄踩倒。就在这一刻，一个灾祸发生了——我不记得是什么事——因为我在黑暗中不明就里。系在仓房里的马叫了起来，接着便顿脚，再接着用蹄子刨地。我还觉得那新来的车夫的那匹马也骚动了。那匹马失去控制，在院中奔驰，车子在它身后颠簸。车夫们跳出下房，叫喊："停！抓住它！不要让它跑了！"

以后事情如何，我已不能记忆。我站在大门旁，拉门铃。看门人开了大门，让我走进来。当然，他一定是在等着我的。在前院过道的门口，晃动着我父亲的身影；管家妇从楼梯上往下观望。我在过道的椅上和衣而坐。我这样走进家门，连我自己也没料到，因此我不知道该怎么办：是应该继续倔强下去，表示回家只是为了取暖，以便再出去牵伏龙诺呢，还是自认怯懦而屈服？我对于自己犹豫畏缩非常不满，所以已经不好意思担任英雄的角色了。再则，也没有人再愿意欣赏我所表演的这出戏。家人似乎已经把我忘了。

"这样更好。我也会忘记他们。我要脱去上衣，休息片刻，然后走进客厅。"

我就这样做了。没有人询问我关于伏龙诺的事。这一定是他们彼此相约不问的。

四　童年印象的价值

我的哥哥和我从很小的时候起,就被带领去看意大利歌剧了。当时我只有六岁,至多八岁。我很感激我的父母,因为我确信这很有益于我的音乐听觉,有益于我的欣赏趣味的培养和我的观赏力,使之渐渐习惯于美好的事物。我们有季票,规定我们一季可以看四十次或五十次的演出,我们坐在一楼边厢里,离舞台很近。但正如我们当时所常说的,歌剧对于我们只是一个旁门的兴趣,所以我们要求父母不要把歌剧算在我们正常的戏剧享受的份额中,尤其不要算在马戏的份上。音乐使我们听厌了。然而我从歌剧获得的印象至今鲜明生动,较之马戏留给我的印象更鲜明,更深刻和更巨大。我想这是因为那种印象的力量本身巨大的缘故,但那种力量我当时并非有意识地感觉到,只是本能地接受的,不仅在心灵上,而且在生理上接受的。我开始明了和珍视这些印象的真实价值是在许久以后,凭记忆来进行的。

但马戏在我的童年确实是很吸引我的,虽然在成年后回忆起来,觉得没有什么兴趣。

我记得当时看过的许多歌剧,以及那些剧中的演员。意大利歌剧的印象,不仅深深地印在我的视觉和听觉的记忆中——至今我还能用整个身心感觉得到。当我想起这些印象时,阿德利娜·柏蒂的超凡高亢与漂亮的声调,她那使我屏息的装饰唱法和技巧,她使我木然并因满足而微笑的饱满的音质,由这一切所造成的那种生理状态,我就又体验到了。与此同时,深深印在我记忆中的是她的纤巧、匀称的身材和她那仿佛象牙雕成又抹上了彩釉的侧影,那满足了我童年的幻想。

由男中音歌王柯托尼和男低音嘉梅特的天赋所造成的相同的强烈的生理感觉,也深深印在我的记忆中。当我记忆起他们时,我仍能感动得颤栗。在那些日子里,我记得在我的一个熟朋友家中举行的一次慈善音乐会。在一间小客厅里,这两位巨匠唱《清教徒》一剧中的二重唱,那房间洋溢着一股轻柔美妙的音乐,灌注到听者的心灵中去,使心灵沉醉于南方的热情中。嘉梅特有一张梅非斯特的脸,一个魁梧而漂亮的身材;柯托尼有一张开朗而仁慈的脸,脸颊上有一块大疤,健康、雄壮和自成一格的漂亮。

在我年轻时期柯托尼所遗留给我的印象是那么强烈,简直不可言喻。一九一〇年,距柯托尼访问莫斯科差不多已经有四十年。那时我在罗马,一天和朋友经过一条窄巷。忽然从一座屋子的顶层传出歌声——宽宏、嘹亮、激荡、温暖、动人。我重又生理上感觉到那熟悉的旧印象。

"柯托尼!"我喊了出来。

"是的,他就住在这里。"我的朋友点头说,"你怎能听出他呢?"他诧异地问。

"我感觉出来是他。"我答道。"那种声音是永远忘不了的。"对于男中音歌手白嘉基洛和格拉齐阿尼,戏剧女高音阿尔图和尼尔松,以及日后的泰曼约[①]等人的歌声的力量,我有同样的生理感觉。我在年轻时候听过的卢卡、弗尔比尼、马齐尼,以及日后听

[①] 泰曼约(1851—1903),意大利男高音歌手。

过的马珊拉·森布里希①等人的悦耳的音色,我至今仍能从生理上感觉出来。

但另有一种印象,虽然当时我似乎还年幼,不能体验,而至今却仍能感觉。那是一些近似美学价值的印象。我还能记忆几乎喑哑的男高音诺丹所用的优美的演唱方式,他或许是我有幸能够听到的老辈歌手中最好的声学家。他既老且丑,但我们小孩子情愿听他,胜过听一般年轻的歌手。我还能记忆男中音巴基拉的非常完美的分节和吐词(唱的是意大利文,当时我还听不懂),尤其是莫扎特的《唐璜》中的小夜曲和《塞维利亚的理发师》中的曲子。自然,这些印象深印我的心头,在我的童年,从永不忘怀的记忆中明了这些印象的全部价值却是在成年以后。我永不忘记男高音手卡普里所演的戏的节奏的明白、熨帖和精微,他不仅是许多重要角色的创造者,而且是当时风行的一种发式的创造人。

这里试举《塞维利亚的理发师》一剧的演员阵容为例,这是比我以后所看的许多戏记得更清楚的。剧中人罗西娜由柏蒂和卢卡分饰;阿尔玛维娃由聂可里尼饰;卡波尔由马齐尼饰;费嘉洛由柯托尼和包迪拉分饰;唐·巴西里奥由嘉梅特饰;巴尔托洛由著名喜剧演员和低音丑角鲍西饰。

这还并不是盛大公演,只是通常的季节售票公演,因为这些明星都是莫斯科和彼得堡歌剧院的基本人员,他们和俄国政府签订了合同,为期一季,并不是客串的。我不知道欧洲其他城市能不能有这样的豪华阵容。

使我们这些音乐狂惊奇和惭愧的是,这些演出虽然那么豪

---

① 森布里希(1858—1935),奥地利女高音歌手。

华,却很少受人注意。当时观众有种十分恶劣的习惯,那种恶习很给俄国人的艺术欣赏能力丢脸。例如,戏开幕后,观众才姗姗入场,当柏蒂或包迪拉唱出嘹亮的歌声,或用他们的弱音与最弱音逼得人心灵沉醉的时候,观众嘈杂进场。这种傲慢的态度使人想到,自作聪明的杂役妇以为十分鲁莽和无礼地高谈阔论便是礼貌。

另一种习惯更恶劣的。俱乐部的游客,买了戏票,当戏在戏院上演时,他们却整晚在俱乐部里赌博,直等到著名的男高音唱终场曲的时候,才来听一听。最后一幕开场时,前排座还是空的,当名歌手将唱的前一刻,俱乐部的游客才蜂拥骚扰而来。名歌手唱完,接连几次喝彩,要求再唱,然后喧闹声又起。游客们离座返赌场,结束赌局。他们想以此表示见多识广和欣赏力特别高,这种欣赏力以为全剧只有名歌手的压台曲子才值得一听。他们是不懂欣赏、不学无术、愚蠢而无用的人。

唉,我亲眼看到意大利歌剧的歌声与声学艺术衰败下去;"美声"唱法的奥秘和完满吐词已经失传。本(二十)世纪初叶,莫斯科重新燃起了对意大利歌剧的狂热。前面提过的马蒙托夫歌剧团的一部分演员,是那一类中最好的歌手。其中有许多人是有才能的男女,甚至可以称为艺术家。但是,在那些记得柏蒂、卢卡、森布里希和柯托尼等有绝代才华的人们看来,新人的印象,就被老歌手的记忆所湮没了。夏里亚宾是例外。他巍然站立在高峰上。就天赋的嗓音来说,自然还有许多例外。其中之一,是那著名的男高音泰曼约。我记得他在莫斯科初演时,事先不大宣传。我们料到他是好歌手,此外没存什么奢望。泰曼约穿着奥塞罗的服装出场,他魁梧丰满的身材满足了观众的视觉,那洪钟般的声音立刻使听者震耳。全场观众，本能地同时仰倒座位里，像一个人那样，仿佛要使自己免于受打击似的。第二节更强，第三、四节还要强，当唱出"мусульмане"①一词时，这最后一节就像熔岩从火山迸出，使观众一时失去了自制。我们从座位上跃起，寂静片刻，以便将有生以来从未经受过的印象消化。朋友们互相叙谈，不相识的人也互相瞧着，大家问的都是同样一句话："你以前听到过这样的歌声吗？这是什么声音？"乐队停奏了，台上一片慌乱，他们一定以为观众席中发生了什么意外或岔子。但突然间观众恢复了知觉，群起奔向舞台，狂喜地要求再唱一遍。

泰曼约第二次莅临莫斯科，在大剧院演唱。开幕那晚，恰逢沙皇诞辰，所以在演出前先唱国歌。乐队奏最强音调，合唱团全体和一切主要演员（泰曼约除外）排列台口，用最高的声音唱，忽然从后台飞送出一个助唱的声音，掩盖了一切歌手的、合唱团的和乐队的声音，接着是第二声，第三声，除了这个声音外，其他人的声音都听不见了，而且我们也不愿再听其他的声音了。这是泰曼约唱出来的歌声。

他不过是个中庸之才的艺人。他时常唱得变调，用假嗓子唱，唱得不合音乐的节拍，节奏唱错。他是个蹩脚演员，但却并非没有天赋。这就是他所以能够创造出许多奇迹的原因。他的"奥塞罗"是一个奇迹。就音乐和戏剧两方面说，那个戏都是理想之作。他和许多大师，如威尔第②（音乐方面）和托马佐·萨尔维尼③（在戏剧方面）研究这个角色有许多年（我要强调"年"这

---

① 俄语单词"穆斯林"的第六格形式。
② 威尔第（1813—1901），意大利歌剧作曲家。
③ 托尔佐·萨尔维尼（1829—1915），意大利演员。

个字）。

年轻的艺人应该知道，以辛勤劳动、技术和真正的艺术能够得到怎样的果实。泰曼约演奥塞罗一角之所以成功，不仅因为两位大师的辛勤教育，而且也因为他天生的气质，真诚和真实感。技术大师们、他的老师们能够发掘他的蕴藏的天赋。他自己却不能有所作为。别人可以教他那样表演，但用以教他表演的方法，他自己却不知道。这些方法就是艺术和技巧。他像大多数演员般表演着角色，但他算不得一位艺术家。

我所以讲这些印象，因为使读者和我一同经历我从声音、音乐、节奏和声学的领域所得到的印象，那他们才容易领会本书以后的叙述。在我的事业和我的工作中，它们必然占有很大的地位。我发觉这一点，为时不久以前，那已经是在我的艺术事业的暮年了。我终于明了我童年印象的价值。它们是基本的，而又是巨大的。它们是指导我的指路牌，而且也就是因为这些印象，在不久以前引导我去研究声学、发音、声音和独白的华美，有节奏性与音乐性的吐词，正确了解元音、辅音、字、句和独白的精髓。为求对戏剧艺术有精确的了解，这一切都是必要的。但我将在以后详细论列。此刻只求使我的回忆在读者记忆中留一丝痕迹而已。

我重新提起这些记忆，也想告诉青年艺术家，尽我们的可能多接受些美好而强烈的印象是何等重要的事。艺术家必须注视——不仅注视而且必须懂得如何细心观看——他所从事的那一种艺术的、其他各种艺术的，以及生活的全部领域中的美好事物。他需要从好戏、艺术、音乐会、博物馆、航海，以及从极端的学院派到极端的未来派的一切流派的绘画中得来的印象，因为没

四　童年印象的价值　035

有人能知道什么东西才能感动他的心灵,启发他的创造天赋的宝库。凡有助于以艺术的形式创造美好的人类精神生活的一切流派,即达到艺术的基本目的的一切流派,都是好的。

请让艺术家去生活吧,让他去着魔、沮丧、快乐;让他去受苦、爱恋,让他经历人类情绪的全部范畴,但同时也让他去学习,用自己的生活和情感再创造为艺术!

五　马戏

在我的童年和经历的回忆里，那些在我心上存留得最久的，是和那种观赏好东西的需要和满足有关的。只要在记忆中偶一唤起早年生活的某些情景，我便仿佛又变得年轻，那些旧时的、熟悉的情景涌上心头。试讲一个假日的前夜和清晨；我有一个自由的日子。清晨还是要去教堂，要早起（人必须善于利用假日），接着是在教堂中长久地站立，吃可口的圣饼，冬日的阳光从拱顶射入，照着我们，也照亮了圣壁；在我们周围，人们穿着假日的盛装，高声唱歌；这是一个充满欢乐的日子。为了打起精神来应付摆在前面的刻板的上学时间和夜晚乏味的、连绵不断的日子，那一天的寻欢作乐的假日是必需的。本能要求满足，要求欢乐，要求假日，所以凡是阻扰过假日的人，必然引起大家的愤怒和恶念，凡是有助假日欢快度过的人，便得到亲切的感激和拥抱。

但是在饮茶的时候，我们的父母向我们宣布，说我们必须去拜访姨母（她是与世间一切姨母同样愚蠢的人），或更糟糕的是，我们的表兄弟们——他们都是我们不喜欢的人——将在早餐后来拜访我们。于是我们呆住了，失魂落魄，不知道应该如何挽回这失去的假日和抵抗这即将来临的灾难。我们感觉到自己的无能为力，觉得受了虐待。饥饿者已经伸出手去取面包了，但面包却被人从他们手中抢去了。疲乏的游泳者早已举起手去抓救生圈了，救生圈偏偏被人抛到了另一个方向。我们这样热切地期待假日的来临，却眼看假日被人从手中夺去，把它变成暗淡的周日了。我们怎么能够延挨得到下一个假日呢？但是如果白天虚度了，却还可以把希望寄托在夜晚呀。谁知道呢，也许父亲比任何人更了解我们的要求，已经买了马戏票，或舞剧票，或至少是歌剧票，或最起码买了话剧票。戏票是由管家办理的。我们打听他到什么地方去了。他已经出去了吗？到什么地方去的呢？向右走的呢，还是向左走的呢？车夫是否已经得了命令，把那几匹大马留着夜晚使用？如果他们已经得到命令，这是好兆头。这表示那一辆时常载着我们孩子们去戏院的四座大马车已经准备使用了。但如果那几匹大马已经在白天使用过了，一切希望就完全落空了。势必既没马戏，也没别的戏可看了。

但管家已经回来了。他早已在父亲的书房里，他交给父亲一件从皮夹里取出来的东西。他给他的是什么东西呀？是红色的戏票，还是黄色的纸片？我们窥伺着直到父亲走出了书房。于是我们慌张地跑到他的书桌前面。我们只见到一些乏味的商业单据——没有别的东西。我们的心苦闷了。世界变得乏味了。但如果我们发现一张红色的或黄色的硬纸，我们的心便会跳得自己都能听到，在我们周围就有了欢乐。于是姨母和表兄弟们也不像以前那样惹人讨厌了。对父亲的感激使我们愿意给他百倍的酬报。我们向姨母请安，向表兄弟们问候，一切为了使父亲在晚间进餐时说：

"今天孩子们对姨母非常亲热，所以很可能我会给他们一点小好处，或许还是大好处。你们猜是什么？"

于是我们兴奋得涨红脸，食物噎在喉头，等待下文。

父亲不声不响地将手插入旁边的衣袋，从容地在袋中摸索，

但没拿出什么来。我们等不下去了,就站起来,走到他身边,围着他,搜索他的皮夹,我们的女教师便会厉声地斥责:

"听着,告诉过你们,吃饭的时候不要离开桌子。"①

这当儿父亲把手伸进另一个衣袋,取出另一个皮夹,打开来,依然一无所有。然后又从容地取出一个皮夹,但仍是一无所有。他不慌不忙地一个个翻开衣袋,都什么也没有。

"我丢了。"他惊叫着,表演得非常自然。

我们的脸色发白,腿脚乏力。我们回到原位坐下来。我们想从兄弟们和亲友们的眼色中明了是否他们以为父亲不过是在开玩笑。但他却早已从坎肩的衣袋里取出一件东西,狡猾地对我们笑着,说:

"在这里呢。我找着了。"将红色的戏票高举在头顶上摇晃。

这时候世间一切女教师都约束不住我们了。我们猛地一跳,离开食桌,跳舞、顿足,将餐巾迎空挥舞,推开女教师,拥抱父亲,吊在他颈子上,吻他,此刻我们多么亲切地爱他呀!但就在这一刻,我们心里又产生了新的忧虑。我们会迟到!我们吃东西顾不到细嚼,巴不得快吃完饭,等到吃完饭,我们便奔入育儿室,脱下家常衣服,郑重其事地穿上最好的衣服。然后我们坐着,等候,自寻烦恼,盼望父亲不致迟延。仿佛折磨我们似的,他总爱在空无一人的餐室中喝饭后咖啡时瞌睡片刻。我们怎样弄醒他?我们走过餐室顿足,将重东西落在地上,或高声喊叫,假装不知道他在内。但父亲是一个酣睡的人。

"我们迟了!我们迟了!"我们全体都骚动了,每分钟跑去望

---

① 原文为法语。

一下那只大钟。我们多么想停止那钟摆呀!

"我们赶不上前奏曲了!"我们沮丧地说。

错过马戏的前奏曲!这岂非重大损失?

"已经七点钟了!"我们惊叫,"等父亲醒来、穿衣、刮脸,至少是七点二十分了。到戏院的路程至少要十五分钟。那便是七点三十五分。"我们知道我们不仅听不到前奏曲,就连第一个节目也看不到了。年轻的西尼塞里表演他的"飞身上马"我们也看不到了。我们多么羡慕他呀。十分钟过去了,此刻我们不得不担心节目单上最重要的节目之一——莫莱诺、马里阿尼和君瑞第这些音乐丑角发笑的登场了。这是很大的损失。我们必须设法挽救这个夜晚。于是我们走到母亲房门口唉声叹气。此刻我们觉得她比父亲仁慈得多。我们唉声叹气,她明了我们的策略,便去唤醒父亲。

"如果你想扫孩子们的兴,你就扫他们的兴好啰,可别使他们失望,"她唤醒父亲,向他说,"你自己愿意的呀,乔治·当丹!是该去的时候了。"①

父亲站起,欠身,吻母亲,睡眼惺忪地准备了。我们像出膛的枪弹般飞奔下楼,吩咐备车,恳求车夫亚历克谢尽力驱驰。我们坐在大马车里,摇摆着双足;我们有着车辆行走的轻微幻觉。大门开了又关,关了又开,人出人进,却不见父亲。我们心中对他产生了一种恶感;以前的感激的心情已经一点不剩。最后他出来,坐上车。车轮碾着雪,缓缓行驶,弹簧嘎吱作响。我们焦躁地将身子从座上往前耸动,为的是增加车速。车窗的玻璃完全点

---

① 法国剧作家莫里哀(1622—1673)创作的喜剧《乔治·当丹》中的台词。

缀着严霜所冻结的精工描绘——向外张望,一无所见。为了想明了是否路途还很遥远,我们在玻璃上呵气成圈,向外窥探到了哪儿。忽然,车意外地停了。我们到了!不仅第二个节目已过,就连第三个节目也演过了。但所幸我们喜爱的莫莱诺、马里阿尼和尹瑞第还没登场。**她**也还没上场。我们的包厢靠近演员的上场口。那好呀!从这里我们可以看到舞台两侧的动静,看见这些莫测高深的奇人的私生活,他们终日生活在死亡与危险中,却仿佛怡然自得。他们在上场以前能不慌张吗?每次都可能成为他们生命的最后一刹那。但他们却安详地谈生活琐事,谈金钱和晚餐。他们是英雄!

乐队奏出一支流行的波尔卡舞曲。此刻应该是**她**上场了。节目单上刊得明白。她的舞伴表演披巾舞,而艾尔维拉将骑在马上出场。此刻她出现了。我的友人都知道我的秘密。这是我的节目,她是我的恋人,所以一切优先权都属于我——最好的望远镜,最好的座位,友人们的庆贺。的确,今晚她很漂亮。表演完毕,艾尔维拉出台谢幕,经过我身旁,相隔只两步以内。她离我这么近,使我动心了。我要做一件异乎寻常的事,我便从厢座中跃出,吻她的裙边,又急忙归座。我像已经被判死刑的人那样坐着,不敢动弹,想哭。我的友人赞扬我的举动,我的父亲却坐在我背后笑。

"恭贺你,"他戏弄说,"我知道你订婚了。什么时候结婚呢?"

最后一个最乏味的节目《马上四组舞》是全体合演的。这一晚以后,便是周日,连绵的暗淡寡欢的日子,下星期日已经没有希望再来。因为母亲不愿父亲时常带我们外出。但是马戏场呀——马戏场是世上最好的地方。

为求延长目前的这种满足,使自己能尽量长久地生活在愉快的回忆中,我便和一个友人订了一个秘密的约会。

"你一定要来。你不能失约呀。"

"什么事呀?"

"你来了就会知道的。这是很重要的事。"

第二天,友人应约而来;我们俩躲在一个黑暗的房间里,我把我的重要秘密告诉了他。我决心等待长成到相当年龄,便出任马戏导演。为表示矢志不渝起见,这种决心必须宣誓。我们从壁龛里取了一个圣像,我便庄严地宣誓,我宣称,除充任马戏导演外,决不从事其他职业。于是我们商讨我的马戏班的未来节目。我们开列了所知道的最好骑师、丑角和赛马员的名字,组成未来团体的班底。

在我的马戏班正式开幕以前,我们决定举行一次不公开的家庭表演,作为练习。由我的兄弟姐妹和友人充当团员,分任角色,决定节目单内容。

"一匹训练纯熟的、不戴马具的马——我当导演和训练师,你当马。接着我便演赤发丑角,你便铺开地毯。接着是音乐丑角登场。"

我既然当导演,便选最好的角色,其他的人都必须把角色让给我,因为我是曾经宣誓过的职业导演,是除马戏导演外绝无其他意念的人,仿佛剃度的僧人断绝尘缘一般。演出决定在本星期日举行,因为本星期日我们没希望去看真的马戏,连舞剧都无望;更不必提意大利歌剧。简直不必提。但是如果星期日绝无娱乐的指望,那么冗长的令人厌倦的学校日便很难度过。于是每天课余之暇，我们便很忙碌。首先我们必须印制戏票和货币。然后设置售票处——即在门口张一方布单，留一个狭小的入口，近处我们安置了守卫，在开演那天终日守着。这是很重要的，因为一间真实的售票房，较之任何设备更能有益于创造一个真马戏场的幻觉。必须花些时间和精力在服装和那些糊了薄纸的环上，跳披巾舞时，我们必须纵身跃入那个环，此外还有那些绳索、棍棒，是作为那些训练有素的马跳跃时的栏障。然后便是音乐。那是演出中最重要的部分。恼人的是我的大哥，他是惟一能担任乐队工作的人，但却很懒惰，漫不经心，不守纪律。他不重视手头的工作，天知道演出时他会做出什么事来。他会在演奏中途，突然当着观众，卧倒在客厅中央的地板上，跷起两腿，大声吼叫：

"我不干了！"

末了，如果我们给他一块巧克力糖，他便又会干起来了。但演出却已被他的愚蠢行为所破坏；一切真实感已经消失。而真实感是最重要的。必须相信这一切都是严肃的，必须相信这是真的。否则，便毫无趣味了。

观众人数很少。而且时常是相同的。男女教师、姐妹兄弟、女仆和她们的亲属。但世间最劣等的剧院和最蹩脚的演员也有他们的崇拜者。这些崇拜者确信只有他们才能赏识他们所爱的演员被埋没了的才能，其他一切人是不足以言鉴赏的，或因嫉才与阴谋而不肯承认他们的才能。因此我们也有自己的崇拜者，他们关心我们的历次演出，莅场观赏，主要是为了图他们自己的满足，并非为了使我们满足。其中最热心的一位是我父亲的老年记账员，因为他关心，所以我们给他一个最好的座位，这使他眉飞色舞。

为了支持售票处的门面，我们的许多家庭观众终日川流不息地前来购票，说是票子买去以后，遗失了，前来票房挂失，这样便必有一番解释。而导演，就是我，终于被请出场，作最后裁断。我停下工作出来，到售票处，核准或拒绝观众进场。至于优待赠券，是以连号戏票装订成册，票上印有"康斯坦佐·阿列克谢耶夫马戏班"字样。

开演那天，我们在开幕前很久便化好妆，穿好衣服。外衣和坎肩是用针缝扣的，当作夜礼服。丑角的服装是把一件长睡衣齐膝以下缝成裤腿，制成一条宽腿裤。父亲的旧高顶帽是指定给导演和驯马师戴的，丑角的帽子是纸做的。裤腿高卷到膝头的裤子，则代表走绳索者的紧身裤。脸用香粉和脂油涂白，面颊和嘴唇都涂了红莓汁，煤屑用来画眉毛和丑角面颊上的三角形。表演开始时情况良好，但往往以我大哥的出丑收场。丑行发生后，我的友人和我便动手打他，他便边吼边逃，吼声震撼全宅。等这不愉快的事件告一结束，我们回到客厅，观众却早已散去，表演就此中断。心头留下了一抹辛酸，而明天起，就要面临可怕的学校生活那一周沉闷的白昼、黄昏与夜晚。于是我们又创造下一个星期日的光明前景，因为如果没有这前景，我们觉得难于度过这一星期。我们盼望因为上星期日没有娱乐，本星期日可能去看马戏，可能去剧院。

星期日到了，白天又是烦闷和纷纷猜测，晚餐时又得到欢快。这一次是到剧院去。这和到马戏场去是迥然不同的。到剧院去是更为严肃的事。由母亲领队出发。我们洗过脸，穿上丝质俄罗斯式衬衣、丝绒裤、羊皮靴。洁白的手套戴上了我们的手，于是一道严厉的命令发布下来，要我们从剧院回家时，手套必须保持洁白，不可像往常那样变为漆黑。于是整晚我们走路的时候，伸直五指，使手掌远离身子，免得手套弄脏。但是我们又不由得时常忘记，手里抓一块巧克力，或把一张油墨未干的黑色大字节目单揉成一团，或者看戏看得出神与兴奋时，手抚摸肮脏的丝绒栏杆，结果手套即刻沾染黑斑，变成深灰色。

母亲穿着出门的服装，非常美丽。我喜欢坐在她的房中，看她梳头。这一次是连仆役的子女都带去的。一辆马车坐不下，好几辆车首尾相接，很像去郊外野餐似的。我们携带了一块特制的木板。把木板放在相离很远的两张椅子上，木板上放着大约八个小孩，很像麻雀蹲在篱笆上。

包厢的后部坐着保姆、女教师和女仆。包厢入口处，母亲安放着点心，准备休息时吃的，有装在特制的水瓶中带来、专给小孩准备的茶水。在剧院中，熟识的人来拜访母亲，也来看望我们。母亲为我们逐一介绍，但在大剧院的金碧辉煌中，我们什么也没有看清。当时用以照明剧场的煤气灯的气味时常对我发生魔术般的影响。这种气息连同我对剧场的观念、从剧场获得的愉快，使我眩晕，引起我强烈的激动。

庞大的观众席，楼上楼下的观众，开幕时暂且停止、到休息时又起的嘈杂的人声，当时还不避忌观众的乐器的调音声，灯光渐暗的剧场，乐队的起音，幕升起，人在上面如同侏儒的高大舞台，机关布景，火焰，画布绘成的骇浪惊涛的海，破损的道具船，好几十只大小不等的喷泉，在舞台海底游动的鱼与鲸，被掳的舞剧中的女主人公向可怖的海盗央求释放，使我看了脸通红、发白，流汗、哭泣和冷颤。我爱这种舞剧，这种童话，这种奇异的荒唐故事。舞台上的变化、爆炸、地震，也都好看。音乐猛然高

五　马戏

扬,什么东西爆炸了,掉下来。这可以和马戏媲美。舞剧中最可厌和累赘的,我想,就是舞。舞伶往往在起舞时摆一个姿势,而我却不爱看。这些舞伶没有一个能和马戏班中我的艾尔维拉相比。

但是也有例外。当时那位领衔的舞伶是我们的一位好友,是我父亲的友人之妻。当我想到我和一位大剧院的名伶、两千观众注意中心的人物相识这一事实时,我深感光荣。我能和她谈话,能够同坐在一个房间里,所有其他的人却只能远远地看她。谁能知道她谈话时的声音是怎样的;只有我知道。谁能知道她怎样生活的,她有一个怎样的丈夫,怎样的子女;只有我知道。而此刻观众都以为她是魔宫仙女,舞剧的女主人公,其他什么都不知道了,只有我认识她。这就是为什么我对她的舞蹈赞赏的原因。在全体合演的节目中,我忙于寻觅另一个友人,我的舞蹈教师。我常常觉得惊奇,凡我们所要求他表演的一切不同的舞蹈动作,他怎么会从不忘记。休息时我便欣喜若狂,在长廊中、大厅中和休息室中往来奔跑,这些建筑物的音响设备使我的沉重的脚步声从屋顶发出回音。

有时周日,我们举行即兴舞剧表演。但这是被认为不值得耗费星期日来这样做的。星期日是全部属于马戏的。我们的女教师是舞剧的同时又是乐队的教师。我们合着她的歌声表演和跳舞。这舞剧名为《水中女神与渔夫》,但我不喜欢这个戏。剧中要求表演爱情,要求与人接吻,我却怕羞。我所向往的是杀人、救美、被判刑、赦免。但主要的困难在于,这剧中有几段莫名其妙的舞,这是我们向舞蹈教师学来的。这便沾染了课堂的味道,使我厌恶。

经历了许多艰苦以后，我的友人和我明白，和业余演员——当时我们这样称我的兄弟姐妹，以及除我们两人以外的所有人——继续合作，无论是马戏，还是舞剧都已势所不能了。再则，在现有的设备下，剧场的最重要部分，即布景、灯光效果、机关布景、海、火焰和风雨等完全没有。试问：在一间一无所有的客厅中，利用被单、毯子及厅中现存的棕榈和花朵如何能表现这一切？于是决定改用纸板制作的演员以代替真演员，着手建立一所有布景、特效和一切舞台用具的木偶剧场。这也能使我们有售票的机会。

"我希望你明了，这并非背叛马戏，"我以未来马戏班导演的资格向我的友人说，"这是实在迫不得已啊。"

但是木偶戏需要经费。我们需要一张大桌子，安放在宽阔的通道上，在这张大桌子的上部和下部，也就是木偶戏舞台的台上和台下的那些空隙都必须用布单遮掩起来。这样，观众坐在一间房内，这间房便算是观众席，以通道和与这间房相连的另一间房算作舞台和舞台的一切附属部分。我们——我们这些艺术家、舞台设计、舞台监督和一切舞台效果的发明家——就在这间房中工作。我的大哥也加入了我们一伙；他是一位卓越的绘图员和优秀的舞台效果发明家。他的帮助是重要的，因为他有一笔款子，而我们的事业正需要资本。一位制作家具的木匠，他是我家的雇工，我从小就认识他，他怜悯我们，应允为我们制作一张大桌，由我们分期付款。

"圣诞节就到了，紧接着就是复活节，"我们说服他，"我们到那时候才能有钱，那时候付给你。"

桌子还在制作中，我们便动工绘制布景。开始我们将布景画在卷纸上，很快卷纸就破损和折皱了，但我们并不灰心，因为我们想，将来等我们发了财（因为我们的票价定为十戈比），我们就购买纸板，把卷纸裱糊在纸板上。我们并未向父母要钱。因为我们料想他们一定不赞成我们这么做，并认为我们会荒废学业的。自从我们开始感觉到自己是新剧场的经理和导演，而这剧场又是按照我们理想的计划建造的那时候起，我们的生活便充实了。每时每刻都有事情可想，有许多工作要做。在我们的实施中惟一的障碍，便是读书——读书、教员和女教师。在书桌的抽屉内，经常藏着一些舞台作业，一个待画和待装扮的木偶、一块布景、一丛灌木、一棵树，或是一些新戏的计划和草图。桌面上摆着书籍，而桌肚里经常是布景。只待女教师或教员出外片刻，布景就拿到桌面上，用书籍盖住，或夹在书里。教员一回课堂——我们就翻过一页书，他便什么也看不见了。在书籍和习字帖的空白上，经常有布景的图样。没有人能猜出那是布景，还是几何图画。

我们演过许多戏，或许只能说是许多幕戏。我们时常选灾祸性质的戏来演，例如，《海盗船》剧中的一幕，那一幕中必须有一片海洋，白昼风平浪静，夜间骇浪惊涛，海中一艘船在沉没，英雄们泅水逃生。这时出现了灯塔，使人们免于灭顶之灾，月亮升起，祈祷，天明。或者从《唐璜》中选一场，表现石将军的出场，唐璜落入地狱，火从机关门内冒出，房屋被焚毁，舞台变作火焰地狱，其中火和烟是主要的角色。布景几次着火，更换新景。我们演了一个舞剧，名叫《罗勃特与贝特兰》，表现两个贼夜间越狱，爬进平民家的窗子。这几次演出，票价虽高，但都早已售空。观众很多，有的人鼓励我们，其余的人只是娱乐而已。

我们忠实的崇拜者——那位老年记账员尽其所能，为我们的新剧场宣传。他领着他的全家和他的友人莅临观剧。现在我们已无须为售票处找事做了。那里已经够忙的了,而后台工作则更繁忙。售票处在开演前的当天傍晚才开张。有一次因为观众非常拥挤,我们不得不迁入一间大房,但演出艺术上却因此大受损害,我们因贪钱受到了惩罚。

于是我们决定,如果我们想致力于艺术,必须断绝金钱欲望。

自此以后,即使没有真马戏看,或者不能去剧院,我们也能欢度星期日了。但是如果有人要我们在马戏场和剧场两者之间决定取舍,那么我们是宁愿舍弃马戏场,而取剧场的。这并不是因为我们已经对马戏变了心,而是因为我们的木偶剧场需要我们到剧场去观摩演出,去学习,为我们的创作吸收新素材。我们固然已经是一个很小剧场的舞台监督和导演,但是即使是大剧场,也往往喜欢模仿别人呀。

两堂课中间的休息散步时间,也有了重大的意义。在剧场创立以前,我们到库慈纳斯基桥买马戏演员的相片,搜集我们收藏中所缺乏的东西。但在剧场创立以后,就需要布景和木偶剧场的各种材料。此刻我们已不像以前那样懒于走路了。我们购买各种画片、风景和服装的书籍,给我们剧场的布景和人物当素材。这是迅速增加的藏书的第一批书籍。

也许重现现实生活中所发生的一切事情的这种需求正在我们的血液中沸腾吧。例如,由于普遍兵役制的实行,我们也集合熟识的儿童,组织了一支军队。甚至还组织了两支军队。一队由我的大哥率领,我率领另一队。两队的总司令是我父亲的一个朋友。他发命令,许多十岁左右的儿童从附近各村镇前来集合。一切都依照规矩执行。开始人人一律平等。所有人都是士兵,司令一人,由他训练各级士官。

受训中有激烈的竞赛。每个人都愿意探求军事的奥秘,成为一个军官。较聪明的儿童更表现为强有力的竞争者。在初期军事术科的成绩上,他们比我们强。但当科目增多,而且规定士兵必须有写读能力,我的大哥和我奉命来教同学,从那时候起,我们就超越了我们的友人,受职为下士,不久晋升为军官。

我们是在规定演习的那天晋升为军官的,我们奉命率领分成两个的支队。演习开始前,当全体官兵紧密排列,战战兢兢等待战斗的时候,远处传来猎人的号角声,这声音很能使人想起军号。一个骑者,他是我们一位邻人的宾客,飞驰到了操场。他穿着很奇异的服装,白色的衣裙长及膝盖,显然被当作波斯人的装束。他翻身落马,以东方人的方式向总司令敬礼,以他的元首的名字向我们道贺,对我们说,波斯国王和他的侍臣即将御驾亲临。过了一忽儿,我们便看到远处有一个行列,他们都穿着白色的浴衣,毛巾缠头,腰系红带。其中有一个人穿着华贵的布哈拉袍(是从丝绸与帏幔商、我表兄弟家的古物库中借来的)。波斯国王却穿着很富丽的东方长袍,缠着真正的东方头巾,手拿从那古董库里借来的奇异的武器。他骑一匹白色老马,那是我们家的马,虽然多年未曾使用,却还没失去雄姿。在国王的头顶上面,撑着一把豪华的伞,装饰着流苏、穗子和镂金的天鹅绒。

在将要进行检阅的操场前面的平台上,忽然魔术般的出现了一张宝座,上面铺着东方的毡毯和饰物。从操场通往平台的台阶上也铺了地毯。旗帜不知从哪儿飞来,即刻插在平台上了。

国王不愿意步行,因为他觉得步行是卑贱的事。他被恭敬地扶下马来，请上平台，纳入宝座。我们认出他是我们的表兄，日后任莫斯科市长。他的侍臣环立左右。

检阅开始，我们受检阅。国王向我们叫嚷着可怕而听不懂的话，那是在说波斯语。侍臣们不知怎么唱起歌来，躬身下拜，围绕着国王巡行。我的大哥和我，以及所有的儿童都为这隆重的仪式所感动。

检阅以后就是演习。我们听取指示：两支敌军的位置，我们的战略问题。然后我们便各就各位。于是包围、埋伏、反攻，以至正式交锋等一连串的行动开始了。为这庄重的情景所激动，我们开始作战。已经有了牺牲——一个人眼部青肿。但是……正当作战紧张之际，我的母亲忽然奔来两军阵前。她剧烈地挥动阳伞，推开两军，向我们狂呼，那情形是如此严重，所以战火忽然停止了。两军既同告败北，她便开口骂我们和较我们年长的人。没有一个人能逃避她的责骂。那波斯国王也便离了宝座，紧接着母亲责骂我们。

"对波斯宣战！"一个孩子高叫。于是两军即刻整好阵容，合为一军，向波斯国王冲锋。他纵声狂吼，我们也吼。他反身奔逃，我们跟踪追击。最后我们追到他，把他擒获，围住他、掐他。这时候国王又狂吼，但那已经不是玩笑了。他严肃地吼叫，是由于疼得厉害。但是我的母亲又拿着阳伞从远方前来，于是联军就仓皇退却了。

依据当时宗法制习惯，我们是以延请教师来家受启蒙教育的。我们的父母不惜重资，为我们从莫斯科延聘最优秀的教师。从清晨到深夜，一个教师接替一个教师给我们上课。课间休息时，我们便从事击剑、舞蹈、溜冰和其他体育活动。我的姐妹们有俄语、法语和德语教师，他们也教我们男生。此外，我们男生有一位年老而卓越的教育家，名叫文森，瑞士人，是一个全才的运动员、体育家、击剑师和骑师。这个人以其完美的人格，在我们和百年来家塾教育的成见所作的斗争中占了很重要的地位。他请求我们父母准许我们进中学读书，但是我的母亲对我们过分溺爱，她简直不能想象这种可怕的事情。在她以为，那些野孩子们，或者是守门人的儿子，一定强壮、残忍，他们会打我们，她往往以为我们是娇柔无力的天使。她想象学校的教员会常常把我们关进禁闭室，到头来，我们就会变成顽童，忘记了一切以前所知道的良好习惯。她觉得中学校的卫生条件很差。我们一定会被传染疾病，带病回家，全家人立刻成为病人，或患猩红热，或患伤寒，或患麻疹。她预言整个宅第会成为一所病院。

当时政府颁布了普遍兵役制。只有教育界可以免役。不久制度又经改革，使教育界获得了非常显要的地位。生活迫使我的父母屈服，当我十三岁时，我被带去应莫斯科一家中学校的第三班的入学考试。我的保姆用一个小口袋装了从阿托斯山取来的圣土，挂在我的颈上，我的母亲和姐姐为我挂了许多神像，指望上帝赐予我足以通过这千钧一发的关口的智慧。依赖托人情，我没有进第三班，居然进了第一班。我写论文的时候十分用心，又因为根本没有写文章的能力，就使劲拉扯我胸前的钮扣，以致胸前挂着的小口袋破了一个小洞，圣土撒出来了。

当时我的身材几乎已有现在这般高了。我的同班同学仿佛命运安排来捉弄我似的，偏偏多半长得矮小。这样一对照很明显，因此凡参观本班的人，注意力都集中在我身上。不论是校长视察，或是学监——我预先知道会叫我背诵的。我越想把自己装矮，情形便越坏。因此我养成了紧缩两肩成驼背状的习惯。

上世纪七十年代，中学校里风行古文。有许多希腊语和拉丁语的教师和教授，从波希米亚来的特别多，他们来到俄国的各个学校，想强迫我们吞咽枯燥乏味的知识。但是不久他们便明了，俄罗斯的衣服是不能缝成外国式样的。我们记不住，我们没有足够的耐性。我们必须了解所教课程的内容，然后才能融会贯通。一个俄国学生是不能枯坐五小时的。他需要消磨过剩精力，发泄脾气。他必须淘气，外国教师带来的严格军事纪律，反而使我们不服管束，而且使我们觉得受了虐待。

正像我们的父母那样，我们也爱上了恶作剧。我们的恶作剧往往是残忍的。我们的庄园离莫斯科约二十俄里，坐落在一个避暑住宅区的中心。避暑的居民的船无论是上行或下行，必经我们的窗前，使我们觉得仿佛迁居到了一条行经我们庄园，甚至贯穿我们家的公路上。我们决定吓走这些不速之客。我们就这样做了：买了一个牛尿泡，上面安了一副假发套，在正面部位上画了眼、鼻、口和耳，使这尿泡活像一个溺死的人的黄肿的脸。我们系了一条长绳在尿泡上，绳的两端又分系在两个哑铃的执手处；我们把一个哑铃沉入河中央，另一个哑铃放置在岸上。把绳拉紧，我们便把尿泡沉入河底，把绳的一端系在灌木丛里，我们也藏身在那里。只要解开绳索，尿泡就会浮出水面，仿佛奇异罕见的鬼怪。我们等候避暑的人顺流而下。当他们的船驶近足够的距离时，一个毛发蓬松的鬼怪忽然浮出水面，又忽然隐去。效果是不可思议的。我至今还觉得奇怪，那些过往的船虽然其中的乘客每每惊慌躲避到船的一边，却从来没有发生过倾覆的事。但是我们也确实很谨慎，只以大船做实验。在几次这样的显灵之后，邻

五 马戏　053

居就流传着神怪的谣言。每一个传布谣言的人为了增强效果,又不免把所发生的事情渲染一番。有的说是看见一条鲨鱼从里海出行,经过伏尔加河和它的支流,停在我们的庄园里。他们劝别人不要在河中游泳,因为鲨鱼会吃人,而且不要到河里划船,因为鲨鱼时时用尾巴扫翻船只,鱼尾巴的力量是很大的。又有人说,这是邻村一个小商人的鬼魂,他不久以前溺死在河里,尸身至今还没捞起,死者因为不得安葬,所以用他的惨相来唤醒纯真的基督徒。在我们的家庭教堂里举行了超度亡魂的弥撒。

六　我们的家庭剧院

我们在莫斯科近郊的花园住宅的那间小侧屋，就是我二三岁时首次登台表演的所在，已经坍毁了，家里决定在原址上另造一所房子。看着那旧建筑拆除，我们很难受，因为它常常使我们回忆起童年生活。那是我们能在那里跳舞、唱歌、取闹而不妨碍别人的惟一场所。不仅我们，而且邻居们都一致恳求我们的父亲不要拆除我们的俱乐部。最后决定建一所有一间大厅的新屋，那间大厅在必要时可以用作观众席。我想，父亲是照顾我们对剧场的爱好。或许，他也极力想使我们更依恋于家庭的温暖吧。不管他的动机如何，各种情形似乎都在支持我们对剧场的嗜好。不仅那间大厅有着可以用作包厢的围廊，而且那新建筑的后部也是精心布置的，留出宽大的地方做化装室、布景间和道具间。结果成了一所小剧场。剧场附近，还有一大片草地，仿佛专门为灯光和外景效果预备的。外面不远，有备作我们水上节目用的河，我们甚至梦想造一所当时风行的连托夫斯基①式的"隐庐"。

或许由于我们那位法国女演员的外祖母的遗传吧，总之我们兄弟姐妹仿佛确实具有对剧场的爱好，我们甚至把这种爱好称为"剧场血统"。我们所有的余暇都用在剧场上。我们所有的梦，都是关于演出这个或那个戏。起初，我们做事毫无特别准备，费用是拿我们从父母处得来的少许零用钱支付的。但在看过各种欧洲的好戏以后，我们的口味提高了，我们便开始对我们的艺术作品提出更高的要求。导演和表演的计划在财力与艺术方面都超出了我们的能力。没有实在的技术，没有实在的舞台知识，甚至连布景和服装的物质材料都没有，我们能有什么作为呢？除了父母、姐妹和朋友的旧衣服，以及一些零星的旧带子、旧钮扣等以外，我们一无所有。不知怎么的，我们又不愿向父母要钱。于是不论愿意不愿意，我们都不得不用艺术想象的出奇制胜、独创一格和别具匠心来替代服装与布景的豪华了。一个导演是必不可少的，但因为实际上一个导演也没有而我们又急需演出，于是我便必须自己充任舞台导演了。生活与需要教育了我们，使我们经历了世间各种事的最实际的学校——经验。

为了说明一个业余戏剧工作者得不到专家指导所走的弯路，我将叙述与我日后工作最关重要的那几次演出。我不想精确地依年代次序来叙述，因为我并不重视年代。重要的是演员在达到创造的成熟与领悟的过程中所经历的那一连串的步骤或阶段，以及演员在发展的道路上所遇到的波折，这些波折便是使弯路与演员正常成长的真正基本大道有分别的所在。

我们住宅的新建侧屋即将落成。必须以某项演出为剧场揭幕。我们的教师——一位大学生，他自命为戏剧专家，因为他曾任某剧团的领导，自告奋勇地担任了导演。

开始发生一般业余戏剧工作者所苦恼的事，读剧本和选剧本。必须为每一个人员选一个适当的角色，一个适合于其扮演的有趣味的角色，一个在地位上较他人不逊色而表演时间又宁少毋多的角色。为了使每个人员高兴，演出节目必须由几个独幕剧组

---

① 连托夫斯基（1843—1906），演员兼剧团事业的企业家。

成。只有这样才能使每个人获得他所中意的角色。

我自己选择一个怎样的角色呢？

那时候我的理想是什么呢？

那就是模仿我所爱的皇家小剧院的艺术家尼·穆基里，他是一个嗓音微弱沙哑、脸部表情滑稽的喜剧演员。我所爱的就是这些脸部表情和他的沙哑嗓子。我的全部工作就在于勉力模仿他的表情和把我的嗓音练成沙哑。我要成为他不走样的复本。当然我选了他演过的一个戏。这才能使我演得恰如他演的一样。这出戏叫《一杯茶》，是个独幕剧。戏中的主角被认为是他的成功之作。我熟知这角色的动作的每一个细枝末节，我熟知每一句台词的念法、每一个姿态，以及拟态动作的全部分寸。导演对于我是全无用处的，因为我的角色早已由另一个人导演过了，我所要做的只是重复我看过的东西，那便是盲目地模仿他就行了。我觉得我所做的是对的，因此我感到有相当的自信。在舞台上的自信是可取的——说明在某种程度上很有把握。

当剧场里坐满了观众的时候，我自己感觉不错。想到化装，想到演出，想到我登台表演，这种想法使我心头感到一种满足、兴奋和愉快的震颤。当我实地登场时，这种感觉增加了十倍，以致我不能控制自己；我觉得仿佛有人在推我上台，鼓舞我，壮我的胆，我流畅地表演了全剧，毫不拘束。使我鼓舞的并非我的剧词，并非剧词所表现的意义，因为那个独幕剧是毫无意义的；使我震颤的是我创造了艺术，即当众表演。我被观众所称赞，被我在大庭广众中出场这一事实所鼓舞，被那感到群众在场和感到自己当众表演这一意识所鼓舞。我被这样的事实所鼓舞，即我有机会表演，表演某一个人物，以我所看到过的一切舞台"花招"重复表演我所学来的东西。我被那使我屡次屏息的、我内心的速度和节奏的疯狂跳动所鼓舞。字句和姿态闪电般飞出来。我喘不过气来，我说不出话来，紧张和缺乏自制被我误认为真的灵感了。在表演时，我确信掌握了观众。但奇怪的是，当戏闭幕以后，却只有稀落的掌声，我走入后台后，没有听到赞赏，也没有得到热情欢呼。

"嗯，还好。"导演对我说。

"还好"这句话是什么意思呢？以后有人告诉我，因为我的动作这样快，我的声音这样低沉和沙哑，所以没有人看得懂。因为我的手以令人不能置信的速度凌空挥动，所以观众谁也没有看出什么。

你在舞台上自己所感受到的印象和由你的表演在剧场中所造成的观众的印象，这两者之间有着多大的差别呀！

这个发现使我完全陷入了困惑。当时我什么都不懂，日后我也不懂。

但在演《老数学家》，或叫《县城里盼彗星》那个独幕剧中的老人的角色时，情形便迥然不同了。这个角色我没有什么可模仿的，所以这角色我觉得空白、透明、没有生命力。当时我还没有能力从生活中寻找蓝本，拿来再现于舞台。我所需要的是一个现成的舞台肖像。我便不得不自己问自己：

"我所知道而且会模仿他表演的那个演员，将会怎样表演这一个角色呢？"

这角色的某些部分和我所能表现的种种设想，对这些部分我感到了满足。但是其他部分，我却找不出我熟悉的蓝本；我偶然想起我所熟识的另一个演员所用的那些方法，从那时起，我才觉得自己在台上自由自在了。又有一些部分，使我想起又一个演员，另一部分，又使我想起另一个演员，依此类推演完了整个角色，以致在一个角色身上，我运用了十种绝不相同的表演方法。我把一个人演成了绝不相同的十个人。每一个抄袭来的片断，就其本身说，还可以看看，但把所有的片断集合起来，便不成体统了。这个角色就像用破布、碎片和布条织成的一张毯子。我在台上觉得异样。和我演《一杯茶》时所得到的印象完全不同。《一杯茶》中的那个角色，使我得到了很大满足，而《老数学家》中的角色，却只给了我说不出的痛苦。而最痛苦的是，我不知道如何走出迷途。

"上帝呀，献身于艺术和创作是何等愉快的事呀！"演了《一杯茶》以后，我能这样说。

"艺术是何等艰难，当演员何等苦呀！"在演了《老数学家》之后，我可要苦恼地这样说。

世间再没有比演员要表演的角色走不进演员心灵时所经历的痛苦更大的了，仅仅从外表上去演角色是不够的。表演对你模糊的、生疏的、隔膜的角色，是难堪、痛苦的事。

表演是容易的，然而又是艰难的；这是一种使人心荡神移，而又使人痛苦难堪的艺术。这些就是我初次登台所产生的矛盾思想。

我迷茫了。

我在《一杯茶》和《老数学家》两剧中的所谓处女演出，是在九月间[①]举行的，当时我已经进了中等学校。哥哥和我同那些有

[①] 一八七七年九月五日。

长期票的乘客们一起，每天乘早六点的火车进城。在演出那一天，由于前一夜彩排，人很疲倦。我们进城入学，在演出前进膳时准时回家。那一天的印象在我的记忆中极其清楚地保存着。尤其是我们从车站驱车回家的那一刻。雨天，暮色苍茫，泥泞满道。一辆四座弹簧马车在行驶，一步步地往前赶，车厢里满载着人和演出用的道具。

在我的膝上，放着一只巨大的软木箱。我喜爱地抱着，把它当作一个亲爱的女人的前胸。我生怕它坠落车外。箱子里有假发、头发、胶水和化妆品。一切艺术家所熟悉的那种化妆品的特别气味，从箱子的每一条隙缝中透出，冲进我的鼻孔，使我陶醉。我仿佛在梦中。以前一直认为遥远而办不到的事，此刻实在地做了。几小时以后，我便要面向脚灯，在观众的凝视下，只身站立在高坛上。许多人将为了看我而从莫斯科和遥远的城郊来此，我可以随心所欲地款待他们。如果我愿意，我可以使他们静静地坐着，听我讲，看我演；如果我愿意，我可以使他们笑。想到这些，我的身体就紧张地颤栗，我也更急躁了。我想尽可能早些在观众面前出现，经历我当时叫做"当众满足感"的那种感受。

我们到家时，我已经认不出那些古老而熟悉的房间了。到处是铺着桌布的桌子，忙忙碌碌，杯盘的铿锵声，餐事人员和受雇的侍役坐着大车来了，带来几箱盘碟；门的拉手擦干净了，房间都扫除过了。

我们匆忙地进食，坐在一张罗列着珍馐的桌前。我是如何喜欢在即将到来的假日筹备期间的这些饮食呀。这些饮食就跟某件大事的前奏曲一样，使人兴奋。

艺术家们正在进食！艺术家们正在准备表演！这对于我仿佛就像宗教仪式那样重要。

在我们当时称为剧场侧翼的地方，嘈杂声也不小。我的姐妹们和她们的朋友们，在各间化装室里布置服装。化装师正在准备胡子、油彩和假发。一个被大家叫作亚夏的青年人，在各间化装室穿来穿去。我从那一天遇到他以后，从没和他分过手。亚科夫·伊凡诺维奇·格里米斯拉夫斯基[①]是个被注定在俄国戏剧的化装艺术上担当一个伟大角色的人，他把化装艺术提高到了现代一般艺术的日益增长和繁复的问题所要求的高度。

演员——我的父亲、哥哥、教师和另外几个扮演者——挨次坐在化装师的镜子前，离开镜子的时候变成了别的模样的人了。有的变老了；有的变年轻而美丽了；有的变成了秃顶，而有的简直认不出了。

"这是'你'吗？哈——哈——哈！……你认不得我了！真妙！瞧他成了什么样子！我真不相信！好家伙！"

在业余演出中常听到的那些惊叹声从化装室的各个角落里传来，在化装室里，人们你推我挤，有的在找领带，有的在找领扣，还有的在找坎肩。好奇的旁观者妨碍我们的工作，纸烟的氤氲弥漫空中，七嘴八舌，可又不能把他们驱逐出化装室，那是一间容十个演员就觉勉强的房间。

在远处奏起了一支响亮的进行曲。宾客们手持明烛，在像得胜的军队那样进入剧场侧翼之前，先在花园的甬道上巡行一周。

[①] 亚·伊·格里米斯拉夫斯基（1864—1941），俄国著名化装师，与作者和丹钦柯长期合作。

音乐的声音渐渐逼近，最后响得震耳欲聋，使我们相对也不能交谈，随后又渐渐远去，最后完全消失于院落的什么地方。然后我们听到步伐声，无休止的嘈杂声和移动椅子的声音。后台和化装室里的谈话停止了；演员也渐渐静了下来，他们脸上露出了勉强的笑容，心里慌乱。但我的心里却是快乐；有什么东西在我心里沸腾，促使我向前迈进，去征服全世界。前幕升起，表演开始了。我的处女演出并没带给我快乐，却带来迷茫。当我自己感觉演得好的时候，观众却批评我坏，当我自己感觉演得不好时，观众却赞赏我，这真是怪事。

不久以后，我又在某个私家剧场里表演过，但我所思考的仍然是这个无法解决的问题。我扮演一个醉酒的仆人，他每次出场都说又一瓶酒在酒窖里炸了。出场次数愈多，他的醉意愈浓，而他的言语就愈含糊不清。最后这仆人完全醉倒了，再也不能说话，只是嘴唇翕动。在这个角色身上，我并没感到缺乏活的蓝本以便模仿的痛苦。在那个旧时代，每一条街上都可见到许多醉汉，我尽可以像俄国舞台规律的创始人和大艺术家史迁普金教导我们的那样，自由地从生活中撷取蓝本。正如我当时自己以为的那样，我学着尽善尽美地模仿醉汉，而且我自己觉得在台上表演得很完美，以致我不能控制内心的快乐和控制我当时错认为灵感的内心跳跃。每次出场，我必定设法把我内心沸腾的东西逐步表现出来。但是观众批评我。

在另一个人的家里，我表演了我崇拜的演员尼·穆基里的一个杰出角色。我完美地模仿他。我又感到在台上很自在，我又有了灵感，灵感愈使我鼓舞，观众就愈批评我的快拍子、词句不连贯、沙哑声音、言语不清晰、快动作、紧张和用力过度。

第三次演出，观众责骂我大声吼叫，不表演而做怪样，夸张而缺乏"分寸感"，因为缺乏"分寸感"，所以我所表演的一切看来都是没有艺术性的、不自然的。"分寸感"这几个字第一次进入我的心里。这几个字有助于我得到关于舞台的蒙眬的理解。

七　一个突然发现的天才

我们的演出次数很少和间隔很远，所以在间歇的时候，我们就苦于没有艺术工作可做。为慰藉我们的艺术的饥渴，我们便做下列的一些事情。一到黄昏，我们便装扮成乞丐或醉汉，出发到火车站去。在火车站上我们吓唬每一个过客，路警往往把我们逐出月台。路警对我们愈暴厉，我们心上便愈喜欢。因为一个人在现实生活中，应该较之在舞台上表演得更精细、更逼真，当你在舞台上时，观众对舞台上的一切都是准备相信的。如果我们不是好演员，我们便会惹出麻烦来。但我们既然已被路警驱逐，足见我们表演得很好。

我们所获得的最大成功是扮演吉卜赛人。一队过路的吉卜赛人的帐幕驻扎在我们的庄园与火车站中间的地方，这便使我们有了制作吉卜赛人服装的合适机会。在避暑住宅区附近的每条路上，随处可见吉卜赛女人和儿童。某日傍晚，我们等着接待一位远方来的表姐，她是个漂亮的少妇，正在和我们的一个邻人恋爱，我们大家都喜欢她。我们知道她喜欢算命。我们家在不久以前新聘了一位女教师，她和表姐是不相识的。这位新女教师非常会算命。当我们把表姐的一切秘密告诉她之后，我、她和一个女仆的小儿子秘密装扮成吉卜赛人。我们走上通向火车站的路，遇到我的表姐坐着马车而来，我们便跟在她的马车后面跑，口中叫喊着似是而非的吉卜赛语。这位少妇受了惊，吩咐车夫尽快赶车让她回家。我们到家以后,把这秘密告诉了我哥哥,然后我们便在门口附近等候。不久,这位兴奋的少妇带着他的家人来拜会我们。她把一只手伸过篱笆的隙缝,要求为她算命。她听到了一切吉凶祸福的话。那效果是不可言喻的——可是忽然在场有人喊叫,说他遗失了一个戒指。

"吉卜赛人偷去的。去搜查他们。"

于是我们奔入林中,大家都追去。但我的表姐因为我们告诉她话中了她的意,便把一只钻石小别针送给那位女教师。可是第二天,这只别针忽然又出现在表姐的衣服上。于是大家迷惑不解,纷纷议论和猜测,随后又产生了新的戏谑。

有一个时期我们无法进行任何演出,可是我们非常想表演。于是我们——就是我的两位姐姐、我的一位朋友和我——便决定,为了练习起见,自动来排演从法文翻译过来的两个通俗喜剧《脆弱的琴弦》和《一个女人的秘密》。许久以后,我才明白,我们的先驱者们、俄国舞台上的名演员们都不是由那些强制年轻人蹂躏他们的感情和耗损他们的脆弱心灵的悲剧所培养起来的,而是由最简单的通俗喜剧所培养起来的。法国的通俗喜剧享有特殊荣誉。但这种戏要求良好的技术、内心的和外形的轻快、无懈可击的语法、典雅和使讽刺剧具有必要的辛辣味的一种韵致,正如闪光的飞沫使香槟酒成为香槟酒一样。不伤害感情,不耗损脆弱的心灵,老派的方法是先用通俗喜剧来锻炼技术。只有在你具备了那种技术以后,才能接触精神方面的更艰难的问题。

通俗喜剧的情节确实是简单的。

两个大学生爱上了两个女店员,寻求她们心灵上脆弱的琴弦,以便进攻,取得她们的爱情。但什么才是女人的脆弱心弦

七 一个突然发现的天才

呢？一只雄金丝雀打一只雌金丝雀，狠狠地打了一阵以后，那只雌雀就吻那只雄雀。这难道不是女人的脆弱的心弦吗？男人必须打女人。于是那两个大学生就打那两个女店员，可是却挨了重重的耳光。但最后他们仍然相爱，结了婚。实在的，这岂不是明白、简洁、质朴吗？

另一个通俗笑剧的情节也很简单。一个画家和一个名叫梅格里奥（由我扮演）的学生一起追求一个女店员。画家爱那个女店员，大学生协助他。但他们发现了一个可怕的秘密：那女店员是喝酒的，在她的卧室里发现了甜酒。于是引起了疑惑和忧虑！最后证明那女店员只不过用甜酒来润饰头发而已。于是酒被大学生和管门人喝光，女店员便和画家相爱。结局是一对恋人接吻，两个醉人在桌子下面打滚，唱一曲很滑稽的二重唱。

一个画家、一个女店员、一间阁楼、一个学生，地点在蒙马特区①，仅此而已。在这个短剧中有风格，有吸引力，有优美的甚至浪漫主义情调。

趁整个夏天居住在乡间的机会，我们可以尽可能多地排练，以期演出完美。清早起身，沐浴，即将排演一个短剧。然后早餐，餐后又排练另一短剧。散步以后，我们复排第一剧。傍晚如果有宾客来访，我们便会立刻提议：

"你愿意看我们演戏吗？"

"好呀。"客人回答。

我们便燃起一盏石油灯，布景是经常搭着的，把前幕落下，穿上服装，有的穿工衣，有的穿围裙，有的戴无檐帽，有的戴平

---

① 巴黎市的一个区，多咖啡店，为艺术家集中地。

顶帽,表演就在我们惟一的观众面前开始了。我们把这类演出当作排练,不断提出新问题,使表演更完美。我便把偶然听到一次的"分寸感"这一名词,从各个角度去研究。最后,由于我把这样的一种"分寸感"灌注于演员,以致我们惟一的观众因为觉得枯燥而睡熟了。"好是好,但是太——静了。"他神色尴尬地说。

这就向我们提出了一个新问题——高声说话。可是另一个观众看了,便会说我们在吼叫。那意思就是说,我们仍然没有分寸感,必须说得既不高声,也不低声,而要寻求一条折衷的道路。这问题初看似乎很简单,但我们竟无法解决。在舞台上最难的是说话既不能过分高,也不能过分低,同时又必须朴实、自然。但是,低声说话等于完全埋没了角色,我们便不得不过度地高声说话。为了高声而高声,这不是创作目的。

"通俗喜剧必须以快速、全声调演出。"另一位观众说。

"一个戏本来要演四十分钟的,"我对自己说,"那么如果只用三十分钟演完,便可以说我们是以快速演的了。"

最后我们达到了三十分钟演完的目的。

"如果我们以二十分钟演完,那我们便可算演得理想的了。"我想。

于是发起了一个竞赛,为了快而表演得快,终于我们创造了二十分钟演完的纪录。

我们觉得,通俗喜剧终于以准确的速度和全声调,即高声演出了。但是我们的批评家又来了,他认为我们毫无成就。

"你所说的我一个字都听不懂,你所演的我也一点都看不懂。这简直是一所疯人院。"

"这意思就是一切照旧,维持原样,"我决定,"我不允许戏在

七　一个突然发现的天才　　067

台上演出的时间拖长一分钟,但必须演得每个字、每个姿态,以及戏的整个情节使人完全明了。"

如果我们完美地解决了这个最艰难的问题,那我们便可以成为伟大的通俗喜剧艺术家和喜剧名角了。但是不用说,我们并没有能解决。不过我们却得到了某些结果,我们的表演使我们得到了很多表面技术的熟练。我们开始把话说得更清楚了,动作更明确了。这是一种不能轻视的成果。可是快速却依然为快速而存在,高声依然为高声而存在,全声调依然为全声调而存在,全速依然为全速而存在。这四项依然不变,而这四项却并不存在于我们"内心"。一个演员的创作必须发自内心,他的嗓音、他的肢体应当是音乐家稳定的手中千依百顺的工具。一把小提琴的音乐不准确,是一件烦恼的事。无论提琴家的感觉如何优美,他不能表现出他所感觉的东西。一件不良的工具,会割裂和歪曲艺术家的全部表现性的创作。我们的工具——声音和肢体的共同拟态被歪曲了,由于这缘故,我们夸张和经受了一种极像赛马场上争夺头奖的骑师一般的百脉偾张。

另一回,又想组织一次演出,这演出限于由那些整个夏天居住在一起的人员参加,在长久寻找合适的剧本以后,我们决定自己写词和曲,编成一个小歌剧。我们订立了一个天真的原则作为写作的基础,即每个演员必须设想一个适合他本人扮演的角色,而且必须说明如何表演。把这些规定的角色集合起来,我们便构成一个包容这一切规定角色的剧情,然后写词和作曲,最后的整理工作由我们的一个朋友担任。我们这些新出炉的作家和作曲家,从体验中知道创作的各种痛苦。我们明白舞台上的音乐话剧剧本究竟是如何写的,这样一种工作困难在哪儿。无疑,那个作品的某些部分是成功的。这些部分适合于舞台,很有趣,对舞台导演和演员提供了好素材。但我们把这些零散的部分联系起来,把它们贯穿成一个主线时,我们发现那情节很糟,不能相联。其中缺乏引导作者到达一个确定目标的基本意念。恰恰相反,那里面存在着许多根本矛盾的意念,而每个演员都不同,这些矛盾的意念,使情节破碎成为片断。各个片断就其本身来说都很好,但整个戏无法合起来。我们并不真正明了我们在文学上失败的原因,但是我们不得不思索这个原因,这却是很有益的。

我必须决定扮演哪一个角色。当然我必须演漂亮人物,为了可以唱美妙的情歌,得到女人的爱情,媲美于我所能模仿其声音、歌唱和舞台动作的某个著名歌手——使我能够效仿他的优点,而最重要的是,效仿他特有的缺点。我是处于艺术发展的那一个阶段,在那时候年轻人不了解,而且不肯承认自己的特殊禀赋。身材矮小的人想扮演高个子,丑陋的女人想扮演美女,粗鲁的莽汉想扮演风流倜傥的男子,毫无情趣的人想扮演柔情似水的恋人,冷若冰霜的人想扮演唐璜,傻子想扮演哲学家,胆小的人想扮演英雄,无神论者想扮演苏福克里斯或陀思妥耶夫斯基,这些全部意义就在于寻求上帝的作家。试问一个业余演员,他最爱演的是什么戏。他的选择会使你惊骇。人总是向往于他所没有的东西,演员时常想利用舞台以获得他在实际生活中不能得到的东西。如果一个女人在实际生活中不能成为一个美女,那么她希望至少在舞台上美丽些。这是那些对真正艺术完全无知的人的逻辑。一个没有基本生活素材的演出,能给艺术家带来什么呢?扮演美人和扮演成功的人,不能构成艺术作品的创作目的。模仿所崇拜的演员只能是一种外表的方法,而不能创造心灵,没有心灵，就决不能成为艺术。这样的演出，只有助长坏的技巧，造成一种刻板的演技，久而久之，成为一种机械的习惯。但是对于自己在艺术上的正确能力和业务的误解，是一个演员进一步发展的最大障碍。这是一条死胡同，他一走进去，就走不出来，直到明了自己的错误，回头走上通达真正艺术大门的康庄大道时，数十年已经过去了。

但即使是那一次演出，也很有趣，因为遇到了一件很有教育意义的偶然事件，我的表姐演主角，为了演这角色，她搬来和我们住在一处，可是排演到一半，她不得不走了，因为她家里希望她回去。没有人能接替她的角色。于是不得不把这角色给我的大姐。直到那时为止，大姐是一位所谓的灰姑娘，只做些舞台上的粗活，诸如准备服装、刷新布景、催唤演员登场，只在非常例外的情形下，她才登台，担任临时演员，至多是演一个小角色。现在顷刻间，大角色给她演。她以自我牺牲的精神答应帮助我们，这精神是值得敬佩的。

由于不相信这一调换能获得好结果，我为她排演实在是勉为其难，因而时常不能隐藏我对她的不快，虽然她是无辜的，绝不应该忍受我的恶意对待。我折磨她，在某次排演时，我使她无法再忍耐下去。她不能把那角色的最强烈、最重要的关键变成她自己的感情，这一层做不到，以下的戏就不堪设想了。我决定不再往下排演，必须等她完成这一段排演。含着绝望的泪，大姐排练那场最重要的戏，这样使我们全体大受感动。冰块裂开，水终于顺畅地奔流了；牢狱的铁栅打开，囚徒得到了自由。束缚着她的羞怯心，在她的绝望中被她冲破了，艺术家强烈的感情找到了表现的道路。我现在以虐待她的同样的热情来赞扬她。我不让她停下来抹泪水,我恳求她继续表演。因为我的鼓励,她心灵开放了,用那突然出现的天才继续使我们惊讶。从此以后,我的大姐开始有了自信,摆脱了封锁她心灵的桎梏。我们有一位新的大艺术家了,我只梦想一件事——把她介绍给观众,让她演一个她适合的角色。

我们的小歌剧《炉边蟋蟀》的演出不很成功,给我们的害处多于益处,但那一次演出使我们得到一个新的女演员,就为了她,我们开始寻找一个戏。

我的大姐不具备一副好歌喉,所以我们决定为她选一个话剧。我们选中了一个话剧,是吉亚琴柯的《讲究实际的人》,因为这个戏适合我并有适于那年夏天住在乡里的其他业余剧员的角色。排演是一天举行数次,有时终日不息。下述各事,是我们进行的情形。

为了更熟悉一个角色,并且深入进去,日常的习惯和继续不断的实习是必要的——我们如此决定。因此我们同意,在指定的某一天里,我们不再过自己本人的生活,而过我们所要表演的角色的生活,而且过剧中所规定的情境中的生活。在那一天,无论我们周围的现实生活发生什么事,或者散步,或者采蘑菇,或者划船,或者户外周游,或者家中静坐,我们都须按剧情来做,以及依据所扮演的角色的精神化装而行动。把我们的实际生活情境运用到我们的角色身上是必要的。例如,在剧中我的未婚妻的父母严禁我和他们的女儿见面,因为我既穷且丑,又是一个大学生。这便需要想计策,和我的恋人会面,而不使她父母得知。例如我的一个朋友来了,他是扮演父亲的。我就必须用尽快的速度离开我的姐姐(扮演未婚妻的人),使他(扮演父亲的那位友人)

不注意我俩，或者说明我俩会面的理由，说得动听而合理。我的那位朋友在这些情况下，就不能表演成仿佛在现实生活中遇见我们俩那样，却必须表演他是个"势利的人"，在剧中所扮演的人，而且必须终日做那人物的化身。这难处在于不仅必须成为一个演员，而且必须成为一个各种各样即兴台词的作者。我们时常会想不出充分的词儿或题目来交谈，于是不能不暂时摆脱角色，互相商讨，在某种情况下，剧中人将遭遇什么事，并决定在我们目前所经历的生活情境中，剧中人将有什么思想，有什么言语，有什么动作与行为。在商讨决定以后，我们又回到角色中去，继续我们的实验。

我们实习了和搜集了素材之后，发觉工作容易多了，再经过长期坚韧的尝试，最后我们走上舞台，就很容易在台上应付人物所遭遇的一切情境了。显然我们正在进入角色。

即使在《讲究实际的人》这个戏里，我也还是依照老习惯，开始模仿皇家剧院的那位名演员萨多夫斯基演奥斯特洛夫斯基的《天才与崇拜者》一剧中的大学生一角。我表演了和他相同的沉重而迈不开脚步的走路样子，他的近视眼，不灵活的手，捋捻我刚刚留蓄的胡须，扶正我的眼镜，以及用手梳整那下垂及额的长长鬈发等习惯。随着时光流逝，以及我对周围实际生活的理解，我这种不自觉的模仿开始成为习惯，日后成为真实的经验了。置身在舞台的氛围中，置身在道具和化了装的人们中间，演戏是可能程式化的，但在实际生活里，一切都是真实，作假是不可能的。也许就是这一点，使我不再为了自我表现而演戏，却为了以我对生活与现实的表现的真实性与忠实性来说服观众而演剧了。显然，在这次演出中，我懂得了什么是"分寸感"。但是，唉，我当时不能强制这种感觉进入我的意识中。在这个角色上出现"分寸感"和在另一个角色上丧失"分寸感"都是偶然的事。但是我并不怀疑我们当时所有的收获,虽然那些收获是一时的,而且不久便遗忘了,然而毕竟在我们的心灵中播下了某些未来的种子。我从萨多夫斯基那里搬来的动作最后成为我自己的了。这是我受观众赞赏的第一个角色,尤其是其中一部分了解舞台的观众。但是小姐们却说:"你那样丑陋,岂不可怜呀!"

我更乐意听信小姐们的话,却不乐意听那些真正懂得舞台的人的话,于是我就想在下次演出中,在舞台上扮演美男子的角色。

这真可惜。我已经走出了死胡同,康庄大道已经在我的面前了。我现在又走进死胡同,去试验我的自然禀赋所不可及的各种角色。错认自己角色类型的可怜的演员们!对于你们,青年男女们,首先要认清自己的才干,这是很重要的。

八　戏剧学校

我的叔父和堂兄对我说:"想为自己确立地位,就必须从事某项社会事业。你必须成为某个学校的名誉校长,或者某个救济院的名誉院长,或者成为议员。"从此以后,我的痛苦便开始了。

我参加某些集会,装出矜持和显要的神气。我装作关心那些施舍给救济院老妇人的衣着,关心学校的进步。我为俄国儿童教育的改进想出了一些奇怪的方法,其实我对自己正在做的事根本一窍不通,像个演员那样,我很有手腕地学会了当我不懂别人的话时如何保持聪明的沉默,以一种富有深意的神气哼出这些话:"唔,好吧。我考虑一下。"我学会了听取别人的意见,然后巧妙地把这些意见变为自己的。仿佛我做做得很好。因为当地每个慈善机构都在要求我参加。我决无余暇去过问每一件事,我疲乏了,我的心灵充满了冷酷、苦恼和有一种自己在做坏事的感觉。我并不在做自己分内的工作,在这些事情上我得不到满足。我是在做一件对我纯然无必要的事。但是,这些新的社会活动却紧紧地牵制着我,我无法拒绝继续完成我已经担负起的工作。可喜的是有了一个解决办法。我的堂兄是尼古拉·鲁宾斯坦所组织的俄国音乐协会和莫斯科音乐学院中很有活动能力的人,升了一个较高的职位。除我以外,找不到别人替补他的空缺。我便接受了那个职位,借口今后无暇兼顾,乘机摆脱了其他一切职务。一个人能和有趣味的人相处,专心从事于艺术界的一种陌生工作,比在那些不仅绝不相关,而且无法忍受的救济院和学校中工作好得多了。

当时音乐学院里尽是些真正有趣的人物。略举一两个人就足以说明:和我同时担任指导的有作曲家彼得·柴可夫斯基,作曲家兼钢琴家达尼叶夫,特列季亚柯夫美术院创建人之一谢尔盖·特列季亚柯夫,在造就未来艺术家的那些教授中有连美国都闻名的瓦西里·萨弗诺夫那样的人物。

这当儿著名悲剧演员欧纳斯托·罗西①访问莫斯科。他在大剧院里演了整个四旬节,由一个二流的剧团配合演出。

当时在四旬节是禁演俄语戏的,但外语的戏是准演的。所以四旬节罗西能在大剧院演出。

我订购了所有他演的戏的戏票,主要是因为当时别处没戏可看。但是我的导师——命运,显然并没使我白跑。和罗西同时代的每个演员不仅有义务去看他的戏,而且有义务去研究他。在超特的造型和节奏上,他是杰出的,虽然他的容貌不很漂亮。他不是一个像萨尔维尼和莫恰洛夫那样的率性的演员,那样的演员,今天表演得才华横溢,明天便会一塌糊涂。罗西的作品永远是精工之作。就技巧而论,他也是一个天才。技巧本身也需要才能,而技巧的才能往往会上升为天才。罗西就是这样的天才。

这并非说罗西使人觉得他无气质,无表现力,无达到效果的那种内在感染力。恰好相反;这一切他都丰富地具备着的,我们常常在剧场里和他一起欢笑悲泣。那并不是因为感官上受了极大震动而由衷地进流出的眼泪。罗西的气质还不够产生这种效果。

---

① 欧纳斯托·罗西(1829—1896),意大利著名演员。

罗西是使人折服的，他所以能使人折服，是更得力于他情感的合理发展、角色的周密设计、表演的泰然自若和技巧与效果的精确性。罗西表演的时候，我们确信他会以演技折服我们，因为他的艺术是真实的。真实是时常有说服力的。在语言和动作上，他特别单纯。我第一次看他演李尔王一角。我承认，他出场时给我的第一个印象并不可爱。他所扮演的角色的风采几乎总是很差。他对于风采几乎毫不注重——一件平常的歌剧服装，一撮粘得不讲究的胡子，不吸引人的化装。

第一幕似乎没有表现出他杰出的地方。观众只是渐渐地习惯了听一个外国演员以不可理解的外语表演一个角色而已。但是，当这位大师把角色的设计更多地在我们眼前展现，勾画出角色的精神的和身体的轮廓的时候，角色便在我们眼前变得更广、更深了。不知不觉地、静静地、势所必然地，罗西引导着我们一步步走上精神的阶梯，到达角色的最强烈的顶点，我们到达那顶点以后，他并不向我们表现在人类心灵上造成奇迹的那种崇高气质的最后的、强有力的迸发，却仿佛不忍让自己照那样演下去似的，时常把这最强烈的顶点转化为单纯的悲剧感情，或在那时候运用一点明知我们不会觉察的舞台"花招"，因为我们不会察觉到他所启发的顶点，激动的情感，会由于他的推动独自走向高峰。这种方法大多数伟大的演员都会运用，但并不都能像罗西那样运用得成功。在抒情的段落、爱情的场面和诗情的描写上，罗西是没有人可以模仿得了的。他有权力把词句说得单纯，而且知道如何说法，这在演员中很稀有的。他有一副好嗓子，有一种运用嗓子的神奇本领，有一种非常清楚的吐词，一种正确的语音，一种完美到已经成为第二天性的可塑性。他的天赋最适于表现抒情的情感和抒情的体验。

所以，虽然他的身材并非第一流的，却具备了一切优点。他长得矮小，胡子是染了色的，手很拙笨，脸上有皱纹，但是他有一双炯炯发光的眼睛——像照亮心灵的明镜般的眼睛。有了这些气质，所以虽然年龄已经很大，罗西还能扮演罗密欧。实际上他已不适于扮演这一个角色，但他把这角色的内心形象刻画得尽善尽美。这是一个大胆的、几乎是放肆的刻画。例如，在罗密欧去见神父的那场戏里，罗西表演的那角色因绝望而就地打滚。这个动作是一个老年人靠他的圆而小的腹部做出来的。但这并非胡闹，因为这动作是角色的内在形象所要求的，是创作工作的正确而动人的心理线索所要求的。我们了解这种深刻意图，我们钦佩罗西，我们同他发生共鸣。

我想回忆一下当时演员怎样在戏剧学校受教育的。那些方法各各不同。所谓的戏剧艺术教授们大多是"假内行"，直到现在这种戏剧艺术教授们也还是这样；个别的名演员都有一些"看家本领"，这些本领有的是他们自己研究出来的，有的是从前代大演员们继承的遗产。但任何一个人都不肯宣布他的奥妙之处，他如何研究、如何创作是一服秘方，他就带着这秘方进入坟墓。之所以如此秘而不宣，有的人确是因为他们并不明了自己，因为他们都是凭直觉创作的，他们跟自己的创作并没有意识的关系。但是有的人对于自己所创作的是什么、为什么要那样创作、怎样创作，确实知道得很清楚。然而这是他们专属的秘密，传授给别人是不值得的。他们循规蹈矩地教导学生，但他们却从不使他们的学生睁开眼睛，其实只要他们愿意，那是一定能叫学生睁开眼睛的。

人家告诉我说，许多年前，教戏剧确实是一件简单的事。而谁又知道，也许那时候的方法比现在实施的方法更正确些吧，谁知道呢？

"你想走进剧场做一个演员吗？那么进舞剧学校去。第一步必须先教你如何走路。临时演员是时常需要的，要不是参加跳舞场面中，就是走在群众场面中，或者充当'跑龙套'角色。如果我们把你造就成一个跳舞专家，自然最好。如果我们觉得你没有跳舞的能力，却有演歌剧或话剧的能力，那么我们会送你去学习歌手或演员的课程。如果你再不堪造就，那么回来演'跑龙套'，当舞台工作人员，或行政人员。"

这种程序使得只有具备天才的人才能踏上舞台。那是理所应当的。没有天才或能力的人切勿走上舞台去。但是在我们今天的分科的戏剧学校中，情形就并不如此了。那些学校所需要的是一批缴费的学生，能缴费的人并非每人都具有天才或有希望成为艺术家。事实恰恰相反；有天才的人，即使经济上可以缴付学费，也不会缴付的。他们为什么要缴费呢？缴费的人都是天资较劣，或毫无天分的。他们以经济支持学校，负担教授的薪金，负担学校的燃料费、灯火费和房租。为了造就一个有天才的人，必须骗取至少一百个没有天赋的人的钱财。如果没有这种调剂，目前就绝无学校可以存在。

从前他们是怎样培养的呢？他们只教育那些真正配造就的人，这些人是从戏院附设的舞剧学校的学生中选拔出来的。

被选拔的人被送到那些最好的艺术家那里受教育。我们民族艺术的荣誉，将西方传入的一切吸收后化为己有，奠定了真正俄国戏剧艺术与其传统的基础的那个人，我们的伟大的立法者和艺术家米哈伊尔·谢苗诺维奇·史迁普金就是把他的学生带去跟他家里的人住在一块儿的。学生们和他一起生活，一起饮食，在他的监护之下长大和结婚。且听他的学生、皇家小剧院的名演员费多托娃替我来讲吧。

"我们永志不忘史迁普金是如何教育我们的。学校放暑假后，我便住在他的家里。我时常同别的孩子们玩棒球游戏，突然间我会听到一阵震动全花园的惊人呼唤。'卢申卡——卡——卡！'那老头儿醒了，身穿浴衣，手持烟斗，走进花园，叫我去做功课。那时候我会发脾气，哭泣，懊恼得摔球锤，但我还是会去的，我会去的，因为不服从史迁普金是不可能的。为什么不能不服从，我自己不懂，但就是不能，不能，不能呀，我的朋友。所以我去了。脸气鼓鼓的，拿了书坐下来，掉转了脸不看书本。

"'合起你的嘴唇，忘记你在气恼，把那一页读给我听。'老人说，'如果你读得好，我立刻让你去玩，如果读不好，请不要生我的气，我会把你扣留到晚上，或许留到你读好为止。'

"'但是，米哈伊尔，亲爱的，我不能。让我过一会来读吧。那时你要我读十页也可以。'

"'读，现在就读，我们已经听够了这些话。你最好现在就读，不要浪费我的时间和你自己的时间。'

"就这样，我开始读，但读得不行，绝对不行。

"'你到此地来学字母的，还是来学音节的？按照应有的读法读。你知道应该怎样读了。'

"于是我便强打精神，集中全部注意力，但我不能把棒球游戏的意念驱出脑海。等到我最后总算把这意念驱除，竭力深入思索角色，发掘角色，果然读得不错了。

"'好了，现在你可以去了，我聪明的孩子。'我便尽快地飞奔出去。我们重新游戏，大吵，大笑，然后突然又是老人的声音：'卢申卡——卡——卡！'于是我重又经历那一切。这便是那老人如何培养和锻炼我的意志的方法。演员必须有坚强的意志。演员的第一任务是学习控制意志。"

这是费多托娃告诉我的另一个故事。

"终于我初次登台表演了，我经历了火一般的痛苦洗礼。剧场里一片嘈杂的人声、掌声、叫幕声。我像傻子似的站着，不知所措。后来我行了个礼，奔入侧翼，又奔上台来，又行了个礼，又奔回侧翼。我很疲劳，朋友，非常疲劳。但我的心头却是愉快、温暖的。做了那一切事情的是我吗？在舞台的侧翼，站着米哈伊尔本人，倚着一支手杖在微笑。他的笑非常仁慈，非常仁慈。你决不会明白，米哈伊尔的笑对我们有多么重大的意义。只有我们和上帝才会明白。我奔入侧翼，他就用他的手帕揩我的脸，吻我，轻拍我的脸颊。'好，聪明的孩子，'他会说，'我折磨了你和你折磨了自己这许久不是白费的。去，去吧，向他们道谢，他们在称赞你呢。去接受你所应得的吧。'

"我再走上台去，向各方面行礼，又回侧翼。终于他们静下来了。

"'好，现在你到这里来，聪明的孩子，'米哈伊尔呼唤我，'为什么他们称赞你呀，聪明的孩子？你知道吗？好，我来告诉你。因为你的脸年轻而漂亮。但是如果我以老年人的脸相，像你今天一样演得好，会怎样呢？他们会怎样对待我呢？'

"'他们会怎样对待你呢？'

"'嘿，他们会把手杖倒过头把我赶下台来。记住了。好，现在你可以去了，去受他们的祝贺吧。这我们以后再谈。我们还有问题要讨论呢。'"

她初演成功以后——那时她已经被认为是小剧院的演员，而且表演小剧院的保留节目了——费多托娃和类似她的其他演员们仍然继续在舞剧中担任跳舞的配角。

同一时期的另一位著名演员萨马林也经历了几乎相同的体验。他的初演是成功的，小剧院接受他充任少年主角，该院的保留节目中他演过许多角色，但同时他仍旧继续扮演《康达弗尔王》舞剧里中箭的狮子。这位名演员表演狮子中箭死亡，演得非常好，以致没人可以代替。因此他仍然继续出现在舞剧中。

"让他跳舞，让他演个小角色。为什么让他们这样闲着？他们还年轻，他们需要工作，否则他们就会闹乱子的。"老师们以及剧场负责人都这样说。

但是在同一个剧院中，也有其他各种教导方法。这是俄国舞台上一位最有天才的演员怎样对待一位刚刚从学校毕业入剧场工作的年轻而自负的演员的方法。他们两人在一出通俗喜剧里同场，这戏的全部纠葛在于一个青年失落了一封信，这就造成了全部情节的发展。这位年轻的演员没有把失落信件演得出于偶然，却表演成故意的。

"我不相信你的表演，再来一遍！我不相信！试想你怎样失落你自己的情书；我担保你就演得两样了。现在好些了。再来一遍！我又不相信你了！"

他叫那青年照他的意思表演了好几个钟头。剧目的管理人耐心地等待，直到青年能将失落信件的动作表演得恰当为止。

那个通俗喜剧演过后，年轻的演员比以前更自负了。

"我要给他点教训。"年长的演员说，"斯捷潘，亲爱的，拿我的外衣来，"他当着一些人的面，客气地说，"还有我的胶鞋，就在那边，也拿来。不要懒，替老年人去拿来；俯下身子，替我穿鞋。这才对了。现在你可以去了。"

学校里上的第一堂课是一般的文化概论，但分量不太重。艺术史的讲座是当时的名教授们开出来的，为了学生透彻了解，还举行许多讨论会。

就特殊研究而论，尤其是戏剧艺术的研究是这样来教授的。

譬如，学生不能念"С""Ж"和"Щ"等字母。于是教师便和他相对而坐，尽量张大嘴，对学生说：

"瞧我的嘴。你看我的舌头怎样动的；舌头贴住上部的牙齿。照样做。念！重复十遍。嘴张大些，让我看你念得是不是准确。"

从我的亲身经验中，我相信，经过一两星期聚精会神的练习以后，就能纠正发声错误的音，就能懂得如何正确发声。我经历过相同的课程，我确认那结果是好的。

那些由歌剧艺术家充任的声学教师，把从戏剧系选拔出来的学生的发音训练得正确了，此外，朗诵的教师就强迫学生读六脚韵诗，教学生们这样地吟哦：我们假定那第一个音节等于 do 音。于是学生便把整个一行用同一音阶诵念。第二行就用第二个音阶，第三行又用第三个音阶，依次上升。不可否认，这方法是可以训练声音的。却也有无穷弊端。为了练音，并非为了表达内在感情与思想而说些毫无意义的字眼，这种习惯破坏了字眼与心灵、声音与情绪之间的联系。字眼必须留意，因为字眼是实物！

在语法班他们研究诗句，学习诵读诗句。这一方面，教师本身大有关系。那些喜欢矫揉造作的悲剧感情的教师便教字眼的吟哦，因为他们认为这种矫揉造作的悲剧感情是悲剧中必不可少的；其他那些喜欢内在的悲剧感情的教师却试图让学生能质朴而有力地表达台词的实质。自然，这是无比艰难的，却也更真实。

与此同时，或者为了公演，或者为了实习，或者为了参加学校召集的晚会而研究某一角色。

据说，史迁普金善于亲近他的学生，透彻观察他们的心灵，把他们的情绪变成他自己的情绪，所以学生们立时可以了解他。他如何能够这样做是一个秘密，关于这一点，除了他给舒姆斯基·亚历山大·舒伯尔特和果戈理的几封信以外，便毫无迹象可循了。下边的一封信是他写给舒姆斯基的，因为它在实践上有非常的重要性，所以全文照录。

利用每个机会劳动、锻炼上帝赋予你的能力，使它发展到最高限度。切勿停止听取批评，而要尽可能深入地听取批评，以改正自己的缺点，并获得有益的意见。要永远正视"自然"；深入所扮演的角色的内心，详细研究角色的社会地位、教育、独有的思想（如果有的话），同时切勿忘记研究角色的过去生活。这一切研究之后，那么无论从生活中移植到舞台上的是什么情境，你都能正确地表演了。有时你的表演或许会软弱，有时或许会近似满意（这要看你的精神状态），但你永远能表演正确。记住，人是做不到十全十美的。但是，如果你不断研究，你就能在"自然"所赋予你的能力范围内接近完美。看在上帝的分上，绝不要存心取悦你的观众，因为滑稽和严肃二者都来自生活的真实思想；如果你相信我，那么两三年内，你会看出你的表演方法的差异；年复一年，你所演的角色会更圆熟，更自然了。不断地注视你自己，因为尽管观众或许已经对你满意，你自己却必须成为你自己的最严格的批评者。你必须相信，内心的酬报比一切别人的夸奖更好。如果你有余暇，应该尽量深入社会，在大庭广众中研究人，不要听任一件小事毫不注意地放过，那么你便会发现，为什么事情会是这样发生，而不是那样发生的原因了。这一本活的书籍可以代替理论，为你服务，在我们的艺术中，不幸，理论还没有诞生。因此，毫无偏见地研究社会各阶层，你将会发现任何场合都有好坏两方面。这将给你以机会，使你能把每一阶层表演得恰如其分——那就是如果你表演一个农民，你便不会在狂欢的时候做出文雅的愉快动作，当你表演贵族时，便也不会像农民那样愤怒时吼叫和挥手。切勿自高自大，不屑深入研究生活中所见的情景与细节，而要记住，这些情景和细节只是帮助你，却不能成为你终极的目的，只有你学会了解你表演的终极目的后，这些素材才会对你有用。

只有在极端特殊的情况下，当学生无法了解教师所说的感觉、形象或内心动作时，史迁普金才会走上舞台，亲自表演。

当角色正式表演时，每次新的演出都当作排演看待。过后，学生或者受夸奖，或者被批评，而且给他以必要的讲解。如果学生演坏了，便告诉他为什么会失败，欠缺些什么，在他的角色身上什么是最需要努力，什么是表演得完好的。夸奖当然鼓励了他。其他的讲解也引导他走上正轨。但是如果他自负、骄矜，教师们便对他毫不客气。在旧时代，老师要"教训"学生的。

这些伟大艺术家的后裔和继承人带给了我们这些单纯、巧妙、未经记载的传统与教育方法的痕迹。他们按照教师们所设计的道路前进——其中有的人像费多托娃、她的丈夫费多托夫，娜杰日达·梅特维捷娃、瓦·尼·达维多夫，以及其他天才们，都能表现这些传统的内在实质。其余才能较差的，则理解这些传统的表面，他们大谈这些传统的外在形式，很少谈到内在的内容。还有些人只谈论表演方法，而不谈论艺术实质。这班小人物抄袭了史迁普金的外在形式，教起史迁普金派的学说来了。他们只教一套刻板法，教人这一角色应如何"表演"，说明照那样子表演会得什么"结果"。逐渐地，史迁普金的传统在悲剧中，在剧院中和学校中以至于失传了。

在那个时代，学校中备有相当完整的普通文化课程，许多概论性质的课目被采用，这样便把演员的一般知识水准大为提高了。但是杰出的天才却很稀少，也许因为杰出的天才受不了呆板的学校管理的缘故。

学生们由教师指点着读词和表演，所以每一个学生开始都学着模仿教师。学生们读词很准确，加上一切逗点和段点，谨守着语法的每一规律，外在形式是彼此相似的，这种外在形式像一件制服那样，遮掩了人的内心实质。但是，诗人并非为了外在形式才写诗的；诗人在诗里写的也不是这种外在形式，诗人也无须知道朗诵者在台上怎样朗诵他的诗。我认识一些教师，他们就是以下述方法教导学生的。

"声音放大点读。使劲，把声音提高。随意读。"

另一个学校里的一位著名教师看一次晚会表演，中途到后台，在我面前气愤地说：

"你的头没有摆动呀。一个人说话的时候，头是时常摆动的。"

这里必须说明"头的摆动"的来历。当时有一位优秀演员，表演很成功，许多人都模仿他。他有一种毛病。他有"摆动头"的习惯。于是他的所有信徒忘记了他是一个有特殊禀赋和特异技术的天才，他们没有承受他的这些素质——而且也不能承受，因为这些素质是属于他个人的，是他独有的——却只把他的缺点接受过来，那便是摆动头。全校各班的毕业学生都带着摆动头的毛病走出戏剧学校。

总而言之，学生们抄袭教师成了规矩。他们模仿教师，但是模仿得很糟，因为他们缺乏天才和技术。不过，如果容许他们以自己的方法表演，那么要他们演什么，他们都可以演得很好。或许学生们自己的方法是不正确的，但无论如何那是诚恳的、真实的、自然的，而且看的人可以相信他们。一个人可以在艺术上有很多成就，一个人甚至可以有许多不同的表演方法，但必须表演得有艺术性和能感动人。记住史迁普金信上的话："你演得好坏都不重要，重要的是，你要演得真实。"

虽然如此，容我重复一遍，尽管俄国戏剧艺术的大量生产带来了这一切缺陷，但在学校和剧场里史迁普金的精神却依旧留传下来，虽然那只是干枯的形式，却通过个别的天才教师的工作传给了我们。

现在学校生活范围内，出现了聂米洛维奇-丹钦柯，他在莫斯科音乐会主办的戏剧学校里任教。这事我留待将来再讲。

我所投考和被录取的戏剧学校比其他学校稍为好些，因为这学校是被称为"史迁普金之家"的皇家小剧院所创办的。

围着铺绿布的桌子坐着几个艺术家、与艺术一点也没关系的许多非艺术家、教育家、教书匠和官员。考生粗略地读过几句诗之后，他们便以多数表决来决定应考的天才或低能儿的命运。试将旧时代和旧剧院中所沿用的制度和这种情形相比较，你便知道巨大的差别了。由于多年经验的积累，我知道了那些得意洋洋地应试合格的人是很少配得上所赋予他们的期望的。一个外表美好、在业余剧团和音乐会中稍有经验的人便会觉得，在考试时欺蒙最有经验的教师是很容易的，尤其是当教师正想从每一张新的脸上寻求新发现和新天才的痕迹的时候。他使出浑身解数，以期易于被录取。发现新的天才是很可喜的事。炫耀一个天才的学生是更可喜的。但是真正的天才是深藏在心底的。从深藏处把天才诱导出来是不容易的。这便是为什么许多现在蜚声于时的艺术家，当初应入学考试时远远落在别人后面的原因。其中许多人，像奥尔连涅夫和克妮佩尔都曾被我们的一个最好的戏剧学校拒绝录取过。

曾是业余剧人而早已演出过许多戏的我，凭经验应试合格。每一个典试员对我一定都有这样感觉："当然，这个人不合我们的要求。他一点也不合格。但是他身材魁梧，嗓子、体态好，这些都是在舞台上少有的。"

此外，我还认识小剧院的一个女演员费多托娃，她是典试员之一。我时常去她家，而且是她儿子的朋友，他的儿子是个学生，又是戏剧爱好者，尤其是爱好话剧。虽然我朗读不好，但我被录取了，我发觉自己处在一群还较我年轻的学生中间。他们都是十五岁左右的中学生，我却是音乐协会的理事之一，许多慈善团体的主席。我们之间的差异，以及对生活态度的不同竟这样大，以致我觉得在学校里和同学中间相处很别扭。

一般的文化课目我是不需要了，因为我早已读过。我不能去听戏剧史、艺术史、服装史和风俗史的讲座，因为我没有时间。但我会随便找个借口离开我的办公室，常常能听特别的戏剧课程，参加学校的实习排演。

饱学的教授们把关于我们正在排演的戏的各种研究资料灌输到我们脑子里。这便引起了思想，但是我们的情绪还是丝毫不动的。教授们很生动地、很有技巧地告诉我们，这个戏和戏中的角色是怎样的，那就是把创作工作的最后结果告诉我们，但是我们该如何表演，循什么途径，用什么方法，到达那愿望的结果——却丝毫没有讲到。我们集体地或个别地受教，表演某一指定的角色，却没有教我们技巧。我们感觉缺乏基础，缺乏体系。我们学过实用的方法，这些方法却并没经过科学整理。我所需要的不是这个，我并不是为了学这个而进学校的。我觉得自己是一团面粉，他们在用这团面粉来焙制一块特定滋味和特定式样的面包。我想起我将像其他学生一样被剥夺自己的个性（尽管个性不良），我就害怕。我只梦想一件事——完成我自己，自然地、依我所能地、势所必然地完成我自己。这决不是教授和我自己所能教导的，只有自然和时间才能造就我自己。由于这一切，加之因工厂和办公室工作的牵制，我甚至不能按时到校上课。对于我的因循的种种指摘，我获得缺课的特许，他们却得不到，同学因而对我嘲讽，这一切使我无法忍受，所以入学不过三星期，我便离校了。费多托娃——我是为了向她学习才进学校的——大约也在那时候离校的。

九　小剧院

了解了戏剧艺术在它的种种问题的广度和深度上的至高的性质，领会了研究这一门艺术的种种艰难，我便把我的全部思想、时间和财产呈献给它了。当时戏剧艺术的殿堂是我们所钟爱的皇家小剧院，它被称为"史迁普金之家"，正如巴黎法兰西喜剧院被称为"莫里哀之家"一样。史迁普金的遗教仍保存在这剧院的门墙里面。这些遗教的单纯性是显著的，艺术真实性是惊人的。那个剧院里有着真正的艺术气氛，这种气氛造就了一个宽阔而自由的艺术心灵，绝不是任何因牢似的学院所能造就的。我能勇敢地确认，我的教育并不是得之于中等学校，而是得之于小剧院。我本人对小剧院的每次演出先作观赏的准备。为了这个目的，我组织了一个青年小团体，共同阅读小剧院演出的每个剧本，研究有关该剧的一切文献，确定他们自己的意见，然后集体到剧院观剧，看演出之后，在连续讨论中交换彼此的印象和见解，确定对这个戏的评价，然后他们会再去剧院看一次，重新讨论。这些讨论往往证明我们对于艺术和学术诸种问题的无知。我们努力做研究工作和听讲座，以纠正自己的无知。小剧院成为操纵我们生活的精神方面和知识方面的杠杆了。除了对小剧院有着这种尊崇外，还应该加上对它的个别男女演员的偶像崇拜。我们的共同偶像是那位俄罗斯舞台的荣誉，现时还健在的玛丽亚·尼古拉耶芙娜·叶尔莫洛娃。关于她以后再谈。鉴于我们自以为是史迁普金的后裔这一事实,让我对他的"家"说几句话。

小剧院的光辉史册在我出世之前早已写就了的。但是我仍能亲眼见到编年史上光荣的最后几章。

我见过小剧院的才华卓绝的艺术家们的全盛时期。童年我欣赏了除明星以外别无所有的意大利歌剧,青春时代我又欣赏了小剧院的天才们的丰富才华。艺术的这些光辉篇章,在当时还轻视我们的欧洲,不注意我们的美洲,怎么能不使他们知道呢?我们的戏剧史的那个时代,实际上足以与莫里哀、莎士比亚、哥尔多尼①、戈齐②、希罗德③、歌德、席勒和魏玛剧院相媲美。我们正在创造我们自己的流派、自己的演员,以及像普希金、莱蒙托夫、果戈理、格里鲍耶陀夫、奥斯特洛夫斯基、屠格涅夫、彼谢姆斯基④、车尔尼雪夫斯基和无数其他的剧作家、诗人。

你曾否注意过,在戏剧史上有过悠长苦闷的停滞时期。在那个时期,地面上没有新的有才能的作家出现,也没有新的有才能的演员和新的有才能的舞台导演出现,突然间,出乎意外地出现了一个完整的剧团,而且由于大自然的恩惠,还为这剧团增添了一位作家和一位舞台导演。他们群策群力,创造奇迹,创造戏剧史上的一个新时代。但为了平衡天平,立刻又出现了他们的反对者,想用更新的事物来打倒那新兴的事业。但改变的只是外貌。"道"是不变的。

然后便出现了那些创造新时代的伟人们的继承人。他们接受

---

① 哥尔多尼(1707—1793),意大利喜剧作家。
② 戈齐(1720—1806),意大利剧作家。
③ 希罗德(1744—1816),德国演员、导演,第一个在德国舞台上表演莎士比亚戏剧的演员。
④ 彼谢姆斯基(1821—1881),俄国小说家。

了传统，用来传授给下一代。但传统是变幻不定的，正像梅特林克笔下的青鸟那样，表现为各种奇异的形式，以至于变成一种时髦的风气，只有其中一粒种子，那最重要的一粒种子，却保存着原有的生命，直到戏剧的复兴时代，这复兴时代便承受了这粒大"道"的遗传的种子，创造它自己的新"道"。以此推衍，这种新"道"又被移植到下一个时代，它的大部分实质又在传递的中途被遗失，只剩下一粒微小的种子，进入那存储人类未来的、伟大的、人类艺术珍品的宝库中去。

在俄罗斯戏剧界，也有这样阵容强大的剧团：叶卡捷琳娜女皇时代有弗尔柯夫的剧团，在上世纪，则有史迁普金的剧团。造物主创造了一个以史迁普金为首、全是俄罗斯天才和才干的剧团。其间有著名悲剧演员莫恰洛夫和与他相匹敌的卡拉蒂京，以及萨多夫斯基父子、舒姆斯基、萨马林、连斯基、叶尔莫洛娃、费多托娃、妮科林娜、妮科林娜-科西茨卡雅、黎雅盛采娃、叶伏基尼、阿基莫娃、瓦西里耶夫兄弟、伟大的马尔丁诺夫、萨莫伊洛夫、瓦尔拉莫夫、达雅多夫、萨维娜、斯德里碧托娃及其他人。这一切艺术家都是凭直觉造就自己的。其中有些人，像史迁普金和萨马林起初是不识字的农奴，直到他们和果戈理、别林斯基、阿克萨柯夫、屠格涅夫和陀思妥耶夫斯基等人结成至友时为止，一直都是自己教育自己的。

我还记得那著名的萨多夫斯基老人，在我很小很小的时候见过他一次。他表演一出通俗喜剧，在剧中几乎没有一句台词。那角色所表演的全部事实是准备要讲一件重要事情，但忽然不讲了，他因为裘衣领上的一根毛进入口中而感到不安，这根毛使他不能讲完那句话。很长的时间，他转动舌头，设法用手拔出口中那根毛，可是他已经讲开了头的那句话，却始终没有讲完。用来弥补角色的空虚而发明的这一类剧场花招，演得出神入化，令人永远难忘。否则，我看到萨多夫斯基演那出戏出来已经有数十年，决不能栩栩如生地存留在我的记忆中的。

在很小很小的时候，我还见过瓦西里·热沃基尼的伟大的舞台表演，但只见过一次。我记得所以带我去看他的戏，部分是因为我母亲在怀上我的时候，已被热沃基尼的演技所迷醉，因而很希望我能在他死之前去看他的戏。甚至还有这种说法，说我初生的时日，我的脸使我母亲想起热沃基尼的脸。我记得在戏开场之前，热沃基尼走出台来，径直走向观众。他站在脚灯前，用自己的名义向观众表示欢迎。观众报以掌声，等这礼节完毕之后，他才开始表演。这种举动在一个严肃的剧场里似乎不应该有，但出之于他是不会遭人拒绝的，因为这举动非常适合他的特性和他怪癖的艺术个性。当他与观众举行了这个见面礼后，每个观众心灵都满怀喜悦。热沃基尼所以还能得到另一种掌声，因为他是热沃基尼，因为他和我们生活在同一时代，因为他给了我们许多极度快乐的时刻，使我们与之相伴终生，因为他永远爽朗而欢畅，因为人人都喜欢他。

但是这个热沃基尼能把他角色的最滑稽，甚至最可笑的戏演得像悲剧那样一本正经。他懂得怎样使一本正经成为可笑的那种秘诀。这位喜剧演员的面孔和拟态动作是无法形容的。他是一个迷人的丑男子，使人想吻他、抚摸他、喜欢他。他在台上的那种和蔼可亲和从容不迫，不仅单纯，而且是无往不宜。当他极度痛苦，满台暴跳，用他真诚的呼号求救的时候，他那对于音响和琐事的反应的一本正经，反而使人忍不住发笑。他又是那些在笑剧上"永恒"的创造者之一。

　　第三位天才是舒姆斯基，我确实记忆得很清楚。他能和哪一位举世闻名的艺术家相比呢？就他的艺术气质、角色的动人刻画和角色的完整表演而论，最适于相比的是考克林①。但舒姆斯基有着永远真挚的那种优点。他能夺取法国任何喜剧演员的荣誉。舒姆斯基不仅表演喜剧，也表演悲剧。在演悲剧时，他的技巧，他的艺术气质和他的雍容气宇仍旧不会丧失。

　　萨马林在青年时代是一位专演法国戏的风流倜傥的小生，中年时以成熟而略近丰腴的风采，不同凡响的嗓音、吐词，出众的仪态和伟大的气质成为一个理想的贵族和有魅力的演员。

　　我记得梅特维捷娃，不仅记得她是一个女演员，而且记得她是一个自学成才的、有趣的人。从某种程度上说，她是我的师长，而且对我有过巨大影响。年轻的时候，她被认为是演年轻女角色的称职的二流演员，但日后由于天赋——一个性格女演员所应有的天赋——她在舞台上达到了真正饱和点，她发现自身的光辉色泽，使她也能"亘古不灭"地表演了。她是个天生的性格演员。即使在私生活中，她一刻也不能不模仿她所见到的周围的人物。她用形象讲话。当她告诉你，说她见过一位来访者，那个人表示了如此这般的一种意念的时候，你便立刻仿佛亲眼见到什么人曾经到过她那里，是怎样讲话的。

　　有一次我亲身经历了她家中的一件特别的事。她病了，不能参加演出正在小剧院上演的新戏。我知道她正因别的女演员接替了她的新角色而在苦恼，我便去拜访这位老太太，想替她消愁解

---

① 考克林（1841—1909），法国演员。

闷。她住的那所公寓里没有人,因为大家都到剧院去了。惟一在家陪伴她的是梅特维捷娃好心收养的一个老妇。我敲门,轻步走进客厅。梅特维捷娃神色仓皇、头发蓬松地坐在客厅的中央。起初我吓了一跳,以为她发生了什么事,但她叫我安心,说:

"你看,我正在演戏。现在是我死的时候,我是个老傻子,但我还在演剧呢。我想,我在棺材里也还是会演戏的。"

"但是,你此刻在表演什么呢?"我感兴趣地问。

"一个傻子,"她回答,并开始讲解,"一个傻子,不知是厨娘还是淳朴的农村妇女去找医生,到了那里,坐下了,把一捆蔬菜放在身边地上。她坐着,四下打量。墙上挂着一张画。她望着镜子里,乐了,笑了。她把她的头发压到头巾下面,嗬,镜子里的人也在把头发压到头巾下面。她忍不住笑了。"

真的,再也设想不出一种比这更傻样的笑了。

"医生走进来,招呼她。她走进另一间房,但提着那捆菜。'你有什么病?'医生问,'你什么地方觉得不舒服?''我把它吞下去了。''你吞了什么?''我吞下了一根钉子。''是一根大钉子吗?''这样长。'她拿来一根几寸长的钉。'你要死的,老太婆,'医生说,'如果你吞下了这样长的钉。''怎么会死呢,我不是现在还活着吗?''那么你觉得怎么样呢?''我觉得,它从这里钻出来了,到了这里,又到了那里,'那老妇人指着全身各部。'好,把衣服脱了。'医生走了出去,老妇人便动手脱衣。她脱下了上衣、围巾、围腰、裙子、内衣;她打算脱鞋,但脱不了,因为小腹太大,不能弯腰。她坐在地上,先脱下一只鞋,然后又脱下另一只鞋,拉下了一只袜,又用那只光脚帮忙拉下了另一只袜。此刻她一丝不挂了,便开始站起来,但站不起。最后她站了起来，坐在一张椅上，交叉着手臂，坐着，就像这样。"

梅特维捷娃的表演几乎使我相信，坐在我面前的确实是一个裸体女人。

我的老师——命运把我推进了德尔普息柯里①的王国，去参观和研究造型艺术领域中的活动。这对于我们这类人、对于戏剧演员来说是必要的。我去看舞剧是没有什么先入为主的观念的。我第一次去看，很偶然，只由于百无聊赖。当时我已经在各方面消耗了精力，所以我也就去看看舞剧，想拜访一下那些爱好舞剧的我的伙伴们，在舞剧上发现了什么。我看了很高兴，便成为他们的一员。

就某一点来说，舞剧爱好者对舞剧的发展是有大功绩的。他们从不放过一次演出，但时常很晚才到场，在乐声中就座。但是如果"她"——他们所崇拜的那个对象——偶然在第一个节目中出台，那么情形便完全不同了。这时候舞剧爱好者便会在序曲声中就座。如果他到场迟了，便算他倒运。"她"也便要受人奚落。当"她"演完了她的节目以后，下面的节目中已经没有被公认的"泰斗"，德尔普息柯里的真正女祭师的"泰斗"了，所以艺术的真正爱好者兼鉴赏家是认为不值得再留在剧场里看那些庸才的。在一个节目与另一个节目中间，观众习惯于走进吸烟室，在那里坐着，直到剧场带位人走到每个人面前，说"她们上场了"。这意思是说，这位或那位舞剧迷的崇拜对象即刻就要出场，因此该轮到他进场入座了。他所崇拜的对象不一定很有才能。在感情作用中，艺术退居于次要地位，骑士风度占了最显著的地位。当然，

---

① 舞剧和合唱女神。

他必须定睛注视"她",观剧镜从不离开眼睛,不仅在她表演的时候注视着,在她站定的时候也注视着。就在静止的时候,眉目传情的攻势便激烈展开了。

例如: 她站在一旁,别人在表演。此时她便越过脚灯,望到她的捧客。她嫣然一笑。这是一个好兆,她并没有生气。但如果她不笑,沉思地凝望着远处或旁边,或视线往下,默默地退入台翼,那么她是生气了,她不愿意你去看她。事情就不妙。那可怜的捧客的心便紧张了,头也昏了。他觉得自己公然受了侮辱,便把头转到一位朋友那儿去,与他窃窃私语起来。

"你看见了没有?"

"我看见了。"他的朋友黯然地说。

"这是什么意思?"

"我不明白。你到那甬道上去过没有?"

"去过了。"

"她笑了吗?"

"笑了。"

"她从窗格里飞吻过没有?"

"飞吻过了。"

"女舍监不在她身边吗?"

"我看不见。"

"那我就不明白了。"

"我该怎么办呢?送花给她好吗?"

"你疯了?送花给一个学生,而且送到后台去?真羞人。你难道是初出茅庐的捧场者吗?"

"那么我该怎么办呢?"

"让我想一想。瞧。我的那位学生在望我了。她在笑。"

"是的,她在笑。啊,是个快乐的人呀!"

"好!好!对她喝彩呀!"

"好!好!再来一个!再来一个!"

"不,她不会再来一个了。我们这样办。你买花,我写个条子给她,和花一起送去,但我的字条是写给我的那一位,不是写给你的那一位,明白吗?她会把花转送给她,而且会把一切事情解释清楚的。"

"好极了!我的朋友,让我拥抱你。你时常帮我。只有你了解我!我走了。"

第二次出场时,她胸前挂着一朵花。她望着那负罪的捧客微笑。他乐得跳起来,又跑到他朋友面前。

"她笑了!她笑了!谢天谢地!但是我还不明白,起先她为什么生气。"

"散场以后,到我家里来,你就会从我那里知道一切了。"

散场以后,舞剧迷必须送他所捧的角色回去。那些爱慕舞校学生的人便会在后台出入口等候。于是出现了下面这样的情形。一辆大马车停在门口,马车的前门开着。"她"跳进了车厢,站在马车的另一扇门旁,把门完全遮住。窗子放下了。于是那男人走到她面前,吻她的手,或许给她一张字条,或许说些简短而意味深长的话,这些话将使她萦绕终宵。于是其余的学生便从前门鱼贯登车。

更大胆的舞剧迷会勇敢地拐诱他们所崇拜的对象,会把这些角色带到一辆停在较远处的特备的马车里,然后快马加鞭,疾驶穿过几条街道。当戏院的车子回到学校时,私奔者早已到达了学

九 小剧院 097

校。那男人便会把那女人从马车后门送上车厢,别的学生们正从前门下车,这便使私奔者躲过了女舍监的锐利目光。但这是一个困难的策略,而且需要马车夫、管门人和所有学生的帮助。

送学生回去以后,这舞剧迷者便到他的朋友处去,或者到他朋友的朋友处去。在那里一切事情都迅速地简单、明白了。这不愉快事件之所以发生,是因为今天在约定的时刻,大家都在那正对着戏剧学校窗子的甬道上,从窗格里做飞吻,做各种神秘的暗号(我们曾讨论过暗号的意义),但女舍监却在下面的窗口出现了(女舍监兼年级导师),于是舞剧迷们仓皇退去。过了些时候,他们又回到原处。但这位负罪的舞剧迷却并没回来,他的心上人便被同学们狠狠地嘲笑了一顿。

在未婚的舞剧女生所住的陈设美观的房间里,使人很容易回忆起阁楼中的学生生活。同住的其他人会来探望,有的人会出去买食物,有的人会把带来的食物分赠别人,捧角的人们带来糖果,分飨各人,临时发起共进晚餐,用一把茶炊一起喝茶。

在宴饮之际,对最近那次表演有详尽的批评。有时女演员和演出主持人会展开激烈的论争,或者传播些剧场消息和后台花絮。这样的时候是我最感兴趣的,我注意谛听,打算探入舞剧艺术的奥秘。对于一个并不想成为某种艺术的专家,而只想略知纲目和理理一些日后他或许将详细探讨的事物的人,那么列席专家们的讨论会,听他们谈论你适才见过的,而且你能证明那是真实的事,是有趣而且有益的。这些具有原则论证的例子的讨论,为我打开了一条进入舞剧艺术的深奥的道路。当一个女演员不能用语言说明她的例子时,她就用自己的腿来证明,当场演示她的论据。在这种讨论会中,我曾多次充任舞伴。我会把女演员摔倒,我的拙笨却使我领会了某些方法或一个花招的技术秘诀。除此以外，如果你再去听听剧场吸烟室里的永无止境的讨论——我是时常到那里去的，而且时常遇见一些聪明、饱学和有鉴赏力的审美专家，他们不从外型技术的观点来讨论舞剧和造型艺术，却从其所创造的美学印象和所引起的创作问题与艺术问题方面来讨论——那你便会发现，我为了理解和研究舞剧所搜集的材料决不是肤浅的东西。我再说一遍，我做这些事起先并没有任何研究的意念，只因为我喜爱那神秘的、多彩的、富有诗意的后台生活而已。

布景后面，反光灯、射灯和幻灯的变化无常的闪烁是多么美丽，多么有魅力呀。忽而这儿闪红光，忽而那儿闪蓝光，这儿忽然又改变为紫光。那边是流水的彩色板。上面是连绵的山冈和迷蒙。下面是个深不可测的陷阱。一群群美丽如画的艺术家，服饰华丽，等候出场。在间歇时，明亮的灯光，窜动的人群，嘈杂的声音和工作。布景吊上放下，布景片上画着山岩、河、海、晴空和密云、天堂的花卉、地狱的陷阱。楼台亭榭的巨幅粉墙在地板上拖过，还有浮雕的柱子，圆拱和其他建筑物。筋疲力尽的工人，挥汗、油腻、兴奋。就在他们身旁，一个轻盈的女演员张开蝴蝶一般的腿和臂，准备飞出台去。乐师们的燕尾服、剧场带位人的号衣、官吏的制服、舞剧迷们的华丽服装。音响、喊叫、一种令人心悸的气氛——交杂成一片。整个舞台变得空荡荡了，为的是在一次地震以后，一切都可以逐渐恢复秩序，创造一幅崭新的、优美而和谐的图画。世上如果有什么奇异的事物，在舞台上一定能找到。

一个人处于这样一种氛围中，怎能不恋爱呢？我确实恋爱了，六个月里，我只注视舞剧学校的一个女学生。她按照我的朋友们向我保证的，疯狂地爱我，我也似乎觉得她在向我笑，做各种只有我一个人能懂的暗号。我俩在圣诞节前才互相认识。不料，我发现六个月来我所注视的完全是另一个女子。但这一个我也爱，而且和她即刻相爱了。这一切都是稚气地天真、神秘和富有诗意的，尤其可珍贵的是纯洁。人们徒然以为淫靡之风统治了舞剧界。我却从没见过这种现象，而且以衷心的感谢来回忆我消磨在德尔普息柯里王国里的时日。舞剧是一种美丽的艺术，但并不是为我们而设，不是为戏剧艺术家们而设的。我们需要另一种东西。我们需要别的造型艺术，另一种美，另一种节奏，另一套姿势，另一种走路的模样，另一种动作的方法。我们只需要从舞剧艺术家那儿借用惊人的工作能力和训练身体的知识就够了。

十　音乐学院

莫斯科接到小说家屠格涅夫发来的消息，说天才尼古拉·鲁宾斯坦在国外死了，死在他的怀里。鲁宾斯坦的尸体运回莫斯科埋葬，是在一八八一年三四月间，那是春泥解冻，莫斯科的街道上几乎无法行走的时候。我的堂兄当时是俄罗斯音乐协会和鲁宾斯坦艰辛缔造的音乐学院的主席，要我协助他迎接灵柩和办理丧葬。当时我还只有二十岁，已觉得这种任务非常光荣，因为我觉得，在大庭广众面前充当鲁宾斯坦那样一位名人的丧礼主持人是很体面的。我的任务是管理和安排各界代表，并走在殡仪队列的前头。这意思就是，由我统率整个殡仪队列，因此在许多事情上我必须和丧仪总负责人、我的堂兄接洽，解决某些问题，例如，队列所经过的路线，事先没有明白告诉我。从我站立着的队列的龙头，到我堂兄站立着的灵柩旁至少有一俄里，街道上满是没踝的泥泞。像大部分助理人员一样，当第一天终了，我们迎接灵柩并移入大学礼拜堂后，我已经疲乏不堪。第二天队列还要走更长的路，到郊外一所修道院的墓地去。决定各负责人都骑马前往。当时我很喜欢骑马，所以这决议使我兴奋。我自己有一匹非常英俊的坐骑，因此我想，如果我能为那匹马获得丧礼披挂，而我自己穿着丧服，那我便能在殡仪中造成轰动。演员在观众面前炫耀自己的那种欲望显然早已在毒害我了。

第二天，我骑着黑色披挂的马，穿着黑长靴、长黑外套，戴着黑高帽，站在队列的前头，不久队列便开始行进。我的马踩着舞步，我觉得很威风。当队列行进的时候，两个骑马的宪兵突然出现在我的左右，因此我所指望的那种效果多多少少被减少了。

"那是谁呀？"我听到街上排列着的观众中有人这样询问，"那个穿黑衣、夹在宪兵中间的人是谁呀？"

"那是死者的马车夫。那就是死者的马。所以由他领队。"

"噢，不，那是殡仪馆的总管。"

我一点也没领会到自己正在制造的印象，也没疑心其他助理人员在骗我，他们都在步行，于是我扮演了一个傻角色，直到终场，而且事后长时期内成为取乐和讽刺的笑柄。每逢谁遇见我，第一句话总是："啊，你就是那个穿黑袍、骑在马上的家伙。"

这不是我第一次当众出丑。不久，我的过错竟使我成名了。

曾有过一个长时间的寻求，想物色一位继任尼古拉·鲁宾斯坦担任莫斯科交响乐演奏会指挥工作的人。试验过许多人以后，最后选定那位著名指挥者兼优秀音乐家马克斯·欧曼斯杜尔弗。我担任音乐协会理事时，他在莫斯科的事业正处在登峰造极的时期。

现在由我顶替了音乐学院里职务的那位堂兄的夫人和欧曼斯杜尔弗的夫人很要好。那时我还年轻，我可以说有了地位，我富有。一句话，我有了做新郎所需要的一切。有些女人是见不得一个额上仿佛刻着"好对象"字样的未婚男子的。她们不把一个还想自由自在地生活、观赏世界、不愿蛰伏炉边的快乐的男子束缚于婚姻的神圣羁绊，是不能安睡的。一句话，她们想使我结婚了事，她们计划的确定目标，是在一位正露头角的德国青年小提琴家З小姐身上，她当时正以客籍明星身份在交响乐团演奏。她年轻、美貌、感情丰富、才华出众。她由一位严厉的母亲监护着，母亲很看重女儿的优越条件。那位自告奋勇的媒人、我的堂嫂开始布置宴饮，大半为了那年轻姑娘和我。她在姑娘的母亲面前赞扬我，告诉那老太太，说我虽然年轻，却已经是音乐协会的理事了。同时她又对我说："她多漂亮呀！像你这样的年龄怎么能这样地盲目和冷淡呢？站起来，端一张椅子给她。挽着她的手臂，引她进去入席。"

我便挽起她的手臂，引她进去入席，一直坐在她身边，但我猜不出堂嫂想要怎么样。甚至作曲家彼得·柴可夫斯基——他的弟弟和我堂嫂的妹妹结婚了——显然，也参与这破坏我独身幸福的计划。柴可夫斯基几乎是这家庭的一员，是堂嫂家的常客。我被请去参加在碧落饭店举行、由作曲家和音乐家主办的不公开的音乐晚会和聚餐会。碧落饭店是大多数客籍音乐家留寓的地方，3小姐也住在那里。莫斯科最优秀的音乐家和作曲家都来参加这些晚会，演奏他们的新曲，那位年轻女提琴家把她没在公开音乐会上演奏过的保留节目演奏给他们听。柴可夫斯基喜欢这少女，他会把我拉来和她相聚在一起，不过，由于胆怯和经常的慌张，他永远不"讲究礼貌"。柴可夫斯基的好意使我狼狈。他喜欢向我唠叨，说依他的见解，我能扮演年轻的彼得大帝。他还说等我成为伟大的歌唱家后，他要以这主题为我写一个歌剧。

在这些音乐会上，欧曼斯杜尔弗和他的夫人对我非常关切，而且我还听说他们很喜欢我，为我担任音乐协会理事而高兴。

在音乐集会终场后，3小姐的母亲为表示礼貌，常邀我和几位音乐家到她们的寓所去饮茶。柴可夫斯基也会来，只待很短时间，这是他的习惯。他把软皮帽夹在腋下，他喜欢这么做。他来得突然，也去得突然。他永远胆怯，而且怕交际。欧曼斯杜尔弗及其夫人、我的堂嫂比别人留得时间久。但他们也神秘地不见了，只留下3小姐、她的母亲和我。但我的德语讲得很不流利；由于这个缘故（如果不是其他缘故），这位年轻女歌手便开始教我小提琴功课。她从那宝贵的提箱里取出她的提琴来，我便笨拙地接到手中，惟恐损坏它，我的另一只手甚至更笨拙地执着弓，于是在这已经进入梦乡的肃静的德国旅店里，响起一根被虐待的琴弦的惊人的惨叫。但这女歌手不久要离去，我送玫瑰花给她，当她乘坐的火车开出车站的时候，她黯然地把花瓣扯了下来，一片片地对着我的方向抛掷。我们的恋爱故事没有结局。

我从撮合人那边受到责怪，责怪我笨拙。

这个时期我们和欧曼斯杜尔弗的家庭有很亲密的往来。他是一个很有才能、神经质而有脾气的人，要和这种人接近必须懂得方法。显然，我摸到诀窍了，不过我不能说其他理事们也摸到了诀窍，他们是不习惯和他相处的。这便有了奇怪的结果。遇到有事必须和这位大艺术家商榷，他的同事，那些和他一样伟大的艺术家们是无法对他进言的，却把待办的事交付给我、一个年轻而缺乏经验的人。大半事情，我并不直接去影响他，而是通过他聪明而可爱的夫人，她懂得如何驾驭他。渐渐地，他习惯只同夫人和我商酌，而不愿同别人商谈。这样说，听来似乎可笑——我也不知道自己怎么搞的，但我曾和他一口气制定了一年的节目。我对音乐确实一无所知。这一定是由于他准许我和他相处、以便室内有一个人好和他谈谈。或者他需要我，为他记录音符。在我和他会面以前，真正的大音乐家们曾利用我通过了他们所需的节目。对音乐一无所知的我，被迫向一位著名的音乐家提供意见。

幸喜，我有一种对我一生处事很重要的好品格。必要的时候，我能沉住气，装出一副庄重的面孔，发出意思无穷的"噢"，或者深思地喃喃："你们考虑一下。"或者从牙齿缝里挤出一点点声音："噢，噢，现在我明白了。"或者对他提议的某些节目摇头，表示不同意。"不行吗？"他会诧异地问。"不行。我会确定地回答。"下面怎么办？""莫扎特之后，接着巴赫。"我会说，把事先人家对我讲好的一些节目依次逐一说出。显然，那些给我提示的人并不是傻子，因为我这位有才能的友人，时常为我高雅的鉴赏力所惊异。

如果他不立刻接受我的意见，我便不得不把事情搞得更复杂些。"这个怎么样？"我便哼一个我好像以为配那个节目的曲调。"你唱出来。"那大指挥说。于是我想到什么，就唱什么。当然，他决不会懂的，于是他坐下来，亲自弹奏那个曲子。"不，不，不是那样！"于是我又唱出一些莫名其妙的曲调，他又跑到钢琴前，弹奏这些曲子，但我决不会满意。我便这样使他神不守舍，他便会忘怀他所需要的东西，或者对它渐渐冷淡，然后，他会一跃而起，仿佛忽然得到了一个非凡的思想，像女巫似的绕室彷徨，写下新提出的节目，这新节目显然又使他对我的鉴赏力和理解力感到惊讶。

就这样，我能完成理事会的同事要求我做的许多事。如果他没有怀疑我的几乎彰明较著的狡狯，那么由此可知，这位亲爱而仁慈的老人对我多么宠爱了。这样一个新角色对演员来说是一个重大机会。这角色必须演得非常精细，不被人识破。我承认我演这角色很成功，给我以艺术上的某种程度的满足。现在如果我不能在舞台上表演，那么至少可以在生活中表演了。

十一　安东·鲁宾斯坦

关于那位著名作曲家和钢琴家安东·鲁宾斯坦,让我说几句话,因为我和他会过面,虽然那促使相会的事情,以及相见时的谈话并没多大趣味,但对我内心的艺术感觉却留了一个印象。和大人物们即使是一次表面的会晤,仅仅和他们接近一下,那种看不见的精神的交往,他们对周遭事物的不知不觉的反应,他们的叹息、他们的谈吐、他们雄辩的沉默都会在你的心灵上留下烙印。日后,当这位艺术家成熟了,在生活中遇到相似的事件时,他便会忆起大人物的说话、意见、叹息和沉默,明白过来,领会到它们的真正意义。我不止一次地忆起安东·鲁宾斯坦的眼睛、叹息,以及意味深长的沉默,那是在机缘赐予我的两三次会面中他所表现出来的。

那是在我担任俄罗斯音乐协会理事时的事。那时我很年轻,至多不过二十二三岁。音乐协会中所有的其他领导都不在莫斯科,鲁宾斯坦将从圣彼得堡来此指挥一次交响乐演奏会。这演奏会的全部主持责任都交给了我。我很为难,因为我知道鲁宾斯坦是很严格的,直率得近于苛刻,在艺术上容不得妥协或疏忽。当然我到火车站去迎接他。但不料他已经乘前一班火车来了,我就到旅馆去见他,自我介绍。我们的谈话很短,而且只讲了些最最客套的话。我问他关于演奏会的事有什么吩咐。

"什么吩咐?事情都布置好了。"他高声回答我,语调懒洋洋地拖长,锐利的目光刺透了我。不像我们这些平凡的人,他可以直视他人,把人当作东西那样地看而不觉得害羞。我从我所见到的其他伟人身上,例如列夫·托尔斯泰,也看到过这相同的习惯。

他的答复和目光使得我狼狈。我觉得他仿佛惊愕和失望了。

"看,事情竟弄到这般地步了!现在那些理事是些什么东西啊!他是个毛头小伙子。他懂什么?他却来自告奋勇!"

他那狮子般的雄姿,他的长发,他的有气无力,他的懒散、优雅而高傲的动作像一头食肉兽那样压迫着我。和他单独相处在那小房间里,我感觉到自己的渺小和他的伟大。我仿佛一个被关在狮笼中的狮子的宾客。我忽然想起,这一位沉静的巨人在钢琴前,或指挥台后,变得怎样热烈,他的长发如何能像狮鬃一般地挺立起来,当他被火焰般的情感控制时,眼睛将闪烁着何等样的火焰,他将做出何等样猛烈的、出人意料的动作。在我的想象中狮子和安东·鲁宾斯坦融为一体了。

一小时后,我在乐队预演时遇见他,我又一次有这样的感觉,而且看到了我在第一次会见他时所感觉和所目睹的一切。在他的创作热情最高昂的一刻,不羁的感情像旋风似的通过他的全身,往脑后甩头发(头发遮住了他的半边脸),抬起胳臂、头、身体,于是这一头食肉兽仿佛冲向这整个的暴风雨般的乐队。他想用高昂的声音压倒这乐队;他向那些吹伸缩喇叭的人猛叫:

"把你们的猪鼻子抬高一点!"

因为没有足够的声音和力量来表现在他内心沸腾的情绪,所以他要求那些吹喇叭的人高举喇叭,为的是叫那吼声不受任何阻碍地飞向听众。

预演终止了。鲁宾斯坦像只经过战斗后的狮子,躺在睡椅上，疲惫的身躯全部显出猫一般的柔软，汗水淋漓。我怀着一颗颤动的心，站在他的化装室门口，守着他，向他祈祷，从门与门柱中间的隙缝里窥探进去。乐师们都很兴奋，在他休息过后回到旅馆里的小房间去时，他们诚惶诚恐地护送他。

当几个恼怒的喇叭手走到我面前，声明除非鲁宾斯坦向他们道歉，否则他们决不出场演奏时，试想我是如何地惊讶呀。

"为什么？"想起了刚才见到和听到的美妙的一切，我这样诧异地问。

"他说……他说……"他们用断断续续的俄语大声说，因为他们都是德国人，"他把我们的头叫做猪鼻子！"

"这不是猪鼻子，这是头！"其中一个人指着自己的头叫喊，"我决不让他……"

他们开始七嘴八舌地说话，俄语和德语夹杂在一起。无论我如何向他们反复解释，说明"猪鼻子"并不是指他们，而是指他们的乐器，但他们仍不甘休。最后我劝得他们答应出演了。和他们约好，如果鲁宾斯坦应允向乐师们道歉，他们便演奏。如果他不道歉，他们便不演奏。

我立刻去见鲁宾斯坦，我为我的突然造访表示歉意以后，吞吞吐吐地说出所发生的事情，请示他如何办理。这头狮子以我第一次见到他时的那种闲散的姿态躺着。我告诉他的事情并没引起他的丝毫反应。我却因为即将到来的乱子而惊惶失措，又因为我处在职责有关的地位上感到难以应付，以致汗流浃背了。

"好！我去同他们讲！"他尖声地说。如果他所用的语气也可以像他的话语一样被引用的话，那么这些字眼就意味着："好，我会叫他们知道闹事有什么好处！我会给他们尝尝厉害的！"

"那么我可否告诉他们你将向他们道歉?"我设法加重"你"字。

"好,好,你就这样告诉他们。叫他们坐在他们的位子上好了。"他甚至更安详地这样说,懒洋洋地伸手取一封信,打开来阅读。

当然,我应该等候一个更明确的答复,但是我不敢再打搅他,不敢再坚持我的要求,我焦急而不满地走出来,担心演奏会能不能举行。

在演奏会开场前,我告诉乐师们说我已经见到鲁宾斯坦,已经把发生的一切事情报告了他,而且他已经向我说:"好,我去同他们讲!"当然,我把我从他的语气里所听到的东西,以及那些话的真实意思隐瞒起来。乐师们都很满意,他们的愤怒几乎消失了。

演奏会获得极大的成功。但是这位伟人对演奏会多么地冷淡,多么地轻慢,或许他对演奏会倒并不这样,而是对崇拜他的观众是这样。他走出台来,机械地向观众行礼,我仿佛觉得他忘记了崇拜他的那些人;当着观众的面,他和某个熟人谈话,仿佛那掌声并不是向着他的。当观众以及那些因激动而敲击着乐谱架的乐师们的焦躁到达了极点,那就是如果他不再演奏一次,他们便会闹事的时候,作为主持人的我,就奉命去提醒这位伟人,说演奏会还未结束,听众希望他再度出场,我战战兢兢地进言,却得到一个全然冷漠的答复:

"我自己听到了。"

换句话说:"用不到你来教我怎样应付他们。"

我依然衷心地赞叹,羡慕天才们有权利对荣誉表现得如此有气派的冷淡,对成功表现得如此的安闲,而且自己感觉比群众优越。

从我的眼梢上，我看到那些喇叭手，他们比在场的所有人都叫得凶。

我又一次遇见安东·鲁宾斯坦，虽然那一次会见我充当了一个很愚蠢的角色，但是我想把那件事情讲一下，因为这位天才的更倔强的特性又一次表现出来了。

这件事情也发生在我担任音乐协会理事的时候。歌剧《恶魔》的第二百次公演在皇家大歌剧院举行。莫斯科上流社会的人物挤满了剧院。彩色的灯光，御用包厢里的贵宾，最好的歌手甚至担任了最小的角色，出于对这伟大的天之骄子的盛大欢迎，全体唱诗班和独唱者的合唱《光荣歌》，然后开幕——奏前奏曲。第一幕演完，掌声如雷。第二幕开始。那位作曲者指挥演奏，但他心神不宁。他那狮子般的目光，并不盯着任何一个独唱者或乐师，你可以看到他焦躁、烦恼的动作。可以听到全场有一种窃窃私语："鲁宾斯坦发脾气了！他不高兴了！"

就在剧中恶魔从机关门里出现，上升到躺在睡椅上的塔玛拉上面的那一瞬间，鲁宾斯坦忽然停止乐队的演奏和戏的进行，用他的指挥棒冲动地敲着指挥台，暴躁地对台上的某一个人喊叫：

"我告诉过你一百次了，一百次了，叫你……"

他下面的话听不清楚了。

后来才知道，全部纠纷是由于一只反光灯造成的，那只灯应该从背后射向恶魔，不应该从正面照射。

剧场像坟墓一样寂静，人在台上穿来穿去，在舞台侧翼内可以看到手在挥动，头在摆动。那些可怜的演员没有了音乐，没有了舞台的惯例动作，仿佛失去魂似的站着，仿佛突然被剥去衣裳，含羞带愧，想遮掩他们的赤身裸体似的。仿佛整整过去了一小时。惊讶得目瞪口呆的听众开始渐渐恢复知觉，然后批评起来，愤慨起来。闹声从听众席里掀起。鲁宾斯坦以安闲的姿态，几乎像我第一次看见他时那样的姿态坐着。当听众的闹声达到顶点的时候，他安详地起立，懒洋洋地，但凛然不可犯地把背转向听众席，用指挥棒敲击指挥台。但这并不表示他已经屈服，准备继续演出。这是一种对听众的严厉警告，是一道要他们安静的命令。接着是一片寂静。过了好些时候，直到一道强烈的灯光射到那恶魔的背上，使恶魔的形体看似透明的剪影时，戏才继续演下去。

"多好看呀！"观众席中发出了这样的声音。

第二次幕间休息时的欢呼比较第一次弱。或许因为观众受了侮辱的缘故。但是鲁宾斯坦却好像满不在乎。我看见他在侧翼和一个人安详地谈话。

下面的一幕戏是由我们开场的，那便是跟我合作的一个理事和我。我们献给作曲家一个系着长飘带的大花环。当鲁宾斯坦走到指挥台时，我们便被人从红色小门和幕布之间的缝隙处推了出去。要是大家看着我们从那隙缝中钻出来都觉得可笑，那是没什么可奇怪的。我们不习惯大歌剧院的强烈的脚灯，立刻迷了眼，看不清前面的东西。仿佛从脚灯升起一层雾，把对面的一切都遮蔽了。我们走，走，走——仿佛觉得我们走了整整一俄里。观众席中出现了议论，渐渐变成嘈杂的声音。三千人高声大笑。我们继续走，不知道发生了什么事，直到位于舞台边缘的导演包厢从雾中忽然出现在我们面前。我们在舞台上迷路了。我们已经走过提示人的包厢，在提示人包厢前背向乐队，站着那位作曲家。我们用手遮着眼睛，挡住脚灯，越过脚灯望到观众席，忘记了那大花环（它的飘带在我们背后舞台上拖着），我们真是一对滑稽角色。鲁宾斯坦忘记了一切，也大笑了。他用指挥棒猛击指挥台，想使我们知道他在那儿。最后我们总算找到了他，把花环递给他，用赛跑那么快的步子狼狈地下台去了。笑声更响了，一直笑到幕间休息时间结束。

在对死者和生者两位鲁宾斯坦表示敬意的事情上，我显然都是运气不好的。

十二　试演喜歌剧

我们在莫斯科盖的一个新剧场已经落成。这是一间大屋子，由一个拱门连接着另一间房，在这相连的一间房里，我们可以安置舞台的平台，或者拆去平台，改成吸烟室。在周日，这间大屋子是餐厅。在公演的时候，便是我们剧场的观众席。我们在这间屋里用膳，饭后便用作排演厅。如果要把它改成剧场，只要点燃煤气脚灯，挂上有金色图案的美观的红幕，幕后便是舞台。在后台，我们必须亲自照料一切必需的用具。舞台上有两道门通一条宽阔的过道，穿过一间小厅，到达这屋子的附加的一间大房子，我们可以在这间大房子里布置许多间化装室。那条宽阔的过道用作布景道具的储藏室。过道中也安装了管制灯光的按钮。剧场一切齐备，只等开幕了。

当时我从维也纳带回来一个名叫《热沃塔》的喜歌剧。这剧本的惟一优点是从来没在莫斯科演过，而且它有着适合于我们所有演员担任的角色。但是我们没有人能演那位公爵。那是一个必须受过训练的歌手来担任的角色，我们当中任何人也不能胜任。我们不得不邀请一位职业歌手，他刚从音乐学院毕业，有一副经过良好训练而优美动听的男中音，但是外貌不好看，因为他矮小、丑陋，具备一个拙劣歌剧艺人的一切庸俗模样，丝毫也没有戏剧才能。和他合演的女主角是我的堂姐，她渴望在歌剧舞台上露面，却没有勇气登台公演。从第一次排演起，我们便形成两个集团，一个是我们这些能力薄弱的业余演员，另一个是那两位有教养的歌手。这位中音歌手君临我们的优越感到了如此程度，以致谁也不能说他一句。对他更不利的是我决意增强我那被侮辱了的演员自尊心。妒忌使我们业余演员在工作上加倍努力。一个很大的障碍出现了，就是这位有修养的中音歌手很快地熟悉了他所担任的角色，不愿意同我们无知的合唱队一同排演了。我便不得不研究他的角色，以便替代他帮助合唱队排演。

等到一切准备妥帖，那位中音歌手才到来，总算仁慈地认可了业余演员的工作。我们是按照自己规定的体系排演的——首先像我们在《脆弱的琴弦》和《一个女人的秘密》二剧中那样，记熟台词，使台词机械地出口成诵。同时像我们在《讲究实际的人》剧中那样，不以自己的名义生活，而以角色的名义生活。当然这样是会一无是处的，因为体验生活的方法不断要求即兴的动作，而强记台词的方法完全排斥即兴的可能性。如同每一种粗糙而机械的方法一样，强记台词的方法占了上风。我的对手刚刚讲完一段台词，我听完那熟悉的最后几个字，舌头便会吐出自己的台词来。这种机械的方法当时之所以被我们采用，一方面因为它的速度快，另一方面觉得，这种方法能给我们安全的感觉。

业余演员不明了特殊的、职业性花招的内在意义而贸然应用，是不好的。

虽然如此，但从我们的许多次排演中，得来了一种协同一致的效果，如果我能够称之为"协同"的话。我们彼此很熟悉地配合，机械性的强记造成了一种排演成熟的幻觉。演出计划和角色分配在我们自己看来很完整，而且很不错。这些是经我们模仿那些到莫斯科来的外国大艺术家所树立的好榜样而完成的。毫无疑问，当把自己和曾受训练的歌手比较时，我们是大大赞赏自己的。但是，如果那男中音歌手唱出一个高音——他善于唱高音——那我们的观众便会忘记我们，而对这个他们以为是专家的人喝彩了。

"但是他是个笨蛋！"我们忌妒地公然大声说。

"那当然，"有人便回答我们，"但是你们也知道，他有副好嗓子。何等有力量！何等好的唱歌本领！"

"那么努力又有什么用呢？"我们说，和别的演员交换着眼色。

这位曾经受过训练的男中音歌手是这次演出的主角，我们只是协助他演出而已。恼怒和愤恨于这种不公正的现象逼使我们深思。我们该怎么办呢？我们该怎样努力呢？我们是愿意学习的。我们只是期待有人能指示我们向哪方面努力，如何努力。但是时过境迁，那高歌的乐声逐渐消沉，观众却开始想起我们所做的点滴的艺术工作，我们重新被认可。我不会忘记，除了艺术和才能以外，还有一种所谓能力的东西。

当时俄罗斯的喜歌剧风行于莫斯科。著名的剧场经理人连托夫斯基组织了一个优秀剧团，其中大有一些真正有才能的人，各种类型的歌唱家和演员。这一位非凡人物的经历，如果我们就他创造的丰富和多样来评论，他在戏剧事业上是创造出了不平凡的业绩。莫斯科市的某一区域造了一所公园，有假山，有草地，有池塘，有人行道。这个花园叫做"爱米塔兹"。现在那花园已经没有了，整个区域早已建造了房屋。凡是人所能想到的，这个花园里都有。池塘里有游艇，还有表现海战和船只覆灭的诡奇烟火；池塘上方还有索桥；举行水上节时有平底船和灯船。水中有入浴的美女。有一个陆上舞蹈班、一个水上舞蹈班和两个剧场。一个

十二 试演喜歌剧　115

剧场有几千个座位，是演喜歌剧用的。另一个剧场在露天，演过一个名叫《安天丝》的神话闹剧。这个露天剧场采取了希腊的圆形剧场形式。那里曾有过相当水准的好乐队、舞蹈班、歌咏班和艺人们的奇妙演出。毗连这个剧场有两块大空地，上面有一个表演杂耍的舞台，一片广大的露天观众席。

在欧洲露天剧场中的一切著名人物，从乐馆歌姬到催眠术士和小丑，都在"爱米塔兹"访问演出过。那些应聘来莫斯科的人，他们的股票便会在世界戏剧市场上涨价。那两块空地中较大的一块，是专为一个马戏班和那些驯兽者用的，池塘岸边有许多浓荫密布的人行道、私人的夏季别墅和很有诗意的游椅。花园有无数的灯——反光灯、盾形灯、吊灯照明着。队列、竞走、角力、军乐队、吉卜赛歌唱队和唱俄罗斯民歌的人——都在这里能看到。全莫斯科的以及到莫斯科来游玩的人，都到这花园里来。那里的餐馆生意红火。

家庭妇女、普通人、贵族、荡妇、浮浪青年、商人晚上都到"爱米塔兹"来，尤其是夏天，当热带的热气使人在城里喘不过气来的时候。

连托夫斯基看见家庭妇女到他花园里来，十分注意，他非常严格地保持着他事业的良好名声。为了保持这种名声，他散布关于他自己的最不可信的谣言，以恫吓观众。据说，他曾经徒手把一个爱捣乱的歹徒抛掷到篱笆外面。为了要使一个醉酒的人清醒，据说，他曾经抓着那人的衣领，把他浸入池塘。那些荡妇像怕火似的怕他，她们在花园里循规蹈矩，丝毫不亚于最贵族化的寄宿学校里的女学生。如果她们有人做出损害花园名誉的事情，那么她便永远不许进去。

这是能够叫人相信的，因为这位经理确实很强壮，体格很惊人，肩头宽阔，须黑而浓，留着古代俄罗斯贵族式样的长发。一件薄黑呢的俄罗斯外衣、高统漆皮靴使他的形态像骑士一样优美。他挂着一根金链子，上面垂着名人甚至皇族送给他的各种佩饰和礼物——一顶宽檐的帽子，一根木棍般粗的手杖：这便是所有行为不检的人所惧怕的东西。他有一副大嗓门，一种有力而使人害怕的走路姿态。连托夫斯基会出人不意地出现在他花园的这里和那里的犄角上，鹰一般的眼睛注视着花园里的一切情形。

"爱米塔兹"这个当时所有的年轻人喜欢留连的地方，成为我们仿效的模型和戏剧志趣的梦想。不仅那些喜歌剧演员，甚至那些露天的节目都像磁铁一般吸引着我们。我们也想建造一个音乐舞台，我们也想要吊灯，也想为那些要喝茶的人预备茶桌，表演一套空中节目和放水上焰火。所有这一切，必须连续演出，正像在"爱米塔兹"里一般。剧场里的戏刚完，外边的音乐便开始以新的娱乐吸引宾客。这些东西刚表演完，一出新戏又在剧场里开演了。你很容易想象要准备这样一个晚上的节目，背着广大的观众，需要费多大的力气。照明和装饰花园的大部分工作我们都须亲手去做，因为我们没有钱可以雇人。和这工作同时并进的，还有一个庞大的合唱队和许多演员合演的喜歌剧的排演工作。我们演《玛斯柯达》一剧，我在剧中当然担任牧人皮波一角。我看着我演这角色的相片觉得害羞。在糖果店和理发店里挂着的一切庸俗的美容画片我都用作化装的蓝本——鬓髭、鬈发、紧裤腿。这一切居然用在一个终日与大自然接触的淳朴的牧人身上。我怎么会在别的事情上有比较纯正的审美力，而在我自己的化装上却没有一点审美眼光呢？

现在再把那些相同的细节叙述一遍是叫人讨厌的——那些相同的歌剧姿势依然刻板，我们最近才掌握到的那些好东西却没有表现出来。艺术是时常会对自己报复的。我所能做的是走进歌剧情人角色的魔术般的圈套里，看不见周围活着的一切，只有一片死寂而空虚的空间，我仿佛被一道石墙围困着。当然我像一个业余演员那样唱，自以为有一副歌剧嗓子。

其他演员所扮演的角色都演得还好。合唱队由所有稍能发音的仆人和那些被迫每天下乡来排演的朋友所组成。他们早晨七点钟来，有时候要到第二天凌晨两三点钟才回去。第二天，他们有的人还得六时起身，去莫斯科，晚间又回来排演。我必须承认，那种锻炼是好的。我们时常彻夜不眠，因为排演完毕，我们便到一个为我们和合唱队员特备的大房间里（小房间让给女队员住了）。这整个大房间摆满了床铺，中间只有一条狭窄的过道。你可以想象这里会发生些什么事。嬉戏、讲故事、闲谈、狂笑、模仿动物、装猴子、穿着亚当的服装从柜子上跳到地上、夜间去河里洗澡、玩马戏、做各种健身运动。事情闹到了这样的地步，房里的楼板塌了，楼下客厅天花板的泥灰掉下来了。这就不得不减轻房子的负载，把合唱队员迁移到另外的房间去。但我们并不就此停止玩乐，还是成群结队地互相拜访。我们的合唱队员也许没有一个能读乐谱的。我们必须教他们乐理知识，直到他们能机械地唱出他们的角色。我惊讶于我哥哥的耐性，他在他们身上创造出了奇迹。

舞台导演遇到了相同的困难。我不得不对合唱队员进行个别训练。

室内和露天的节目都得到了成功。我显然并未从这次公演中获得丝毫益处。恰恰相反，只有害处，因为我更深地陷入了我的错误中了。

在那些日子里，喜歌剧的流行已经到达了最高峰。著名的柔迪克，一位喜歌剧艺人和擅长辞令的人，当时是巴黎的首席歌手，时常到彼得堡和莫斯科来表演。我们学时髦，因此演喜歌剧成了我们的梦想。

"生活"似乎又在教育我们。喜歌剧和通俗喜剧是演员最好的学校。我们的老一辈演员往往以喜歌剧和通俗喜剧开始他们的事业不是没有理由的。不必使心灵负担过重，不必竭力解决年轻演员所难于解决的问题，这种轻松的剧种要求大量的舞台技术。嗓音、吐词、姿势、动作、轻快的节奏和那易于感染观众的自由流露而真实的快乐情绪，是这种轻松剧种的首要条件。柔迪克所擅长的那种戏，除这一切之外，还要求一种真正法国式的外在的明快、幽默和纤巧，没有美术家的技巧是不能达到这般境地的。有一方面不够条件，我们便不能满意，因为我们高度发展了的艺术趣味，要求细致和富有艺术性的喜歌剧。我身材高大、笨拙、不美观，而且字母念不清。因此必须锻炼我的嗓音、吐词、姿势，折磨自己，为的是运用自如。这种锻炼往往达到发疯的地步。

我粗笨到了异乎寻常的程度。任何时候只要我走进一个小房间，房间的主人就会赶紧把房内任何可以毁坏的东西移开，因为我必然会损坏些物件。有一次在一个舞会上，我把那栽在木桶里的一棵棕榈树碰倒了。另一次在跳舞的时候，我摔跤了，手抓住一架钢琴，连人带钢琴滚到地板上，事后才发现那琴的一条腿是坏的。我又损坏过一架钢琴，不过那是后来的事。

这一切使我的粗笨驰名了。我甚至不敢提议，说我想充当一个演员，因为那样只会引起朋友们的讥笑。我记得我决定不到乡间去，虽然那是一个炎夏，我又拒绝了户外娱乐和舒适的家庭生活。我牺牲这些东西，只是为了在城内的一间空屋里继续我的研究工作。在那个大厅里，对着一面大镜子，研究自己的姿势和形态，我觉得很愉快，那花岗石的墙壁和楼梯给予我的声音以稀有的回声。整个夏天和秋天，每天当我在办公室的工作完毕以后，我依照自己订立的计划练习，直到清晨三四点钟。要把当时我所做的一切练习详细叙述是不可能的。不管到手什么东西，都用来创造我自己发明的外在形象。像我的观众看我那样，对着镜子看自己，我便可以随意做出各种形态，用我自己的耳听我练习吐词和音调。此外，我还能怎样做呢？我是没有经验的，没理会到对镜练习的害处。但是无论如何从那种练习中我有了收获。我知道了我的姿势和形态的一切缺点，以及用以克服这些缺点的外在形态。但那年夏秋两季我研究工作的主要收获是吐词方面。

我的姐妹们从巴黎回来，带来了著名的柔迪克的作品。她们看过她在那四幕音乐喜剧《莉莉》中的表演。这个喜歌剧里的角色很少，但却有着许多音乐的和戏剧方面的特点。我的姐妹们不仅有头有尾地、几乎像速记似的告诉我们那戏的内容，她们还唱了剧中所有的曲子。只有青年人的好记性才能把只看了一次或两次的戏记得如此准确。

我们立即开始写剧词和配歌。法语译成俄语，词句往往会变得很冗长。我们决定把台词改写得比原来的法文更短。

每句译成的词句由说这台词的演员来试念。每一句译好的台词都给演员用法国方式发音和念出重音的机会。幸喜，几乎所有演员都很懂法语，而且知道法语的音乐性和它的特质。法国舞台的血液在我们的脉络里流动不是无益的。我们中间有几个人，特别是我大姐，到达了完美的程度。但是，由于当时以及以后很长时间我们语法不统一，所以听不清她念的究竟是法语还是俄语。这是确实的，她像其余的人一样，很少念出台词的意义和实质，而只顾到声音和音调上的法语重音。观众看了一出俄语剧，却以为是法语，因为时常无法明了词义。甚至在地位的变化和动作上，我们发现了一种节奏，是典型的法国式的，而不是俄国式的。我们懂得了和感觉到了法国人的说话方式和风度了。

舞台上的动作以及整个演出当然是贪婪地抄袭巴黎的演出，依照我们的姐妹所报道的那样。

我很快便把我的法国角色的动作和说话的方式搞熟了，这便立刻给我一种在舞台上独立的感觉。也许我并未表演出作者所创造的形象，但无疑我已经顺利地创造了一个译成俄语的法国人的真实形象。从某一方面说，这倒也是真正的成功，因为如果我确是模仿，那也不是从舞台模仿，而是从生活中模仿的。感觉到这角色的民族特征以后，我便容易确定我的动作和语言的速度与节奏了。这不再是为速度而速度，为节奏而节奏，而是一种内在的节奏，虽然这种节奏只是一般性质的，不是仅属于我所扮演的那个人物，而是对所有法国人都适用的。

这个戏得到了轰动性的成功，而且反复演了许多次，每次都告满座。我们的戏能够复演，使我们满心骄傲。这意味着我们逐渐接近成功。那次晚会的女主角是我的姐姐，我演我所喜爱的普兰嘉特一角，演得很好。普兰嘉特是一个吹喇叭的，在第一幕是名叫蒲蒲的年轻士兵，第二幕成为一个军官，最后一幕成为一个患痛风病的退伍老将军。在这三个逐渐衰老的形象中，我觉得自己在舞台上演得很自然。

在这个戏里，我又偶然地回到了那条或多或少正确的道路，觉得通过人物性格摸到了人物，虽然只是通过人物的外在的而且是一般的性格。这个方法虽然距离理想还远，也并没进入我的意识中去，所以并未产生任何迅速的结果。

一年之后，我的姐妹们又到巴黎去，看了柔迪克在《尼托区小姐》喜歌剧中的演出。她们又记住了台词，我们又写了下来，让它合于剧中人物的口吻。歌词翻译得适合于她们带回来的管弦乐谱。我的大姐又担任主角，我演修道院中一个滑稽风琴手的角色，这人物秘密地写了和演出了一个喜歌剧，剧中的主角由于让人完全不能相信的种种情形，竟由一个在修道院中受教育的女子担任。我所担任的新人物首先要求我富于色彩的性格表演。这角色所需要的笨拙在演了《讲究实际的人》里面的学生一角以后，我已经具备了。我稍稍把它改变一些，使我能够得到一种性格化表演，因此我又觉得演来很自在，那是走上正确方向的又一步路。

但仍然有小姐们可怜我，说我不漂亮，她们在我心里燃起了一种坏演员的欲望：希望别人爱慕自己，希望观众喜欢自己。

第二个冬季，我们的家庭剧团排演了吉尔伯特·萨力凡的喜歌剧《日本天皇》。在那个冬季，我们的家像日本某个地方，当时在马戏场里献技的日本杂技团日夜和我们在一起。他们表现得很有礼貌，而且很愿帮助我们。他们教给我们一切日本的风俗、走路的姿态、风度、鞠躬、跳舞、执扇的方法等。根据他们的指点，我们为所有演员制作了有腰带的棉布和服，而且大家都日常穿起和服来。妇女们终日两腿屈膝地走路，扇子成为日常生活的必需品。在谈话中用扇子帮助自己表达心意的这种日本人的习惯，我们已经感到必要性了。

从办公室或工厂里回来,我们穿起和服,一整晚不脱,而在假日,一整天穿着。在大餐桌前,或在喝茶的时候,一群日本男人手执扇子坐着,扇子的开关仿佛响起爆裂声,像在喷鼻似的。

我们举办日本舞蹈班,妇女们学习日本艺妓的一切媚人习惯。我们懂得如何有节拍地用脚跟旋转,时而表现右半身,时而表现左半身;如何跌在地上,像体育家似的蜷曲身子;如何用矜持的小步疾跑;如何风骚地用脚趾跳跃。有的妇女学习在舞蹈时抛扇,使扇子呈一个半圆形,传递到另一个舞者或歌者手里。我们学会了玩弄扇子,使它穿过肩膀或腿弯,而最重要的是我们把日本人运用扇子的一切姿势无一例外地全学会了,而且把它们大量地运用到乐曲和台词中,正像音乐中的音符一样。这样每一乐句,每一乐节以及每一个强音借助于扇子都有了确定的姿势、确定的位置变动和动作了。在群众场面中,也就是合唱队中,每一个唱的人都被规定了各自的运用扇子的一连串姿势与动作,以表现每个着重的音符、音节和乐句。扇子的花样依赖于群众的排列,或者不如说更依赖于不断变化和活动的种种花样。当某些人把扇子仰空舞动时,另一些人便俯下身去展开扇子,放在脚前,另一些人往右舞动时,其余的人便往左舞动,诸如此类。

当这变化无穷的组合在群众场面表演时,当各种大小、颜色和种类的扇子在空中舞动时,那种剧场效果使人心向神往。舞台上安放了许多平台,这样便使从倒卧着演员的舞台前部,直到离地几尺高站立着演员的舞台后部,那整个舞台的弧形面能够布满扇子。扇子像一幅布幔似的覆盖着舞台。平台是舞台导演用来获得剧场性的画面组合和舞台美观的古老而如意的方法。依靠平

十二 试演喜歌剧

台,导演可以使站在舞台后部的演员显露出来;惟一应注意的是,要将前部的平台放低,后部平台升高。当时我还不是很有经验的导演,无法利用更巧妙的方法将群众布置在舞台上。我如果使所有的演员都出场,就必定使台上的人嫌多,也必定使那些人互相挡住。

用扇子的一切动作都是和音乐相合拍的。在当时这是新奇的东西。但这只是一种符合一切强音重点的外在节奏。我们中只有几个人能把那与我们个人对音乐、台词,以及与舞台上体验的生活的反应相符合的、独创的节奏直觉增添到音乐的节奏上去。

对于这次演出,还应该提到美观的服装(其中许多是真正的和服),古代武士的甲胄、旗帜、妇女的美貌、我们青年男女的热情和气质;显然,从家庭演出来说,这一切已经足够使它高度成功了。我并不想低估这一次演出。在这次演出中,表现了舞台上前所未见的事物——真正的日本生活、独创的造型、动作的轻快、玩魔术、走绳索、有节奏和舞蹈。这次演出有它的风格,独创的外貌。其中只有一个缺陷——一种无法解释的、奇异的矛盾。作为演出的导演,我努力寻求戏的新调子和新风格,但作为一个演员,我却不愿抛弃那种最庸俗的、剧场性的、歌剧式的、呆板的美。我在前面讲过在那间空大厅里苦练成功了动作以后,我便离不开这些动作,并想在日本喜歌剧里表演一位漂亮的意大利歌手。我时常想挺直腰杆时,如何能把我的魁梧、瘦削的身材塑造成日本人的模样呢?在这情形下,在演出中,我又使自己陷入过去的错误和庸俗化中去了。但作为一个导演,在我哥哥的协助下,我获得了还算良好的结果。不过这一切尝试全出于偶然,并没通过理解,和以前所作的一切也不连贯。偶然地获得,也偶然地丧失了。

我们开始对喜歌剧厌倦了。此外，在演出方面不断提出的要求使演出费用超过我们的能力，我向柯米萨尔日夫斯基学习的功课，吸引我到歌剧方面去了。做一个歌手的梦想越来越抓住了我的心。演喜歌剧的日子寥寥可数了。下次上演节目，我们决定演一出话剧。

当时的俄罗斯舞台主要被改编的外国喜剧所占领。其中有一个名为《灾害》的戏出现在我们的剧场里。详述这一事是不值得的，因为这戏的演出在任何一方面都是业余性的，我对我所见过的、最有才能和最动人的演员连斯基的模仿也到了叫人恶心的程度。但模仿别人的才能与个性是不可能的事。因此我的模仿，没有一点是他的优点，却尽是他的缺点。

如果我记忆不错，那么那晚还演出了一个通俗喜剧《奇特的不幸》。那主题是最俗套的——为了想给妻子一点教训，丈夫表演了一场悲剧。他假装服毒，好像马上会死去。最后以解释和亲吻结束。

我所以选择这个通俗喜剧并不是为了想演那滑稽角色，使观众哄笑，而是想试验我的悲剧力量，感动观众。但在观众看来，什么是力量呢？力量就是高声，力量就是紧张到脸发紫，眼发红，嗓音沙哑等等。在通俗喜剧里是否能达到一种悲剧的效果呢？但我愚蠢地坚持着。这便造成了排演时和演出时的许多哄笑的场面。

"这能使人感动吗？"某次排演以后，我问。

"不知道……老实说，并没有感动我。"一位观众告诉我。

"好，那么看现在如何？"

于是我跑上台，比上次演得更紧张，结果更糟。

但我的化装是不坏的；加上我年轻，有一副嘹亮的嗓子，有一种剧场效果，以及我模仿来的好样子等，结果有人喜欢了。又因为没有一个演员没有自己的崇拜者，我演这角色也得到了几个崇拜我的人，而且我只认可惟有他们才有批评我的资格，把我听到的一切贬词，却都解释为忌妒、愚蠢和没有理解能力。为自己的错误和自我欺骗辩护自有许许多多的理由，永远不会找不到一种解释的。

在这样情形下，这次演出虽然似乎是愚蠢的举动，在我看来却是对话剧角色的初次尝试，是过渡到一种新的表演的桥梁。悲剧的色彩是比喜剧更显著、更明朗和更动人的，我的一切错误此刻也似乎更大了。用中等音量发出不真实的声音是不舒服的，但用高音发出不真实的声音更不舒服。这一次我是用高音发出不真实的声音。命运必定已经为一个初学而早入迷途的人感到不安了。

我们的餐厅剧场关闭了。但舞台上的平台还在原地方，而且偶然的排演、演出和即兴表演依然在那里举行。例如，女舞蹈家楚基就时常到我们家里来。饭后她时常在我们的舞台上跳舞。我们巧妙地说服她跳给我们看。事情是这样的。

我们的弟兄有一位驼背的家庭教师。有一种意大利的迷信，说要想交好运，必须拥抱和亲吻驼背的人多少次。

于是我们怂恿楚基，请她在我们的舞台上排演一个舞剧，剧名叫《爱斯美腊达》①——分配一切角色，请驼背演卡席莫多一角。然后，借口排演和某些场面的反复排练，她便能拥抱和亲吻他若干次。

---

① 根据法国作家雨果原著《巴黎圣母院》改编的一出戏。

排演开始，楚基是导演兼饰爱斯美腊达一角。我们知道她是一位舞蹈家兼舞台导演，又是和我们合演的人。这正是我们所需要的一切。感谢这种迷信的传说，楚基工作得很严肃，这倒正好。她发觉必须创造恰当的舞台动作，使驼背相信她。她必须使他相信她。这便需要真实和创造性。我们钦佩和亲眼看到了一位伟大天才的工作，而且学到了许多有趣和有益的东西。她首先应该算是一位话剧演员，其次才是一位舞蹈家，虽然她后来是一位伟大的舞蹈家。从那些次愚弄的排演中，我看见了她的丰富的想象、她的联想、她的独创性，她在新的舞台问题和舞台动作的选择上的趣味，她的不寻常的经验，特别是对那一刹那间她的所作所为，以及对她周围发生的事件的纯朴天真的信念。她对这一切衷心而全部地集中了她的注意。她仿佛把自己的意愿注射到她的演员们的心里，像一位催眠者似的进入了对象的心灵中去了。

我充任她的舞伴，扶转她，接触到她的身体，她每逢表演，精神激越时能保持肌肉柔软，这使我震惊。我自己时常在台上紧张，而我的想象力永远昏昏沉沉，因为我总是利用别人创造的东西。我的舞台创造力，适应能力和鉴赏力都被那使自己相似于所模仿的对象这惟一意念占据了。我没有机会运用自己的鉴赏力和独创性，因为我运用了别人的鉴赏力和独创性，那些时常是现成的。在这种情况下，纯朴和天真的信心便无法产生。我并不注意舞台上所发生的事件，而注意从前在别的舞台上发生过的那些事，就是我用作模本的事。这就是为什么我在台上狼狈的原因，我的狼狈造成了生理上的和心理上的紧张。我惟一稍有成就的是操纵舞台动作达到某种程度的能力。

楚基使我不得不对这一切加以深思。

十三　歌剧

但是不久，我们对喜歌剧厌倦了。喜歌剧给我们有用的东西很少，我们现在想做些其他的、严肃的事。当时莫斯科掀起了歌剧的复兴运动。意大利歌剧的辉煌创作过时了。民族歌剧开始出现。柴可夫斯基和其他俄罗斯歌剧名家的作品被搬上舞台了。根据我从家庭喜歌剧演出中所知道的来说，我对自己的声音禀赋有着自信，而且私自决定准备从事歌剧事业。从那时起，一面继续随时参加喜歌剧的演出，一面向著名的男高音费奥多尔·柯米萨尔日夫斯基学习，他是现时还在世的那位同名的舞台导演的父亲，后者的作品曾在纽约演出过。每天办公室的工作完毕，我便到城区的另一头去学歌剧。在正式上课和课后的谈话这两者当中，我不知道哪一项对我更有益。

后来，我的歌剧学得好像已经到可以上演的程度，我的教师费奥多尔·柯米萨尔日夫斯基显然也渴望回舞台上去。也想登台表演。我们的餐厅剧场就艺术生命来说，那时已经空无一场了。所以我们决定挑选几场戏作一次演出——演给柯米萨尔日夫斯基的学生们看。我在两场戏里演唱，一是《浮士德》第一场的梅非斯特，柯米萨尔日夫斯基饰浮士德；另外是达尔高梅斯基的《美人鱼》第一幕中的磨坊工。其他几场由柯米萨尔日夫斯基的其他学生表演，其中有嗓音比我好得多的真正歌剧明星们参加。在第二次排练时，我嗓子沙哑了，唱得愈多，哑得愈厉害。

但是，如果从戏剧的想象这一方面来了解"歌剧艺术家"这个词的含义，那么做一个歌剧艺术家是何等愉快和异乎寻常地容易呀。一切都由作曲家写好了；你所要做的，只是把写着的唱出来就是了。所需要了解的事又是非常容易的。音乐已经配好，个别乐器的性格以及乐曲的主旋律也非常清楚和醒豁，所以似乎死人都能演的了。演的人只要不刚愎自用；只要完全服从乐声的旋律就行了。此外，我觉得歌剧表演起来也容易，因为梅非斯特和磨坊工的歌剧形象是明确、清楚、早已坚定不移地塑造好了的，所以对他们没有什么疑问。模仿——就是你所要做的一切。当时我的思想只限于这一种说法。我想模仿某些演员。演梅非斯特时，我想模仿嘉梅特，演磨坊工时，我想模仿著名的俄国歌手梅尔尼柯夫。

这一次演出只到彩排为止，并没正式举行公演。我们终于领会到，那并不能为我的名字增添荣誉。此外，又因为日常工作的缘故，我的嗓音一天天坏下去，最后喉头发不出声音来了。

和好歌手同台演唱，我知道了自己的嗓音不适合于演歌剧，而且我没有足够的音乐修养。事情很清楚，我永远不能成为一个歌唱家，而且必须永远打消从事歌剧事业的意念。

我的梦想破灭了，除了专心致力于话剧外，我再没有其他妄想了。但我知道，话剧是一切舞台艺术形式中最艰深和最费力的。

学唱的功课停止了，但我几乎每天仍旧到我的前任教师柯米萨尔日夫斯基那里去，和他谈论艺术，在他家里会见那些与音乐和歌唱有关的人物，以及柯米萨尔日夫斯基在其中教授发音的那些音乐学院的教授。我可以揭露我的私心：我渴望做他的助手，但是我不敢说出口来。我不能忘记那存留在我心中的、配有音乐并有节奏的表演的迷人印象,我不了解歌唱家如何能把几种完全不同的节奏组织为一气呵成的整体。乐队和作曲家是有他们各自的节奏与拍子的。歌唱必须完全和这些节奏与拍子和谐,合唱队又在另一种节奏下动作,那便是机械地举起和放下手。每一个歌唱者又只受自己的情绪与消化机能的支配,依自己的节奏而表演,或许说毫无节奏,根本一点儿不表演。

我对哑剧感兴趣了,我向柯米萨尔日夫斯基说明为歌唱者开设哑剧训练班的必要。他同意了我。我们早已认识一个即兴作曲的伴奏人,于是夜晚我们便在节奏中生活、行动和静坐。起初,我开始以最初步的外在节奏在每一个强音上走动和动作,但后来,我明白这种方法的粗糙性和非音乐性,便开始寻求更深入、更真实和最基本的内在节奏。

音乐学院拒绝让柯米萨尔日夫斯基开办哑剧训练班。我扫兴了,练习便也中断了。但直到现在,当听到音乐的时候,像当年所感觉到的那种相同形式的节奏行动与哑剧动作,在我身上仍会流露出来。

这些不明确的基本节奏在舞台上也会不知不觉地从我身上表现出来。但是我不了解当我在这样或那样的节奏的波峰浪谷中游泳时,控制着我的那种东西是什么。我知道在许多戏里,甚至在一些角色中,我似乎在一种使人疲倦的单调的节奏中回旋,仿佛在涡流的顶端上打转一样。最初我称这种节奏为"死水",以后又称它为"骆驼节奏"和"牛一样的节奏"(因为它相似于骆驼和牛的规律化的动作)。但是我不了解,而且说不出和理不出我烦恼的头绪。

后来,别的事情吸引了我的注意力,所以我暂时不知不觉地把这些在我的成长过程中难于解决的事搁置在一旁了,但却并没有忘记。讲到自然地呈现出来，而又被我暂时——日后证明是暂时的——搁置一旁的重要事情的暗示，这并不是第一次。

在我们的家庭剧团停顿期间，仍然举行过一次为慈善募捐的演出。吸引人的事是皇家小剧院的几个演员和我们阿列克谢耶夫剧团的业余演员合作演出。我们演出了当时在俄罗斯最负盛名也最有才能的剧作家聂米罗维奇-丹钦柯的《幸运儿》。参加的演员有著名的格·费多托娃，奥尔加·萨多夫斯卡娅，以及我们光荣的小剧院——我曾受过它的许多教益——的其他艺术家们。在那些和我们相处很好，因而使我感动的大艺术家们面前，我感到了自己的渺小。

对于这一点，在我看来我的业余演员们似乎毫不感动、漠不关心。这使我非常苦恼。

这个戏是小剧院的保留节目，在小剧院每季要演出几十次。但对于我们业余演员来说，是完全新的节目。排演是为了我们业余演员，而不是为了小剧院的艺术家们。

然而，那些多次演过这戏的著名艺术家在排演开始前一小时便到场，在规定的时间登台，等候业余演员们（当然不包括我）。著名的艺术家们用全副嗓音排戏，业余演员们（我自己除外）低声说白，看着抄本读台词。诚然，他们都是很忙碌的人，根本没有空闲。但是艺术、艺术家、戏剧是何等的事业呀？

这是我学校毕业后第一次和高深修养的艺术家们同台演戏。这是我生活中的一个重要关头。但是我胆怯、心慌，我对自己生气；我听不见接话的尾句，不知道自己在说些什么。我主要关心的是不生气，不畏缩，记住和模仿人家告诉我的一切。这和真正创作所需要的恰恰相反。但除此以外，我没有别的办法。因为他们不能把排演工作当作戏剧艺术的课程,尤其因为我才离开皇家戏剧学校不久,格·费多托娃就在那个学校里工作,现在我站在她面前要像一个真正艺术工作者那样才行。

由于我业余性的不熟练,我角色的重头戏部分——用演员的话来说——演来并不紧凑。我有时候提起精神,随后忽然消沉。这便使我的说话和动作时而显得有力,于是我的声音可以被观众听到,字眼念得清楚,传达到观众中——时而一切显得呆滞,我也萎靡不振,声音便会变低沉,字眼听不清楚,观众便会大叫:"大声点!大声点!"

以演员的话来说,这种现象叫做"泄气"。当然,我可以强迫自己大声说话,使劲表演,但当你强制自己为了大声而大声,为了精神饱满而精神饱满,没有任何内在意义与灵感,那你便会在台上感到害羞。这样不能使你产生一种创造情绪。和我同台的却是真正完美的艺术家们,他们似乎永远充满着一种什么力量。这力量似乎使他们永远处于精力昂扬的状态中,阻止着他们精力下降。他们在台上不会降低说话声调;他们不会不精神饱满。他们有时会心痛、头痛,或喉痛,然而仍旧表演有力,说话大声。我们业余演员便完全不同了。我们需要观众给我们温暖、鼓励,使我们愉快。我们并没把观众掌握在我们手中。正相反,我们希望观众把我们掌握在他们手中,说些恭维话,那样,也许我们才会愿意表演。

"为什么会这样的呢?"我问费多托娃。

"我的朋友,你还不懂得从哪一头开始呢。你也不想学习,"费多托娃以歌唱般的嗓音和爱抚的语调讥刺我,"没有训练,没有控制,没有纪律。一个艺术家没有了这些,便不能生活下去的。"

"但是我怎么给自己定出纪律来呢？"我又问。

"多和我们演几次戏，我们会教你的，我的朋友。我们并不是永远像今天这样对待你们。如果需要严厉的时候，我们会严厉的。噢，朋友，我们会骂人的。噢，我们骂得好凶哟！现在的艺术家们都抱着手坐着，等待阿波罗赐予灵感。这是毫无用处的，我的朋友，艺术家是有很多的事情需要自己去做。"

果然，启幕开演以后，训练有素的演员们开始以正常的声调说话，像用一条缰绳似的拉着我跟在他们后面。你和他们在一起，无法萎靡不振，你不能降低声调。甚至使我觉得仿佛演来入调而且有灵感。唉，只是我仿佛觉得如此而已。我的角色距离完整的创作还远得很呢。

当《幸运儿》在另一个城市梁赞以几乎原班演员——小剧院的艺术家们和我再度演出时，真正艺术家们的训练和纪律便表现得更清楚了。

我原本在国外，那时候才回来。在火车站月台上我见到了费多托夫，他是格·费多托娃的儿子，在这次演出中担任一个角色。他代表剧中全体演员来要求我为他们解决一个困难。要我立刻到梁赞去，代替那位生了病的小剧院演员演一个角色。这是无法拒绝的，于是我不顾国外长途旅行的劳顿，不能会见在家渴望我归来的父母，便去了。我们坐二等车去梁赞。我得到一个剧本，让我研究我的角色，这角色已经忘了一半，因为以前我就没有透彻明了，而且只演过一次。车厢里的闹声使我的头觉得比平时更重，我几乎辨不清我在读什么。我记不住台词，几乎绝望了，因为我最怕在台上记不清台词。

"好吧，"我想，"我们快到站了，上帝会给我在剧场里安排一间空房,我便能有足够时间一个人聚精会神地研究角色,至少研究一遍。"

但事情注定了不如意。演出不在剧场里举行,而是在某一个军团的俱乐部里——在一个业余演出用的小舞台上,靠近舞台有一间房,用屏风隔成了几小间。这间房里容纳了一切东西,男女化装室和一间餐室,室内一只茶炊正在沸腾。他们还把军乐队也塞进来,为的是使观众席尽可能多留出位子。当军乐队开始吹奏,鼓开始敲打,我们正在穿衣服和化装的时候,我几乎晕倒了。我放下剧本,决定依赖提词人,幸喜他是个很好的提词人。

当我走上台的时候,我仿佛觉得有人在吹口哨,一声,又一声,声音更大了。我不知道发生了什么事。我停了步,望着观众席,看见有几个观众在嘘我下台。

"为什么?我做了什么事?"

事后才明白,他们嘘我是因为我代替了海报上印的演员尤仁。我竟然心神恍惚,退回到舞台侧幕去了。

"我罪有应得!"

我不能说这是件愉快的事。但我并没有发现这件事有什么不好。恰恰相反,我还有些喜悦,因为这给了我把戏演坏的权利。这可以解释为一种侮辱,或者简直是让人演砸。这便壮了我的胆,于是我又走上台来。这一次我却得到了掌声,但是由于自尊心的缘故,我以轻蔑的态度对待这掌声,毫不理会这掌声,呆若木鸡地站着,仿佛这掌声并不是给我的。我不能把一个没有准备的角色演好,这是显而易见的。这是我第一次依赖提词人。记不清台词走上台去是何等可怕的事呀。一场噩梦。

最后戏演完了。感谢上帝!装也不卸,我们便被带到火车站，可以回莫斯科了。但是我们到站已经迟了，火车已经开走，我们便不得不在梁赞过夜。我们寻找旅馆的时候，费多托娃和萨多夫斯卡娅的崇拜者们布置了一个临时晚餐会。噢，你没有看到我的那副狼狈相，由于头痛，脸色惨白，腿酸，伛偻，两腿软弱无力。在晚餐中间，我睡着了，年龄大得足够做我母亲的费多托娃却精神爽朗，那么年轻、愉快、逗人、健谈。别人可能误会她是我的姐姐。萨多夫斯卡娅也已经很不年轻了，精神却仅次于费多托娃。"那是因为我才从国外回来呀。"我自己解嘲。

"你从国外回来，可我的母亲正在发三十八度高烧。"费多托夫告诉我。

"这是训练和纪律！"我想。

如果事情要变坏，便会坏到极点。我上了床，刚要睡熟，我的同伴费多托夫开始打鼾了。我是不能听鼾声的。我该怎么办呢？我起来，但是头不敢动，头疼得仿佛像在裂开。细心地把睡熟的人翻转过身子去，我重新睡下。鼾声停止了。我快要睡熟了。只要再过一会儿，我便会睡熟了。但是费多托夫又翻了个身，打起鼾来。我又起身，克制自己不发火，再把睡熟的人翻转过去，因为我在等待他再发鼾声，所以仍然不能入睡。鼾声立刻来了，费多托夫的鼾声比以前更响了。我竭力克制自己，一再运用我的方法，渐渐失去了耐心。

"把他扔出去！勒死他！杀死他！"我内心发出了复仇的低语。

后来我竟胡搞起来，我想那是因为我病了。我愤愤地、怒气填胸地带着一套早经计划好的行动起床，把水倒在一只杯子里，弯下腰来凑近熟睡的人，等他再打鼾之前的深呼吸。就在他吸气的当儿，我把水灌进他口里。我疯了，把水倒进他的鼻子和气管里。他窒息了，咳呛着跳起身来，跑到室中央，痉挛地倒在地板上。那情形仿佛他要咳出肺来。我预料他要死了。

我一直被挨骂到第二天早晨六点钟，直到我们去赶乘火车。

十四　马蒙托夫剧团

离开我们莫斯科的家不远，住着著名的慈善家萨瓦·伊凡诺维奇·马蒙托夫，我在本书开首讲述和描写当年创造俄罗斯生活并且培养新知识分子的那些人物时，已经提到过他了。就跟我早已叙述过的那样，马蒙托夫的家是所有年轻的且有才能的画家、雕刻家、演员、音乐家、歌唱家和舞蹈家的圣殿。马蒙托夫爱好而且精通一切艺术。每年他家里要演出一两个给儿童看的戏，有时候也演出给成人看的戏。剧本多半是他自己的和他的儿子们的作品。和他相熟的作曲家们，时常表演歌剧或喜歌剧。成名作家的作品也有被搬上舞台的，例如奥斯特洛夫斯基的《白雪姑娘》，维克多·瓦斯涅佐夫为这戏绘制了所有的布景，设计了所有的服装。这些设计图样日后在许多有插画的艺术刊物上发表过。不同于我们阿列克谢耶夫剧团的演出，这些有名的演出都是在圣诞节或复活节，孩子们不上学校的日子里匆忙举行的。排演戏、制服装、设计和制作布景在两个星期内完成。在这两星期工作昼夜不停，家里变成了大工场。

在一间房里瓦斯涅佐夫设计第一幕，第二间房里包连诺夫设计第二幕，另一间房里柯罗文在设计第三幕，又一间房里谢洛夫和弗罗别尔设计第四幕，另一间房里列宾亲自设计第五幕。青年男女、儿童和亲属们从全城各地到这屋里来帮助工作。有的调色，有的涂画景的底色，有的制作大道具和小道具。

在女宿舍里，妇女们在艺术家的亲自指点下，准备和缝制服装。画家时常被请来解释图样，帮助制作。一堆堆各色种类的材料放置在房间的各个角落里，桌子摆起来供剪裁用，服装是按照演员身材缝制的。演员为了量身，会从排演室里被叫出来。义务的与职业的裁缝日夜轮班工作。

在房间的另一个角落里，音乐家们正在和一位年轻女演员练习一支曲子，或一首歌，这女演员显然是缺乏伟大的音乐才能。所有这一切工作都是在木匠的捶击声伴奏下进行的，捶击声从原来是马蒙托夫的书房和工作室、现在正在搭舞台的那个大房间里发出来，响彻全屋。导演一点也不睬这种声音，和演员们进行排演。另一个戏的排演会在屋子的正楼梯旁边举行。表演和导演的一切问题，会迅速地请示总导演马蒙托夫本人。

他坐在大餐厅的茶桌前面，桌上永远不会缺少食物。这里时常集合了那些愿意协助演出的义务人员。在这一切嘈杂的声音里，马蒙托夫写作剧本，前几幕已经在楼上排演了。刚刚脱稿的部分，当场复写，立即交付一个演员，他便跑上楼去，马上将刚脱稿的部分排演。马蒙托夫有在大庭广众中工作和在同一个时间内做几件事的奇特本领。他写剧本时还指挥一切演出，和年轻人开玩笑，口述他的繁复的铁道建筑事务的商业信件与电报，他是铁道建筑方面的经理人和创办人。

两星期工作的结果是一次特具风格的演出，既令人惊奇，同时又令人生气。一方面是最好的艺术家的美妙布景和这样别出心裁的导演意图，给戏剧艺术开创了一个新纪元，使得莫斯科最好的剧场不得不予以注意。另一方面，在这卓越的布景前活动着的却是一班全无教养的业余演员，他们不仅不能演好自己的角色，甚至记不住自己的角色。提词人力竭声嘶，胆怯的演员狼狈地停演和中断台词。他们有气无力的声音听不清楚，由于怯场而出现的痉挛代替了表情，完全没有技术。这一切使演出毫无艺术性，使剧本、导演的良好意图，以及卓越的外部装置成为不必要了。自然，偶尔这个或那个角色会闪烁出刹那间的才华，因为台上的演员有几个是真正的演员。这样的演员出场时，整个舞台便会有短时间的生命力。

这几次演出似乎专为这个目的举行的：显示演员在舞台上具有头等的重要性，如果没有剧场中最重要的人物——演员，那么整个演出，以及一切美丽的布景之必要性也就完全消失。就是从这些次演出中，我懂得了这个真理，而且亲眼看到了完整性和长期排演在戏剧事务上的意义。我相信在杂乱无章的状态中是不可能有艺术的。艺术就是有条有理、从容不迫的。我为什么要关心他们的演出工作准备了多久，一天或是一年呢？我认为重要的是，舞台上一切艺术家的集体创作应该是整体的、完满的。帮助演出工作的一切人员应该为同一个创作目的而服务，把他们的创作归纳成一个公分母。奇怪的是马蒙托夫这样一个感觉敏锐的艺术家，却从工作的十分草率与匆忙中找到了一种特殊的快乐。就这一点，我们时常同他辩论和争执，也就在这方面，他的演出和我们阿列克谢耶夫剧团的演出之间发生了人所共知的竞争与对抗。然而我曾经参加过马蒙托夫的演出；有一两次我曾在那些戏里担任过角色，而且忠诚地崇拜他们的艺术家和舞台导演的工作，但是作为一个演员，我在这几次演出中除了得到痛苦外，并没有任何收获。

马蒙托夫的演出在俄国剧场的布景艺术发展上起了巨大作

用。这些演出引起了有才能的画家的兴趣。从那时候起，真正的画家才出现在剧场的地平线上，他们逐渐开始代替那些从前被认为惟一剧场布景师的可厌的油漆匠。

我开始明白歌唱事业没我的份儿了。我站在十字路口。我再也不能回到家庭喜歌剧去了，因为我从柯米萨尔日夫斯基那里学到了太多的关于艺术的更高的目标与任务。除此以外，我们的家庭剧团已经解体了。我的姐妹们已经陆续结婚。

惟一可做的事只有话剧。即使在以前，我也没有忽视过话剧，而且时常密切注意当时颇负盛名的皇家小剧院的工作，以及俄国最好的私家剧场之一柯尔希剧院的工作。当时最好的外省演员都是在柯尔希剧院表演的。

由于经常参加业余性的演出，我在业余演员中很有名声。时常被邀参加各种不经常的演出，参加戏剧团体。在那些场合，我渐渐熟识了当时所有的业余演员，而且曾在许多舞台导演手下工作过。我曾有机会选择我在其中参加表演的剧本与角色，这给了我以尝试许多角色，特别是富有戏剧性的、年轻人时常梦想扮演的角色的机会。角色是感情强烈的和富有想象力的，这时年轻人会不惜"全部感情"，全力以赴的。

这种经历使我遭受的巨大损害我不想说什么。用一种引不起共鸣的声音唱瓦格纳的曲子是危险的。不具备必要的技术而担任太困难的角色，这对一个年轻人是同样危险的。当你被指定充当不能胜任的角色时，你自然会依赖投机取巧了，这会让你脱离发展的基本道路。

我的眼界渐渐开阔了，开始明白在舞台的领域里话剧是可以发挥尽致的。我学唱的功课中止后一直和我保持着友谊的柯米萨尔日夫斯基支持我的新的努力。

此外，我们的家庭剧团已经四分五裂，而且解体了。除了遵循一切业余演员的通常道路，那就是除了在那些随生随灭的剧团里，有肮脏、寒冷和湫隘的、装置着不堪入目的布景的业余表演厅堂里，往往不得不和讨厌的人交往，利用一切机会演戏以外，我没有别的办法了。排演的不断改变，不工作而调情、闲谈，以及匆忙地杂凑上去，观众只为了想看下面的舞蹈而不得不忍着看的戏，这一切情形都不能使我的热情减弱。有时候我们在不生火的剧场里表演，往往把服装穿在温暖的身上以前，服装已经冻结在墙上了。在最冷的天气里，我不得不在我姐姐家里设一间更衣室，幕间休息时，我坐了马车去换服装，改化装。我们坐在舞台侧幕的后面，得穿毛皮大衣和北极靴。

排演和演出两者都只有一个目的——调情、喝茶、饮烈酒，不止一次闹出了乱子。

我记得在某次通俗喜剧演出中，十五个演员只有两个到场，在同一个节目单上的表演另一个短剧里的人就被拉来表演这个短剧，他们连一句台词都不知道。

"但是我们要演些什么呢？"我们惊愕地问。

"这毫无关系呀。走出台去，你愿意说什么，就说什么。戏必须演完。观众出钱买了票的。"

于是我们走上台，说我们临时想到的话，当我们再不能说下去时，就走进来。另外一个人又走上台去，也像我们一样随意表演。当舞台上空无一人时，我们又被拉上台去。我们和观众两方面都对这整个事情的胡闹爆发出了狂笑。演完以后，我们被掌声召唤出台谢幕，经理兴高采烈。

"瞧,"他大声叫道,"你们还不愿意演呢!"

我时常不得不和形迹可疑的人一块儿演戏。我能怎么办呢?没有别的地方可以演戏,我却是这样喜欢演戏。在这些业余演员中,有赌徒,有妓女。我呢,一个有地位的人,俄罗斯音乐协会的理事,觉得这样抛头露面对我的名誉是有损的。必须用一个假名来掩护。我寻找一个怪名,设想怪名可以把我的真实身份掩盖起来。我曾经认识一位业余演员,他的名字叫斯坦尼斯拉夫斯基医生。他已经不演戏了,我便决定用他的名字,设想在斯坦尼斯拉夫斯基这样一个波兰名字背后,谁也不能认出我来。

最后我在一个法国三幕笑剧里得到一个喜剧小生的角色,这戏的地点是在一个女戏子的化装室里。我烫了头发,穿着当时的轻佻少年的服装后飘然上台,手捧一大束花。我走上台,站定。在正中的包厢里,坐着我的父亲、母亲、我的家庭教师和我的姐妹们的家庭女教师。我记得在以后的几幕戏中,我必须表演恋爱场面,甚至还有超乎恋爱的场面,这是我们的家教所不允许的。于是一个俗气而漂亮的青年被我演成了一个拘谨循良的孩子,造成了全剧的失败。演完以后,我回到家,自觉羞惭,不敢在家人面前出现。第二天,我的父亲用一句话解决了这件事。

"如果你还想演戏,该去找一个优秀的剧团和高尚的演出节目,但是看在上帝的分上,不要去演昨夜那样无聊的戏了。"

老保姆从我在摇篮里时便照料我,她不理解我已经长大了。她说:"我从来没有想到,我们的康斯坦丁这样一个正正经经的小孩子竟会做出那种事情来。真可怕,真可怕。为什么我会看见这种事情呢?"

德国籍的家庭女教师说:"讨厌!"

法国籍的家庭女教师说："这真是有趣的事！"

就这样，演出又一次失败。

我在业余剧团间的流浪也有另外的收获。我认识了莫斯科最有才能的业余戏剧工作者，那些人后来成为我们的业余团体——艺术文学协会中的主要人物，往后又认识了莫斯科艺术剧院阵营的阿尔杰姆、萨玛洛娃、费西亚兹基，以及现在以舞台导演蜚声于巴黎、伦敦和马德里，曾和奇亚奇列夫合作并独立导演过歌剧的萨宁。

艺术的青少年时代

一 莫斯科艺术文学协会

那时候在莫斯科出现了那位著名的导演兼演员亚历山大·菲利波维奇·费多托夫，他是著名女演员费多托娃的丈夫、时常和我一起参加业余演出的我的朋友亚历山大·费多托夫的父亲。他在莫斯科组织一次演出，以便给莫斯科人留下他的印象。他的儿子当然参加演出。由于和他儿子的关系，我也被邀参加了。剧本是费多托夫翻译的拉辛的《辩护律师》。主角由画家、业余演员兼美学家费奥多尔·索洛古勃伯爵担任。至于我，担任果戈理的独幕喜剧《赌徒》中的主角。在这次演出中，我第一次遇见法国老派的有才能的导演。他才从巴黎回来，带回了最新的表演方法。在他指导下的排演是我所能获得的最好的学习。情形似乎是这样：我得了他的欢心，因为他带我去和他的家属相处在一起。

费多托夫组织的演出获得了成功。从此以后，我再不能回到我以前业余演剧的流浪生活中去了。

"什么都可以做，就是不能干那种事。"当我回忆起以前那些演出时，这样对自己说。所有曾经参加过费多托夫的演出的人都不愿意分散。费多托夫本人是一个伟大的梦想家，也开始谈论创立一个大的团体，把一切业余戏剧工作者组织成一个剧团，把莫斯科所有的画家组织在一个俱乐部里，俱乐部里不许赌牌。我早已和柯米萨尔日夫斯基谈过这件事情，所以关于计划中的这个团体，只要把费多托夫和柯米萨尔日夫斯基拉在一起，便可以作出最后的决定。

当你很急切地想做一件事的时候，你会觉得你的意愿是既简单且可能实现的。我们觉得从会费和捐款中筹集必要的经费是容易办到的。像岩石从山坡上泻下来那样，我们的新意念在发展，生出许许多多的枝节。在我们看来，用这些办法可以筹到钱，帮助我们实现我们的目的。费多托夫是作家与演员协会的代表；柯米萨尔日夫斯基是音乐和歌剧方面的代表，索洛古勃是画家的代表。在他们背后，有着梦想参加我们阵营的大批人员，例如，一种大型的文学与美术杂志的发行人，便想利用这团体，以开创和推广他的事业。此外，随着关于新团体的种种讨论的发展，决定开办话剧和歌剧学校。我们既然拥有像费多托夫和柯米萨尔日夫斯基这样的杰出导师，怎么能不办学校呢？

每个人对我们的事业想出了许多计划，而且预言事业的成功。只有索洛古勃伯爵——他的年龄比我大许多，但他的精神如此年轻，因而我们成了他的朋友和伙伴——却使我的想象冷静，使我取消了许多不切实际的行为。

费多托娃夫人也几次叫我去看她，想用她慈母般的影响使我免蹈某些千钧一发的危机。但刚愎的性格使我竭尽全力去从事我认为有兴趣的事，所以他们理智的劝告我没有充分考虑。我把费多托娃的悲观心理解释成她和丈夫之间的私人感情纠葛。对于索洛古勃的实际办事经验我根本不相信，因为他艺术家的气质太重，而不是一个实干的人。偏巧运气好，我父亲的生意遇到一个很好的年景，我得了一笔近三万卢布的红利。我从来没拿过这么多的钱，便以为自己是一个富翁了，于是拿出大部分钱，想租一所房子。我们觉得为了协会的成功，房子是非常必要的。房子需要大规模改造，但因为当时没有人能供给改建费，我便又捐助了，盲目地相信着协会的远景。一八八八年仲冬，我们的艺术文学协会在富丽堂皇的总部举行了成立庆祝大会。在总部房屋的中央，有宏大的观众席，偶尔也可以用作舞厅。在观众席的四周有回廊，以及一间依俄罗斯古代式样建造、供画家用的大房间。画家们亲自画壁画，设计家具。在这奇形怪状的房间里，他们举行晚会，绘画，画幅即刻拍卖，收入的钱用来购买食物。

莫斯科每一个剧院的演员都出席了我们的演出，充任朗诵或临时登场的演员；有的跳舞，有的唱歌。最使大家喜欢看的是话剧演员反串歌剧演员和舞蹈演员的角色，舞剧演员反串话剧演员的角色。那天晚上全城的知识分子都到了场，并向协会的发起人和我道谢，因为我们把他们团聚在一个场所了。他们向我们恳切说明：他们久已渴望有个像我们这个协会那样的团体了。报纸热烈响应我们的开幕。在庆祝大会几天之后，我们在满堂观众面前演出了普希金的《吝啬骑士》和莫里哀的《乔治·当丹》。在第一个剧中我演武士，在第二个剧中我演索丹维尔一角。《吝啬骑士》的布景是索洛古勃伯爵设计的，《乔治·当丹》的布景是由那位当时尚初露头角、现在已经成名的青年画家——柯罗文设计的。两个戏都由费多托夫导演。

初春，我们决定用这两个戏——普希金的一幕三场剧《吝啬骑士》和莫里哀的三幕剧《乔治·当丹》——来举行艺术文学协会剧场的揭幕公演。我想，没有业余演员能选择比这更难演的戏了。普希金是在形式上最简练、最尖锐、最含蓄、最完美，在内容上最深刻的艺术作家之一。他的每一句话都是一部艺术作品的题旨，或者至少是整整一幕戏的题旨。表演包容他一部剧的寥寥几页，就如同表演几出长剧那样费力。这个表现吝啬性格的悲剧只有很少几页，却包含了关于人类这种恶习的一切经人讲过的和还没经人讲过的话。

在研究我的角色的时候，我曾试图在普希金所描写的形象中增添一些自己的创造。至今已时历三十年，而我依然无法发现任何增补。普希金的天才是无所不包的。一切艺术中最艰难的是既简单而又内容丰富。梅特涅曾经这样写过："请原谅我的信写得冗长，因为我没有时间写得简短。"

莫里哀也是个广泛描写人类情感和人类缺陷的作家。他讲述了他所看到的和所知道的一切。他是个天才，所以无所不知。他的《伪君子》不仅是单独一个泰杜夫，而是世间一切泰杜夫的概括。他写生活、写情节、写人物，但结果是写一种普遍的人类情感或缺陷。在这点上，他接近普希金和一切伟大作家。因为在这方面一切伟大作家都是相同的。他们所以伟大，是因为他们有丰富的见识、宽广的眼界。

我在两个戏里都表演了。在第一个戏里我演武士、一个悲剧角色；在第二个戏里，演喜剧角色索丹维尔。我们当演员的，再没有比在这样的戏里表演得更困难的了。在这样的戏里，我们的角色必须塑造得合适。这对于一个刚开始演戏的业余演员来说，太难了，因为业余演员所需要的是一个有趣的情节和外形的动作。这些东西可以用它本身的力量吸引观众。但演普希金的戏，外在的情节简单，外部动作几乎没有。剧中的一切动作都是内在性的。

一位中古时代的男爵每夜下到炮楼的地窖里去，他的财富藏在那里面。他享受盘弄财富的快乐。每夜他添入一把金币，为每个金币的价值而欣喜,这个金币的代价是谋杀,另一个金币是挨饿而死;这个是诱人堕落,那一个是伤风败俗——人类的一切美德和过失、一切东西都包含在这些金币中。男爵有钱,所有人都在他的掌握之中。他有一切权力,凌驾于一切愿望之上,他贱视所有人。但每一个人都认为他穷。因为这种任凭操纵的权力是不为人所知道的,所以他便觉得这种权力更可爱。他对钱财的爱到达了情感的高峰,对权力的贪婪到达了喜极而狂的程度。蹲在他那些打开着的箱子堆中,在那闪耀的烛光中,在金子耀眼的闪光中,他想到自己的权力,乐得醉倒了。他为幸福所窒息,却立刻想到:他的幸福是不能永久的,死神把一切夺去,死神把他通过许多不眠之夜、良心的痛苦、艰难、饥饿而得来的财宝移交给他不成器的儿子,一个挥金如土的浪子,他会和那些酒朋肉友一起把这一切财富挥霍光。唉,如果他在死后也能像现在一样坐在这些箱子上,保护着这些财富,不被活人拿走,该多好呀!这疯狂的吝啬者的绝望的悲鸣,就是戏的结局。

"我将以哪一个人作为榜样呢?我该模仿哪一个人呢?在舞台上我没有见谁演过这一角色,我不能想象某一个演员会怎么演这个角色,"我失望地自言自语,"惟一能救我的人是费多托夫。我要把自己交给他。"

"今夜我和你同睡,或者说,和你一起不睡觉,"费多托夫对我说,"去布置一下,让我们可以在一个房间里过夜,使我们能面对面地睡。"

我做了必要的安排。

费多托夫很老了,满头厚密的灰白头发,蓄着浓密的、必须经常使用剃刀修剪的唇髭,脸上富有表情,面部肌肉不时抽动。

他的眼睛永远在转动和闪烁。气喘病使他身子弯曲了，但并不能遏制他超人的力量。他老是吸着轻淡的、芬芳的纸烟，拿前一支烟的烟蒂来点燃后一支烟。

穿着睡衣，裸着瘦弱的腿，他开始讲为这悲剧设计的布景、计划和舞台演出设计。他以热情和他所具备的伟大才能讲述着。费多托夫说那舞台演出设计已经完成了，但在我看来，他自己并不知道那东西最后会是什么样子。他在我面前即兴幻想着，为的是鼓舞我，同时也鼓舞他自己走向创造。我自己也同样干过许多次，而且我确实也很熟悉导演的这套老方法。尽管舞台上所表现的一切会和你最初所想象的一切恰恰相反，但并不妨碍想象。人们时常不相信想象中所描绘的东西能原模原样地搬上舞台。但即使是这样的想象，也能激发人去做迫切要做的工作。当费多托夫讲述的时候，我把我的某些想法和意见加进他的计划中去。然后我们便把一切抛开，以全新的方法从头做起。但是我们会遇到障碍，于是不得不再订一个新计划。最后，在一切幻想中会保存某些结晶体似的，或精髓似的东西，这些东西正像普希金的作品本身一样，内容丰富，而形式简单。由于陷入想象，费多托夫会从床上跳起来，形象地说明内心视觉所见到的东西。他伛偻的、衰老的身体，瘦弱的、干枯的腿，神经质的脸，以及他的才能早已创造出了一个依稀可辨的未来形象，我也似乎看到了这个形象。这是一个衰弱的、感情冲动的老人的形象，它内心的和外形的特征都是很有趣的。但我却梦想着另外一种形象，人物的缺点表现得非常隐晦，丝毫不冲动，而且恰恰相反，是一种表现出一种坚强自制和对权利有着不可破灭的信念的形象。费多托夫仿佛也在寻觅这样的形象，他的冲动只是由于一天工作后的疲劳罢了。

但这两种形象之间是有差别的。这差别在于，他所设计的形象比我所设计的更年老、更有特征。这形象仿佛是从那些老画家的作品中撷取来的。你还记得在红色烛光照耀下，那些俯着伛偻的身体、抹拭剑上的血渍或俯身看画的老人的典型的脸容吗？我的形象却是另外的，简单地说，那是一个歌剧式高贵的父亲或老人，像《新教徒》①一剧中的圣伯利。我早已开始模仿一个著名的意大利男中音歌手，他有一双优美的腿，裹黑紧腿，穿美丽的拖鞋和大裆裤，一件剪裁讲究的紧身衫围着腰部，佩一柄剑。那柄剑比一切都更重要。就是这一柄剑吸引我扮演这个角色。从那一夜起，一种使人痛苦的选择在我内心开始了。两种截然不同的形象在我心灵上活着和斗争着，像住在一个洞穴里的两只熊。

我不能决定，这两个形象中该模仿哪一个好些，模仿费多托夫的好呢，还是那位男中音歌手好。在某些方面，我喜欢费多托夫的形象；我无法否认他的创造才能和不落俗套。但那位男中音歌手在这角色的更多地方占了上风。那穿紧腿裤的优美的腿、剑和西班牙式的高领——这个漂亮的歌剧角色，我充当歌手时没有能够演唱，现在终于到手了——我能放弃吗？当时我以为唱歌和诵诗是一回事。我非艺术的鉴赏力似乎使费多托夫吃惊。发觉这一点后，他热情低落了，默不作声，迅速地吹灭了灯火。

我们第二次见面和讨论，是在讲解索洛古勃伯爵所设计的布景和服装草图的时候。

"多难看呀！"我看见了那些草图后，自言自语道。

想想看，一个具有高贵的贵族特征的古代老人，戴一顶看上

---

① 德国作曲家迈耳贝尔（1791—1864）所创作的一个歌剧。

去像女帽似的肮脏破烂的皮头罩,蓄一绺长而不修整的、拿破仑三世式的胡须,看上去像留了长胡子,稀疏的、不整齐的唇髭,穿着宽大、破旧的紧腿裤,裹在腿上,形成难看的折皱;一双使脚变为瘦削和窄小的、挺长的便鞋;一件千疮百孔的、半边扣子掉落了的衬衣,塞在旧裤子里;一件袖口大得像僧衣的背心。一个轮廓分明的龙钟的驼子。整个身子顾长、瘦削,伛偻成一个疑问号。他伏在一只箱子上面,金子从他的瘦骨嶙峋的指缝里流到地上的箱子里。

"什么!扮一个可怜的乞丐,而不是扮漂亮的男中音歌手!那决不行!"

我伤心极了,不能掩饰自己的感情,开始流着泪恳求说这角色已经使我憎恨,不要再让我来扮演了。

"无论如何我不能演这个角色,再也不能演了。"

"但是你想怎么样呢?"心烦意乱的美术家和舞台导演问。

我老老实实把我所梦想的和吸引我扮演这角色的一切告诉了他们。我把自己想象的形象画出来。我甚至把那位男中音歌手的相片给他们看,那相片我经常密藏在衣袋里的。

于是他们开始做一种手术,对我剖解、研究,揭露我在多年业余活动中积累的一切剧场性的矫揉造作。费多托夫和索洛古勃给我上了永远不会忘记的一课。他们笑我,然后像二加二等于四那样清楚地告诉我,当时我的艺术趣味的落后、贫乏和庸俗。起初我不说话,然后感到羞耻,最后觉得自己的一切微不足道。有什么东西在我内心消失了。一切旧的东西都不适用,可是新的又没有。他们没有使我相信新的,但他们确已使我不相信旧的了。通过一连串的谈话,通过旧派与新派的大作家们的作品展览,以及通过很有才能的指示和教导，他们开始把新种子移植到我心里。我开始觉得像一只阉鸡，被人填塞着营养的硬果。我把那男中音歌手的相片放入抽斗，而对于从前梦寐追求他的那一回事觉得羞耻了。难道这不就是收获吗？

但是我距离我的新教师们所要求的还远着呢。

我扮演这角色的下一步工作，便是从外表上和形体上去学习表现一个老年人。

"你表演一个很老的人，要比表演一个中年人容易，"费多托夫对我讲解，"一个很老的人，轮廓更要明显得多。"

表演老人这一点，我已有些准备了。夏天我在城内住宅里对镜练习表演的时候，我一切都练过，包括表演老年人在内。此外，我观察和模仿所认识的一个老人。于是我自己开始在生理上感觉到一个老年人的正常状态，相似于一个年轻人在长期劳累以后的状态。手脚、脊骨都变麻木了。在站起来之前，必须准备把身体向前俯下，移动重心，寻找支点，靠手的帮助站起身来，因为腿已经一半不听使唤了。站起来的时候，你切勿立刻挺直背脊，要慢慢地伸直。你先以小步子走路，直到腿伸直，必须过一些时候才能走快，但走快以后，便难于立刻停步。所有这一切，我不仅在理论上懂得，而且在实践中感觉到。我能照年轻人的疲乏情形来取得老年人的这些经验。我以为这是好方法。我在角色中运用这种方法愈多，我便觉得愈好。

"不，这不行。太夸张了。这是小孩子模仿老人，"费多托夫批评我，"你不必这样费力。放松些。"

我试着控制住自己，但依旧太夸张。

"再试，再试！"他命令。

一 莫斯科艺术文学协会

我把表演声调一再压低,到后来就不再紧张了,只以习惯保持着老年人的动作的节奏。

"这才是真实。"费多托夫赞赏地说。

"这我不懂。我不模仿老年人,你却说我演得好。我运用我所发现的表演老年人的方法,你却说那一文不值。这只能意味着手法都不需要了。"我抛弃了研究得来的方法,不表演,但他们会大声叫唤:"声音高些。我们听不见!"

无论我如何努力,我不理解这个奥秘。

我对这个角色的更进一步研究没有得到什么结果。在那些单纯的、较平静的场面上我感觉到了某些东西,但这是我自身的感觉,和形象本身没有关系。我也熟悉了一些外表的和形体的东西,但这只和角色的年迈的特征有关。我也能把台词说得单纯,但那并非由于体会到了普希金笔下的男爵所充满着内在动机。我说得单纯,是因为要说得单纯的缘故。人们可以想象出下面这一系列动作的练习:使人一足跛行,一边收拾房间,一边唱歌。同样,一个人可以用老人的姿态走路,做必要的舞台小动作和大动作,机械地诵读普希金的词句。当时我似乎不能再获得更大的结果了,这使我不能完全进入角色,我对它憎恨了。我扮演这个角色,就像那是一件上衣,匆忙中只穿了一只袖子。那是不够的。我几乎不能够运用我在那些平静场面中所体会到的东西的一半。在那些需要全力表演的场面里,我甚至一点也不能运用自己在角色身上所发现的东西。在这样的时候,曾被我一度称为灵感的那种东西便光顾我了,我开始收紧喉咙,发出嘶哑的声音,全身紧张起来读台词,像外省的演员那样,带着拙劣的情感和空虚的心灵来读,读得很难听。

排演结束了,我到维琪去,整个夏天为这个角色而痛苦,再继续努力,想使自己接近角色。我丝毫不想别的事。这角色已经深入我的心灵,成为一个令人厌恶的固定意念了。人类最大的痛苦是创造的痛苦。那才是真正的坦塔罗斯①的痛苦。你觉得在角色中缺乏"某种东西";这东西离你很近,就在你自己体内,只要你去拿,但你伸出手去,它却跑掉了。结果带着一颗没有丝毫精神内容的空虚的心灵,接近角色的情绪强烈的部分——那只要你开启心灵的大门便可以接近的——可是仿佛忽然有某种抵抗力从心灵里顶了出来,不让心灵接近那强烈的情绪。这种状态使人想起一个沐浴者不能下决心跃入冷水中的情形。

为了寻求解决,我决定采用一个方法,当时我以为那个方法是一种天才的意念。离维琪几里路,有一座古代的城堡,在堡垒下面有一个很大的地窖。

"让他们把我禁闭在里面几小时,在那地方,在那真实的古堡里,在孤独中,我可以发现那种感觉、那种状态或情绪了。"我不知道我需要的是什么,以及当时我要寻找的是什么。

我到城堡去了,他们把我禁闭在地窖里两小时。我感觉到战栗和凄凉;地窖里黑暗、潮湿;那里有老鼠,这一切的不利只有妨碍我专心想我的角色。当我在黑暗中开始背诵我从心里觉得讨厌的台词时,这整个行为变得蠢了。我打起寒噤,生怕会染上肺炎而死。这种恐惧赶走了我已经具有的关于角色的念头。我开始敲门,但没有人开门。我真的恐惧起来,但这种恐惧和我的角色

---

① 希腊神话中的人物,他因泄露宇宙秘密而被沉入水中,头露出水面。在他头顶上方悬着一颗美果,使之可望而不可即。

一 莫斯科艺术文学协会

毫无关系。这一次实验的惟一结果是患一场重感冒和失望。显然，要做一个悲剧演员，把自己禁闭在有老鼠的地窖中是不行的。还有别的事要做。但是什么事呢？仿佛一个人应该上升再上升，到顶层上去，到云层里去。但他怎么才能上去呢？没有人能告诉我。舞台导演只说明他们所要求的结果。他们只注意结果。他们会批评你，告诉你什么是坏的，但他们不会告诉你，如何去获得期望的东西。

"体验这角色的生活，强烈地感觉它，再深入些去体验它。"他们会这么说。或者说："你没有体验到呀。你必须体验呀。努力去感觉它。"

于是我去努力，浑身紧张起来，把我的身子扭来扭去，收紧嗓子，直到嗓音嘶哑，血冲上头脑，脸红耳赤，眼珠要从眼眶里暴出。我继续做别人要求我做的事，弄得我筋疲力尽为止。一次排演便会使我疲乏到没有力气按导演的要求复排第二遍。

这种情形只在平时排演中发生，如果正式演出，当感情的冲动使我失去一切控制的时候，会发生什么事呢？说老实话，我第一次演出完全正如演员们所说的上场昏。

但那一次演出是成功的。那位有才能的美术家索洛古勃伯爵所设计的优美的布景和服装，由费多托夫所创造的突出的舞台动作，整个演出的调子和气氛，它的优美的匀称，这一切在当时都是新鲜而独创的。观众鼓掌。除了我谁去接受呢？我走上台来鞠躬，观众欢迎我，因为美术家的工作与舞台导演的工作之间，导演的工作与演员的工作之间是无法区别的。对我的赞美也有的。我相信这种赞美，而且由衷地以为，既然有赞美，那么我的表演一定已经打动观众了，一定已经造成一个印象了，一定是好的了，而那种硬挤出来的声音和痉挛的动作便是灵感了。那结论必然是这样：我已经确切体验了这个角色，一切都成功了。

但是舞台导演骂了我一顿。出于忌妒！如果他是忌妒，那一定有使他羡慕的东西。

这种自欺欺人的魔环是无法逃脱的。演员陷在谀媚与赞扬的泥沼里而不能自拔。令人愉快的事总是胜利，因为人们愿意相信愉快的事。人总是喜欢听可爱的崇拜者的好话，而不喜欢听专家的苛刻的真话。

年轻的演员们，警惕那些崇拜你们的人！你们可以和他们周旋，但不要和他们谈艺术。从你们最初的第一步起，便及时学会听取、了解和喜爱批评你们的苛刻的真话。发现那些能和你们说这种真话的人。多和那些能对你们说真话的人谈你们的艺术吧。

二　偶然的幸运

那一次公演中的另一个角色、《乔治·当丹》一剧中的索丹维尔，也是很不容易演的。最难的是开头。一件艺术作品愈伟大，你站在这作品面前便愈会惊异，如同一个行人站在勃朗峰山脚下一样。

普希金、果戈理、莫里哀，以及其他所有大诗人永远被人套上了各式各样的传统的古老制服，这种制服使人想深入他们作品的活生生的精髓几乎成为不可能。莎士比亚、席勒和普希金的作品，被演员和戏剧工作者们称为"哥特式"的；莫里哀的作品是因为"莫里哀"这个名字而著称的。"哥特式"这个诨名，以及把这几个作家的名字归集在这一个诨名之下，其本身已经意味着一种暗示，那便是这些作家属于同一类型的。如果一个戏里有着诗、"中世纪"古装、悲剧感情，即浪漫主义，那么这戏便该用"哥特式"的布景和服装；用一句话说，这便是一个"哥特式"的戏。不仅是那些演员和那些戏剧应该挨骂，因为他们造成了这些偏见，用伪装的传统损害了伟大作品，更应该挨骂的是学究教师们，在青年学生的印象清新、直觉强烈、记忆敏锐的时候，他们伤害了青年学生第一次接触艺术作品的热情。他们用一种平凡的、枯燥的、陈腐而乏味的老调子来讲述这些作品的"伟大"。

那么这些古典的"哥特式"的戏是怎样表演的呢？有谁不懂

这种戏的表演方法吗？任何一个中学生都会告诉你，那种崇高的感情在剧场里应该如何表达，那些诗句应该如何运用悲剧感情来诵读吟唱，服装应该如何穿着，演员们如何在舞台上高昂阔步，做各种姿势。事情的要点似乎不在那个戏的作者和作者的风格，而在于西班牙式的长靴、紧腿裤、剑、矫揉造作的诗句、怪声怪气的嗓音、演员的神态、演员粗野的气质、美丽的肢体，卷曲的头发和画过的眉毛。

对待莫里哀情形也是相同。谁不知道莫里哀的制服？那是可以通用于他的一切戏，以及和他的戏相似的一切戏的。回想一下他的任何一个戏在舞台上的演出吧。那你便会记起他的所有戏在所有剧场里的演出了。你的眼前会涌现你所见过的舞台上的奥尔恭、克雷央特、克劳迪和斯卡纳赖尔[①]的形象，这些人物彼此是这样相像，如同两滴水一样。这便是所有剧场里所用心守护着的神圣传统！

那么莫里哀到什么地方去了呢？他被藏匿在那种制服的衣袋里了。为了保持传统，他便不能给人看到真面目。但是如果你读到他的《凡尔赛宫即兴》，你便会相信莫里哀本人对于制造所谓"莫里哀传统"这类东西的行为也是猛烈抨击的。天哪，还有什么东西比舞台上的莫里哀传统更可厌的呢，这是"一成不变"的莫里哀，"想当然"的莫里哀，"千篇一律"的莫里哀！

"千篇一律"这句成语是剧场的祸害。这祸害像一堵石壁似的站立在我和莫里哀的索丹维尔中间。由于那堵石壁而看不见真正的莫里哀，于是我对自己说，在第一次排演的时候，我便早已懂

[①] 均为莫里哀剧本中的人物。

二　偶然的幸运　161

得一切了。我在法国舞台上看见过莫里哀，这对我并不是无益的。当然我从未见过舞台上的乔治·当丹，但那并不使我担心。我面前已经有了那个"千篇一律"的莫里哀，这对于我一个天生的模仿者是足够的了。

在头几次排演时，我早已把我所看到的莫里哀的一切舞台花招都抄袭了，我觉得演得很得心应手。

"你一定在巴黎看过不少次了吧，"费多托夫笑着对我说，"你好像把整个乐谱都带回来了。"

费多托夫懂得如何逾越存在于演员和他的角色中间的那堵墙，以及如何剥去那件伪装的传统的制服，代之以真正的艺术传统。那时候依他的习惯，他会亲自跳上台去表演，创造真实而富有生命力的形象，用来摧毁一切伪装的死的形象。他表演戏里的情节，但情节是和人物心理紧密相连的，人物心理又和人物形象与作者相连的。如果把剧中人的一切遭遇用充分的信心严肃地表演出来，那么作品的喜剧性、讽刺意味便自然会显现出来。这种严肃性在费多托夫心中很强烈；此外，他刻画性格丰富而明朗，真是一个名符其实的俄罗斯喜剧演员。换句话说，他具备演莫里哀的戏所必需的一切。在俄罗斯戏剧的全盛时代，人们认为全世界最好的莫里哀演员是俄罗斯人史迁普金、舒姆斯基、萨多夫斯基和热沃基尼，这说法不是无稽之谈。除此以外，费多托夫研究过法兰西戏剧的每一种奥秘，这使他的表演有了一种自成一格的洗练、优美和轻快。费多托夫表演一个角色，表演会使角色眉目清楚。角色的与生俱来的天性会十分完美地自然显现出来。

多么美好，多么质朴呀！你所要做的只是走上舞台，照那样子表演而已。但是，一旦我确实走上舞台时，我所想的一切似乎都变了样。看人做一件事和自己做一件事,这中间是有很大距离的。你一走出舞台,那你原先在观众席里觉得非常容易的一切事情都变成极度困难了。一切事情中最难的事是站在舞台上,对舞台上所发生的一切事件相信,而且严肃地对待。但是,如果没有信心和严肃性,想演讽刺戏或喜剧、法国喜剧、古典喜剧,尤其是莫里哀的喜剧那是不可能的。这里,全部要点在于严肃性,在于真诚地相信剧中人的愚蠢,或无可救药,或无助的处境;在于真诚地被剧情激动和真诚地忍受苦难。演员可以用这种严肃性来表演,但是喜剧本身却会在那时候来报复。体验一个东西和把你所体验的表演出来——这两者之间的差别之巨,如同在自然而有机的喜剧性和没有才华的、宫廷丑角的、外表滑稽诙谐之间的差别一样。

我拙劣地学着表演费多托夫所有真正体验的那些剧情。我努力装作仿佛我是严肃的,相信台上所遭遇的事件的。费多托夫有真实的、活的生活;我却只有那种生活的一个纪录。但费多托夫表现给我看的确实是这样美丽,以致我不可能否定他所表现的那些东西。我是他手中的俘虏——这是他在舞台上所做的和表现的事物的自然结果。诚然,那堵旧传统的墙正在倒塌,但代替这堵墙的是崛起在我和角色之间的费多托夫的那个陌生的形象。现在我必须越过这个阻障,以便接近我自己的索丹维尔,而且和它融成一体。但无论如何一个活的形象总比一个僵死的传统好得多。费多托夫更简明而实事求是地讲解了他所表现的东西。

"作为业余演员我又能怎么样呢?"他为自己辩解,"离公演日子这样短促,我怎么能不表演一下给他们看呢?我不能为他们开班讲学呀。他们会抄袭一点点,然后会多少进入他们的角色

二 偶然的幸运　163

里去。"

但是当费多托夫看到了独立创造的一线微光时,他会快乐得像小孩子一样,尽一切可能去帮助演员发现自己。

我便这样开始模仿费多托夫。当然我只从外表上去抄袭他,因为要抄袭天才的生动的光辉是不可能的事。困难的是,我这个执意的模仿者同时又是个很拙笨的模仿者。模仿是种特殊的天赋,我却没有这种天赋。当模仿不成功时,我放弃了模仿,抓住老套的表演方法,单调的快拍子,挥舞手臂,然后是毫不停歇地表演,使观众无暇讨厌我;或者把全部肌肉紧张起来,硬挤出心情;或者忘记台词,我在这一切中寻求生路。一句话,我命定似的重犯了我以前业余演剧和演音乐喜剧时的那些错误,这些错误可以用一句话概括:

"在你的观众没有睡熟时,你尽量使劲演。"

但是我想重犯已往错误的那些企图却不能为费多托夫所接受。他会从座位上高叫:

"不要含糊其词!讲清楚些!你以为这会使我这个观众笑吗?恰恰相反;你使我讨厌,因为我什么都不明白。你顿脚、挥臂、走路,以及一切难以数计的动作,扰乱了我的视觉。我眼花缭乱,耳内有杂声。什么使你以为这是好笑的呢?"

我们迅速地接近彩排,但是我,可以说,还是不知如何是好。可是我幸而从神灵得到了恩赐。我化装的某一点使我的脸有了一种生动而喜剧性的表情,于是灵机突然在我心内触动了。以前感觉到模糊的一切现在变为清楚了;以前觉得没有根据的一切,现在忽然找到了根据;以前我不曾相信的一切,忽然得到了我的信服。什么人能解释这种莫名其妙的、突如其来的、神奇莫测的、创造性的转变呀!有一种东西在我心里已经成熟了,它像花蕾渐渐地孕育,现在终于开花了。一个偶然的触发,这蓓蕾开放了,新鲜娇嫩的花瓣从蓓蕾里长了出来,寻求太阳的温暖。就我而论,化装刷子在脸上的一个偶然的触发,使角色的花朵在脚灯的明耀光芒中盛开了。这是非常愉快的一刹那,补偿了我先前的一切创作痛苦。我能以什么来比拟呢? 比作重病以后的再生,或比作临盆痛苦之后的大小平安。在这样的一刹那间,做一个艺术家是多么好呀,但艺术家们有这样一刹那愉快的机会又何其少呀。这种一刹那的时光永远是些明亮的星辰,像篝火似的照明着,而且为艺术家指点了一条道路,以便进一步探求和达到新的目的。

回忆和评价这次演出结果,我懂得了当时所体验的那一刹那的重要性。感谢费多托夫和索洛古勃,他们使我内心发生了一种急剧转变。我仿佛从长时期苦斗着的泥泞中爬了出来。我并没找到一条新的道路,但开始明白我以前的错误,那已经是很大的收获了。例如,我曾把那种属于歇斯底里一类的舞台情绪错认为真正的灵感。这次演出以后,我明白了自己的错误。

试想,如果我从年幼起便被教育把豆子唤为肉。我吃豆子以为在吃肉。豆子只能使你的胃膨胀,却并不能使你得到营养。于是我挺着一个膨胀的胃走来走去,但却是饥饿的。

我错认为灵感的那种空虚的舞台情绪就是使演员心灵膨胀的食料,却不能使心灵得到营养。

但是我终于明白我的错误了,倘使我以真正的灵感来代替虚伪的舞台情绪,从这种变换中我或许能得到大量的创造力。

三　结婚

　　《吝啬骑士》演出后，我们又演出了彼森姆斯基的《苦命》，这是一个写农民和地主生活的戏。我扮演农民阿那尼·亚科夫列夫一角，这人物因事到彼得堡去。就在他远行的时候，他的妻子丽莎维塔和邻居的一位绅士相爱了。绅士是一个善良而意志薄弱的人，丽莎维塔为他生了一个孩子，绅士想把孩子领回去。绅士也想把丽莎维塔占为己有。阿那尼突然回到了乡下，明白了一切。阿那尼以最庄重的态度向那绅士说明他的意思，拒绝了绅士的要求。但乡议会决定强迫阿那尼交出孩子，而且派议员到他家领孩子时，阿那尼以愤怒和激动的心情，一斧头把孩子劈死了。因为这个举动，他被判处流放西伯利亚，他便含羞带愧地到那里赎罪去了。

　　这是俄罗斯最著名作家之一的一篇杰作；在托尔斯泰的《黑暗的势力》以后，这是描写我们农民生活的最好的戏。

　　我所扮演的阿那尼一角，不仅时常要求戏剧性的亢奋，而且时常要求悲剧的亢奋。剧中一切角色都由业余演员悉心担当了，有几个角色，特别是阿那尼的妻子丽莎维塔一角，找到了特别好的演员。

　　跟以往的情形一样，这一次我也为自己预备了一个待解决的新任务。这便是要我自己培养舞台上的自制能力。我知道，在那被我误认为灵感的强烈振奋的一刹那，并不是我控制住了身体，而是身体控制住了我。但是，在那些需要创造情绪活动的场合，身体又能做些什么呢？在那些场合，身体无力地紧张，身体的各个部位仿佛都打了结，或发生了痉挛，使得腿和臂僵硬，呼吸短促，一切器官阻滞。或者恰恰相反，整个身体由于无力而陷入了混乱的状态，肌肉违反意志而乱动，作出了无数神经质的举动，零碎的、不自觉的反射动作，毫无意义的表情和姿势，脸部神经质的活动，以及其他。这种状态时常使得情感深深地潜藏在秘窟中而不能显露。在这样的状态中，能够创造、体验和思索吗？显然，第一件事是必须克服自身的这些状态，那便是消除这种混乱的状态，把身体从肌肉的支配中解放出来，使它服从情感的支配。

当时我只从外在意识上懂得了"控制"这个名词，所以我便力图驱除每一个不必要的表情和动作，那就是我教导自己站在台上不要动。在一千多双眼睛的集视下站在台上丝毫不动是很不容易的。我办到了，但只是以身体的极度紧张来完成的。我命令身体听从命令，丝毫不动，像个木制的印第安人那样站着。

但是习惯是第二天性呀。从一次排演到另一次排演，从一次公演到另一次公演，我逐渐地把肌肉痉挛的绳结解开了，这些痉挛是散播在我身体的一切中心部分的。我把总体的紧张变成了特定部分和局部的紧张，那就是我仿佛把全身的紧张集合和集中到某一点上，手指、足趾上，横膈膜上，或当时我认为是横膈膜所在的地方。我用尽平生之力握紧拳头，把指甲深印在手掌心里，放开手掌时，常常留着几块血迹。我把足趾并拢，用全身力气把足趾钉在地上，结果鞋内时常有血。创造了局部的和特定部分的紧张，我把总体的紧张从身体的其余部分分散，使得整个身体有机会松弛地站好，没有任何不必要的行动。在以后的工作中，我学着和手、足、横膈膜等的局部紧张作斗争。但很长时间内，我无法办到。我摆脱开拳头的紧张，这紧张便会流传到身体的其他部分去。为了消除其他部分的痉挛，必须再度把痉挛集中到拳头里去。这仿佛是另一个没有出口的魔圈。最后我终于找到了那个出口。

即使是那种使身体从紧张中解放出来的外在的、人为的控制，也造成了一种在舞台上安适的生理感觉，这种感觉接近于真正的控制。伴随着这种情状而来的是一种使我在台上觉得温暖的精神气氛，因而时常觉得丝毫不动地站在台上容易办到，而且是愉快的。我相信自己的魁梧身体，仿佛这身体是根植在土地中的，而且感觉到身体内部有力量、信心、稳定的源泉。信念对演员来说具有重大意义。生理的真实，以及对这种生理真实的信念，激发了内在的心理真实和信念，而这些又解放了情绪，情感便从秘密隐藏着的地方走出来，开始进入舞台上所发生的一切事件中去。在这样的时候，情感把发动的权力掌握在自己手中，指导着一切力量，奔向一个特定的创造目的。于是一切肌肉的紧张，无论是总体的或局部的紧张，都自然而然地消失了，也许是因为已经不再有余力足以支持那些痉挛了，那些痉挛在情感的指挥下，得到了另外一种更合理的方向。

这些是伟大的、艺术上的欢乐时刻。这样的时刻决不会不受到导演的注意，导演会叫喊："好呀！美呀！纯朴呀！没有做作呀！"

可惜这样的时刻很少，很偶然，而且不能支持很久。

另外有一种发现：当我的身体在舞台上感觉到愈平静、愈被控制的时候，我的内心，便愈觉得需要以拟态动作、声调和眼睛转动来替代表情。于是我便觉得自己的新方法有点儿像当时研究过的某些大演员所用的方法。在这样的时候，我是多么快乐啊！我仿佛觉得终于懂得了一切了！我可以把我的发现充分地运用了！我便尽量放纵那些拟态动作、眼波和声调了。

可是出乎意外，导演的声音会在我的耳边震荡："不要拼命叫喊！"或者："不要挤眉弄眼！"

于是我又迷糊了。

"又出毛病了。为什么我觉得我做得对的，他们却以为我做错了呢？"我问自己。内心的冲突使我发生了疑虑，我曾经发现了的一切东西，又都烟消云散，我的表情便又恢复了混乱的状态，我不得不再求助于手脚的紧张来约束表情了。

"这是什么毛病呢？"我想弄个明白。

"什么毛病？毛病在于你挤眉弄眼。"

"那意思就是我不该运用任何拟态动作。"

我便试着不仅取消拟态动作，而且把它加以抑制。导演没有给我提什么意见，但是我却注意到了某种情形：在向那位绅士解释的一场戏里，我只想装作沉静和安详，激情会立刻在我内心沸腾。我必须努力把这种激情隐藏起来，但是我愈隐藏，它却愈强烈。我在台上又感到了温暖和愉快。隐藏激情会使情感更强烈。但在这种时候，导演为什么没有提出意见呢？

那一幕戏演完以后，我所接受的大家对我的全部演出的普遍赞美不能使我满足。要在我内心满意的那种时刻，接受导演的赞赏是如何重要啊。但是导演们仿佛还没有注意到这种重要性。

这是在那人物的平静场面中的情况。但在那群众场面中，在

三 结婚

剧作者写得好，费多托夫导演得好，演员们演得好，我不能演得冷淡的那个群众场面中，我违背了自己的意志，不由自主地投入了那种总的激动人心的气氛，自己竟然无能为力。无论我如何努力，约束我的表情，结局是激情主宰了我和我的意识，我对自己失去一切控制，而且达到这样的程度，在戏演完后，我竟记不起自己在台上做了些什么事。激动得满身是汗，我穿过大厅，到达导演桌前，想和导演诉说自己的痛苦。

"我知道，我知道，"我摇着手说，"你要和我说什么。说我放纵了我的表情了。但是我没有办法控制自己呀。瞧，我用指甲把手掌心掐红了。"

我觉得惊奇的是，当时所有在场的人都称赞我。

"好呀！你给人的印象非常好！何等大的控制力呀！第一晚便演得这样好，无须再增添什么了。"

"但是最后我放纵了表情，再也约束不了自己。我失去了一切控制力。"

"那正是所需要的呀。"

"我放纵表情是需要的吗？"

"是的。一个人发狂的时候，约束的表情还有什么意义呢？"人们这样地对我说，"所以好，是我们看到你如何一步步地约束你自己，直到最后有一种东西在你内心爆发了。你便不能再约束自己了。这就叫做发展、渐强——一种从弱音转到强音的过程。情感从最低点升到最高点，从平静递升到疯狂。这是你必须记住的。在你有能力约束自己的时候，约束自己愈持久愈好。让那逐渐上升的过程持久些，最后的激昂的一切短促些，否则，最后一击会失去效果。平庸的演员却往往相反。他们忽略了那最有趣味的情绪的逐渐上升,却直接从弱音跳跃到最强音,在最强音上又停留很久。"

"啊,秘密原来如此?这是从实际教训中得来的,是演员非常需要的。这是我第一件和必需的舞台行李,我要忠诚地守护着它。"

周围是一片胜利的快乐,这是我自己的印象的最好见证。我尽可能向每个人征询意见,倒并不是为了满足我的演员虚荣心,而是为了确定我在台上所感受的和观众在观众席上所感受的这两者之间,确有一种关系。现在关于这两者之间的显著差别,我懂得一些了。这倒非常像歌剧。从舞台深处发出的声音到达观众,要比从乐队传出的声音迟些,因为乐队是设在观众席内的。所以在舞台深处演员唱起来,必须比乐队快四分之一拍。只有这样,观众席内所听到的才是完美的声音。

在话剧舞台上,演员也必须懂得,如何在舞台的每个部分以不同于现实生活的形式来表演。这样,生活的真实才能越过脚灯,传到观众中去。如果不这样,那么所表演的事物便不能协调,事物将显得虚假了。同样的道理可以应用到声音上去。为了使效果真实,演员必须对声音添加某些在现实生活中是不真实的东西。同样道理也应用于化装。演员必须涂油彩、画眉毛,以便在观众席中造成效果。当你走近去看一个化装的演员时,特别在白昼,那效果会是一个戴了面具的人。

所幸这次又是化装使我想起了一个相熟的农民的脸;这脸相并非勉强涂上去的,而是和我内心所感觉到的恰相吻合。甚至连镜子也照出了我的外形。这次我并没有看见一个陌生的形象,只看见我本人的面目。找到这相熟的形象以后,我又卖弄我的拿手

三 结婚

好戏，像我演索丹维尔那样，开始模仿。但模仿一个由你自己所塑造的形象较之模仿别人的表演方法或别人的风格要好得多。

这次公演获得了成功。剧本、导演和演员都受到报纸和观众的赞誉。这个戏被列入保留节目，我演的次数愈多，便愈感到在舞台上愉快自在。我在台上所感觉到的，其中有许多是和观众告诉我的相符合的。我以成功为愉快，以下面这一件事为愉快，那就是我已经发现了那种可以遵循的诀窍，而且在我日后的舞台工作中，可以依赖这种诀窍了。

在生理上控制肢体，克服肌肉的混乱状态，在强烈的场面中毫不游移地迸发出情感，用以创造原来预备抄袭和模仿的、我自己的形象。

新的表演方法我只用了很短时间。我只要听到普希金的《石像客人》一剧中的诗句——在这戏中我初演唐卡洛斯，后演唐璜——我只要穿上西班牙靴子，佩上从巴黎带来的宝石柄的宝剑，那么我经历了如此艰辛所得来的一切便会不知去向，代替的是我多年业余演剧中学来的根深蒂固的旧手法。我向旧习惯投降了，好像戒了一年烟，现在又开始抽烟一样。生理机构以新增的力量来拥抱旧的经验。生理机构会暂时抛去旧的经验，但暗中却从没停止过对烟草的梦寐追求。

在这种状态下，我在艺术上前进了两步，却倒退了三步。我为什么不自量力地要去演那些我还没成熟的角色呢？一个演员艺术发展的最大障碍是性急，这是对他不成熟心理的摧残，让他总想演主角和悲剧角色。让脆弱的情感承担繁重的工作，正像用一副不成熟的嗓子唱瓦格纳的人物一样。不，甚至更糟。因为演员的神经器官和潜意识器官比歌唱家的发音器官更娇嫩，更复杂，更易于伤害而难于纠正。但人显然是生来就爱梦想他所没有的和不能有的东西；男孩都渴望吸烟和卷起一绺歹人的翘胡子；小女孩喜欢卖弄风情，而不愿玩木偶和读书；青年人喜欢使自己看上去老些，以便引发自己的兴趣。由于嫉妒，由于自负，由于愚蠢和由于缺乏经验，每个人都希望成为他所不可能成为或不应该成为的那种人。一个初学的演员想演哈姆雷特，哈姆雷特是长期舞台事业的王冠的角色呀。他不明白，性急抑制着和摧毁着他娇嫩的内部器官。但是无论你把这意见向学生或青年演员讲多少遍，结果还是枉然。只要有一位美丽的女中学生对那青年演员鼓掌，只要有第二位去赞美他，只要有第三位寄一封信给他，附寄他的相片，要求他签名，只要有第四位和他定期约会，那么聪明人所能给他的忠告就都在他的虚荣心面前却步了。

为了博取女中学生的赞美，我演西班牙人，从巴黎定购靴子，破坏我的不成熟的表演能力。最糟的是，我被迫担任唐璜一角，因为原任演员在第一场演完后，不得不放弃这一个角色。于是虚荣心又作怪了。

"我要求演这一角色时，他们不让我演，现在没有人演了，他们就来找我了。好，他们终于认识我和重视我了！"我的演员虚荣心向我说。我宽容地接受了这个角色。我因这一个事实而觉着得意，即保留节目需要我。

戏演出了。我受到了赞赏，因为女中学生什么也不懂，分不清演员和角色，我呢，像个傻子似的带着一切旧的错误一直演下去。这些错误甚至更明显了，因为此刻我能够运用控制来表演了，那是我演阿那尼一角学会的。当你运用控制来表演时，好的方面固然会显得更好，而坏的方面也会显得更坏。尽管我已经学会了在强烈场面中迸发出激情来，但在我这新角色身上却表现得不好；我愈迸发，表演中的那种虚假的剧场性的悲剧感情也就愈多，因为除此以外，我心灵中再没有其他可以用来表现这个角色的东西了。我又模仿那穿着巴黎靴、腰佩宝石剑的男中音歌手。但谁也不能使我消除这样的意念，那就是我已经不仅懂得了如何表演平凡的农民角色，而且懂得了如何表演悲剧中情人的角色的诀窍了。

唐卡洛斯和唐璜的表演工作使我倒退了至少十步。

遗憾的是，在那一季所演的一个角色，虽不是诵诗的西班牙人，却依然是穿长靴、佩宝剑、讲情话、仪态高贵的人物。我演席勒的悲剧《阴谋与爱情》中的斐迪南一角。幸好有一个"但是"，使我在某种程度上没犯新的错误，如果没有这个"但是"，我们决不能把那个悲剧演成功的。

露伊斯一角由玛丽亚·彼得洛芙娜·别列弗兹契柯娃担任，她的艺名是丽莲娜，也是一个业余女演员，她不顾社会成见，前来和我们同台演戏。我们似乎彼此相爱了，但自己不知道，是大家告诉我们的。我们互相接吻得太自然了，我们的秘密对大家是公开的。在这个戏里，我用直觉来表演多于用技术，但究竟是谁给我们以灵感，是阿波罗，还是喜曼①，这是不难臆测的。戏一演完，便有自告奋勇的媒人出现。春天，艺术文学协会的第一个演出季节结束时，人家知道我要做新郎了，在七月五日我结婚了。然后我们去度蜜月，秋天带着这样的新闻回到剧院：我的妻子明年全年不能担任演戏工作。原因每个人都明白。

---

① 希腊神话中的婚姻之神。

在这种情况下,《阴谋与爱情》本身便成了一出罪恶的戏了。这个戏只演了两三次,后来便完全从保留节目中剔除了。结婚以后,我们还能保持直到订婚为止所保持着的那种艺术技巧和艺术灵感吗?抑或如果重演斐迪南一角,将会降低到演唐璜和唐卡洛斯一样的水准,成为对我的固执的惩罚呢?

正像以前几个戏一样,导演费多托夫的丰富经验是能够运用差强人意的演员材料的。我们愉快地听取这位熟练导演的指示。这些意见帮助了我们,但我们并没有有意识地领悟这些意见,因而这些演出很难使我们的演员取得进步。戏是演得成功的,我胜利了,因为事实证明了我对于表演传奇英雄角色所作的全部理论,而且演过唐璜以后,这些理论我甚至更喜爱了。

"可见,我能演悲剧角色,"我对自己说,"可见,我能演情人,我在《苦命》一剧中所发现的技术原理,在悲剧中也是有效的!"

协会成立的第一年,我欠了一大笔债,但并没动摇我对协会未来成功的信心。

将近第二演出季节开始,我们的协会有了巨大变动。由于话剧和歌剧两所学校之间的,以及这两所学校的导演费多托夫和柯米萨尔日夫斯基两人之间的妒忌性竞争,引起了争执,争执的全部负担落到了我的肩上。例如,费多托夫演出一个新的成功的戏,歌剧部便立刻布置一个新的演奏会,这就造成了新的支出,却并不丝毫增添收入。这种损失往往由我负担,因为我是惟一能够负担的人。我慑服于那两位导演,又被这两种艺术所吸引,无法取消两个亏损部门中的任何一个。年终时美术家和演员的家庭晚会也显得枯燥乏味了。演员们说:"我们在剧场里演戏演得腻了。我们在晚会上还是玩玩纸牌吧，这里却没有纸牌。这是什么艺术家俱乐部呀？"

没有纸牌，美术家不愿意作画了，舞蹈家不愿意跳舞了，歌唱家不愿意唱歌了。另外又有过一次冲突，这之后，美术家们就脱离了协会。接着许多演员也脱离了，协会所主办的俱乐部便也自然不存在了。只剩了一个话剧部和一所歌剧戏剧学校。

四　性格角色

艺术文学协会的第二个演出季节，即一八八九——一八九〇年，是以彼森姆斯基的《作威作福的人》的演出开始的。彼森姆斯基就是写《苦命》的那位作家。我饰演保罗一世时代的一位陆军上将。这剧本和这人物二者都是用那时代的艰深的、特殊风格的语言写的。将军伊姆兴奉皇命出征，把年轻的妻子，他从破落贵族家庭里娶来的一个女人，托付给他的弟弟，浮华而佻佞的谢尔盖王子照料。这位太太偷偷地爱着禁卫军的美貌军官黎科夫，这件事是谢尔盖王子偶然发现的。"或者她委身于他，不然，他就派一个信差把这消息带给他哥哥。"

但那位将军似乎已经意识到这种危机。他秘密回到家里，穿过花园，走入书房，未被发觉，他听见了一切，听见了弟弟的阴谋，以及妻子的不贞。那位年轻的禁卫军军官也在这时来探望情人，碰上了他。这里便有一个好看而动人的场面，在这场戏里，将军玩弄那一对情人，正如一只猫玩弄一对老鼠。他把这对情人一起关在一个地牢里，就在牢里审讯，用他喜欢的那个家臣做法庭庭长，他当庭判决那对情人终身监禁。一连好几天，这位将军坐在地牢的窗前，因怜悯和妒情而感到痛苦。

但是将军太太的父亲，一位酗酒的军人，有一副酷似俄罗斯大将苏瓦洛夫元帅的面相，带着一队强盗到这屋子里来了。他攻打这座庄园，要救出他的女儿。舞台上有一场真刀真枪的战争。

强盗们翻越篱笆，砍倒树木，攻入地牢的窗，救出了囚犯。一队仓促组成的家兵家将在将军亲自指挥下，向强盗反攻。强盗退却，但将军伊姆兴却负伤而死。在气绝以前，他把妻子送给了黎科夫。这个戏开头像一个真正的悲剧，但结束时却降为闹剧了。

以前曾发现了的那些东西，其中有许多对我演这一新角色是有用的：控制，以外表镇静的面貌隐藏我内心的妒情，拟态动作与转动眼珠（这在肌肉的混乱状态克服以后自然产生），高潮时心灵的全部展露，以及我从演《吝啬骑士》得来的演"老年人"的方法等等。像演《吝啬骑士》一样，我觉得最困难的事是演老年人说话。我并未凭直觉去猜度，不得不用人工的方法、技术的方法，以及创造老年人吐词的方法等等，勉强摸索。

首先我观察被我当作模特儿的那个老人，望着他的嘴，看他取下了上部假牙以后嘴的形状有什么变化。在他的上下牙龈之间有一条隙缝。我便试着在我的上下牙之间造成同样的一条隙缝。要造成隙缝，我必须把下颚移出些。这便使我发音含糊，妨碍说话了。虽然创造了这样一个障碍，我却并不想使这障碍加大，我力求说话清楚，而且逐字发音。为了发音清楚，我不得不更注意台词，而且说得比习惯更慢。这便发生了一种说话的慢节奏，这种慢节奏使我想起一位年迈的老人，他的神情我可以从情感上猜得到的。

我记得，在我寻求《吝啬骑士》的走路姿势与外形动作时所应用的几乎是这同一的原则。这样，我便首先力求了解和研究那种生理过程的生理学因素，那便是研究老年人的动作节奏与说话节奏为什么这样迟钝，他们站起身来时为什么这样小心翼翼，他们直立起来为什么这样缓慢，走起路来为什么这样蹒跚等等。明白了这些道理以后,我开始把这些东西运用到舞台上去。要站起来以前,我寻找些东西作扶手,用两手帮助自己站立,慢慢挺直,使背放松,因为我知道,如果不这样小心翼翼,老年人是会腰痛的。老年人典型的对动作的意识指导着我,结果我便以我自己的感觉配合老年人的生理现象。这样,以生理与心理间的一种不可分离的联结作基础,创造了一种从外到内、从躯体到心灵的方法。

所有这些技术方法,虽然并没有创造出形象,却为形象创造准备了土壤,而且某种程度上填补了演员所最怕的站在台上时的内心空虚。现在已经有了可以前进的基地。在那一个角色身上,诚然还有些危险的暗礁;例如,高筒靴、十八世纪的服装、剑、爱情的词句与感情,以及虽然不算诗句,却仍是宫廷的上流语言,等等。但是,我觉得伊姆兴是非常俄国化的,所以不会演成西班牙人。此外,他的爱情并不是青年人的爱情,而是老年人的爱情,大体上讲,这是性格化的爱情,而不是罗曼蒂克的爱情。

尽管我没有创造一个形象,可是据说,仍然出现了一个形象,不过我没有注意这形象是从什么地方得来的。表演的技术手法把我推到真实中去,真实感是体验事物的感觉与情绪,以及想象与创造的最好的激发力。起初我不必模仿任何人便觉得在台上很自在。只有一件不愉快的事——观众抱怨这个戏。"这很难忍受!"他们说。他们发出那样的怨言,似乎必有原因存在。

另一个戏和《作威作福的人》一同进行排演,在那个戏里我没有担任角色,只是去看排演。当人家问到我的意见时,我说了一些批评话。警句并不在你想说的时候说得出的,只有在你并没有想到要说的时候,在这些话成为必要的时候才说得出。例如,我一个人孑然索居的时候，我无法推敲、思索、创造警句。但当我必须向别人说明我的思想时，我便需要逻辑作为论证，警句便自然说出口了。这一次情形也是如此。舞台上所表演的事物，从观众席上看过去，要比站在台上看清楚得多。从观众席上看去，我立刻看出舞台上的错误，于是把那些错误向我的同事们讲述了。

"应该明白，"我向一位同事说，"你是在表演一个患忧郁病的人。你时时刻刻在折磨自己，仿佛只担心你的角色会演得不像一个忧郁病患者。既然剧作者早已照顾到这一点了，你何以还担心呢？结果是你只用了一种颜色在画这一张画，但只有当你运用一点白色作为对照时，黑色才会成为黑色。所以必须把些许白色以及彩虹的其他几种颜色掺和到你的角色中。那样便会有对照、变化和真实了。生活决不会像舞台上一些演得不好的戏那样：几个人是全黑的，其余人是全白的。因此当你演一个患忧郁病的人时，应该去寻找这人物快乐的、生气勃勃的和充满希望的地方。如果这样寻找以后，你再回到垂头丧气上来，就不会再使你苦恼于无法表演忧郁的病人了。恰恰相反，忧郁的力量会加倍增强了。像你这样继续地从头到尾折磨自己，正如牙疼一样令人无法忍受。当你表演一个好人时，寻找他坏的地方，演坏人时，寻找他好的地方。"

偶然说出这一段警句以后，对伊姆兴将军那个角色我忽然明白了。我犯了和我的同事一样的错误。我把伊姆兴演成了一头野兽，但是，兽性那一点无须我照顾，作者本人已经照顾到了；留给我来做的工作是寻找和发现他善良的地方，痛苦、悔恨、可爱、温柔和自我牺牲的地方。这又是我的演员列车里的新的行李。

演坏人的时候，寻找他善良的地方。

演老年人时，寻找他年轻的地方。当你演年轻人时，寻找他老成的地方，以此类推。

《作威作福的人》的基调变得柔和，对戏的沉重之感的责难渐渐减少是和我运用这新发现的程度有关的。

艺术文学协会的第二个演出季全期循着几乎与第一个演出季相同的艺术探索与技术问题这条路线进行的。

可惜的是，费多托夫并没把他的相同于第一个演出季的热情放到工作上去。他对于某些事情表示了不满；他和柯米萨尔日夫斯基意见不合，对事业冷淡下来了。

第二年，我演了几个性格角色和一个戏剧性的角色。我先演了《没有陪嫁的女人》里的巴拉托夫一角，后来又演了费多托夫的《一卢布》一剧中的证券经纪人一角。我重演了我们以前演过的、内容空虚的三幕通俗喜剧《心爱的》里性格明朗的德国人弗列斯一角。我也重演了从前阿列克谢耶夫剧团演过的那些旧的独幕剧：《一个女人的秘密》和《脆弱的琴弦》，最后我演了一个新的大角色，就是奥斯托洛夫斯基的《切勿随心所欲》一剧中的彼得一角。

我是否已经懂得接近我的角色呢？如果已经懂得，那么我是用什么方法去接近角色的呢？无疑费多托夫已经使我内心发生了全盘的骚乱。现在我知道，用模仿别的演员的那种创作方法去接近一个角色，是不能创造出所需要的形象来的。我知道必须创造出自己的形象。我知道，必须在内心创造某种东西，因为如果内心没有东西，便不会有创造精神的振奋与激动。一个人在冷漠的

四 性格角色　181

时候是不能创造出东西的。但我不懂得如何寻找接近形象的途径，除非像费多托夫那样的导演指示我如何去寻找，或者像演索丹维尔一角时那样偶然地碰到。当时我相信，情绪、姿态、服装、化装、神态和表情会引导我到达形象的。以后我又懂得了：运用一整套的技术手法，演员能在自己内心创造真实感，真实感会启发创造性。

演《没有陪嫁的女人》时，我曾有许多这样的技术手法，这些手法使我得到了一个真实感，并由此出现了创造性。请你们判断一下。

这是《没有陪嫁的女人》一剧的内容：伏尔加河，自由、辽阔和无忧无虑的俄罗斯。在伏尔加河沿岸的一座商业小城里住着一些现代化的商人，他们常去外国，穿着时髦，但在他们的心里却保留着兽性的冲动。在这同一城里，住着美貌的拉丽莎、一个在波希米亚长大的半吉卜赛女子。吉他、吉卜赛歌和在一所著名小旅馆里住着的并教她唱歌的那些吉卜赛人，这就是她的周围世界。她有一颗追求伟大情感的温柔的心。她的母亲、一个卖淫妇出身的妇人，梦想用尽可能高的价钱出卖女儿，为她的宝贝找一个好的安身之处，女儿却怀着没有希望的恋爱。她所爱的那个男人远在他方。失望之余，拉丽莎便决定嫁给一个心地狭窄、态度拘谨的公务员。母亲惶恐了。

这时一位退伍的禁卫军、现在当了一艘轮船船主的巴拉托夫，坐着自己私有的轮船，从伏尔加河上顺流而来。巴拉托夫勇敢、有权、强壮、气度非凡、风流倜傥。他戴一顶禁卫军的白便帽，帽上有一条鲜红带子，穿一件当时流行的紧外套，系一个艺术化的蝴蝶领结，两条健美的腿穿着马裤和长筒漆皮靴，一件军大衣像件西班牙式的披风潇洒地披在肩头。他手里有一根马鞭，知道怎样把这根鞭子用到人身上去。他的到来是一件大事。全城鼎沸。吉卜赛人穿了漂亮衣服到码头去迎接他。本城的富商也到码头去欢迎他。饭馆的厨房里在准备应付节日。

巴拉托夫去拜访拉丽莎，知道了她已安排好了婚事。他的男性的自负受到了伤害。他便决定向他的情敌报复，因此他去参加情敌的订婚宴，把新郎灌醉，当着新娘的面嘲笑新郎，把新娘带出来，坐着游艇在伏尔加河上遨游，由吉卜赛人的合唱队相伴。在这一次泛舟遨游中，拉丽莎委身于巴拉托夫了，设想她将永远属于他了，但是在游兴阑珊之后，巴拉托夫给她看一只结婚戒指，戒指的金质禁止他和她结婚。拉丽莎感到羞辱。她想从崖石上跳入伏尔加河去，但又下不了决心。她被酒醒之后的新郎救了起来，新郎要去向巴拉托夫复仇。他手里拿着手枪，寻找他的仇敌，在激愤之余，他开了枪，杀死了新娘。她在吉卜赛人的歌声中死去了，歌声是从巴拉托夫正在欢宴的饭馆里传出来的。

我饰演巴拉托夫。这角色要说情爱的话，要穿长筒靴，要披一件像西班牙披风的外套，这一切对我都是危险的暗礁。在我正准备着有一场决斗——我以前所运用的"歌剧男中音歌手"的方法与我新获得的接近角色的技术手法之间决斗。我又向那些技术手法乞求帮助了，即控制、掩饰自己的情感、脸部表情、色调的变化，总之，乞求于我已发现的一切手法。这便造成了一种良好的心理状态和一种安适的感觉，在这种状态和感觉中，我开始相信舞台上发生着的一切事情。想象便能自由表现了，小动作开始自然产生了：例如，巴拉托夫本人的习惯和特征，类似他的军人风采等等。有了这一切发现，我在舞台上不会空虚了；我有事可做了，我不感觉到自己是一丝不挂的了。几次排演以后，我习惯了那些技术手法，在巴拉托夫身上的那种在俄国人算是很显著特征的宽宏大量打开了我的心灵。可喜的是，我有着一副相当典型的化装。我看见了巴拉托夫的外表形象，于是一切变为井然有序了。这样我便开始人为地、以后是直觉地创造了我的形象，以某种东西作根据，并在某种程度上得到了验证，而现在留待我去做的事，只是按照我的旧习惯去模仿这形象而已。

但在这角色的表演上却出现了一种不愉快的现象。我把握不住台词。虽然奥斯托洛夫斯基的剧本语言让人无法颠倒一字，但那台词正如演员惯常讲的，所谓"难以上口"。我觉得出场表演时随时都会念错。这情形使我胆怯和惊恐，造成了断断续续和不必要的停顿，造成了对戏的歪曲，那就是使剧本和角色失去本应该具有的那种喜剧的轻快性。对台词的恐惧是这样严重，以致每一次停顿都使我流一次汗。有一次，我把台词念得前后搅乱了，因此我手足无措了，甚至不知道怎样冲出这字句的迷宫。我下了场，把另一个演员同台演出的最好的戏破坏了，我挨了众人的骂，被人骂作业余演员，这个字眼在我们中间早已成为责难的名词了。

那一次开始犯的这种演员怯场病后来我在演别的角色时也犯了，这种怯场病把我早已在内心建立起来的自信吓走了。当我并不去想这种新的缺点时，这缺点就会消失。这证明了这种缺点的根源纯粹是神经方面的。另有一个事例可以证明这种假定是对的。在《没有陪嫁的女人》公演期内的某一天，我得了重病。我几乎处于半昏迷状态。但是为了向我的同事做出遵守纪律的榜样起见，我在大冷天到剧场。我躺在一张长沙发上，他们替我化装，幸喜在戏的进行中我不用换装，所以在幕间休息、没轮到我上场的时候，我可以躺着不动。别的演员怕我会在戏演出的进程中离开剧场，但是我满心想着自己的病，却演得比平时更自信、更自然了。只在演最后一幕时，由于体力不支我才不得不停演。

巴拉托夫这角色的表演工作以及这工作的结束，对我是有重大教育意义的。这意义在于这一次工作和工作的结果，清楚地指出了我在戏剧工作上的特殊能力与真正能力，以及各项才能。我是个性格演员。由于这一点，我才能克服巴拉托夫这一角色的一切隐藏着的暗礁，诸如西班牙披风似的外套、长筒靴，谈情说爱，以及对我很危险的其他一切诱惑物。通过性格演员这条道路，我可以逐渐到达悲剧。但是经由直接的道路，我运用自己原来的手法以到达悲剧，我还不能做到。

为什么呢？

有不少艺术家，大半是主要演员，他们爱自己，任何时候所表现的不是人物形象或创造，而是自己、他们本人，这些艺术家们永远不改变自己。这一类演员看不见存在于他本人以外的舞台或角色。他们所以要演哈姆雷特和罗密欧就像轻浮的女孩子需要穿一件新衣服一样。

另一方面，也有一些演员羞于表现他们自己。当他们演一个好人或一个慈祥的人物时，仿佛以为把人物的这些好品德作为他们自己的品德是不谦虚的。当他们演一个作恶的、放荡的、欺诈的人物时，觉得把这些人物的恶习加在自己身上是可耻的。但他们戴上面具，便不再畏惧于表现人物的缺点与美德了，他们可以讲出和做出不戴面具时永远讲不出口、不敢做的事情。

我属于这后一类型的演员。我是个性格演员。不仅如此，我

四 性格角色　185

主张一切演员都必须是性格演员，当然不是从外形特征的意义上来说，而是从内心特征的意义上来说的。但即使从外形意义上来说，演员最好也经常抛弃自己本人。这当然不是说演员必须失掉自己的个性和魅力；这是说他必须在每一个角色身上去寻找自己的个性和魅力，而在每一个角色身上，自己的个性和魅力都表现不同。为什么所有的情人都要是面貌漂亮的和鬈发的呢？那么长得不漂亮的年轻小伙子便没有权利恋爱了吗？可是在我的一生，却只见到过一个这样的情人，他不怕把自己装成丑陋，为的是可以更明显地表现自己的纯洁的、爱情的心，正像《黑暗的势力》一剧中掏臭水沟的阿吉姆的那件发臭的外衣强调了他的晶莹洁白的心灵一样。

所有初学的演员——当时我也是个初学者——都只梦想扮演情人和英雄，这是可惜的事。把情人和英雄认为我们艺术中最稀有、最珍贵和首屈一指的人物，这是世俗之见。情人是太太们最喜欢的，他是舞台上最有诱惑性的、漂亮而有效果的人物。问题完全不在于演员演技的成功，而在于演员本人的成功。舞台变成了展览会的平台，演员变成了一个娼妓，他每晚出场这么多的钟点，目的在于展览他的美，他的腿、他的胸、他的肌肉、他的兽性的脾气和感情，他的高嗓子，以及一切可以诱惑女人的东西。这是一种降低演员尊严的可恨而可耻的商业行为。

我的下一个工作是演费多托夫的《一卢布》一剧中的证券经纪人奥勃诺夫连斯基一角。戏的内容我已记不得了。像演索丹维尔一角那样，经过长期磨难以后，由于我化装的偶然笔触，这角色才演成功了。那个粘装胡子的化装人员由于匆忙，把我左边的唇髭粘得比右边的低。这却使我的脸带有一种奸诈的神气。为了配合唇髭，我便把右眉画得比左眉高，结果成了这样一张脸，即我只要背出台词，观众便立刻明白奥勃诺夫连斯基是个坏蛋，他的话一个字也不能相信。如果要我叙述这角色迂回曲折的发展，直到我获得阿波罗的恩赐，那么我只能重复以前讲过的东西了。

这个角色终于演成功了，这是在性格化的表演中取得的。

在那一个演出季里，我又演了奥斯托洛夫斯基的《切勿随心所欲》一剧中的彼得一角。下面是这戏的内容概略：

富商的儿子彼得道德堕落到只有地道的俄罗斯人才会有的程度。他爱上了一家旅店女老板的女儿格鲁莎，有一个年轻而愚蠢的商人瓦西亚也爱格鲁莎，而且想和格鲁莎结婚。彼得担心在这恋爱斗争中会失败，格鲁莎却折磨他和逗他。这旅店中有一位熟客，即铁匠叶里姆卡，跛足、相貌狰狞、满头红发，像撒旦一样，他愿为彼得尽力。据说，铁匠因为是在熔炉的红光中生活的人，所以和魔鬼有往来，他们懂得怎样制造媚药，以及如何毒死仇人。叶里姆卡同意制造一服媚药迷住格鲁莎，并为彼得害死情敌。这罪恶如实地做了。后来彼得也招认了。

这剧本和这角色都具有豁达、奔放、强烈的情感和心理的发展。似乎我也具有演这角色所必需的气质、体格和嗓音。此外，我还具有一些曾经试用过的、在人物形象的技术创造上所需要的方法和随时随地需要的控制，以及有趣味地变化与设计角色精神色彩的某种能力。我也开始了解那逐步将戏引向高潮的、人物在心理因果关系的必要性，以及尽可能持久约束我情感的必要性。但是当我担任彼得这一角色时，这一切新的技术手法忽然都不见了。从最初一刻起，我运用记忆中的纯粹外在的方法，在角色的表层徘徊，在外围徘徊。我在角色的表层回旋，没有触及角色的任何内在特征。我好像工厂内一根没有连接起来的皮带,虽然发出了很大的声音,那架以为开动着的机器却静止着。皮带直转动,但是毫无结果。演员也像那根皮带那样工作,在身体的表皮神经和外围旋转,不触及心灵,心灵依旧冷漠和呆滞。演员的努力超过了必要的程度,他奔跑,活动两手,慌张得忘记角色的全部台词;他面红耳赤,又面如土色,被某种对这角色根本无用的情感所攫住,他大声叫喊,嗓音嘶哑。所有这一切都在一种疯狂的节奏与速度中进行,为的是使观众无暇感到厌烦,对演员给予更多的注意。

但是全部工作是白费的,不会比没有连接起来的皮带的转动更有效。台词、表情、动作飞过了真正的情绪,像一列特快火车飞过小站一样。机械的外形表演远远地跑在真正的内心体验的前面。要想停止这种回旋于角色表层的无意义的动作,就必须把创造的起点放在直觉和情绪上,直觉和情绪是表演之舟的舵手。但是如何才能拉住那已经折断了锚链的船,或者把转动着的皮带套到合适的轮齿上,或者停止演员在身体外围神经上回旋的无意义的表面动作呢?如何才能强迫情感从密室中走出来,把创作的主动权掌握在自己手中呢?

为了使情感从密室中走出来,掌握创作主动权,必须用这个了不起的彼得的有趣味的内在形象,用他的博大的俄罗斯人的精神、他的基本性格,用那转变为嫉妒、失望和疯狂的恋爱感情,来诱导情感。但情感是静默无言的,我无法用人工的方法去诱导它出来。只在某一短暂的时间内,借助于腿和臂的痉挛动作,我能够唤起情感,但在那时,情感是这样不合理地紧张而机械,所以唤起了的情感几乎立刻便消失了。这使我想起了一只损坏了的表。如果从外面将指针拨动一些时间，指针便会发出声音，表示内部在动了，并以不规律的节奏报时，但这些响声又会突然停止。同样，以外在的生理激动所唤起的内在情感，一时之间在我心里混乱地醒来，即刻又消失了。但是，这些用外在的形体上的激动所唤起的内心情感是否和角色的精神本质有某种关系，或者仅是一时的无生命的机械的激动呢？可是我没有其他方法了。我只得把彼得这一角色担当起来，但我的情感和想象却在沉睡中，我的直觉也静默无言，我在角色面前束手无策，这角色的情感对我来说是生疏的。

面对任务我内心束手无策，但在外形的和舞台化的表演神态上我是强大的。无须任何内心的指引，我便知道如何模仿悲剧。正如寓言里的青蛙那样，我力求装作比本身更庞大、更壮健，以便更像个骑士。我只是模仿了一位骑士而已，却不能变成一位骑士。我强制了自己的情感。结果是显然的，表现了身体的痉挛与僵化，肌肉的紧张与混乱状态，拙劣的技巧，旧式的表演等等。

在一切现有刻板公式中，最坏的是慷慨行侠的古俄罗斯骑士、武士、旧式贵族的儿子，或具有心灵与性格的宽宏广阔的乡村壮汉的刻板公式。表演这些刻板公式是有特定的走路姿势，一成不变的大动作，两手放在臀部的传统姿态，为整理坠发而用力昂头，执帽的特别方式，帽子被无情地揉搓来获得情感的机械的增强，用最高音纵声吼叫，以及在角色的抒情场面中作动人的念诵。这些坏毛病渗透到俄罗斯演员的耳、目、躯体和肌肉已经很深，以致没有革除的可能了。

当时谢洛夫的歌剧《敌人的势力》非常流行。这个歌剧是依据我们正在排演的奥斯托洛夫斯基的剧本的题材写成的。如果俄罗斯武士的刻板公式在话剧里是不好的，那么在歌剧里这种刻板公式简直就叫人受不了。歌剧中彼得的公式是那个人物所可能有的一切公式中最坏的一个。把我捉住的正是这个公式，因为对歌剧的秘密崇拜心理，在我心上依然存在。我只要感觉到旧时熟悉的那些舞台方法和与这些方法相伴随的感情，我就会像一个长期戒了烟的吸烟者那样，只好任凭我所懂得的舞台技巧的一切坏习惯去摆布了。

我是否必须讲一点这次演出的艺术方面的情形呢？结果是不言而喻的、是否定的。更重要的是，说一些关于一个过于困难的角色所能带给一个年轻演员的损害程度。一个演员能正确衡量这种损害，必须要有这种实践和三十年以上的舞台经验。这种损害表现在什么地方呢？

那种坏技巧和古老的刻板公式使身体和情感受损——那便是损害了对角色的真实体验和角色的自然扮演——至于这些方法强制创造情感这一点已是千真万确，说过了许多话以后不必再说了。在角色的戏的沉静部分，这种损害很大。但在那些违反情感本身要求而强迫创造悲剧高潮的部分，这种损害甚至更大，因为在那些部分这种强制作用要大十倍。但是这种损害在什么地方呢？请设想你被推到一只关着狮子的笼子里去。你会抵抗，这是自然的。如果有人逼你跳过一个宽阔的山谷，或者逼你爬上一个陡削的悬崖，或者逼你举重五百磅，你会抵抗，或者举起手来对抗那个想逼你做这些事情的人，这是自然的。你会做出这一切举动，因为你觉得你自己无能为力，无法完成别人要你做的事。

对情感也是这样：情感愈被扰乱，便愈发抵抗，而且投掷出看不见的阻力，这些阻力像手一样，阻止情绪接近角色的过分难于掌握的部分。情感被强迫负担过分困难的问题次数愈多，它便变得愈胆怯，愈习惯于放射阻力。阻力愈发达，情感在需要出现时便愈难出现，于是古老的刻板公式和舞台技巧便愈加需要了。愈运用刻板公式和舞台性，情感便跑得愈远。这一切创造了一种运用保护性阻力的必要，造成一种刻板公式，危害达到了最大程度。

如果情感不曾自觉地，或者由一种正确地获得了的内在技术的帮助而自然地流露，那么，需要强烈紧张的悲剧较之其他任何剧种，更会破坏情感的。这就是为什么悲剧角色所造成的损害会是这样重大的原因。我必须提醒那些年轻演员，他们还没有获得技术，却已经想演哈姆雷特、奥赛罗和别的悲剧角色，那些角色不应该在演员事业开端的时候担任，却应该在演员事业的暮年担任。与其教年轻演员担负这种困难的工作，不如让他多获得些内心技术的方法，那就是让他第一步学习运用自觉意识的方法唤起内心超意识的创造。

奥斯托洛夫斯基的剧本和我的表演都没有成功。结果是失望与丧失自信。正如舞台上任何一个不高明的创作都不会没有赞赏者一样，我也有赞赏的人。我的失败没有使我放弃对演悲剧的希望，我固执地继续想演悲剧，以致阻碍了我的艺术的自然发展。

五　导演克隆涅克的天才

我不知道怎样说明我在《女人的秘密》那个通俗喜剧中所获得的卓越而特殊的成就。在那个戏里，我重演了我以前演过的大学生麦格里奥一角。我在角色的解释上没有作任何变更，我从前用来创造那个角色的表演原则无疑是虚假的。这种原则是尽可能快速地表演，使观众无暇感到厌烦。快板式的台词，无休止的动作，为了提高声调而提高声调，为了快速而快速，所有以前犯过的毛病现在又重犯了。但使我惊异的是，这一切都被我表演的严格评价人所欣赏，费多托夫、柯米萨尔日夫斯基和索洛古勃都欣赏。惟一的解释是他们喜爱我的年轻和我表演时的热情。这是一种重要的条件，后来便失去了。

既然提到这一点，必须承认，我现在如此严格、用我积累了的经验加以批评的这一切角色，是都充满了同样热情的。这种热情，使角色在舞台上有了生命。这就是为什么我时常听到崇拜我们的那些老观众们告诉我说，在我们对艺术还是一窍不通的那个时候，我们表演得比现在略知一二的时候好得多。一个演员如何才能学到永远在心头保持这种青春的热情呢？这种热情消失了是多么可惜的事——但是毫无疑问，演员不能只凭这种热情奠定艺术基础。我们所以失去这种热情，是因为我们的技术还不完备。

我必定是依靠这种热情而担当麦格里奥这角色的，这种热情对我是好的、有益的。这便是为什么我这样亲切地记起我们许多年来多次复演这个短剧的原因。当我听到闭幕以后的掌声时,我便对自己说:"噢,我能够演情人的角色呀;我毕竟能够以自己本来的面目表演呀,一切虚伪的喜歌剧速率和快板台词都还是可以用的呀。"

于是我重又相信这些虚伪的东西,这些东西的病根又在我心里复活了。

为了弥补我的亏损,在莫斯科最优秀的艺术家和演员的帮助下,我们在莫斯科最好的礼堂之一举行了一次盛大的舞会和音乐会。在莫斯科城的历史上,真正的艺术家装饰一所礼堂这是破天荒第一次。由协会的学生和会员组成的吉卜赛人的大合唱队尤其成功。合唱队里的独唱者是柯米萨尔日夫斯基的两个女儿,她们有好嗓子和优美的唱歌姿势。她们从彼得堡来到此地,专为参加盛会。这是俄罗斯最伟大的女演员之一,瓦拉·柯米萨尔日夫斯卡娅的第一次公开表演。

这音乐会有了盈余,在经济上援助了协会,部分地帮助了我本人。

在四旬节,著名的梅宁根公爵剧团的演员们由导演克隆涅克率领,访问了莫斯科。他们的演出使莫斯科第一次看到真实地反映历史、群众场面导演得很好、布景华丽和有惊人纪律的戏。他们的演出我不曾放过一场,我不仅是去看戏,同时也是去研究的。

有人说,这个剧团里一个有才能的演员都没有。这话是不确实的。这剧团里有巴尔奈泰勒和其他人。你可以不同意德国式的悲剧感情和德国式的表演悲剧的方式,我也必须承认,梅宁根剧团旧的舞台表演方法很少吸收新的东西,但认定他们的表演都只是表面的，这说法也是不对的。有人把这种说法告诉了克隆涅克，他这样大声地说：

"我把莎士比亚、席勒和莫里哀带给莫斯科人，莫斯科人却喜欢戏里的道具。究竟他们具有怎样的鉴赏力呀？"

克隆涅克的话是对的，因为席勒、莎士比亚和莫里哀的精神在他的演员身上确实具备的。

梅宁根公爵确实能只凭舞台导演的方法，不靠特殊的舞台人才，便把伟大诗人们的作品表现得很充分。我永远不能忘记《奥尔良少女》①剧中的一场戏。一位瘦得皮包骨头的、可怜的、孤独的国王坐在一只很大的宝座上；两条瘦腿悬空垂着，垂不到地。宝座的周围是心慌意乱的朝臣，朝臣们竭尽全力维持王室礼仪的传统。但在王权亦已消失的时候，礼仪似乎是多余的了。在这一幅王权崩溃的图画中，出现了英国的使臣们，他们身材魁梧、气宇轩昂、坚决、勇敢，而且莽撞。要人无动于衷地忍受征服者的辱骂和轻蔑的口气是不可能的。当那位痛苦的国王发布了有损自己尊严的诏书以后，奉了诏书的一位朝臣想在辞别国王前向国王躬身行一个礼。但他正想躬身行礼，却又犹豫不决而停止了，他挺直身子，两眼下垂地站着。然后眼泪便从眼睛里流了出来，他飞奔而下，免得自己在满朝文武面前不能自制。

观众也和他一同哭了，我也哭了。因为舞台导演的聪明才智创造了一种令人感动的情调，而且表现了剧本的精髓。

同样优美的导演手法在表现法国国王受辱的另一个场面中可以看到。宫廷的沉重气氛巧妙地创造了圣女贞德出场的机会。导

---

① 德国剧作家、小说家席勒（1759—1805）创作的一个剧本。

演加重了战败的宫廷气氛，使得观众焦急地盼望贞德的到来。贞德到来的时候，观众是如此快乐，所以已经不注意那位女演员的拙劣演技了，她用最坏的舞台方法来表演，转动眼珠和高声喊叫。导演的才智遮掩了那位女演员的缺点。

导演能做许多事，却不能包办一切。最重要的东西却在演员手里，导演必须帮助演员，必须引导他们。梅宁根剧团的导演似乎很少注意帮助演员。导演被迫在得不到演员助力的情形下进行创作，而演员也被迫在得不到导演助力的情形下进行创作。所以大部分注意力便不集中于表演，而集中于演出了。然而，导演的计划在精神内容上是既深且广的。不得到演员的大力帮助，这些计划如何能够实现呢？因此必须从演员的量杯中分出许多，倾注于导演的量杯中。为了必须替每一个演员去创造，便造成了导演的专制。

我似乎觉得，我们业余演员和我们的导演都处于像克隆涅克和梅宁根剧团演员一样的境地。我们也想演出富丽堂皇的戏，也想表演伟大的思想和情感，却因为我们没有成熟的演员，我们便把整个一切交给导演。他必须凭借演出、布景、道具、有趣的舞台调度和舞台想象而独立创作。这便是为什么我觉得梅宁根剧团导演的专制是建立在需要的原因上。我同情克隆涅克，而且努力学习他的工作方法。下面是我从和他接近的人，以及参加他的排演工作的人那里得来的材料。

在剧场以外，克隆涅克和他剧团中的甚至三等演员的关系都是平易可亲的。他甚至仿佛以这种平易近人自负。但是排演工作一开始，克隆涅克登上导演坛，便变为另一个人了。他完全静默地坐着，等待时钟的指针走到规定开始排演的时间。于是他摇动一只大铃,用沉闷的声音宣布:"开始。"一切静了下来。排演立刻开始,继续进行,直到他再摇铃为止。于是他用平静的声音发出指示,再摇铃,重复那一句"开始"的话,排演便又继续进行了。

此刻忽然出现一个意外的停顿,舞台上乱起来了。演员在窃窃私语,剧务跑来跑去,仿佛发生了什么事情。一位主要演员迟到,必须把他的一段戏跳过。一个剧务把这情况报告了克隆涅克,站在提示室旁等候他的命令。每个人都很肃静。克隆涅克用长时间的静默来折磨他们。这静默似乎是无止尽的,令人感到不安。克隆涅克静默着,在做决定,每个人站在那里仿佛等候判决。最后他宣布:

"我们在莫斯科期间,迟到的那个演员的角色改由另一个演员担任,至于那另一个演员,我命令他率领站在舞台后部的群众演员。"

随着那命令的铃声,排演继续进行,用一个预备的演员代替迟到的演员。

尽管现在我羞于承认这一点,但在当时我还没有和我的演员们取得完全协调,我是赞同克隆涅克的专制的,因为我还不知道这种专制将会给演员带来如何可怕的后果。

又一次克隆涅克在演完一场席勒的《强盗》后,作了一次惩罚。他的助理导演之一,一个似乎是轻浮的年轻人,在督促一群临时演员出场时误了场。戏演完以后,克隆涅克把他叫到面前,用柔和而衰老的声音责骂他。但那位助手可笑地为自己辩白。

"舒尔兹先生,"克隆涅克对一位恰巧在当时走过面前的舞台工人说,"请告诉我,在某某一场戏里说完什么台词以后,一群强盗应该从舞台左边上场？"

那舞台工人怀着悲剧感情背出了那一整段独白，为的想表现他的表演才能。克隆涅克拍拍他的肩，转向助理导演，用几乎是严厉的口气说：

"他只是一个舞台工人。你是一个剧务和我的助手。你好羞呀。呸！"

克隆涅克的严格和冷静是适合我口味的，而且我愿意模仿他。日后我也成为一个专制的舞台导演了。不久，俄国大多数舞台导演正如我模仿克隆涅克那样，开始模仿我的专制了。于是整整一代的舞台导演都是专制的，这些导演，唉，并没有克隆涅克或梅宁根公爵的才能。这些新型导演只把演员当作与家具同等的舞台道具，以及在他们的舞台调度中给搬来搬去的小卒子而已。

直到后来，我明白了导演的专制的错误以后，我才对梅宁根剧团带给我们的好处给予正确的评价，那就是表现戏的精神内容的导演方法。在这一点上，他们应该接受重大的感谢。我对他们的感激是无限的，而且这种感激会永远铭记在我的心头。

梅宁根剧团在我们协会的历史中，尤其在我的生命史上创造了一个新的重要的时期。

我们的亏损很大，所以我们决定停办艺术文学协会了。我们召集了一次解散会议，在会上起草一个停办的报告。当我正要提笔签署报告的时候，有一个人伸手阻止了我。那便是我们协会的一个会员巴维尔·伊凡诺维奇·布拉朗堡，他受每个会员的尊敬，是一位著名的作曲家，也是我们的最好报纸之一的编辑。

"什么！"他大声说，"你们要结束这样一个已经能够表现这样的生命力的美好的开端吗？我不答应。紧缩你们的开支，砍掉所有枯枝，保护正在开花的枝丫。这个业余戏剧团体必须不顾一切困难继续存在下去。你们只需要很少的钱，便可以维持了，我不相信这些许的钱会使你们任何一个有钱的人破产。这个会议开完以后，你们便会上饭馆去吃晚饭，在那儿花掉足够维持协会一个月开支的钱。少吃四五顿饭，保存这一个良好的开端，使它在推进艺术方面多作贡献吧。给我一张纸。我不是富有的人，但我愿意第一个答应认捐。把你们的报告撕掉吧。"

认捐单挨次传递。捐到的钱不多，但那少数的钱足够在最节俭的原则上办一个简单的业余剧团了。然而，会后我们去吃晚饭，用去了足够支持协会一个月的经费。

在那个演出季节的开始，我们的艺术文学协会找到了一座小公寓，把它略为装修了一下。会员们分任了行政职务，而且都能恪尽职守。没有足够的钱支付导演薪金，因此无论愿不愿意，我只好担任了费多托夫的工作。

继续维持这庞大的协会会所是我们的力量所办不到的。我们不得不把会所租给狩猎俱乐部，俱乐部要求我们每星期为他们的家属晚会演一次戏。我们依照莫斯科一切剧场惯例，把每星期演出一个新戏的重大任务担负起来。职业剧团对这种工作是有经验和有业务技术的。我们却没有，所以我们所担负的任务不是我们力所能及的。然而，除此之外，别无他法。

首先我们演旧戏。

在某次排演彼森姆斯基的《作威作福的人》一剧时，才离开我们不久的亚历山大·费多托夫的前妻格·费多托娃走进排演室。她坐在导演桌旁，对我说：

"两年前我就警告过你，但你不听我的话。我也没来找你。可是现在，当每个人都离开了你的时候，我却来和你一起工作了。开始吧，朋友。上帝祝福我们。"她对自己画了十字，排演便开始了。

我们又活跃起来。费多托娃有着一种和她丈夫截然不同的工作方法。她丈夫看一幅画，看人物形象，画出那些形象。费多托娃却体会情绪，努力再造情感。费多托夫和费多托娃似乎各有长短，互相补充。

费多托娃成了我们剧团的话剧部主任。她修改和审定我们所准备演出的戏。我们积聚了一点钱以后，就邀请皇家小剧院熟练的老演员来帮助费多托娃。我们同他们一起在狩猎俱乐部的预定节目中演了许多戏。

这些新导演给我们些什么东西呢？费多托夫是舞台调度方面以及整个演出方面的大名家，而费多托娃则着重于再创造情感，这些新导演则画出人物形象，多注重于形象的外部，少注重于内心。此外，由于和狩猎俱乐部所订的契约迫使我们每星期演出一个新戏的缘故，这些新导演教给我们突击工作的业务技术和一成不变的公式化的舞台表演方法。用了这些方法，我们获得了大量的专门的舞台经验、舞台习惯、临机应变的才能，对动作的自信，并且由于实践的缘故，我们的嗓音增强了，高声说话和在台上自信的举止我们都具备了。我们获得了走上台去，在舞台上表演的权利，观众相信我们应该站在台上，却不是偶然走上台来的；我们获得了说话的权利，观众必须听我们说话。这便使我们和业余演员有了区别，业余演员们走上台来仿佛怀疑自己在台上有没有事情可做。观众望着这样的业余演员，也不能确定是否必须听他们说话。自然，在有些场合，业余演员会不由自主地忽然表现出热情，观众就也跟着他振奋起来。但是艺术的热情立刻又消失了，那束手无策的演员站在台上，就像个不速之客，观众也不再相信他所表演的一切了。一句话，我们的实践使我们在台上显得舞台化了。

当时我们认为这种舞台化是成功的，不知道另外还有一种完全不同的舞台化，它并不建立在匠人的外形实践上，而建立在演员的创造精神的内在的塑造上。我不知道由费多托夫和费多托娃的帮助，我们是否能为狩猎俱乐部的星期公演排出大量的戏来。我怀疑这两位有才能的导演中的任何一位是否会同意从事这种工作。此外，我们觉得他们的要求太难应付了。我们还不够成熟到理解和评价亚历山大·费多托夫的艺术的旨趣与奥妙。格·费多托娃努力于引导我们的创造情感，但她所提出的问题甚至更复杂。她的艺术必须有系统、按部就班地学习的。

那些新导演正好适合我们的程度。他们只教我们演戏，我们喜欢这样的教法，因为这种方法使我们觉得好像在从事艰巨复杂、卓有成效的工作。

我不愿意谈起我们仓促从事的业务，那便是俱乐部的星期公演。这些演出并没有引起我的兴趣，也没有使我在演员工作上有所进步。恰恰相反，这些演出严重地妨碍了我的艺术发展。商业性剧场中的一切坏事我们都做了，而且或许在更大程度上做的。现在我把我们当时所做的一切练习称之为刻板公式。那些演出带来了一大堆对演员发展上不适合的东西。但是也有些可取的东西，例如，一个创造得恰当的角色由于年深日久，以及对角色的内在精神的轻率处理，变成了一个外形的和空虚的定型。但是在这个定型中，却存在着曾经一度有生命的东西。虽然我不能欢迎这样一个定型，但我仍然必须把这种定型和那些坏的定型区别开来。一种坏的定型不仅会产生在演员身上，也同样会产生在一切人身上。

我想在这里着重讲一件事，这对我们和对俄罗斯的艺术都有重大意义。当时柯米萨尔日夫斯基的女儿瓦拉·柯米萨尔日夫斯卡娅到了莫斯科，她后来成了一个著名的女演员，由于她在纽约表演过，美国人也知道她。在一次家庭不幸事件以后，瓦拉回到父亲跟前，父亲那时候仍然领导着我们协会里的歌剧班，学生人数非常少。他住在协会会所的一座公寓里，女儿和他住在一起。她占了房间的一角，陈设着舞台道具和家具。她躲开一切人，自己弹吉他伴奏，低唱失恋、阴谋、与女人心里的痛苦的悲伤的吉卜赛歌。

在我们戏剧生活的某一次紧要关头，我们请她帮忙。我们请她代替一位病了的女演员。我和她同演一个相当高雅的独幕剧《正在烧毁的信》。这是那位未来的名演员第一次和很成功的一次演出。

就在这个演出季节中，发生了一次灾祸。狩猎俱乐部的会所被烧光。我们的公演停止了，我们等待那俱乐部的新的，甚至更豪华的建筑的完工。在这种情形下，我们没有可以牟利的工作，便不得不靠我们协会自己的演出来维持了。

六　第一次担任话剧导演

我们侥幸地得到了列夫·托尔斯泰的剧本《教育的果实》。这个戏是他为一次家庭演出随便写的一个剧本,在雅斯纳亚·波里亚纳①演出过。每一个人都认为,要公开演出这个戏当局是不许可的。但是我们从审查官那里得到了许可,作一次不登广告的非公开演出。托尔斯泰有这样大的声望,他的新戏即使在这种困难情况下仍然可以通过。

《教育的果实》的导演工作交给了我,这是我在话剧领域中的第一次导演工作。这个戏由于剧中人物众多,舞台调度繁复,对导演有重大困难。导演需要丰富的经验才能使每一个迅速变化的画面组合动人而有特性。我却随随便便地担任了这项工作。事实上,既然有一个戏需要导演,我便尽我的力量来导演这个戏。我把想象中所看见的东西表现给演员看,他们便模仿我。凡是我能正确感觉事物的地方,戏便有了生命。凡是只有表面花招的地方,戏便毫无生气。当时我的工作的惟一优点是力图真实。我寻求真实,而在我经历了过去的一切以后,作假,尤其是剧场性的和商业性的作假表演,已经使我不能忍受了。我开始憎恨戏剧里的作假。我所要求的、比一切更重要的,是生动的、真实的现实生活,不是平凡的日常生活,而是艺术性的生活。也许当时我还不能把舞台上的艺术性生活与平凡的日常生活之间的区别分清楚。从安置在观众席中的导演桌那儿,可以清楚而敏锐地看出作假，我也立刻看出来了。这有助于我制作一个真实的、现实的、舞台化地动人的外部的舞台演出设计，这设计推动我走向真实。真实唤起情感，情感刺激对角色的体验。也许这一条从外部到内心的道路，不是最正确的，但是行得通的，而且可以容许的。此外，在这次演出中我很幸运，事实上角色的分配都很恰当。那些演员仿佛是和他们所担任的那些角色而天造地设的，他们和角色合而为一了。在剧中观众看到贵族、仆人和农民。那些贵族是由真正的社会名人来扮演的，这是当时一般剧场里很少有的。其他演仆人的人也足够粗俗，演农民的人中间，就有那位俄国著名的哲学家列夫·帕廷廷的弟弟弗拉基米尔·帕廷廷，他是在托尔斯泰家的一次家庭演出中演农民角色而受托尔斯泰注意的业余演员。托尔斯泰觉得他是一个了解俄罗斯农民的心灵的好演员，便为他写了一个大角色，以代替以前那个戏里的小角色。

在这次演出中，许多未来的莫斯科艺术剧院的演员都有很成功的表演，这些人后来都成了戏剧界的著名人物，如萨玛洛娃、丽莲娜、卢兹斯基、阿尔杰姆，以及现在巴黎、伦敦、马德里的著名的歌剧导演萨宁。

这次演出教会了我做导演的行政工作。当一群演员处在紧张和激动的情绪中时，管理他们是不容易的。演员的神经是任性和充满幻想的。导演必须懂得如何在排演中掌握演员。必须要有导演的权威，这种权威当时我还没有。我以对工作的疯狂热爱、工作能力和首先对自己要求的严格征服了一切。第一个被处罚的是我自己，而这种行动是认真做的，所以不像是做作。排演时迟

---

① 托尔斯泰的庄园。

到，对角色不研究，工作时争论，未经准假而不参加临场排演等等，我都给予特别严厉的处罚。服饰浮华，特别是女演员，总要被禁止参加排演。这种浮华工作上是不需要的。女演员是严禁戴大帽子的。所有的女演员都不戴帽子入场。调情是禁止的。

"严肃的恋爱，你们尽管去进行。它会使你们上进。你们为女人开枪自杀、投河、死，都行，但是不需要打情骂俏，打情骂俏会使你们堕落的。"这是我当时的清教徒思想。

我们的贫穷，使我们对豪华的布景甚至想都不敢想。然而，好布景是业余演员的救星。多少演员的过失是被美术家、美术家的线条与色彩遮盖过去的。美术家是很容易艺术地美化整个演出的。难怪这么多的无才能的演员和导演极力把自己掩蔽在布景、服装、舞台上有色彩的地方，掩蔽在印象主义、立体主义、未来主义，以及吓唬没有经验的观众与头脑简单的小市民的一切"主义"后面。恰恰相反，用了不值得看第二眼的坏布景，演员和导演能使人看清他们最好的和最坏的地方。一个戏必须表演得和导演得能表现出戏的有价值的、本质的东西，用典型的形象、动作和情境解释这种内在的本质。这对初学的演员，如同对我，一个也是初学的导演一样，是有益的。我们竭力忠实地表现作者写得十分美丽的地方。自然，我们不能很深刻地进入戏里去。或许我们多半停留在剧情与地方色彩的浮面上，但是我们承认那种导演方法是对的。这便是当时对我们所能要求的一切了。

自然，即使只提这样的要求，还是有许多缺点，因为在舞台上要表现得既单纯又真诚，是一切事情中最难的，夸张却是最容易的。我们时时刻刻都在倒退到程度与定型的旧路上去，但是幸好我们自己承认这种倒退现象，而不想用高调和理论为自己辩护。我们老老实实地说，自己无法做得更好。当时，我们没选择地体验我们从剧本、角色、舞台演出设计、服装、布景、自己身上、对手身上及自然发生的偶然事件中，所能找到和感觉到的一切。我们没有一个确切的内心创作计划。我们的向导就是年轻、热情、同情的直觉。凡是没有充分直觉的地方，戏便空虚和没有生命力。我们没有支配情绪的能力。我们甚至没有商业演员用来激发情感的那种普通技术，即粗糙而生吞活剥地抄袭经验，以至于发生迫使演员脸红、紧张、嗓音嘶哑与生理紧张。在我们不能自然而然地感觉到的那些地方，我们只好以原有速度念台词，仿佛希望尽可能快地过去。在业余排演中，我们已经伤害了许多感情，现在别的事我都愿意做，就是不愿意再伤害感情。这些便是我的第一次舞台导演工作的原则和方法。

这个戏的演出非常成功。它一直演到暮春，帮助我们解决了经济困难。

这次演出的成功，我认为是完全偶然的。这次演出的益处在于：我虽不曾找到通向艺术家心灵的那条康庄大道，却找到了一条羊肠小径，即从外形到内心、从肢体到心灵、从形体创造到内心创造、从形式到本质的途径。照费多托夫那样，我学会了只制定舞台演出设计，而剧本的内在种子便蕴藏在舞台演出设计中了。我教导演员怎样表演，因为要使戏能演出，教导他们是必要的，因为不教他们是不可能的，因为除了这一方法之外，我不知道导演工作应该如何做。戏之所以成功，是因为我感觉到了那个舞台演出设计。在这次演出中的新鲜事，便是旧表演方法中的一切坏东西都不许出现。

讲到狩猎俱乐部，可以说，火灾大大地改善了它的建筑。艺

六　第一次担任话剧导演　205

术文学协会便也有了一个很不错的会所了。戏还是每星期排演几次后便演出一次，单就我们自己来说，在我的导演下，我们不慌不忙地每年准备一个戏。这些不仅表现我们的手艺，而且表现我们艺术工作的演出，是在另一个地点举行的，所得的钱我们准备用在新的演出和艺术研究上。

第二年年初，狩猎俱乐部把莫斯科市议会的房子租用、改建了。在这所房子竣工的时候，我们恢复了为俱乐部订定的演出计划。

我们选定了我根据陀思妥耶夫斯基的小说《斯切潘奇科沃村及其居民》改编的剧本，作为下一年度艺术性演出的节目。这部小说的人物典型，仿佛是特地为舞台创作的。据陀思妥耶夫斯基的夫人告诉我，陀思妥耶夫斯基开始要把这题材写成剧本的，但因为剧本在舞台上演出将会招致检察机关的许多留难，特别像他那样时常被警察纠缠的人，又因为他需要很多钱，便不得不把剧本改写成一部小说出售了。我的改编剧本也被检察机关禁止了。后来，听了有经验的人的劝告，我把剧中人物的名字和原作者的名字都更改了。我把剧中人物福玛·奥匹斯金改成了福玛·奥匹列夫金，奥勃诺斯科夫改成了奥德烈匹耶夫，米金切科夫改成了巴尔切科夫；我自己署名为剧本作者。改成这样以后，我便把剧本送呈检察官。剧本的演出是被准许了，除了"上帝""圣母"和"基督"这些字眼被删去外，台词几乎没有丝毫改动。当然原作者的名字我们没有印到海报上去，但是每个人都知道原作者是谁。

《斯切潘奇科沃村及其居民》与陀思妥耶夫斯基所写的其他任何作品都迥然不同。在这作品里没有寻找上帝的事，却在每一笔触上看得出作者的杰出天才。这是一篇抨击当时那些假文人的辛辣作品。在舞台上，这是一个带喜剧结局的悲剧，那喜剧结局是不能恰当地令人满意。让我简述戏的内容。

罗斯泰诺夫上校、一位小说家的叔叔和他孩子的保姆、年轻的娜斯塔娅相爱了。为了把娜斯塔娅留在自己身边，罗斯泰诺夫上校便想把娜斯塔娅嫁给他的侄子。为了这个目的，罗斯泰诺夫便把侄子叫到村里来。这位侄子福玛·奥匹斯金是个冒充的作家，满口诗书，唠唠叨叨，不学无术，住在罗斯泰诺夫家里，像一个蜘蛛卡在蛛网里。罗斯泰诺夫半疯的母亲和她的一群女伴把福玛几乎当作了圣人。由于这种圣人的地位，由于他装作有学问，以及疯妇人们的集合，福玛便剥削罗斯泰诺夫，恐吓他，把他握在掌心里。但是罗斯泰诺夫的异乎寻常的仁慈、信任、孩子般的善良、纯朴的天真、牺牲精神和柔弱逼得观众发出亲切的哄笑，感到惊讶和愤怒、爱他和敬重他，最后以致不能忍耐和失却希望。为了物质的目的，福玛打算拉拢罗斯泰诺夫和一个富有的老疯女结婚。幸而，这个老妇人被罗斯泰诺夫养在家里的奥勃诺斯科夫引诱去了。福玛突然看见罗斯泰诺夫和娜斯塔娅在花园里接吻。高潮到了。福玛宣布这一天是他的命名日，全家都来到一起，带着花和礼物送给这位文学家。福玛发表了一篇愚蠢的演说，在这演说里，他斥责罗斯泰诺夫的淫秽，说明他不得不离开罗斯泰诺夫，他对罗斯泰诺夫的款待毫不领情愤然离去。他斥责和辱骂娜斯塔娅，而且形容尽致，一点也不放过。罗斯泰诺夫能够忍受一切，却不能忍受对自己所爱的女人的侮辱。他从绵羊一下子变为狮子，把福玛推出屋外，这时外面正刮大风暴。但罗斯泰诺夫的愤怒是不会太久的，他又奔出去挽留福玛。福玛为了重新取得叔父的爱和取得他以前在这屋子里的势力，便祝福罗斯泰诺夫和娜斯塔娅的婚礼。戏的结尾是众人对福玛躬身行礼。

在一个演员的保留节目中，在他所演的许多角色中，有几个角色仿佛很久以前便已在他的意识中自然地创作好了。演员只要一接触角色，这角色便会无任何创作的痛苦，不要任何探索和技术功夫自然而然地涌现出来。生活本身已经在适当的时候，适当的生活环境和自然环境中把那个角色创造好了。你把心上早已创造好了的角色自然地去体验，你甚至不再理解那个摆在演员面前的通常的问题："你怎样解释陀思妥耶夫斯基？怎样解释他的剧本和角色？"

"什么方法也没有，"我可以凭良心答复，"角色、戏和陀思妥耶夫斯基，就是角色、戏和陀思妥耶夫斯基。他们不可能成为别的东西。把这样的一个角色分析和分解成组成它的各个元素是可能的事吗？不，这正如分析自己的心灵一样困难。"

我相信这角色身上所有的一切，在这个角色身上，我有着和罗斯泰诺夫本人相同的见解。人家告诉我说，他是天真的、不很聪明的，他小题大作，无事自扰，但是我不同意。我想，使他发怒的所有事情，从人的尊严的观点去看，都是很重要的。人家告诉我说，他像处女的灵魂那样纯洁。我并不觉得如此。正相反，当我演这角色时，我觉得自己可耻，因为我一个老人和一个年轻女子恋爱了。我们相配吗？人家说福玛是个歹徒。但是，如果他真正殷切地关怀我，甚至夜夜为我的灵魂祈祷，为我好而教育我，那么我便以为他是自我牺牲。没有福玛我能活下去吗？我能管得住所有把我的家弄成了疯人院的老妇人吗？不，她们会弄死我的。人家说，当娜斯塔娅受了侮辱以后，狮的性情在罗斯泰诺夫身上发作了。但是我把这一点看得非常简单。他做了任何一个正在恋爱的男人都会做的事。深入剧本的生活以后，我觉得罗斯泰诺夫除了自己选择的那一条道路以外，没有别的路可走。在剧本范围之内，我过着罗斯泰诺夫的生活，想他的思想，我不再是我本人了。我变成另一个人，一个像罗斯泰诺夫那样的人了。你懂不懂对于演员有不可思议的魅力的这一句成语："变成另一个人"？

果戈理说过："任何人都能模仿一个形象，但是只有真正有才能的人，才能变成一个形象。"如果那说法是对的，那么我有才能，因为在这个角色中（虽然这几乎是惟一的一个角色）我已经变成罗斯泰诺夫了，在我所演的其他角色中，我只抄袭和模仿那些必要的形象，有时是自己的形象。

一生中，即使只有一次感觉到一个真正的演员在舞台上所必须感觉的和必须做的事情，是何等的快乐呀！想想看，你已经被人准许对天堂望了一眼，你已经认识了天堂是真的存在，你已经感觉到住在天堂里的人们心中充满的幸福。在望到了、认识了和感觉到了以后，难道你能不努力凭信念与希望进入天堂？去认识艺术的天堂吧！去对这个天堂内部看一眼吧，去感受一下这个天堂的幸福吧。有了那样的体验之后，一个演员还能在舞台上和别的东西和平共处吗？

我在艺术生活中度过了一段快乐时间。我从阿波罗那里接受了一种真正的恩惠。难道世界上没有能使演员有意识地走进艺术天堂的技术方法吗？当技术到达可能实现这个希望的时候，我们的舞台手法就变成一种真正的艺术了。但是演员将从什么地方、怎样去寻觅那通向灵感的秘密源泉的道路呢？这是每个真正的演员应该注意的基本问题。

我不知道我怎样演这个角色的，我也不打算赞美或批评自己。我带着真正的艺术的愉快而快乐，我毫不因这戏不卖座而懊丧。只有很少的人重视舞台上的陀思妥耶夫斯基，重视我们把陀思妥耶夫斯基搬上舞台的工作。

我感到快乐的是，在那些欣赏我们工作的人中间有著名的作家兼批评家格里戈罗维奇，他是陀思妥耶夫斯基和屠格涅夫的一位朋友，身材和面貌上非常像屠格涅夫。戏闭幕以后，格里戈罗维奇狂喜地几乎奔跑着走到我们面前。

"在《钦差大臣》上演以后，"他大声说，"舞台上没有见过这样明快的、富于色彩的形象。"

可见陀思妥耶夫斯基的天才又攫住了他的心，使他回忆起往事。他讲到陀思妥耶夫斯基和屠格涅夫之间的仇恨，讲到陀思妥耶夫斯基怎样痛恨屠格涅夫，讲到陀思妥耶夫斯基生活中那些可怕的痴迷的时刻，每逢那种时候，在他心灵里滚沸的地狱就开了门。但是这些往事是私下里讲的，而且他又那么信任我们，所以如果格里戈罗维奇认为不应当公开发表，我就没有权利这么做。

像屠格涅夫一样，格里戈罗维奇是一位符合高贵这个词的全部意义上——他的外表、他的仪态、他的情感、他的习惯——的人。像屠格涅夫一样，他喜爱描写农民，而且他很熟悉农民。托尔斯泰说，格里戈罗维奇是第一个提供俄罗斯农民的真实画像的文学家，这话不是没有根据的。

七　认识列夫·托尔斯泰

大概就在这时候，我们的业余剧团——日后改成莫斯科艺术文学协会的那个剧团在图拉演了几个戏。排练和演出的其他准备工作，都是在尼·瓦·达维多夫的家里举行的。达维多夫是托尔斯泰的亲密朋友。为了适应我们剧团的需要，他全家人的生活不得不改变一下，和我们打成一片。排练的休息时间，便是吵吵闹闹的聚餐，还夹着恶作剧。甚至那位屋主人——他已经不年轻了——也变得像个学生那样。

在某一次这样的聚餐中，正当我们玩笑开得最热闹的时候，大门口出现了一个穿农民外套的人。立刻走进来一位老人，他留着长须，穿灰色长袍，腰间系一条皮带，脚上穿双毡靴。大家欢呼着迎接他。起初，我没有想到这是列夫·托尔斯泰。没有一张照片，甚至没有一张画像能表现出他本人的脸与身躯所给人留下的印象。相片能表现托尔斯泰那一双洞察别人的心灵并且仿佛当场加以判断的眼睛吗？那是一个心智灵敏的人的眼睛，时而锐利得扎痛人，时而柔和、明朗，温暖着别人的心灵。当托尔斯泰注视一个人的时候，他定睛不动，聚精会神。然后他透入别人的心灵，仿佛要从心灵中吸取一切——善的和恶的。在这样的时候，他的眼睛深藏在沉重的眼帘后面，像太阳藏在云背后一样。另外的时候，他会像小孩子似的戏耍，爆发出共鸣的笑声，他那双洞悉一切的眼睛会变得快乐和滑稽，从沉重的眼帘后面跳出来，像暴风雨过后的太阳一般射出光芒。如果有人说出一个有趣的想法，托尔斯泰会第一个欣赏它。他会变得像年轻人似的开朗和活跃，眼里会燃起艺术家的天才的火焰。

我第一次遇见他的时候，他亲切、柔和、安详、仁慈、富于老年人的礼貌。孩子们从各自的座位上跳出来，围着他，围成一个紧密的圆圈。他知道他们每一个人的名字和外号，向他们每个人询问一些我不了解的、关于他们家庭生活的问题。

我们来作客的人挨次被引见，他握住每个人的手，用锐利目光探测我们。我觉得自己被一颗子弹射中了。

托尔斯泰活着的时候，我们俄罗斯人常说："他活着的时候，我们活着是何等快乐呀！"当生活上或精神上无法忍受、一切人仿佛都变成了畜生的时候，我们会以这样的想法来安慰自己："在那个地方，雅斯纳亚·波里亚纳，住着列夫·托尔斯泰呢。"于是对生命的爱恋又会重新回到我们心上来。

和这伟大老人的意外相遇，使我陷入了一种近乎发呆的状态。自己的心情也好，周围发生的事情也好，我都不大知道了。

列夫·托尔斯泰被邀入座，坐在我对面的一张椅子上。

我的神气一定很可笑，很奇怪，因为他用好奇的眼光注视了我许多次。

但此刻他向我弯着身子问长问短。我不能集中注意听懂他的话。于是我周围响起了笑声。我更心乱了。

托尔斯泰想知道我们要在图拉演什么戏，我竟怎么也记不起那个戏的名称了。后来别人提醒了我。

虽然那个奥斯托洛夫斯基写的最知名的戏是任何一个受过教育的俄国人都知道的，然而托尔斯泰却忘记了这个古典作品的内容，而且毫不扭捏地这样说，坦率、公开，不带任何羞涩。只有他才能这样坦率而公开地承认我们大多数人为了表示并非无知而加以隐瞒的事情。他有权利忘记任何一个普通人所必须记住的事情。

"把戏的内容跟我讲一下。"他说。大家都静了下来，等我讲。我呢，像个考试时交不出试卷的学生那样，找不出一个字来开讲那个故事。我的一切努力都归失败，只引起在座其他人的哄笑。我的邻座也丝毫不比我勇敢。他代我讲的故事也引起了哄笑。这时达维多夫救了我们，把戏的内容简单地告诉了托尔斯泰。

由于讲不出故事而心烦意乱，我静默了，负罪地望着列夫·托尔斯泰。

仆人端上一盘烤肉。

"列夫·尼古拉耶维奇，你不想吃一小块肉吗？"成人和孩子都来揶揄这位素食主义者。

"为什么不？"列夫·托尔斯泰开玩笑地说。

于是大块的肉从食桌的各方飞进他的盆子里来。在众人的哄笑声中，这位著名的素食主义者替自己切了一小块肉，开始咀嚼，费力地吞了下去，然后放下刀叉。

"我不能！我不能吃一具死尸！这是毒药！不要吃肉，只有在你不吃肉以后，你才会懂得什么是健康、好精神和清醒的头脑！"列夫·尼古拉维奇一遇到自己所爱好的题目，便开始发挥他著名的素食主义理论。

托尔斯泰能把一些最乏味的题目讲得非常有趣。这种能力，清楚地表现在吃饭以后。当时在一间半明半暗的书房里，面前一杯咖啡，他和我们娓娓不倦地谈了一个多钟头，讲他和某个教派的教徒的谈话。这个教派是一个古代的基督教派，这教派认为一切事情都有象征意味。一棵碧绿的苹果树衬着一片血红的天空，意味着他们生活上的某一件事，预示着吉或凶。一棵黑松衬着一片月映的夜空，又意味着另一件完全不同的事。一只鸟飞过无云的晴空，或天空里出现一朵乌云——一切都有特定的意义。听的人一定会惊叹于托尔斯泰的记忆力，他列举这教派的一切象征，谈了一个多钟头，而且用某种内在的力量使我们不得不带着极大的兴趣听他讲述。

后来我们谈到了戏剧，决定在托尔斯泰面前夸耀这件事，那就是我们是首先在莫斯科演出《教育的果实》一剧的人，那是他为某次家庭演出写的戏，那个戏的公开演出被检察官所禁止。

"设法使《黑暗的势力》解禁，演出它，让我这老年人高兴高兴。"

"你肯让我们演吗？"我们异口同声喊着。

"我从不禁止任何人演我的剧本。"他回答。

还没有杀死熊，就要分割熊皮。还没有能取消禁令，我们便开始在我们中间分配角色了。我们在决定什么人当导演，以及怎样演出这个戏。我们邀请托尔斯泰来看我们排演。我们急于想趁他在面前的时候，决定第四幕的两个不同方案应该演出哪一个，或者把那个不同方案合并起来，以免妨碍第四幕的情调和动作的发展高潮。我们用年轻人的精力烦扰列夫·托尔斯泰。别人以为我们在考虑一件迫不及待的事，排演仿佛明天就要开始似的。

不久我们便发现和托尔斯泰是容易说话的，因为他很迁就我们年轻人。他那一双眼睛那样深入地注视着或搜索着他所瞧着的人的心灵深处，它们本来一向隐藏在沉重的眼帘背后，此刻就像照耀在无云的晴空中的太阳那样放光；它们像青年人的眼睛。

"好，"列夫·托尔斯泰有了一个新的念头，突然高兴起来，"写一个怎样合并那两个不同方案的计划，把计划给我看，然后我便依照你的指示修改。"

接受这话的那个年轻人感到很窘，以致答不上话来，躲到别人背后去了。托尔斯泰明白了我们的窘惑，便鼓励我们，说他所提出的要求有什么不恰当和无法做到的地方。正相反，我们会给他帮助，因为他不是一个戏剧工作者，我们却是行家，但是，就连托尔斯泰也没法说得使我们相信这些话。

几年过去了，我一直没有再见过托尔斯泰。

我正在比亚里茨①过秋天，当时那里住着有名的《新时报》杂志的发行人、艺术文学协会剧场的创办人、著名政论家和批评家阿历克谢·苏沃林。有一次他来找我商量一件迫不及待的事。他决定要在他的剧院里上演《黑暗的势力》，而且愿意竭尽全力使这个戏解禁。他和托尔斯泰通过信，托尔斯泰写信给他，信中提到让他来找我，向我索取那合并第四幕的两个不同方案的大纲。无论我怎样再三对苏沃林说，我并没有那样一个大纲，但他坚持要。和他争执是困难的，因为我是年轻人，他比我年纪大得多。我费了几天几夜，最后把大纲交给了苏沃林。《黑暗的势力》的禁令撤销了，由苏沃林演出。俄国各地也上演了。当然，戏是照托尔斯泰的原本演出的，我的大纲没有用到。据说，托尔斯泰看过这个戏许多次，某些部分他喜欢，某些部分他不喜欢。

①法国西南部比斯开湾边的避暑胜地。

又过了一些时候，我忽然接到托尔斯泰的一个朋友给我的字条，通知我托尔斯泰想和我见面。我立刻就去了，托尔斯泰在莫斯科住宅的一间房内接见我。他对《黑暗的势力》的那些演出不满意，甚至对那个剧本不满意。

"告诉我，你想怎样修改那第四幕。我来修改，你来演。"托尔斯泰这话说得很坦率，所以我觉得可以同样坦率地回想和讲解那久已遗忘了的修改计划。

我们谈了很久，并不知道他的夫人索菲亚·安德列叶芙娜和全家人都在隔壁房间里。

让你处在索菲亚·安德列叶芙娜的位置上想一下。她是很关心丈夫的。现在居然来了一个青年，拿着他的杰作，教训这作品的天才作者应该怎样写作。人家如果不明白这件事的原委，当然会认为这是最大的不敬。

索菲亚·安德列叶芙娜无法忍受了。她奔进房来，责骂我。我承认我挨了一顿痛骂。要不是托尔斯泰的女儿玛丽亚·列沃芙娜进来劝住了母亲，我还会受更大的辱骂呢。托尔斯泰却一直坐着不动，安详地抚摸着胡子。他没有说一句替我辩护的话。

等到他的夫人走了，我万分狼狈的时候，他温和地微笑着，说：

"不要介意。她是神经质的人，情绪不好。"

然后他回到我们被打断了的话题上，接下去说：

"那么，我们刚才说到哪儿？"

我记得另一次和托尔斯泰的偶然相遇是在他家附近的一条小巷子里。那时他正在写那著名的反对战争、反对军人的论文。我和一个朋友走在一起,这位朋友和托尔斯泰很相熟。我们遇见了托尔斯泰。我有些害怕,因为他的脸很严肃,眼睛藏在眼帘背后。他的声音也异样了,变成了硬声硬气。他神经质、暴躁。我小心翼翼地跟随在他背后,惟恐惊动了他。但我很留意地在听他讲话。他在讲他后来写到论文里去的意见。他以反常的脾气与冲动,表示了对一切合法屠杀的控诉。他攻击军人与军人习惯,因为他这一辈子已经经历过不止一次战役,所以越发说得动人。他的话并非根据理论,而是根据自身的经验。他的下垂的眉,发光的、噙着随时会流出泪水的眼睛,沉重而又兴奋的、痛苦的声音都是我永远记得的。

忽然两个高大的禁卫军从街角处向我们走来,他们穿着威武的长军大衣,头戴发亮的钢盔,长剑和街上的石板相撞发出响亮的声音。漂亮、年轻、威武、魁梧、勇敢的脸、轩昂、准确而整齐的步伐——他们很神气。

托尔斯泰仿佛变成了石头,一句话说了一半就停住了,嘴半张着,手停在没有做完的姿势上,眼睛盯着那两个军人。我站的地方,恰好可以清楚地看到他的脸和眼的表情。就像长夜以后,太阳出来以前,曙光渐渐划破黑暗一样,托尔斯泰的脸和眼睛渐渐显露出艺术家的内在的光芒;同时,又仿佛被初升的太阳照亮了那样,闪烁着热情与青春。

"啊——哈!"他用整条巷子都听得见的声音说,"好呀!多漂亮的家伙呀!"然后他非常热烈地讲述军人佩戴物的意义。在那一瞬间,你可以很容易看出他是个有经验的老军人。

许多日子过去了。有一天我清理书桌,发现一封没有拆开的托尔斯泰写给我的信。我吓了一跳。他亲笔写给我几页纸,谈到

七 认识列夫·托尔斯泰　　217

杜诃波尔派①的英雄事迹，同时要求我帮助筹款，以便他们离开俄国。这封信怎么会在我书桌里搁置了几年，我至今还不明白。

我要向托尔斯泰当面说明这一件事，解释我很久没回信的原因。我的朋友苏列尔日茨基和托尔斯泰一家来往甚密，他答应趁托尔斯泰接见一位戏剧家的机会，引我去见他，因为那个约会是苏列尔日茨基安排的。他希望在这约会之前或之后，他能带我去见托尔斯泰。后来我的约会没有实现，因为那位戏剧家把托尔斯泰的空闲时间全部占用了。他们会见时我并不在场，但别人告诉我，当我在外面等候时，室内的情形是这样的：

"首先，"苏列尔日茨基说，"你想想他的模样，那位瘦削、没有精神、脸上刮得光光的作家，梳着一八三〇年式样的长发，穿着宽大的软领衣服，不系领带，仿佛针刺着屁股那样的坐着，用那些新发明的奇怪语言说了整整一小时，说他如何追求与创造一种新的艺术。他尽说一连串外来语，一大堆从各种新派作家、新哲学上援引来的文句，以及那些解释新发现的诗学与艺术的原理的新体诗上摘引的诗句。说这一切是为了说明他那准备出版的新月刊的计划。他请托尔斯泰在那刊物上发表作品。

"有一个多钟头，列夫·尼古拉耶维奇注意而耐心地听这位新艺术创造者说话，一边在室内走来走去。他有时停步，用锐利的目光盯着那个人。然后他又走开，仿佛失望了，手抓着腰带，在房间里走来走去，注意听着。

"最后那位作家不说话了。

"'我已经什么都说过了。'他结束了一个多钟头的谈话。

---

① 一种否认正教仪式的宗教信徒。

"托尔斯泰依旧在室内踱步、思索,那位作家抹去了汗水,用手帕扇凉。长时间的沉默。最后托尔斯泰在他面前站定了,目光像要透入这人的心灵似的盯着他看了许久,他的脸严肃而庄重。

"'莫名其妙!'他说,特别强调了这句话的含义,似乎想说:'你想来骗我吗?'

"说了这话,托尔斯泰走到门口,开了门,一脚踏过门槛,又转身对着那位作家。

"'我总以为,一个作家在他有话要说,脑子里的题材已经成熟,准备把它写在纸上时,他才写的。但是我为什么非给一个要到三月或十月出版的杂志写稿不可呢——这我永远不懂。'说完这些话,托尔斯泰走出去了。"

八 《乌里叶尔·阿科斯塔》

这一演出季节的特别节目是《乌里叶尔·阿科斯塔》。让我简述一下这戏的内容。犹太人哲学家阿科斯塔写了一本书，在那些迷信教义的法师看来，这是本亵渎神灵的书。富豪马纳塞的女儿爱着阿科斯塔，某一个节日在富豪马纳塞的花园里，迷信的法师们出现了，痛骂这异教徒。从这时候起，阿科斯塔变成了被唾弃者，如果要洗清自己，他必须当众否认自己的思想与信仰。他的老师、未婚妻、母亲和弟弟都劝他悔过。究竟愿意做哲学家呢，还是做爱人，在这两者中间经过一场超人的内心斗争以后，在他身上爱人终于得胜了。为了保全爱情，哲学家到犹太人的礼拜堂去，当众否认自己的宗教思想，但是在他表示否认的时候，那些思想又战胜了爱情。阿科斯塔又当众坚持他的异端邪说，一群迷信的犹太人要处死他。他最后一次见到他的爱人，是在她和一个富人结婚的时候。但他的爱人忠于自己的爱情，早已服下毒药，死在这异教徒的怀抱里。阿科斯塔也自杀了。爱情以两个人的死庆祝自己的胜利。

我对阿科斯塔这人物的解释是哲学家战胜了爱人。凡是需要这个角色表现坚信、顽强、勇敢的地方，都可以在我身上找到精神材料来再创造。但是那些爱情场面，我却照常地陷于软弱、女性化和感伤，那便是陷入了真实感情的一切代替品中去了。试想这情形：我身材魁伟，体格强壮，有一副低沉的嗓音，突然我却用一种表现绝对女性化的柔弱的歌剧男高音歌手的方法表演了。具有我这样禀赋的人,能否用多情善感的目光望着远方,感伤地、温柔地赞美我的爱人,愁眉苦脸地哭哭啼啼(还有什么能比舞台上哭哭啼啼的男人更糟的呢),擦眼泪,或者用矫揉造作的激情握紧和撕裂爱人的手,以表现肉麻的激情呢?真正内在的抒情、温柔、爱与激情并非隐匿在这些方法中的。这一切都是男性的感情,必须用男性的模样来表演。男高音歌手的女性化表演方法对我并不适合,其实对任何人也都不适合的。

我的一切身体条件和女性化的表演方法中间的矛盾,造成了一种难堪的不调和。太太们,小姐们,当时你们为什么对我鼓掌呢?你们为什么还在对那些甜美的男高音歌手鼓掌呢?如果在现实生活中,一个女性化的、甜蜜蜜的、感伤的男人走到你面前,一只手按在心上,多情善感地转动眼睛,左脚退后,靠紧右脚跟,用一种甜蜜的笑说:"我是你的,你永远是我的。"你觉得怎么样呢?

请老实告诉我,你会决定嫁给这样一个人吗?不要做这种傻事吧。你嫁了这样一个人,你就毁了。他不能养活你,你跟他在一起会痛苦一辈子的。那么,你为什么要对舞台上出现的像他那样的人物喝彩呢?对他们大声说:"做一个男人。不要用这种模样跟我们谈爱情!"

如果你们当时这样对我说,我会明白世界上确实有一种男性的抒情、男性的温柔和梦幻、男性的爱,而且我会明白感伤主义只是真实感情的无力的替代品而已。我会觉得最称职的男高音歌手,最温柔的娇媚的抒情角色,必须首先注意他的恋爱情感应该是坚强的、男性的。爱情愈是抒情,愈是温柔,表现那种爱情的

八 《乌里叶尔·阿科斯塔》 221

特征的色彩便应该愈明快、愈坚强。像一块乳蛋面饼一样软绵绵的感伤主义，表现在一个健康、坚强而美丽的姑娘身上，由于和她的气质形成明显的不相称，造成了一种不调和。男演员或女演员年纪愈轻，感伤主义便会愈陈旧、愈绵软，因而看上去也愈可怕。

我呢，一个蠢材，以为只有这些在剧场中才是合法的，过分甜蜜的方法才能够在舞台上表现抒情。

所以在我的表演中，那个角色的爱情场面演得失败是不足为奇的事。幸而，戏里这种场面很少。那个角色的表现哲学家坚强信仰的场面是表演得成功的，而且，如果不是在很大程度上还保留着过去那些歌剧手法的痕迹的话，我可以把这角色演得完全满意。

另外还有一个大缺点，那是我当时所不肯承认的。我把台词念得生硬。这缺点部分应该归咎于我的天生不健全的记忆力。这种不健全的记忆力，甚至使我在精神奔放和完全被直觉与情感掌握的时候，不得不分心注意自己。在那时候我的记忆力不管用了，不给我机会去接触那由超意识的境界所起始的高潮。我的不能自信的记忆力，几乎完全失去了机械作用，使我不得不时时刻刻注意自己，以免破坏台词的连续性。如果一不留意，便会出毛病，便会打顿，便会把剧本上写着的台词漏念，便会手足失措，六神无主。这个大缺点剥夺了我至少百分之二十五处于高潮的情感。我的不良的口诵的记忆力，由下面的事实更加重了，那便是在平静的场面和静场中，或在排演中，在我无须熟读台词、信口自编台词的时候，我能够充分地自由宣泄感情，并表现我心灵所有的一切。除了这一个坏毛病之外，当时我心上还有一种偏见。

我对自己说：

"问题的中心不在于台词。当你感觉到这角色时，台词会自然地脱口而出的。"

诚然，这种现象有时会有，有时情形却又完全不同。台词记不牢，角色便会感觉不到。遗漏台词中的字眼，意思解释不明白，字句念不流利，声音平板和发音不清楚，这一切不仅妨碍我的表演，而且妨碍观众的听觉和观众对我的了解。

在梅宁根剧团的影响下，我们对演出的外表方面寄托了过多的期望，特别对服装、发生的时代的历史真实性上和群众场面上，这种群众场面在当时是戏剧中的一种伟大创举，而且为那次演出以及艺术文学协会获得了成功，造成了轰动。我当时沾染了专制主义作风，不顾一切，把所有的事情都集权在我这导演的手上，把演员当作服装店的广告人来摆布。但是对于其中有更大才能的演员，像日后成为莫斯科艺术剧院名演员的瓦·瓦·鲁日斯基和格·塞·布尔德热洛夫，但日后成为著名舞台导演的亚·阿·萨宁和尼·亚·波波夫以及其他人，却是例外。

其他业余演员也需要这种导演专制。没有才能的人必须给以简单的训练，必须依照导演的艺术趣味而穿着服装，依照导演的意志而表演。如果导演不得不把重要角色派给没有才能的演员，那么为了演出效果，导演也不得不掩饰他们的缺点。为达到这个目的，有许多绝妙方法，这些方法我当时学得很到家。这些方法像帷幕一般遮掩住拙劣演员的缺点。且不论五光十色的布景和富丽堂皇的服装足以转移观众目光，夸张的道具可以吸引观众的注意力，除此以外，还有导演任意创造的、出人意料的舞台花招、聪明的舞台调度，都能随时把观众的注意力从拙劣演员身上移开。

我们且说，在《乌里叶尔·阿科斯塔》第二幕马纳塞家花园中节日的那一场戏里，台上的演员都是没有才能的。那么你便从中挑选一个最美丽的女人和一个最漂亮的男人，让他们穿上你所能找到的最华丽的服装，把他们安排在舞台上最显著的地位。让那男人竭力向那女人献殷勤，让那女人娇媚地调情，或者如有必要，为他们添加一场有趣的戏，把观众的注意从拙劣演员身上引开。只有在必须表达剧情的地方，停止一下那些临时演员的动作，给观众以听取重要台词的机会。这一切岂不都很简单吗？自然，导演会因为采取这一切手法受到责备。但是与其使人看出我们剧团的本质贫乏，不如让人责备我们添草添花。此外，为了使戏和演员获得成功，必须有各个高潮，那就是戏各个相应着重的地方。但在缺乏真正的方法，即无法单凭演员的帮助来表现这些高潮的时候，那必须接受导演的帮助了。为了达到这目的，舞台导演也有许多"哄骗观众"的方法。我举一个例子来说明。

在《乌里叶尔·阿科斯塔》一剧中，有两处地方必须给观众以巨大印象。我说"巨大"，是预先对这个字的本质让步了的。这种让步，对我是种妥协。第一处是第二幕马纳塞家花园里过节日的时候，群众辱骂阿科斯塔。第二处是第四幕阿科斯塔在礼拜堂里重复坚持自己的信仰。前一个场面，姑且叫做上流社会性质的，而后一个场面是平民性质的。在第一个场面里，我需要美丽的社交妇女和年轻男子（我用独特的化装和服装遮掩那些演员中一些拙劣与丑陋的人）。在第二个平民群众的高潮场面里，我需要年轻的性情暴烈的学生，当然我必须控制他们，以免真正殴打起来，打伤阿科斯塔，也就是打伤我自己。

第二幕开幕时，台上是一所花园的布景，许多平台安放在不同地位上，这些平台场面调度显得多样化，观众看到许多穿着奇装异服、佩戴耀眼饰品的真正社交男女的花团锦簇，惊奇得从座位上站了起来。印象造成了。奴仆们端着酒和粮食。男人追逐女人，女人卖弄风情，眉来眼去，用扇子半遮着脸；音乐奏起，有的人在跳舞，有的人构成了美丽图案。主人周旋在老年人和贵宾们中间，向他们表示欢迎，请他们入座。阿科斯塔也来了，但贵宾们都避开他，直到只剩下他独自一人。马纳塞的女儿尤笛菲上场了，愉快地走近这位异教徒。欢乐的节日的呼声与音乐和谐为一，直到一声惊人的号角把其他一切声音都压倒。伴奏这号声的是许多笛子声和低沉的犹太歌声。欢乐的场面立刻停止了，人们在原地怔住了，倾听着，然后骚动起来，愈来愈恐慌。他们像潮水般往后退，向远处眺望。而阿科斯塔和马纳塞一家人早已感到有事情要发生了。

这时舞台后部，拥上来一群穿黑衣和声势汹汹的法师，他们手持烛火，随带礼拜堂的仆役，仆役们手执《圣经》与法律文件。教服套在跳舞服装外面，女人的前额已不戴头巾，而扎了一个写着十诫的盒子。穿黑衣的仆役们小心地领着每个人避开阿科斯塔，可怕的黜教仪式便开始了，配合着唱歌和宗教礼节。

但是阿科斯塔抗议、辩白，年轻的尤笛菲在一阵愤怒中冲上前去，抱住那个被众人诅咒的人的颈子，被爱情弄得神魂颠倒，公然宣布爱他。这是罪恶，这是亵渎。大家都怔住了，然后狼狈地散去，法师们怀着复仇意念跑回礼拜堂去报告。这一切导演工作造成了必要的气氛，创造了强烈的印象，凭借这一切，我的剧场性的悲剧情感就代替了灵感的真正高潮。

八 《乌里叶尔·阿科斯塔》　225

在俄国舞台上，这种群众场面还是初次出现，这一切达到了巨大的剧场效果。你可以想象这场戏演完以后的情形。那些业余的临时演员的丈夫、妻子、兄弟、姐妹、父母、爱人、朋友挤满了俱乐部的观众席，对舞台呼喊，达到了咆哮的程度，挥动手帕，踩坏椅子，到后来幕一再拉开，这一场的全体演员和临时演员走出台来多次谢幕。

可是那两个群众场面却处理得完全不同，而且竭力造成另一种性质的印象。在礼拜堂里举行宗教仪式以后，在唱了歌和举行公审以后，阿科斯塔走上被人群包围的高台，宣读他的悔过书。他起初口吃，后来停顿，最后因不能支撑而晕厥。他被人扶起，救醒，被迫在半昏迷状态中读完悔过书。仆役们支撑着他，免得他跌倒。但是忽然他的弟弟怜惜他，对他喊叫，告诉他说，他们的母亲死了，他的未婚妻被迫和别人订婚了。阿科斯塔觉得爱情纽带已经从哲学家心灵上解脱了，又活了过来。他一跃而起，像伽利略那样用全力喊出："可它还是在转动呀！"①

不管群众怎样受到拦阻，不准他们去碰到那受诅咒的人，因为这种事按照宗教的信仰说来是危险的，但是在场听到阿科斯塔推翻原案拒绝悔过的人，都拥上前去把他乱打一顿。撕烂了的片片衣衫在空中飞舞。他倒下了，跌倒在群众中，看不见了，可是他又爬起来，头伸出人群，用全力大声宣布他再度渎神的理论。

我凭自己的经验觉得，当时站在感情冲动的年轻学生中是危险的。这是戏的高潮，戏的最高的点。群众帮助了我——阿科斯

---

① 意大利物理学家、天文学家伽利略（1564—1642）在宗教法庭上说的一句名言。

塔。群众把我带到了高潮，使我没有缓冲余地。

第四幕中情形就完全不同了，那一幕里也有一个巨大的悲剧高潮。但这个高潮必须由我独力来创造，没有外力帮助。当我接近高潮的时候，我的内心疑虑又出来作祟了，把我的创作的终极点挡了回去，不给我到达终极点的机会。内心的游疑又阻碍了我情感的动力的进程。仿佛有什么东西被锁闭在内心，我不能不一面表演，一面寻求悲剧的超意识境界。我体验了一个要钻入冷水中去沐浴的人的情感。我觉得自己是一个不能唱C调的男高音歌手。我记得而且羡慕过那些大演员，像萨尔维尼、杜丝、叶尔莫洛娃，我在心里问过他们，当他们想自由自在地把情感升华到最高点时，他们是怎样做的。他们一定有某种秘密的技术方法。因为不知道那种方法，我便无力地站在台上，仿佛被万里长城包围着，这堵万里长城是我必须跃过去的。这角色的其他部分，那些并不需要忘我与奔放、只要表现某种深度的情感的部分，演得较为成功。那些只要向观众简单说明与报道，以表现阿科斯塔的哲学思想的场面，我演得不顺畅，因为我的口齿不清。有些字眼又漏念了，有些则因念得太轻，观众听不到；还有些念得"吃螺丝"，哲学思想就令人听不懂了。这是无法使人懂的，正如用破琴锤敲击钢琴，弹出一支曲子让人听不懂一样。

在这次演出中，我认识了一位日后的莫斯科艺术剧院的同事阿列克谢·亚历山德罗维奇·斯塔诃维奇，这是一次日后对我们的艺术有收获的相识。但我让他自己来讲相识的情形吧。

下面是他告诉我的话。

"'斯塔诃维奇，'谢尔盖·亚历山德罗维奇大公在早餐时对我说，'今天你得和我们同去业余剧场看戏。'

八 《乌里叶尔·阿科斯塔》

"'遵命奉陪，殿下。'我回答。

"'你乐意去吗？'大公揶揄道。

"'我总是乐于追随殿下的。'

"'你身上多带些纸烟。'大公开玩笑地说，他知道我有喜欢走出观众席，去和朋友们在吸烟室里消磨整幕戏时间的习惯。

"'噢，不，斯德莱卡洛娃祖母会不准你去的。她喜欢这班业余演员，她命令每个人都得看戏。'大公夫人伊丽萨法泰·费奥多洛芙娜说。

"'斯德莱卡洛娃祖母是世界上最仁慈的人，而且是一位非常慈悲的夫人，我可不知道她对艺术的见解却很肯定，既然如此，经大公的准许，我就多带些纸烟。'我回答。

"'斯塔诃维奇的脾气是不会改变的。'大公断定。

"夜晚我们就到狩猎俱乐部来看你们的戏了，而我也确实得到了斯德莱卡洛娃祖母的命令，命令我从头到尾看戏。

"'遵命。'我回答她，但是我走出去抽烟了。

"但是在第一幕要演完的时候，免得使老太太不愉快，我偷偷地溜进观众席，在黑暗中坐到自己的位子上，勉强望着舞台，嘿，布景、灯光、服装、化装，一切都叫我感兴趣。

"'见鬼！这班人不是业余演员呀！'看了一会以后，我说，'多么可惜，这整整第一幕戏我躲在吸烟室里没看到。'

"不久，幕便落下了，我当然没有告诉斯德莱卡洛娃，我违背了她的命令。我赞赏我所看到的戏，而且由衷地赞赏。大公和我们所有的同伴都非常喜欢这个戏。观众很兴奋。在幕间休息时，我们互相访问，交换意见。你知道我是很喜欢听观众对戏的讨论的。

"幕又升起来了，我看到了舞台上美女们花团锦簇。何等样的服装呀！何等样的珍饰呀！何等样的场面呀！何等样的声音呀！我以为到了巴黎，在法兰西喜剧院里。我们高兴得面面相觑，惊讶得耸起肩膀，点头称赏。我比别人更感动。但当尤笛菲出场的时候，我不能对你说我怎么样了！我一生从未见过这样美丽的女人！我本来已经爱上舞台上的每一个人，但不知道向哪儿开始表示我的爱慕。好，在尤笛菲出场以后，接着就是那些黑衣人物的场面，然后是群众骚动的场面！等到最后的场面刚一演完，我便一口气跑到了后台。我发现斯坦尼斯拉夫斯基是这个剧团的领导人。我便去找他。我遇见了他，遇见了所有的演员。现在他们都是我最亲密的友人了。我喜欢他们所有人，我吻过这剧团里每一个女演员的手！在下一次幕间休息的时候，我带大公夫妇到后台，我们很兴奋，因为所有的演员都很矜持得体。男女都是这样，尤其是女人。

"此后一星期内，宫廷中无论举行宴会还是舞会，《阿科斯塔》成了惟一话题。我到处为你们宣传。斯坦尼斯拉夫斯基、他的妻子丽莲娜、美丽的安德列叶娃等一直挂在我的嘴上。

"这是我怎样最初成为这个剧团的崇拜者和朋友，以后成为艺术剧院的朋友、导演之一，最后成为它的演员的情形。"

我和大公的这位漂亮侍从——魁梧而英俊的上校有罗马人的脸部轮廓、漂亮的唇髭、修剪得很动人的胡须，像巴黎人那样地说法国话，一个聪明的戏谑者和说话俏皮的人——阿列克谢·斯塔诃维奇的友谊我记得何等清楚呀。他在我们剧院的演员中是个很著名的人物。"像斯塔诃维奇那样漂亮！像斯塔诃维奇那样优美！像斯塔诃维奇那样高贵！"这些话成了剧院的流行语。斯塔诃维奇本人成了大家模仿的模特儿。有的人想模仿他优美的姿态，另外的人学他的手和手指的姿势、他的说话口气。当人们需要一位关于上流社会习惯的权威顾问，例如晚礼服，夜宴服，拜客的礼服，黑的或白的背心、领带等等，应该穿什么，在什么场合穿和如何穿着等问题时，便会众口一词地说："去问斯塔诃维奇好了。"

《乌里叶尔·阿科斯塔》的演出以梅宁根剧团式的巨大群众场面赢得了盛誉，并引起了莫斯科全城的注意。人们开始谈论我们。有一个时期，我们仿佛获得了群众场面的演出专利权。

我们的经济状况开始好转。本来对我们的事业早已失望的艺术文学协会的会员和演员，对它又有了信心，而且决定留在剧团里不走了。我们用和梅宁根剧团同样时髦的号召——华丽服装和群众场面演出了《奥塞罗》《无事烦恼》《波兰籍犹太人》《沉钟》及其他几个戏。

九　《波兰籍犹太人》

　　艺术文学协会的下一个演出节目是艾克曼及夏特良[①]合写的《波兰籍犹太人》。有些剧本本身便有趣味。但另外有些剧本，如果导演用别出心裁的手法去处理，才可以使它有趣味。例如，如果我把《波兰籍犹太人》枯燥的原有情节讲给你听，便会使你不喜欢。但如果我根据原剧的轮廓，把导演想象中所可能有的一切设计来装点原剧，剧本便会有生命力，而且变得有趣味了。我之所以特别选这个剧本，并非因为我喜欢原作，而是我喜欢所想的这个剧本的演出。现在我不讲原作，而讲艺术文学协会演出的情形。

　　请设想，在阿尔萨斯边境一个小山镇镇长家的一间舒适的内室。炉火融融，灯光明亮，圣诞节晚餐正在进行，座中有镇长的女儿、她的未婚夫——一位边防军军官，一位林务官和一位山地居民。室外大雪纷飞，狂风怒号。窗子被风吹得格格作响，风从窗格的缝隙中吹入，使人战栗。但室内的人很愉快；他们唱山歌、吸烟、吃喝、谈笑。风有时刮得那么大，弄得室内的人频频停止欢笑，不得不倾听室外的情形。一阵强烈的狂飙甚至使室内的人震惊起来。他们想起了几年前和这同样的一次大风雪；那时他们仿佛听到在狂风怒号中有微弱的雪橇铃声。有人在风雪中赶着雪橇行走。但风声淹没了雪橇的银铃声，直到风声偃息下去以后，银铃声重又在空中飘荡，逐渐听得清晰了。几分钟以后，铃声更清楚了。然后听见铃声愈来愈近,到后来就停止了。然后听见雪地上的脚步声、敲门声、人在门外跺脚声。另一扇门开了。一个身体魁伟、裹着毛皮大衣、浑身是雪的人,站在门槛上。

"祝你们平安。"新来的人说,并开始脱下大衣,抖去帽子上、衣服上和胡子上的雪。他是那些常常经过这一带的有钱的波兰籍犹太人中间的一个。脱下大衣后,他解下钱袋放在桌子上,放得很重,以致袋子里的钱发出了声音。几个硬币落到地板上。烤了一会火,等风雪停了以后,这犹太人又把钱袋系上,裹起大衣,走了。第二天,他的马和雪橇在山里被发现,他和他的钱袋却不见了,没有留下丝毫的痕迹。但此刻那位边防军军官说,证据已经发现,凶手即将被抓到。说到这里,镇长走了进来。他是大家尊敬的人。欢笑重新开始,和外面的狂飙融成一片。

忽然人们听到了很微弱的铃声。时而听见,时而听不见。有人在外边走动。雪地上有脚步声、敲门声、跺脚声。另一扇门开了,门槛上出现了一个裹着大衣、浑身是雪的大个子。

"祝你们平安。"新来的人说。他脱下大衣,把沉重的钱袋放在桌上。钱袋发出了铿锵声,几个硬币滚落到地板上。室内的人都好像石头似的呆住了。仿佛他们见到了鬼。镇长受不了这个,跌倒在地板上。一阵骚乱。他们动手把镇长扶到一个地方去。

第二幕是在镇长家的一间大房间里。今天是镇长女儿和边防军军官结婚的日子。家里人都到教堂去了,这里可以听到教堂的钟声。只有镇长独自在家;他因为上次受惊而生病了,至今没有

---

① 法国小说家艾弥尔·艾克曼(1822—1899)和亚历山大·夏特良(1826—1890)两人合用的笔名。

恢复。新郎来探望他。当他们两人谈话时,镇长忽然侧耳倾听着什么声音。在教堂的叮当钟声中,他仿佛听到了那轻微而刺耳的雪橇的银铃声。真的,仿佛是这种声音。也许那只是感觉如此而已。不,不,确实是雪橇的铃声,但这是不可能的。为了使病人安心,那位军官向他保证说,凶手不久就可以逮捕,而且会判罪,以抵偿犹太人的命。但是这种保证丝毫不能使镇长安心。不一会儿,家里人都从教堂回来了,宾客也来贺喜,其中有一位法庭公证人,有新娘的朋友,有镇长的朋友,富有的农民,在这些人背后是乐师,他们站在窗口,准备演奏。婚礼开始了。新郎、新娘和证婚人在公证人的婚姻簿上签了字。大家向新郎、新娘和镇长道贺。但镇长又变态了,他仿佛着了魔,又在侧耳听什么声音。观众仿佛也听到了那远远的雪橇铃声。因为乐师们开始奏起乐来,所以铃声被淹没了。欢笑和跳舞。但雪橇的铃声愈来愈清晰,与乐器的声音相应和。观众都听见了;铃声透入乐队的演奏声,逐渐增大,把其他一切声音都压倒了,最后铃声听来尖锐,痛苦地刺耳钻心。

发了疯的镇长想盖住铃声,大声叫嚣,命令乐师们使劲演奏。他拉着身边的一个妇人,疯狂地旋转跳舞。他和着乐声唱歌,高声叫嚣,但是铃声也愈来愈响,愈益刺耳钻心,他不论怎样都不能把铃声淹没。大家看见了镇长的疯狂举动,便都停止了跳舞,退到墙根,镇长却继续和那个不能脱身的不幸的舞伴跳狂舞。

第三幕是在一间阁楼上。这阁楼有一个斜顶,一架楼梯从下面通上来,楼梯没有扶手栏杆,代替的是一面小隔板。后墙上有一扇矮窗,窗上的百叶窗矮得几乎到地。通过百叶窗的铁栅,可以看出此刻是夜里。后部正中放着一张大床。舞台前部有一张桌子、几只凳子、一口衣橱、一只火炉，这一切都是背向观众的。开幕时台上漆黑。楼下传来婚礼歌曲声、音乐声、青春的欢笑声、闹酒声。许多人谈着话走上楼梯。他们把镇长抬上楼来，他疲乏了，需要睡觉。他们向他告别。他们走了，苍白而痛苦的镇长急忙跑到门口，把门锁上。然后他便坐下来休息。楼下传来碟子的声音，这声音如果凝神细听，也许会听出来那是要命的雪橇铃声。镇长听到这声音，忧烦而不安，脱了衣服，想睡下，在睡眠中去摆脱一切。他吹熄了蜡烛，但在黑暗中又听到了各种恐怖声音的交响乐。

这是耳朵的一种错觉，这种错觉使欢乐的歌声微妙地变成了送葬曲，把青年宾客们的欢乐声和叫喊变成醉汉的阴郁的、死亡般的声音，酒杯和菜碟的声音，有时让人想起了教堂的钟声。这一切声音像一支交响曲的主调似的，插入那时而折磨人和逼迫人，时而得意扬扬威胁人的要命的雪橇铃声，那是自从第一幕犹太人出场以来一直回响在镇长耳边的。镇长听到这铃声，就在黑暗中呻吟，说一些听不懂的话。仿佛他的身子在移动，因为床在作响，有什么东西跌倒了，也许是他推倒了一把椅子。

于是在房中摆床的地方灯光亮起来了，出现了蓝灰色的光，谁也不知道这光是从哪儿射来的。这光玄妙地渐渐增强，又慢慢转弱。随同这错觉的交响曲，慢慢显现出一个身影，高坐在原来床背的位置上，现在床背变成了一排栏杆。这个人低着头，披着满头的白发。他的手被绑着，手一动，可以听到铁链的声音。在这鬼影背后有一块牌子，牌上写着字。别人会设想，这是一块插在犯人背后的示众牌。

　　光亮起来了，变得更灰暗、更浓绿、更可怕。光线沿着后墙散射，变成了一个幽暗的背景，上面浮现着黑色的人影和那些站在脚灯前背向观众的鬼影。在台中间原来放桌子的地方，有一个肥硕的、穿黑披风、戴审判官帽子的人，坐在高耸的平台上。他的两旁，有几个别的这样的人影，不过他们戴的帽子没有那么高。台右边原来放橱的地方，有一个蛇样长的人影，穿黑披风，身子往前伸向囚犯；台左边原来放火炉的地方，站着一个肘支在椅背上、一手蒙住眼不动地哭泣的人影，他就是辩护士，也穿黑披风，戴法庭帽子。

　　审讯仿佛在梦魇中，在窃窃私语中，以时常变换的节奏进行着。犯人的头一点点垂得更低了，头发披盖着脸。他拒绝答话，于是从原来挂着镇长衣服的那个角落里，出现了一个瘦长的人影，它一点点地变大，沿着墙向上爬行，爬到了天花板上，然后从犯人的头顶上垂下来，直望着他。这是催眠术士。此刻犯人被迫抬起头来，观众从那疲惫、衰老的瘦脸上认出这是镇长的脸。在催眠术的作用下，镇长哭哭停停，然后安静下来，开始断断续续地提供证据。检察官问他对于那个被谋杀和被抢劫的波兰籍犹太人干了些什么，他拒绝回答。

　　然后起了一阵梦魇般的音响的狂奏，错觉的交响曲重新奏起；舞台逐渐黑暗，一道绯红色的光从通往楼梯的那扇玻璃门背后射出来。镇长在梦魇中认为这是一只熔炉，他跑到炉前，想把那被杀死的犹太人的巨大身躯塞进那烈火融融的炉子的窄小炉门里去，想要销毁一切证据。因为他早已把那一切连同自己的灵魂一起烧毁了。全台笼罩着黑暗。

初升的太阳的红光透过百叶窗的隙口显露了出来，从楼下传来贺喜的宾客们的欢笑和酗酒的吵闹声。宾客们上楼来唤醒镇长，因为天已经大亮了。敲门声。没有回应。起先客人们对室内没有应声还发出哄笑，再敲门，但仍然没有回应。门外的宾客诧异了、震惊了、恐惧了，他们打碎玻璃，开了门，进来，发现镇长死了。

　　把房间改变成法庭是在几乎不被人注意的情形下完成的。并且造成了很恐怖的梦魇般的印象，以致几乎每次在这一场戏演出时，胆小的妇人便离开剧场，有时甚至吓得昏倒。但当观众被梦魇惊吓时，演镇长这角色的我却看到了完全不同的景象。扮演审判官的那些业余演员，其中有许多是有地位的人物，甚至有一位重要的文官扮演检察官一角，有一位肥胖的人，他们都在黑暗中匍匐爬行，急匆匆地爬到他们各自的位置上，以免在爬行中被灯光照见。其中有许多人爬得慢了些，于是在他们后面的人便一个个往前推。这情景非常可笑，因此在戏到达最后高潮的场面以前，它一直盘踞着我的心头。我闭了眼想，"这就是舞台呀！在台上看是可笑的，在观众看是可怕的。"

　　我喜欢在剧场里创造鬼怪，当我找到一种能哄骗观众、使观众莫名其妙的诡计时，我就快乐。在幻想的领域内，舞台是大有可为的。我们所做的还不到一半呢。

　　我承认，所以要演出这个戏的原因之一是最后这一幕的出人意料的诡计，我觉得那在舞台上是很有趣的。我没有弄错。这场戏是成功的。观众有许多次叫幕。为谁叫幕？为我。为什么叫我的幕？为我的导演技术，还是为我的表演呢？我宁愿认为是为我的表演，我以为我表演得确实很好，而且以为我是一个真正的悲剧演员，因为这一个角色是欧文①、巴尔奈、保罗·蒙纳②和其他大演员们的保留节目。

现在回想起来，我觉得我并没有把那个角色演坏。我演出了一个老人的特征，而且演得有分寸。对这个剧本和这个角色的兴趣是引起来了，但是这种兴趣不是角色的内在的精神生活与心理状态造成的，却是剧本的情节造成的。谁是凶手？这是观众感兴趣而且要求解决的疑团。这戏里也有悲剧所必需的高潮点，例如，第一幕结尾镇长晕倒；第二幕结尾镇长疯狂地跳舞；第三幕那个梦魇般的最紧张的场面。但这些紧张场面是谁创造的呢，是导演的手法，还是演员的表演？这当然是导演所创造的，荣誉应该属于导演，而不属于演员。

导演的这种实验又一次使我学会怎样从外部帮助演员的方法。现在我又看出这种方法对导演的另一用处——便是学习怎样明白地表现一个戏的情节和戏的外表动作。我们时常在剧场里看一个戏，却看不明白事件的逻辑发展、事件发生的时间和事件的相互关联，那便是诗人普希金所说的"特定环境"。这是任何戏里所必须表现明白的第一要点，因为这一点不能表现明白，那更谈不到戏的内在本质了。但即便在这一点上，我们的演出也还有一个大缺点，那是由演员所造成的。我们的业余演员不能操纵语言，我也不能，当戏的动作须用独白或故事来说明的地方，由于我们的拙劣的念白和念错字句，使得观众听不清楚。这一点我们受到了批评家和观众的严厉责备，他们叫我们向别的剧场的演员

---

① 亨利·欧文（1838—1905），英国著名演员和导演。
② 保尔·蒙纳（1847—1922），法国著名演员。

学习怎样说话,但是我们本能地有所惧怕,便这样向人家解释:

"我们宁可说话不清楚,却不愿意学别的演员那样说话。他们不是玩弄字眼,便是自我陶醉于显示他们的声调,再不然,没有到时候就预先说出了。还是让人教我们单纯地、音乐性地、高贵地、优美地说话吧,不要教我们玩弄声音技巧、演员的悲剧感情,以及舞台读词那一套东西吧。在动作和地位变动上情形也是一样。尽管我们拙劣,不能完全表现,不能具备剧场性这个字义上的戏剧性,但我们会不作假,我们会单纯得合乎人情。我们痛恨剧场中的剧场性,我们喜爱舞台上的戏剧性。这是一个很大差别。"

这次演出使我有了某种程度的自信,我相信我并不真正能表演悲剧,而是能演得接近悲剧。正像一位不能唱C调的男高音歌手,我是一个没有悲剧最大情感的悲剧演员,在悲剧的最高潮的一刻,我需要导演的帮助,在这个戏里我所接受的导演的助力,甚至比在《乌里叶尔·阿科斯塔》一剧中还多。这次演出的成效使我明白了新事物中哪些是好的。

十　与职业演员合作的经验

为了寻求一位在我所梦想的剧场中的助手，使我能和他分担繁复的剧场事务，他能成为剧场的事务主管和基本导演之一，同时也为了寻求能扩充我们剧团阵容的演员，我便把目光转向职业演员和职业剧场经理们，我试着和他们合作几个戏。例如，我在莫斯科附近一家夏季剧场里担任了果戈理的《钦差大臣》一剧的导演。我临场排戏，受到尊敬，虽然当时我还是一个初入门的业余剧人。谁不知道《钦差大臣》一剧的道具和舞台演出设计呢？长椅、单人椅，以及每一件最细小的琐碎物品都安放在惯例的位置上。排演进行得如此顺利，仿佛这些演员曾经演过上百次了。没有一句台词的念法、没有一个动作是由他们自己创造的，全都是一成不变的定型，果戈理在那封著名的论《钦差大臣》演出的信上曾经强烈地抗议过。我故意不打断演员的表演，在第一幕排完以后，我给他们说了许多赞美话，并且说已经没有什么需要我做的了，只要到时候临场看戏和鼓掌了，因为戏已经万事俱备，只等张贴海报、卖满座、开幕了。但是如果他们想表演我所了解的真正的果戈理，那么他们所作所为的一切，从头到尾没有丝毫用处。演员们坚持愿意照我的方式演出，而且准备按照我的意见改变一切。

"那么我们开始吧，"我说，一边跳上了舞台，"这张长椅放在左边。这张放到右边去。门在右边。这个放到中间。你在这张长椅上开始表演。走到那边去。"我用当时我惯有的专制作风,以这样的态度对职业演员们讲话。"现在我们要开始了。"在有计划地改变了整个舞台地位以后,我说。

被搞晕的演员们带着不高兴和诧异的神色,走到舞台的那一端,他们都惊讶得不得了,以致不知道应该坐在哪儿才好。我指点他们,因为在新的舞台演出设计的创造中他们是毫无办法的。

"以后该怎么样呢?"一个演员迷糊了。

"现在我应该走到什么地方去呢?"另一个演员问。

"这一句我应该怎样念呢?"第三个演员问我,他已经六神无主,仿佛变成一个纯粹业余演员了。

我便恰如以前命令业余演员那样,开始命令这些演员。自然,他们是不喜欢这样,但是他们服从了,因为他们已经失去了一切凭借。我所说的和所要求的一切都是对的。我用以后几年《钦差大臣》的许多次演出证明了这一点。但我用实现自己的新意念和影响演员的那些方法却是不对的。纯粹的专制主义不能启发演员的内心自我,只会扰乱演员的内心自我。噩运似乎早已在我和演员之间存在了。我亲身明白了演员的造谣中伤、闲言碎语、冷嘲热讽是什么样的。我也明白了摧毁旧的容易,创造新的却艰难。

这个戏没有获得成功,因为演员们来不及去除旧的,采用新的。我什么也没有教给他们。我只搅扰了他们。然而他们却教给了我许多东西。

我和职业演员合作的第一次经验很不成功。

但第二次的尝试很成功。一位很著名的剧场经理,一个很有才能、感觉敏锐和有经验,但自然也像所有的职业剧场人员一样被剧场完全腐蚀了的人,请我在索洛多夫尼柯夫大剧院导演豪普特曼①的《汉奈蕾升天记》一剧。这戏准备在尼古拉二世加冕日上演。这个工作至关重要,因为不仅俄国人会来看,外国人也会来看的。这个工作使我有机会得到广大观众的认识,此外,我也想学学著名经理人的工作方法。

也许,他就是我正在寻找的那个导演吧?

这件事情是在四旬节期内发生的,那时候外省各地的演员都来到莫斯科,寻找下一季的聘约。我被邀参加组织那个剧团,和考试将在那个筹备演出的戏中受雇的演员。在指定的时间,我按照写给我的地址前往,到了一家刚由破产的主人腾出来的店铺。肮脏、满地垃圾、纸片、破匣子、破架子、扶手和椅背都已损坏的一张旧长椅、几张同样破旧的圈手椅、旧的商品广告牌、一架通往矮顶阁楼的螺旋形楼梯、阁楼上有一扇肮脏的窗、低得我屡次碰着头顶的天花板和一堆旧箱子。经理和他的助理员坐在几只破箱子上。走到他们面前的都是些贫穷、衣衫褴褛和肮脏的人,对这些人经理说话很轻率。

"来,把你的腿抬给我看看,"助理员向一位年轻女子说,"抬高些,你需要有一条穿紧腿裤的好腿。还不坏。把你的胸脯给我看看。"

那位被搞晕了的女子,便在不生火的陋室中脱下上衣,还尽量装出满不在乎的神气。

"亮亮嗓子吧。唱。"

"我是一个话剧演员。我不会唱。"

---

① 豪普特曼(1862—1946),德国剧作家。

"把她记下来，可以演乞丐。"经理决定了。

那位年轻的女演员点头同意，走了出去。他们又要传见其他人，但是我阻止了他们，关上门，请求他们给我解释。

"请原谅，"我尽可能温和而亲切地开口说，"我不能做这样的工作。你们以为一个人在猪圈里能做艺术与美学工作吗？美学是有它的要求的，那些条件必须具备，即使具备得很不周全。没有这种条件，美学便不成其为美学了。这是最起码的条件，不仅是美学的条件，也是最起码的文明社会的条件。叫他们把垃圾扫出去，洗清地板和窗户，生起炉子，在房间里安放几张椅子、一张简单的桌子，桌上放一瓶墨水、一支笔，使人能在桌上写字，不致像你们现在这样在墙上写字。这一切都办好以后，我就会带着极大的热情开始工作的，因为这使我感兴趣，但是现在我不能工作，因为我要作呕。

"还有一个条件。你是一个团体的管理者，这团体必须教育社会。演员是你最亲密的、有教养的助手。让我们记住这一点，对他们说起话来，不要把他们当作娼妓和窃贼，要把他们当作值得被称为演员的人。如果我说的这些话没有得罪你，却鼓舞你去创造纯洁而美好的事业，那么请和我握手，让我们说声下次再见。如果你觉得我的话得罪了你，那么我们就永远分手了。"

我对这位经理的估计没有错。他是一位敏感而善良的人。我的话使他苦恼，他只能敲着前额说：

"我是一个老傻瓜，为什么以前不明白这一点呢？"

他拥抱了我，我们道了再见。

当我再来的时候，房间里生了火炉，干净得发亮。从房顶到地板统统粉刷得像一出喜歌剧里的宫殿。华贵的幔子上面画着剧场图案，垂着很亮的金穗子。金色的和银色的椅子、丝绒的和丝质的台布、用三夹板做成的道具花瓶、桌上放一口三夹板做的时钟、地毯、水、玻璃杯、烟灰缸和为演员预备的茶。上面一间房改成了真正的导演办公室。演员们惊讶于房子的改变，立刻脱下大衣，把头发整理一下，装出他们在保留节目西班牙戏里所常用的姿态。这间接待室的外表奇形怪状的。但无论如何，我的目的已经达到了，现在可以用尊重人的方式和人谈话了。

工作开始紧张了，大家都兴高采烈，在那些厌倦了外省剧场的无秩序的穷苦的外省演员看来，一切都有了新的希望。显然我已经很得人心了。仿佛每一个人在和我接触时都想表示出这一点来。剧场要在演出前一星期起才开始租用一段时间，所以我们便不得不在临时宿舍里开始排演。首先我必须记住所有演员的本名、父名和姓氏。试想一个演了几十年戏，只听到过"听着"这些字眼的配角演员或三等演员，忽然在排演中第一次听到别人称呼他的本名、父名和姓氏时的那种惊喜表情吧。就凭我所用的这种笼络人心的方法，使得他们没有一个人能够抗拒得了。

排演以一种对他们全体都是新的程序和方法开始。这一次，在接受了《钦差大臣》的教训以后，我较为审慎了。演员更了解我了，一切事情都进行得很顺利，使那位经理和我自己都感到愉快。他不断地赞美我所谓的驾驭演员的本领。那种本领全在于我用对待任何一个"人"的态度去对待他们。但在剧场里，这种态度还是一个新发现。

一个星期以后，剧场空出来了；我们兴奋地搬到剧场里去排戏，却被那破烂的舞台、观众席和化装室的肮脏、寒冷吓呆了。不得已，我们只能又穿起大衣，戴上帽子和手套来排演。演员们不得不在廊子里你拥我挤，等候上场，因为无事可做而闲谈消遣。纪律立刻松弛了，我们后悔我们离开了那间店铺。

为了挽救这种情况，举行一次"政变"是必要的。我停止一次排演，离开剧场，留话给那位经理，重复了我在那一间后来改成宫殿的肮脏店铺里说过的一切话。几天以后，我接到了排演请柬。剧场生了火炉，打扫过和洗刷过了。为我准备了一间陈设着歌剧道具的好房间，为演员们设置了两间休息室，一间男用，一间女用。但是，由于不知何年何月形成的剧场习惯，只有极少数的演员才想到应该脱帽，后台的气氛似乎使他们染上了可怕的舞台习气与漫不经心，这种习惯和漫不经心妨碍我们用端正和坦白的态度去从事工作，因此我就向它作斗争。

于是我不得不举行另一次"政变"。戏里有一个小角色由一位在外省颇负盛名的年老而可敬的演员担任。他是戏里第一个出场的人物。我背地里要求他在排演时戴上帽子和手套，肩上披着大衣，手里拿一根手杖上场，台词要念得含含糊糊，因为这是某些剧场的习惯。然后我再请他帮助我，做一位剧场祭台的牺牲品：让我这个年轻的业余剧人，对他一个老演员痛骂一顿，命令他脱去大衣、帽子和手套，大声念词，不准看剧本背诵台词。

这位演员聪明而且懂得道理，他答应了我的要求。一切都按照协商好的做了。我很客气但大声地对他说话，故意表示我有权力这样做。

如果一个年轻的业余剧人对一位有资历和有声望的职业剧人竟可以用这样的态度说话，那么无名小卒们倘若不服从他，他对待他们什么事做不出来呢？最使他们苦恼的是，第五次排演时我要求他们完全记熟台词，不准他们看着剧本排戏。到下一次排演时，他们都把台词记熟了。

在我的第二次"政变"以后，剧场里可以进行排演了。经理因为高兴而喝起酒来了，而且过度地放纵自己。于是第二个喝醉酒的人也出现了。我生怕会有第三个人去喝酒。同时工作又在倒退和走下坡。我觉得第三次"政变"是有必要的。我便不得不再度停止排演，向演员宣布停一晚，然后不和任何人说一句话，就回家去了。沉默的责备时常是神秘而可怕的。当天晚上我给经理一个通知，坚决拒绝继续排演，而且断然声明，在目前情况下，那就是在他醉酒的情况下，我不能也不愿做任何工作。后来别人告诉我，经理用药品和一切丹方来制止酒瘾，改变为一个正经人了。我知道他没有别的路可走。他几乎把自己所有的钱都用在这个新戏上面了，他负了债，除我而外，没有人能帮助他。他修饰干净，刮了脸，洒上香水，来拜会我，用一切神灵来赌咒，说他再也不发酒瘾了。我答应晚上去排戏。可惜这位经理的誓言被破坏了，情形是这样的。

在《汉奈蕾升天记》梦幻剧中，描写的是一所救济院里的乞丐生活。戏开始时，作者描绘了一幅尖刻而真实的自然主义图画。但第二幕起，调子完全变了。自然主义一变而为神秘主义。第一幕中正在自然主义地死去的汉奈蕾，在第二幕中却脱离了肉身与现实生活，转入仙境，这种仙境表现在舞台上。救济院中的她的同伴，那些粗俗而现实的乞丐，变成了他们自身的影子，变得温柔、多情而仁慈了。他们对她的态度变得友好了，她从一个死者变成了一位仙女，躺在一口玻璃棺材里。

最后我们排到了这一场戏，我正在绞尽脑汁，苦思冥想怎样将真人变成影子。当时舞台上的灯还没有点亮，只从一块布景板后面射进一道明亮的浅蓝色的光,造成一种神秘的气氛,只能朦胧地照出房间的墙壁。舞台的其余部分都沉浸在黑暗中。演员们走上台来开始排演,在台上相遇、谈话,有时走人这一道光线中,他们拉长了的身影在地板上爬行,爬上墙壁,爬到天花板上。当他们移动的时候,他们的身体看上去像剪影,他们的影子跑动、相遇、分开、合拢,又彼此分散;一切变得眼花缭乱,他们本身便在这些影子中消失,看上去他们本身便是影子了。

有了!我想出来了。余下来还要研究的是那道光在什么地方,怎样射入,因为偶然出现的照明,往往不可能在舞台上重现。我叫来了电工,我和他把一切都写了下来——光的强度,灯泡的度数,把放在地上的那只灯做上特别的标记,也写明了那只灯安放的地点。此外,我还必须为演员增添补充的戏。而这是容易的,因为灯光效果会引出其他一切。我教演员像噩梦或梦魇中的人物那样说话和行走,仿佛有人在你耳边神秘地耳语似的……然后一字一停,停得很长,全身发抖和喘息,然后用一起一伏的声调再说一句缓慢的、断断续续的、多重音的话。再一次停歇、静默、一阵突如其来的低语……站在地上的群众的影子缓慢而单调地移动,爬上墙壁和天花板。然后突然一声急剧的开门声,门枢猛地一声响,像一个人发热时所听到的一种刺耳的不愉快的声音。

"街上结冰了!"那不愉快的声音哀鸣着,听来就像刀扎似的剧烈心痛。一切又活跃了,影子顺着墙壁飞散各方;一切都像你的头在旋转时候那样混乱。然后又逐渐恢复沉默,一切静止,影子从这边移到那边——一个很长时间的停顿。然后一个人用含泪的哭声说出轻柔的低语:"汉奈蕾!汉——奈——蕾!"一声较强烈的半音阶的叹息,然后尖锐的半音阶下降的语调,凄苦的低语,"汉奈蕾死了!"那群影子移动了;可以听到温柔的女性和老人的饮泣与呜咽。这时候从远处,从很远很远的化装室里,一个男高音歌手用最高的音调疯狂叫喊,一个人抓住他的肩膀摇着,使他的声音震颤:"玻——玻——璃——璃——棺——棺——材——材——运——运来了!"在这一声仿佛阴差喊叫的遥远而听不清楚的声音继续了几分钟以后,影子感到了不安,重复这一句话,但加重了一切齿音和能发声的子音。这种开始时平静的嘶嘶和嘘嘘声随着群众的骚动而增强。然后越来越近,在舞台两翼埋伏着的群众演员便开始重复这一句话,用轻轻的嘶嘶和嘘嘘声音再三地重复讲。当他们把这种嘘嘘声发展到最强音时,大家都参加了进去,包括舞台工人和几个应允帮忙的乐师。结果是一阵巨大的嘘声跟墙上影子的旋转相配合。正在这时候,舞台正中央出现了一口照得通明的玻璃棺材,里面睡着汉奈蕾,她穿着仙女的装束。另一个肉身的汉奈蕾睡在舞台前部的地上,穿乞丐衣服,像死尸一样躺着不动。棺材一出现,一切便逐渐平静下来,终于恢复了沉寂,影子又缓慢移动。长时间的停顿。

就在这紧要关头,我自己也不知道从什么地方,谁的醉酒的男低音平静地、清楚地、明确地、仿佛从睡眠中醒过来似的、没有一点悲剧感情、像说梦话似的说:"他们带了玻璃棺材来了。"这个意外的声音吓住了我们,仿佛电流通过了我们的神经。经理和我,以及坐在剧场里的其他几位敏感的人恐怖而慌张地跳了起来。经理已经在向着我跑来了。

"这是什么?这是什么?这是天才的声音。必须注意。必须把这声音放进戏里去。必须叫他再来一遍!"于是经理和我跳上

十 与职业演员合作的经验 247

台，和这位创造了如此超人效果的新天才拥抱。

这位天才是烂醉如泥的导演的助手。这个可怜的家伙听说和我们一起工作是不准喝酒的，明白自己已经暴露了，吓得跑出了剧场。无论我们怎样努力再创造这个效果，无论经理给他多少酒喝，他再也不敢喝醉上台了，从那以后，他神志清醒地来到剧场，这便使他再没有可能重现那霎时的灵感了。

对他失望了以后，经理便从一个教堂唱诗班里找来一个男低音。第一次我们在他清醒的时候试验他，我们失败了。我们就要他喝醉。声音是好的，但是他不能准时说出那句话，不是说得太迟，便是说得没有人听得懂。此外，那位经理本人开始和他一起喝酒了。知道了这件事以后，我完全反对这种做法。经理同意了，但并没停止喝酒，说他有病。我假装相信他病了，但是我警告他的家人，在他病中不要让他到剧场里来。据说那位病人咆哮，说他是为艺术而喝酒的，说除了他，没有人能表现温情。过了些时，他的病好了，他回到剧场，依旧有才干，令人不得不喜欢他。关于他的病我一字没提，我们继续做最好的朋友。

十一 新的舞台效果

豪普特曼已经是戏剧界的红人了。在许多别的国家里，他早已成为一个偶像，但在俄国，他的戏却还没有一个演出过。我们的艺术文学协会是第一个在莫斯科演出他的《沉钟》的团体，这是一个抒情悲剧的神话故事，其中除了丰富的哲理，还有丰富的幻想。老妇维蒂哈是一个巫婆般的人。她的女儿，金发的劳登苔莲是个美丽的山姑娘，是诗人的梦想，是画家和雕塑家的冥想，她在阳光下跳舞，在溪水边哭泣。她的监护人兼朋友，是哲人般的水怪尼克尔曼，他是从水中来的，像只海象似的喷水，用鱼翅似的蹼爪抹脸，在紧要的场合，时常说他那意味深长的布列——凯——凯——凯克斯一个词。他是长着兽脸，浑身是毛，拖着一条尾巴的树精，在悬岩两岸的岩石上跳来跳去，攀上树去，窃听一切新闻和消息，把这些新闻和消息传达给他的朋友尼克尔曼。一群美丽的小妖怪在月光下跳圆舞，像我们俄罗斯的人鱼。类似鼹鼠那样的一群小动物，听从维蒂哈的呼唤，从各处爬行出来，吃维蒂哈吃剩的食物。

那儿有一座山岩，上面有个山洞，维蒂哈便住在那个山洞里；还有一块堆满了坠石的小平台，劳登苔莲在这平台上跳舞和晒太阳；还有一泓流水潺湲的山潭，尼克尔曼从这潭里出现；还有一棵倒下来横跨小溪的树，树精在这树干上敏捷地跳跃；还有无边无际的许多平台伸展到各个方向，上上下下地通到各个机关门，把舞台造成一个崎岖的状态。

跌入这幻想的鬼谷中的是亨利工匠，我所扮演的角色。我的外貌经过相当技巧的设计，给观众留下了深刻的印象。我顺着那斜放到台翼高平台上的油漆光滑的一块木板，倒栽葱地滚下来。这块木板用布蒙着，表示山岩的一面岩壁。和我一齐滚落下来的是石子、小树和树枝，所产生的木板声音被那布置在舞台两翼的各种混合音响所构成的震裂的巨响掩盖了。

劳登苔莲把我从乱石堆中挖掘了出来，这便是她和亨利的初次相见。他们便在这一次见面中相爱了。当亨利完全恢复了知觉，喘呼呼地叙述那迫害着他的灾难，他说他想铸造一只大钟（一个理想，一种宗教），它会发出巨响，震动全世界，将幸福报道给全世界。但是那只钟太沉重了，当人们把它悬挂起来的时候，它掉了下来，把周围的一切都砸烂，它的创造者亨利也和它一起滚了下来。夜带着山间的一切小声响和遥远的人声的回音降临了。有一个牧师、一个教师和一个村民正走来寻找这位工匠，但是那树精的号叫在山间发出可怕的回响，它把他们引离了大路，引他们到那鬼谷来了。树精的号叫声和人声一点点逼近了，而舞台上却久久寂然无声。在那时候这是一种新奇，这种新奇使人们不得不纷纷谈论。

在那块活动地板底下，仿佛在很遥远的山谷里，出现了灯笼的火光，那些星星的微光迫近观众眼前，越变越大。这便使那小舞台看上去有了无限的深度，也有了距离的实感。这时候树精从一块石头跳到另一块石头，跳下高岩，跑到溪上，跑过那横卧着的树，跳上一个高平台，然后又跳到另一个平台，号叫着跳进了后台，号叫声渐渐地消失在远方了。这时候人便从活动地板里出来，他们也不得不像体育锻炼那样攀登山岩，时上时下，或在一块活动地板中消失，又从另一处出现，在两壁岩石中间挤过，最后在黑暗中涉过小溪。

看见了维蒂哈的岩洞里的红光以后，那位牧师便用上帝的名义唤她出来。于是先有一个可怕的影子从岩洞里爬出来，然后才是维蒂哈本人，她手执手杖，被红灯的光照着。依照牧师的要求，她把躺在脚边的亨利指给牧师看，人们便把亨利带回山谷去。夜雾升起来了。在夜雾的飘移不定的云翳中，出现了朦胧的剪影，那是些原来睡在石头底下而此刻醒过来的小动物的剪影。这些都是妖怪，它们为太阳神巴尔度的命运而哭泣。它们满怀着对未来的希望，围起圆圈来不停地跳舞。它们跳上山岩，又从高处跳下，在高声呼喊、号叫、吹哨，和山间音响的整个乐队的伴奏下进行的。

亨利被带回家，交给他妻子，妻子非常焦急。他垂死地躺在床上，妻子跑出去求救。在这死气沉沉的房间里进来了一位农民装束的妇人，她小心包扎了头发，有一对奇怪的、发光的眼睛。劳登苔莲的身影在厨房间里移动，屡次瞥见她披着松开的金发跑过厨房门口，金发使她像个美丽的女巫。她以急促的动物似的动作敏捷地探望病房，望望病人的脸，又跑回厨房去调制仙丹。最后她使病人服下仙丹，病人做了一个美丽的梦，一只船在河里漂流，流到一处美丽的河岸，他站起来，想和劳登苔莲一同走入这召唤他的美丽世界。但在门口他遇见了妻子，她使他想起人间，想起他俩过去的爱情，想起了他们的子女，她恳求他不要抛弃他们。但这位被新的理想所控制的工匠丢弃这一切，回到山里，到他新的和命定了的缪斯神那里去了。

在山里，在这自由而稀有的空气中，广阔的地平线展开在他的面前，受了美丽的劳登苔莲的鼓舞，亨利又想做一件伟大而超人的事。只有在睡梦中，他才听到那老妖魔的回声，那个泅过山潭而来的怪物将他按倒，用他的可怕的布列——凯——凯——凯克斯一词，告诉他那等待着他的灭亡。

他美丽的超自然的生活被可厌的牧师用死板的、不可信的教训，以及从《圣经》上引证来的教条破坏了。牧师费力地攀登山岩，为的是想尽最后努力劝说这个有才能的异教徒复教。在牧师看来，亨利新的梦想是如此可怕和渎神，所以牧师急忙跑开了，跑到山谷中去，从山谷中传来骂人的声音，他们辱骂亨利。人们拿着木棍和粪耙爬上山来杀这叛教者，但亨利把他们击退了，而且轻蔑地向他们投下许多石子。最后亨利建造了一所铁工场，雇用许多地精和其他妖怪铸造一只前所未有的大钟。驼背、斜眼、瘸子和残废者在亨利烧红了的铁棍的鞭挞下，因负重而身子弯到地上，将大量金属品搬上搬下，这些金属品在这地狱般的冶炼场里被熔冶。大块烧红的铁，乌黑而夹杂煤屑的烟，像地狱般火红的冶炉，许多扇起火星的巨大的风箱，敲击着熔化的白银发出的可怕的叮当的锤声，大块银子落在地上的声音，亨利的叫嚣，这一切在舞台上构成了一间地狱工场。

那只钟已经铸好，期待已久的声音立刻便要传播到全世界去了。它用那么大的力量发出声音，使得人类的耳朵与神经受不了。亨利吓得逃走了。劳登苔莲想留他也无效。人是不能理解那只有超人和神才能理解的事情的。亨利又跌下来了。希望破灭后，他又置身于他初见美丽的梦和灵感——劳登苔莲——的那个山谷中，劳登苔莲在那潺潺的小溪旁哭泣。他走开了。她悲切地和一群忧伤的妖怪留在溪边,妖怪们为消逝了的英雄哭泣,为那永不能在人间实现的梦想哭泣。劳登苔莲嫁给了尼克尔曼。

诗人在剧本中提供给任何一个导演的幻想材料是足够丰富的。必须承认,在演出这个戏的时候,我早已学会运用舞台地板了;用现代的话来讲,我是一个有经验的设计师。我愿意说明我的意思。舞台的台口拱门,加上舞台台面,构成了三度空间,即高、宽和深。美术家画在纸上的舞台面,或画在布上的画景都只有二度空间,时常忘记了舞台台面的深度,即第三度。自然,在画中,他用透视来表现深度的,但他没有考虑舞台的长、宽、深、浅等的尺寸。把平面图移到舞台上去,舞台的前部表现为一大块剧场的、肮脏的、平坦的空地。舞台便相似于一个简单的音乐演奏台,人站在这台上,面对脚灯,只能按照演员的垂直地站着的身体所能有的变化与表情,念台词和移动。这样一种处境,大大地限制了造型姿态、活动和动作的范围。正因为这一点,角色精神生活的表现变得贫乏、呆板和单调了。原来可以用舞台调度与画面组合来帮助演员表现角色精神生活的舞台导演,也被美术家的错误束缚了一半,美术家用讨厌的、平滑的、肮脏的木板,代替了地板的雕塑的造型。在这些情形下,演员必须只身站在提示箱前,毫无导演的或舞台演出设计的帮助,拿他自己填满整个舞台,必须把全剧的责任独立承当起来,只能借助于体验、拟态动作,以及极大限制的造型把哈姆雷特、李尔王、麦克佩斯等人物的微妙而复杂的心灵尽情表现出来。要把一千个观众的注意力集中在一个人的身上是困难的。

噢,如果确有这样的演员,能够完成那种站在提示箱前的简单的舞台演出设计倒也好了!那该是一件多么可喜的事,而且又将大大使剧场事务简单化呀。那就可以不需要美术家了,但是……世界上没有这样的演员。我注意那些伟大演员,想明白他们站在舞台前部,面对脚灯,不用任何外在帮助而集中观众注意在他们身上究竟能维持几分钟。我也注意过他们的姿势,活动和拟态动作究竟变化有多大。实践告诉我,他们控制观众注意于一场强烈而深刻的戏的最高能力是七分钟。这是了不起的!一场平常的戏所能控制观众注意的最短时间是一分钟。这也很好了!再下去,他们的表现式样便没有变化了,他们便不得不重复那些已经用过的式样,那就减弱了注意,只好等到下一段戏变换新的表现方法,重新引起观众的注意。请注意,这种情形天才演员才会有。那么,那些只有简陋的表演方法、呆板的脸上表情、不能弯曲的手臂、由紧张而痉挛的身体、脚不是站而是钉死在一个地方的平凡演员,又会是怎样的呢?他们能长久控制观众的注意吗?比任何人都喜欢用一张死板无表情的脸、直挺挺地只供展览的身子站在舞台前部的,却正是这些平凡的演员。想尽可能站得靠近提示箱的也是他们。他们居然自以为能使自己填满整个舞台吗?始终不懈地控制住观众的全部注意吗?但他们是永远也不会成功的。这便是他们为什么那么紧张、像鳗鱼似的转动、惟恐观众会发生厌倦的原因。比一切都重要的是,他们必须向导演和美术家低头鞠躬,央求设计师为他们预备一块舒适的台板,这一块台板连同导演和美术家,能够帮助他们表现他们简陋表演方法所不能表现的角色的精神的微妙之处。作为一个演员,那幅挂在我身后的、由大美术家绘制的天幕,对我有什么用呢?我既不看见它,它也不能激动我,也不能帮助我。正相反,它只强制我表演得和那挂在我身后而看不见的画景一样地动人。这一幅奇妙的背景反而常常牵制着我，因为我事前并没有跟美术家商量过，而且美术家和我又往往是背道而驰的。倒不如给我一张好的圈手椅，我可以想出一连串无穷无尽的方法，围绕着它表现我的情绪。给我一块石头，我可以坐在上面梦想，或者失望地躺下来，或者站得高高的，为的是接近苍穹。我们在舞台上看得到、摸得到的这些物件，比画得五颜六色而我们并不看见的画布，对演员更加需要，也更加重要得多。雕塑性的物件和我们血肉相连，我们也和它们血肉相连。画的背景挂在我们身后，和我们却是隔离的，因为我们和它们中间没有联系。

帮助演员表现内在生命的这种设计艺术，当时我已经懂得，而且知道怎样运用了。

《沉钟》向导演——设计者提供了许多实验的可能性。你自己设想吧。第一幕——山、深渊、石块、山岩、树和水，神话中的一切精灵妖怪都藏身在这些地方。我为演员准备了这样的地板，使他们根本不能在上面走动。

"让他们爬吧，"我想，"或者坐在石头上；让他们在山岩上跳，或者骑在树上，或者攀在树上；让他们下降到活动地板下面去，然后再爬上来。这会使他们，我也在内，不得不习惯于一种新的舞台演出设计，用一种舞台上的新方法来表演，不必站近脚灯，因为脚灯附近没有地方可站了，不必用铺张的歌剧行列，不必高举手臂。"我并没有弄错。作为一个舞台导演，我不仅帮助了演员，而且超乎演员意志地发掘了新的姿态与新的表演方法。多少角色从这种舞台演出设计获得了便宜！由乔·塞·布尔德热洛夫成功地扮演了的那个跳跃的树精，由卢兹斯基和萨宁出色地表演了的泅水与游泳的尼克尔曼，由安德列叶娃扮演的劳登苔莲在岩边跳跃，在雾气迷蒙中出现的一群小妖怪，由山的隙缝里挤出来的维蒂哈，这一切东西本身使人物特征化，而且富于色彩，唤起演员的想象。公道地说，我承认这一次我在舞台导演工作上前进一大步了。

至于说到我的表演，那就完全是另外一回事了。我所不能做的、不应当做的，以及不适合于我本性的一切东西构成了亨利这一角色的主要本质。以我当时误解的、甜蜜蜜的、女性化的感伤方法表现了的那种抒情，除了真正天才以外，我或任何一个演员都不能表现得简洁、深刻和高贵的那种浪漫气息，以及最后我的导演手法也无能为力的那些高潮上的悲剧感情——所有这一切都远不是我力所能及的。当一个演员想做他的能力所做不到的事情时，他便陷入了外表的、机械的、刻板的旧模式中去了，因为舞台的刻板是艺术贫乏的结果。

在这一个角色身上，当演到某些高潮的时候，我更强烈而清楚地、更粗暴地、舞台化地、自信地学到了用刻板来表现一切超越我的能力和我的能力还达不到的地方。由于不了解真髓而产生的新的害处，造成了艺术发展上的新的停滞、气质上的新的破坏。

但是……时时阻碍演员的正确自我鉴定的那些崇拜者们又使我深陷于自己的错误中。诚然，有许多朋友——他们的意见是我所尊重的——保持了一种忧郁而意味深长的沉默。但这更使我去相信捧场的话，因为我深恐失去自信。再则，我轻率地把他们的沉默解释为忌妒或阴谋。然而我内心却有着一种使我感到不满足的巨大痛苦。让我为自己辩护：使我这样自信的并不是不求上进的演员的自爱心。正相反，自身不断的隐疑，生怕失去自信——

没有了自信,便没有足够的勇气走上舞台面对观众——这便是为什么我不得不相信自己成功的原因。大多数演员所以怕听真话,并非因为他们受不住真话,而是真话能破坏演员的自信。

这个戏得到了空前的成功。它不仅在狩猎俱乐部里演出,而且以后在艺术剧院里演出,列入了艺术剧院的保留节目中。

十二　老托马佐·萨尔维尼

我第一次看见托马佐·萨尔维尼是在皇家大剧院，几乎整个四旬节他和他的意大利剧团都在大剧院里表演，演的是《奥塞罗》。我不知道当时我是怎么回事，由于不经心，或者由于对这位大天才的来临没有十分注意，或者由于以往外来的大演员——如波沙尔——并不扮演奥塞罗一角，却扮演埃古一角，我给弄糊涂了，所以在戏开演之初，我却比较注意扮演埃古的那个演员，以为他便是萨尔维尼。

"是的，他有一副好嗓子，"我对自己说，"他有好本钱、一副好身材、普通的意大利表演样式和念唱样式，但我看不出特殊的东西。演奥塞罗的那个演员也不坏，他也有好本钱、漂亮的嗓音、吐词、姿态、身材。"

对于"顾曲家"的狂捧我是冷淡的，那些顾曲家准备在萨尔维尼一开口说话时便晕倒的。看样子，这位大演员并不打算在戏一开始便把观众的注意力吸引到自己身上来。如果他打算这样做，他只要用他在紧接着的议院一场戏中所表演的那亲切的静场的一刹那，便可以吸引住观众的注意了。这场戏的开头除了我能辨认出萨尔维尼的身材、服装和化装以外，没有表现出什么新鲜的东西来。我不能说那些服装、化装有什么惊人地方。当时以及日后，我都不喜欢他的服装。化装呢？我以为他根本没有什么化装。那是他自己的本来面目，也许他的本来面目不需要化装。他那一大片翘起的唇髭,一望而知是假发的发套,过大、过重、近于肥胖的身材,那挂在腰间、使他在穿那件摩尔式斗篷和头巾时显得特别臃肿的东方式短剑。所有这一切,对于一个军人奥塞罗是并不太适合的。

但是……

萨尔维尼走近总督的宝座,聚精会神想了一下,在谁也不注意的情形下,就把大剧院的全场观众掌握到他的手中了。情形仿佛是他只用一个手势就完成了这件事情似的——他伸出手,眼睛不看观众,便把我们全体掌握在手心中了,而且把我们当作蚂蚁或苍蝇一般握在掌心中了。他握紧拳头,我们便感到死亡的气息;他放开拳头,我们便感到幸福的温暖。我们在他的掌握中,而且愿意终生永远被他掌握。此刻我们才明白这位天才是谁,他是什么样人,我们可以希冀从他那儿得到什么。情形似乎是这样,在戏的开端,萨尔维尼扮演的奥塞罗不是奥塞罗,而是罗密欧。他不看见任何事物和任何人,只看见苔丝德蒙娜,他什么事都不想,只想到她,他无限信任她,使我们怀疑埃古怎样才能把这位罗密欧变成妒性的奥塞罗。我怎样把萨尔维尼造成的印象的力量转向你们呢?让我用形象来讲,会容易说明些。

请设想我去访问一位雕塑家、一位超人、一位万能的巨大的神祇,我要求他:

"请雕塑一位弥洛岛的维纳斯的像给我看。"

那位神圣的雕塑家知道了当前事件的重要性,知道了他要给我看的雕像的重要性以后,拿起了一块巨大的烧红的金属。他清楚地知道,神足的每一根直线、弧线和凹孔不怕烧痛,用他的巨指按捏、压缩和弯折那块不成形的金属。于是他手中出现了一个女人的一只伟大而美丽的脚,是只一切女人的脚中最美丽、最端正、最典雅的脚。这只脚上无可增减。这只脚成了永恒的规律。那位雕塑家不慌不忙地把一个还没完成的雕像的一个完整部分放在你的面前,于是整个雕像的美你已经可以预见了。他并不注意这雕塑成了的脚是否合你的意,是否能造成一个印象。他所创造的东西就是这样,这就是那样的东西。如果观赏的人充分熟练,他们便会明白,否则,他们便不会明白其中的奥妙。继续已经开始了的神妙工作,那位雕塑家便用更安详的态度塑造另一只神脚,塑造神的躯体。但是一刹那间他不安详了。那由坚硬的金属捏成的女人的胸脯忽然在他手中变得软绵绵了,而且开始优美地膨胀起来,仿佛在呼吸那样。那位雕塑家停止了工作,沉迷于赞赏中了。他的脸是亲切的,他的笑容柔和得像一个害相思病的孩子。那女人美丽的躯体仿佛变得轻盈了,轻盈得自动地飞升起来,虽然它是最坚硬的金属物做成的。维纳斯的头部那位伟大的雕塑家长时间地、热情地修饰着。这就使人觉得他喜爱这个神的头部的鼻子、眼睛、嘴、嘴唇和长颈。

现在一切都完成了!

这是两条腿——一!这是躯体和两只手臂——二!这是头。他把头装在躯体上——三!

瞧,维纳斯活了!

我曾经在梦中认识她,但是在现实中从没有见过她,从没想到她能在实际生活中存在,能这么简单,这么自然,这么轻巧,这么飘逸,这么伟大。现在她已经被铸成一座坚硬的铜像,然而依旧是一个超人的梦,虽然人可以抚摸她,用手去感觉她,虽然这梦是这么沉重,人不能举起她来。望着这沉重而粗糙的金属物，我们决不能想象她能这么容易地飞升到天上。仿佛这沉重的铜像驾着天庭的云彩，起先使我们沉醉，然后把我们引到人类意识不可企及的境界。

萨尔维尼在舞台上的创造工作是一座铜像。这铜像的一部分，正如维纳斯的脚，是他用议院中的独白塑成的。在其他几场戏和几幕戏中，他又塑造了这铜像的其余部分。这些部分安放在一起，便做成一个具有人类感情、人类妒性的栩栩如生的铜像，由罗密欧式的爱、无限的信任、受了伤害的爱情、高贵的恐惧和愤恨、不人道的复仇等等交织成的铜像。萨尔维尼表现了每一个以铜凝铸成的部分，虽然开始时在我们看来，这些部分似乎非常零散、非常不可捉摸和非常模糊不清——仿佛在我们的梦中被分解了。但是多少不能言传的感情和回忆是由这块粗糙而沉重的铜创造的呀！萨尔维尼的奥塞罗是一座纪念像，一条永远不易改变的永恒规律。

我们著名的诗人克·特·鲍尔蒙特在某一处地方说过："作家必须创造永恒的东西，一经创造，亘古流传。"

萨尔维尼创造了永恒的东西，一经创造，亘古流传。

在议院中独白的那场戏里，他把天堂之门开启了一下以后，在和苔丝德蒙娜相会的一刹那间，表现那个勇敢而不年轻的军人可能有怎么样的信任和青春的爱以后，萨尔维尼便把他的崇高的艺术之门暂时关闭了，故意关闭了。他已经确信，我们顷刻间已对他信服了，而且像受过训练的狗坐在后腿上瞪眼望着训练者那样，我们如饥似渴地看着，听着萨尔维尼命令我们去注意和记住的角色的某些地方与某些词句。

但在某一个地方，他暂时使我们振奋起来，显然，为的是不

十二 老托马佐·萨尔维尼

让我们的注意力放松。那便是在塞浦路斯他直截了当地处置卡西欧和蒙太诺两人的殴斗那场戏。他那么可怕地瞪大眼睛望着那两个人，举起短剑在空中闪一下，转过来，用那么轻快敏捷的手势刺下去，使得我们立刻明了和他在一起演戏是多么危险，明了奥塞罗究竟是什么样的人了：

"我的手臂养精蓄锐了七年，
而今又荒废了九个月，它们已经在
这帐幔中表现了最爱做的动作。"
我们也可以由此明了为什么
"——对这伟大的世界我没有什么可说的，
我只注意那些与斗争和作战有关的事情。"

第三幕开幕了。布景是最陈腐的歌剧设计，大剧院的老样子，我们很失望，后来萨尔维尼出场了，他赞美苔丝德蒙娜与她周旋，相互温存。一会儿仿佛两个彼此相爱的年轻人出现在舞台上；一会儿仿佛他是一个老人，在慈爱地抚摩孙女的头发；一会儿他成了一个为了永远被女人欺骗而活着的性格驯良的丈夫。他多么不愿意料理事务，不愿意离开苔丝德蒙娜啊。他们彼此的告别缠绵得多么长久，他们的眼睛多么传神，而且相互打着传递内心秘密的神秘手势。接着，当苔丝德蒙娜离开他的时候，奥塞罗目送她走去，因此使可怜的埃古觉得要把这位将军的注意力从他的年轻夫人身上转移，集中到自己身上来是困难的事。情形仿佛今天埃古对奥塞罗进谗言是不会有结果的，因为奥塞罗太倾心于苔丝德蒙娜了。望着公文凝神，懒洋洋地玩弄着手中的鹅毛笔，奥塞罗神魂飘荡，无心于烦神的公务了。他不想处理公务，他和埃古闲谈。你曾见过一位将军浪费时间去跟他的侍从闲聊吗？这位贴身的侍从是熟知主人的一切秘密的；他的意见常常得到听从，虽然他的意见多半是属于无关宏旨的事。奥塞罗喜欢在自己快乐时和他的善良、忠诚而可爱的埃古，他的侍仆和亲信谈笑的。奥塞罗并不知道自己正在和一个恶魔相处，这恶魔恨他，正在寻找残酷的复仇机会。

埃古对于苔丝德蒙娜的第一次暗示谗言只使萨尔维尼觉得有趣。但这并没有使埃古停止进谗。他有着引诱猎物一步一步进入妒忌陷阱的计划。最初奥塞罗仿佛接触到一个从来没有过的思想而失神了一阵，但他立刻便恢复常态，因为他的疑虑在自己看来是可笑的。埃古的假想的不可能使他更高兴，因为他觉得这类事情自己是决不会遭遇的——即使抛开别的理由不说——苔丝德蒙娜是非常贞洁的。

但是奥塞罗自己并不知道，他向自己的毁灭走近了一步，这情形给埃古推他再走下一步的机会。奥塞罗长久而严肃地思考着埃古的新的假想，因为他觉得这新的假想比第一次的假想更真实、更有可能。此刻他觉得要驱除那灌输在他心里的思想，恢复到以前的幸福的心理状态比较困难了。但当他能够驱除恶念，恢复幸福的心理状态时，他便更坚强地抓紧那刚才差点避开了他的、摇摇欲坠的快乐。然后一个甚至更有可能的假设浮现在奥塞罗面前。他刚刚中了它的毒，埃古就又向他提供了新的、似乎相当可信的事实，和那事实的逻辑的发展——这发展是难于推翻的。怀疑开始变成确信，只缺乏确凿的证据而已。

奥塞罗在观众的亲眼注视中从幸福的顶点降落到毁灭的激情

的深渊去的这一道梯子，萨尔维尼以这么明白、这么残酷的合理性，而且带着这么不可抗拒的说服性塑造了出来，观众就看清楚了奥塞罗痛苦的灵魂的全部隐晦曲折，而且由衷地同情他。他和苔丝德蒙娜的下一次会面已经不能再出现以前的欢乐，只有痛苦的怀疑了。

如果一切都是谎言，而你是非常美丽和纯洁的，那么我对你犯了罪。我愿意忏悔，而且比以前十倍地爱你。但是如果这是事实，正如埃古所说，你的虚伪之可恨，一如你的美丽之可爱，你只是用美貌的外表遮掩你内心的丑恶，那么你是世界上从未见过的毒蛇，我有责任杀死你。但是我到哪儿而且怎样寻找对这个问题的答案呢？这问题是我现在必须立刻解决的，因为我想吻你，又怕污辱我自己。我要爱你，又不得不恨你。

萨尔维尼把这滋长着的疑心表现得很强烈，使人对于他即将遭遇的事情发生了恐惧。当苔丝德蒙娜要拥抱他，抚慰他的痛苦情绪时，眼看奥塞罗带着恶意的猜疑一跃而离开她，这是难堪的。随后奥塞罗后悔了，希望驱散那冲破他的驯良性格而爆发出来的侮辱情绪。他增加了十倍的温柔，把手向苔丝德蒙娜伸去，又要拥抱她。她走近他，奥塞罗又出现了疑心，突然阻止她走近，想再考验一下究竟她是否在欺骗他。他后退，离开了她，或者说，他由于内心冲突和精神上的怀疑而退却了。

当他再度出场时，萨尔维尼仿佛内心已经炽热，仿佛熔岩已经灌进心灵，身体已经燃烧，他不仅精神上苦恼，而且身体上也痛苦。他寻找发泄痛苦的出路。他紧紧抓住任何一件可以安慰他的物件，当向他的军队告别，向他的战马告别，向他的过去生活告别的时候，他像一个小孩子似的哭了；他想用语言来表示心灵的痛苦,这种痛苦是我们、他的观众和他共同感受到的。但什么都帮不了他。他用复仇来延缓痛苦,他愤怒地纵身撞击眼前的惟一的人。他把埃古撞倒在地,一跃而踩在他身上,把他压在地上,又跳起来,提起自己的脚,对准埃古的头要像踩死蛇似的踩它,脚提着不动,他却忽然又心烦意乱起来,于是走开去,眼睛不看埃古,一只手伸向埃古,把他扶起来,自己却倒在一张长椅上,像只在沙漠中失去了同伴的老虎那样哭了。

在那一瞬间,萨尔维尼扮演的奥塞罗很像一只虎是显然的。此刻我才明白,即使在这一瞬间以前,他在苔丝德蒙娜的怀抱中,和他在议院中演说时敏捷的猫样的姿态,甚至他那种走路方式,我已经想到他身子里有一头猛兽了。但这只虎可以变成驯良的小孩;当恳求埃古使他不再受折磨时,他简直是个不能忍受怀疑的折磨的小孩子。即使已经发生了最坏的事,他也要知道,以便消除怀疑。

在萨尔维尼扮演的奥塞罗这一个角色身上,复仇的誓言变成了武士的庄严的典礼;使人以为他是一个十字军军人,发誓要拯救世界,以免人的尊严受到损害。在这一场戏里萨尔维尼是不朽的。

当发现手帕在卡西欧手中而得到最后的物证时,萨尔维尼愉快极了。他从这里找到了一个苦恼问题的解决,一个长期缠扰的疑问的答案。我们看到奥塞罗在作了最后决定以后,费了多大力气控制自己呀。他常常不能控制自己。例如,在和艾米里亚的那场戏中,他不能控制自己的手,他的手虎爪般的动作几乎要从这个拉皮条的女人身上抓下一块肉来,在奥塞罗的眼中,她是最该负责任的。当威尼斯使臣卢道维柯在他面前的时候,他更不能控制自己了；我们看见那炽热着的熔岩涌上他的喉咙和头颅，直到惨剧发生的那一刻。他第一次打她，她是他曾经崇拜的，现在他恨她，而且比恨世界上任何事物都厉害。

我永远无法讲述最后一幕萨尔维尼怎样蹑手蹑脚地走到熟睡的苔丝德蒙娜身边，怎样为拖曳在身后的自己大衣的下裾所惊吓，怎样站着欣赏那睡美人，怎样被睡美人的翻身吓得几乎逃跑。有些时候全场观众因注意力紧张而一致站起来。当萨尔维尼扼住他所爱的人的喉管时，当他撞倒埃古，用短剑一挥而杀死他时，我又在这人的急遽、敏捷和活力中感受到了这只孟加拉虎。但奥塞罗知道了自己的致命错误时，他忽然变成了一个第一次见到死亡的迷途的孩子。在作了自杀之前的演说之后，他的说话和行为却又是一个军人，一个终身出生入死的军人，一个慷慨成仁的军人了。

萨尔维尼所表现与表演的一切是何等质朴、明白、美丽而伟大啊！

但是我看到萨尔维尼的时候，为什么我会想起罗西，以及我所见过的其他俄罗斯大演员呢？为什么我会觉得他们全体都有一种共同的东西，一种我似乎很熟悉的东西，一种只有在伟大的天才演员身上才能看到的东西呢？

那是一种什么呢？

我苦苦地思索，却找不到答案。

萨尔维尼对待自己艺术工作的态度是很动人的。在演出的那一天，他一清早起便坐立不安，吃得很少，午饭后静坐休息，不接待客人。戏八时开演，而萨尔维尼五时便到剧场，那是开演前的三小时。他走进化装室，脱下大衣，在舞台上散步。有人走近他身边，他便略事交谈，然后走开去，沉浸在思索中，沉默地站着，然后把自己关闭在化装室里。一会儿，他会穿着浴衣或化装衣走出来，在台上散一会步，念念台词，试一下音，或练习一下角色所必需的姿态或一连串动作。以后又回到化装室去，把摩尔人的化妆品涂到脸上，粘上胡子。当他不仅改变了自己的外形，而且内心也化了装以后，他再走到台上来，他的脚步比以前更轻快，更年轻了。舞台工人开始搭布景。萨尔维尼和他们谈话。谁知道呢，也许萨尔维尼此刻在想象自己置身在士兵中间，他们正在建筑工事和炮垒，防御敌人。他那强壮的身体、军人的姿态、那双定视着远方的眼睛，仿佛为他的假想增添了真实性。萨尔维尼再回到化装室，戴上发套，穿上奥塞罗的内衣，再走出来，然后又走进去，系上腰带，挂上短剑，再走出来，然后又进去，扎好头巾再出来，直到最后，穿好奥塞罗的全部服装。每次走出来时，仿佛萨尔维尼不仅化装了脸、穿上了服装，而且同样化装了心灵，逐步逐步地建立了一个完整的性格。他借助于自己的艺术心灵与身体的某种重要的、准备性的化装，钻进了奥塞罗的皮肉和身躯。

每次演出以前的这种准备工作，对一位已经演过几百次奥塞罗，并且用了十年工夫单单准备这个角色的天才演员来说是必要的。他在回忆录里说，直到演到了第一百场或二百场以后，他才知道奥塞罗是什么样的人，怎样才能把这个角色演好，这点不是瞎说的。

想到这位天才，我便不得不想起我们的土著明星和悲剧演员每次演出时怎样来到剧场的。他们以为准时到剧场是降低身价的。如果他们是明星，那么别人便会等候他们；不这样，就不能算是明星。他们的荣誉是使演出时间延迟，使舞台监督急得满场转，抓头发，使管理处到处打电话找他们，使化装室里的演员们坐立不安，不知怎样才好——化完装好呢，还是卸了装，以便改演没有这位明星出场的临时节目好，一切都由于"任性"。

但恰恰在八点缺五分，土著明星大驾光临剧场了。其余的人都叫谢天谢地了。他们都很高兴，因为戏终于要开场了。

他就要上场了！

一、二、三，明星穿上服装，化好了装，哈姆雷特的剑挂上了腰带。他做得很熟练！周围的所有人都赞叹不止。

"这才是真正的艺术家呀！瞧他！他最后一个到场，而第一个上台！年轻的演员们呀，这可是应该学习的榜样呀！"

不知有没有人曾经问过这位土著明星：

"你能在五分钟之内穿上衣服，化好装，我们承认那是伟大的。但是你能够净化、装饰、化装你的心灵吗？如果不能，那么你到剧场里来干什么？你为什么要表演哈姆雷特？只是为了展示你美丽的腿吗？你以为只有你的腿才是有价值的吗？莎士比亚把哈姆雷特蕴藏在心灵中许多年，你以为他是为了你的腿才写这个戏的吗？如果你还有一点理由的话，你究竟为什么要在舞台上出现呢？

"来，来，不要在我们眼前耍花枪了吧。你以为我们不知道，世界上没有人能在五分钟之内从酒肉与庸俗谈笑的领域转入超意识的王国吗？这需要一种逐渐的、循序的接近。你不能从地窖里一步踏上七层楼呀！"

"唔，那么基恩①又是怎么样的呢？"我们的土著明星会这样

---

① 基恩（1787—1833），英国悲剧演员。这里指一出戏中的角色。

答复,"记住,他也是在开幕前最后几分钟到场的呀,那时候大家都在焦急地等他呢。"

"那是戏里的基恩呀。他的这种榜样造成了多少的罪恶。但基恩真像那本闹剧戏里所描写的那样吗?如果是那样,那么我毫不怀疑,他在演出以前的神经衰弱和狂叫是因为他没有时间准备,因为他在演出的那天喝醉了酒,所以对自己发火。创作的本质是有它的规律的,那种规律对基恩和萨尔维尼来说是共同的。那么请你们相信萨尔维尼的活的模范,而不要相信庸俗的闹剧中所描写的死的基恩。"

但是土著明星往往会效颦基恩,而不取法萨尔维尼。他往往会在开演前五分钟到达剧场,而不是像萨尔维尼那样提前三小时到达,为什么呢?

既然要花三小时的工夫在你的心灵中准备一种东西,那么就先得有那么一种东西才成,但土著明星除了天才以外,一无所有。他在手提箱里装了一套戏装,走进剧场,却不带来任何精神行李。那么从五点到八点的时间内,他能够在化装室里做些什么事呢?抽烟吗?讲令人发笑的故事吗?这些事在酒馆里做还要好呢。

萨尔维尼常常说出"一语中的"的话。例如,有一次他在外省和一位著名女演员合演《李尔王》。这位女演员具备舞台上所需的一切条件:能力、身材、美貌、好嗓子、表情和经验。但是她不具备某项比所有这些重要得多的东西。

"你觉得她怎么样?"有人问萨尔维尼。

"哦,她缺乏诗意。"萨尔维尼回答。

另一次在排演《奥塞罗》最后一幕时,卢道维柯一角是由一个内地的教徒充任的,当这角色在苔丝德蒙娜死后出场时,他用教堂里低沉的嗓音无感情地念台词。萨尔维尼不耐烦了,低声对舞台导演说:

"告诉他,他的表妹死了。"

有一个土著悲剧演员因为喝酒而失音,去问萨尔维尼应当怎样才能成为一个悲剧演员,萨尔维尼回答他说:

"你只需具备三样东西,第一是嗓音,第二是嗓音,第三还是嗓音!"

萨尔维尼不仅对失音的悲剧演员说这句话,而且一有机会,他必定重复这句话,因为像波沙尔一样,他是非常重视悲剧角色的嗓音的。

十三　奥塞罗

那时候什么角色对我最不适合呢？

那时候什么角色对我最有害呢？

奥塞罗。

但是，我所梦想的却正是奥塞罗，尤其是在我访问威尼斯以后。在威尼斯妻子和我花了很多时间参观博物馆，搜集古物，从壁画上拓摹服装图样，购买家具、锦缎和刺绣品。我做这一切事，是私心怀着演出《奥塞罗》的意念的。

我甚至找到了奥塞罗本人。在巴黎一家夏令餐馆里，我遇见了一位穿阿拉伯服装的漂亮的阿拉伯人。

"请把我介绍给他，"我要求自己的一位朋友、侍者，"我多给你一点小费。"

半小时以后，我已经在一间小餐室里款待我的新朋友了。那位阿拉伯人发现了我对他的服装感兴趣，便毫无难色地从里到外脱了个精光。得到侍者的帮助，我们绘制了服装图样。我学习了几种我认为有特征的姿势。然后我研究阿拉伯人的身体，他的动作和他的外形骨骼。回到旅馆以后，我在镜子面前站了半夜，裹起布单和毛巾，以头的快速转动，手与身体鹿一般的优美的动作，平滑而高贵的步伐和窄手掌向着对我说话的人等动作，装成一个道地的摩尔人。

我一回到莫斯科，便开始准备《奥塞罗》的演出。但是我时运不济,障碍重重。首先我的妻子病了,苔丝德蒙娜一角给了另一个业余女演员,但是她行为不检,于是不得不把她的角色取消,以示惩罚。

我宁愿演出失败,也不允许我们纯洁的事业中存在演员的任性。

于是我不得不把这个角色交托给一个很美丽的年轻小姐,她想演这个角色,但却从来没有上过舞台。

"这一个至少肯工作,肯听话。"我怀着当时成了我显著特点的专制辩解着。

我们在观众中虽已有点名声,但我们的协会仍然很穷,因为我们新的热情,那就是服装与道具的豪华把我们的全部盈余耗尽了。当时我们连租一间排演厅的钱都没有。排演是在我的寓所内,在我所能让出的惟一的房间里进行的。

"这样倒更好,"我想,"这样,我们的小团体气氛会更纯些。"

排演每天举行,直到第二天凌晨三四点钟。我的小寓所的房间里弥漫着演员们的纸烟氤氲。每天是必须准备茶水的。这苦了仆人,她嘟囔着。对这一切我害病的妻子和我都毫无怨言地承受,只为了挽救我们的事业,使它免于毁灭。

说实话,我们的团体无力提供这戏的全部角色所需要的演员。虽然每个会员都试验过了,却没有人能演埃古。我们便不得不从协会外邀请一个有经验的演员。他也跟演苔丝德蒙娜的女角一样,只有在外形上接近角色;他有一张善良的脸和一副恶狠狠的嗓子,一对恶狠狠的眼睛。但是他呆板到无可救药的程度,而且完全没有表情,这使他的脸完全成了死人的脸。

"我们总会有办法的。"我说，我并非没有导演的自信。

戏是从遥远的塔楼里的钟声开始的。这些音响在现在已经很陈腐了，当时却使人产生了一种印象的。钟声以后，接着是遥远的划桨声（我们也发明了这种音响）；一只游艇驶近，停住，响起游艇系在一块绘制的威尼斯房屋柱子上的铁索声，然后游艇便在水中轻盈荡漾。奥塞罗和埃古坐在游艇上开始演他们的戏，然后他们离艇登岸，步入房屋的柱廊，房屋是模仿了威尼斯总督府制作的。

在勃拉班旭受惊的那场戏里，整所房屋都活跃起来，窗子打开了，睡眼惺忪的人从窗子探头向外看，仆从们穿着甲胄走出来，拿起武器，追击那诱拐苔丝德蒙娜的人。有的跳上载负过重的游艇，划过桥洞，别人徒步过桥，又回来取遗忘的物件，然后再赶上去。黑人诱拐白人贵族小姐这件事在我们的演出中具有巨大的意义。

"试想，一个鞑靼人或波斯人从大公府中诱拐一位公主，这在莫斯科将引起什么样的变故？"一位看过戏的天真的朋友对我说。

在议院里，总督坐在他的惯常的宝座上，裹着头巾，戴着金冠。议员一律戴黑帽，肩佩宽绶带，衣服上有巨大的宝石钮。出席议会的人都戴黑面具。这是这次演出的奇异特点。虽然让不相干的人出席夜间秘密会议是不合情理的事，但是我不能舍弃这个细节，因为这是我去威尼斯旅行途中看到的情形，至于戏里并不需要这个细节，那倒不必计较的。

我是怎样讲奥塞罗在议院中那段著名独白的呢？毫无方法。我只叙述了这段故事而已。当时我并不理解字眼或语句的重要性。在我看来，外形是更重要的。我的化装并不成功，但我的身材似乎还过得去。在巴黎我中了那位东方友人的毒以后，便模仿他。奇怪的是，我虽然在演一出服装戏，却并没有被歌剧男中音歌手所迷住。东方人的特征在我与我以往的坏习惯中间筑起了一道墙。我已经把阿拉伯人的匆遽的行动、平稳的步伐、平伸手掌等等变为自己的了，这些动作已经成熟到了这样的程度，在日常私生活中自己也控制不住了。这些动作从我身上自然流露出来。

我要强调舞台导演的另一个细节，以及那种在当时很典型并用以掩盖演员缺点的花招。例如，在议院中那场戏的结尾，议员们都散了，奥塞罗、苔丝德蒙娜和勃拉班旭也走了。留在场上的是正在熄灭火炬的仆役们和像只黑鼠一般隐匿在角落里的埃古。全场漆黑，只有仆役们手中的两盏灯笼的微弱火光使埃古能遮掩那张无感觉的脸。同时，他的好嗓音在黑暗中听来比平时更好，仿佛比本来的嗓音更可怕。我用一块石头打死了两只鸟。我掩盖了一个缺点，又显示了那个演员最好的天赋。导演以替演员遮丑的方法帮助了演员。

在塞浦路斯的几场戏中，也有一种当时认为新奇的处理。我们先说，塞浦路斯是和威尼斯截然不同的地方，虽然在剧场里这两个地方彼此很相像。那里住着的不是欧洲人，而是土耳其人。群众场面中的群众演员是穿土耳其服装的。

"为什么不用黑人来对抗黑人呢？"上面提到过的那位天真的朋友说。

你不应该忘记，奥塞罗是来到一个革命刚被扑灭了的岛上。星星之火是会再度燎原的。土耳其人对威尼斯人是歧视的。威尼斯人不习惯礼节；即使在此刻，他们仍旧无拘无束，还像在自己家里那样放荡不羁。他们在一家类似土耳其咖啡店的地方饮酒，这个店铺建筑在舞台前部正中，两条湫隘的东方街道在这里的拐角处，引伸到作为背景的山后面去。从咖啡店里传出一支土耳其竖笛和其他东方乐器的悲怆声响。威尼斯人在里面唱歌跳舞，可以听到醉汉的声音。土耳其人成群结队地在街上巡逻，紧握着怀中的匕首，睨视着这些喝醉了的欧洲人。

埃古体会到这种紧张气氛，想出一个阴谋计划，这计划远比以前通常在舞台上表现的阴谋规模大。他的任务不仅挑拨起站在他面前的两个军官的争吵。问题还要大得多；要使这两个军官对这岛上的一次新的革命负有责任。埃古知道发动一次新的革命所需要的一切，不过是一粒火花。他把两个喝醉了的军官的殴斗酿成了一件大事，他指使洛特力戈和他自己分头将事态通知各街居民。最后他得到了他所期望的结果。成群大队再起来革命的塞浦路斯人，顺着两条街道推进，袭击那所欢乐的店铺，进攻征服者，杀死他们。短剑、剑、木棍在他们的头上闪烁。威尼斯人把舞台前部作了阵地，他们的背向着观众，等待敌人攻击。最后两队塞浦路斯人从两路进攻威尼斯人，战争便开始了。奥塞罗纵身跃入战阵，手执巨剑，似乎用剑将人群截成两段。就在这场合，在死亡的深渊中，观众观赏了他的战斗能力与勇敢。也就在这场合，观众认清了埃古的恶毒阴谋。

造成这场灾害的凯西奥的行为在奥塞罗眼中，应占有巨大的比重，这是无须怀疑的。众所周知，奥塞罗的判断是严格的，他的判决是严厉的。导演把这戏的情节用大手笔部署了。在一切可能的机会，他运用导演手法帮助演员。

从第三幕起，导演的花招便无用武之地了。一切责任都落到了演员身上。但是，如果就连《乌里叶尔·阿科斯塔》第三幕中的悲剧场面里所要求的、单纯控制与形象的内心创造，我都不曾充分具备——在那个悲剧场面中必须表现信仰和爱情之间的、哲学家和情人之间的内心斗争——那么我从什么地方去取得表演奥塞罗这一角色所需要的更艰深的技术与能力呢？在奥塞罗这个角色身上，一切都建筑在嫉妒发展的基础上，从最平静的心理状态，到这种嫉妒几乎不知不觉地发生，终于发展到嫉妒的顶点。要表现嫉妒发展的那种步步增高的线索——从第一幕奥塞罗的天真信任，到第一个疑窦的发生与嫉妒的滋生，然后在残酷的连续事件中引导妒情往前发展，经由一切发展步骤，到达最高点，即到达兽性的疯狂——可不是轻而易举的事。于是当嫉妒的牺牲者被证明无罪时，情感便从最高点摔落到最低点，摔落到失望的深渊，摔落到悔恨的深渊中去了。

我这蠢材想仅凭直觉的帮助来完成所有这一切。所以我除了发疯般的紧张，精神的与生理的白费力气和从身上硬挤出悲剧情感之外，当然是一事无成。在无力的挣扎中，我甚至把以前演别的角色时所获得的——从演《苦命》起，我仿佛获得了的些微心得也丧失了。没有节制，没有对心情的驾驭，没有调子变化；只有一味的肌肉紧张，嗓音与整个机体的干扰，我周身忽然出现精神上的阻力，用以保卫自己，抵制那些摆在眼前、却又不能解决的种种问题。

公正地说，前半部戏的某些部分是演得不坏的。例如第三幕第一场和埃古的戏，埃古把第一颗怀疑的种子撒播到奥塞罗心上的那场戏；奥塞罗与苔丝德蒙娜和其他人物之间关于手帕问题的那场戏。我有充分的技术、嗓音、经验和能力表演这几场戏，但再往下去便觉得无力了，我只想到使大劲和制造肌肉紧张。这里便有我演《切勿随心所欲》戏中彼得一角时已经很熟悉的那种紧张、自觉意识、情绪与思想的混乱感觉。

根本谈不上有计划、有步骤的情感发展。最坏的是嗓音，这种感觉敏锐的器官是经受不住紧张的。在排演时，嗓音已经不止一次地发出警告。我的嗓音只够演头两幕戏，往下便十分沙哑，必须连续停排几天，由医生大力诊治。只有在这种场合，当面对着现实的时候，我才开始明白，演悲剧必须懂得某种东西，必须具备某种本领，否则连一场戏也演不完的。全部的秘密便在于嗓音，我这样论断；这一点在歌剧上我曾经遭遇过，在话剧上我要正确地解决它。在这一点上，有一个实在的悲哀，因为我的嗓音是从内部硬挤出来的，我扭曲了横膈膜和喉咙，所以嗓音不能颤动。排演停止了一个时期。我以我当时的固执脾气，又开始练唱，而且自以为在这方面有了充分的经验。我发明了话剧的练声方法，必须承认，我是得到了某些良好结果的。并非我的嗓音增大了，而是我能运用自如了，现在我不仅能演一两幕戏，而且能演完全剧。这不仅是表演某一角色的一种进步，而且也是将来我技术上的进步。

当时我所做的工作是远远超过我体力的。长时间排演后，我的心跳得很快，不得不躺下，像得了哮喘病那样感到窒息。导演成了一种痛苦，但我不能停止，因为演出费已经很大，如果我们不愿意让整个协会破产，这些钱就必须收回，因为我们已经没有地方可以筹款了。此外，充任演员兼导演的那种虚荣心使我受罪。我坚持由自己导演，而且在更有经验的人劝我放弃导演时我还继续坚持。艺术是会复仇的，剧场教训固执的人，因为自负而惩罚他。这是一个有益的教训。

"不,"在一次排演以后,我的心跳得厉害,气喘吁吁地躺在床上想,"这不是艺术。萨尔维尼的年龄足够当我的父亲,但他在演完一场戏后是不害病的,他在大剧院的庞大的剧场里演出尚且如此,而我竟不能在一间小房间里排完一场戏。我竟连应付一间小房间的嗓音与体力都没有。我的身体正在消瘦,仿佛害了重病一样。我为什么要演这个角色呢?什么魔鬼唆使我接手的呢?不,演悲剧并不像我以前所想象的那样愉快了。"

又一次失败!在彩排时,在和埃古同场的那场戏的最紧张的一段中,我用刀子割破了他的手,血从伤口流出来,排演停止了。请来一个医生,在场的人都震惊了,但是使我最痛心的是,尽管我的表演声嘶力竭,观众却依然无动于衷。这一点比任何事情更使我伤心。如果我的表演引起了强烈的印象,如果在我的表演最激烈之处伤害了别的演员,那么应该说,我表演得很有力量,所以不能控制自己的心情了。演员不能控制心情是不好的,但演员总觉着暗自得意。但我是冷漠地伤害了一个人,所以给人的印象并不是我的表演,而是受伤人的血。这便使我伤心了。此外,这一桩不幸事件明确地指出了我缺乏必要的控制。关于这桩事件传遍了全城,报纸上也登载了。这便引起了观众的兴趣,而且可能引起观众对我怀有更高的、我所办不到的期望来。

这次演出没有获得成功,我们的美丽而豪华的舞台布景也无济于事。这些布景很少受到注意,也许因为自从《乌里叶尔·阿科斯塔》以后,舞台上的豪华已经达到顶点了,也许因为只有当那些最重要的东西——奥塞罗、埃古和苔丝德蒙娜的扮演者和豪华的布景一同存在时,豪华的布景才是好的和必要的。而这些最重要的东西却完全不存在，这次演出似乎只有一个好的收获：对我的固执、虚荣和对艺术基本法则与艺术技术的无知，给了一个良好的现实教训。

"切勿过早尝试表演那些上帝仁慈地允许你在戏剧事业的晚年才能表演的角色！"

我决定从缓表演悲剧了。

但是一位著名的演员来到莫斯科。他表演了奥塞罗，在他的戏上演期间，观众以及报纸上对我演的奥塞罗有了誉扬。这便足以使我又在梦想演出哈姆雷特、麦克白、李尔王，那些是当时远远超过我的能力、只能把"感情撕得粉碎"来演的角色。

另外还有一个使我旧梦重生的原因。有一次罗西亲自来看我的《奥塞罗》。这位名演员自始至终看完了戏，按一般演员的礼节给我们鼓了掌，但没有到后台来，却像一个长辈对晚辈那样吩咐我去见他。我战战兢兢地去见这位大演员。他是个令人神往的人，有异常良好的禀赋、博学、有修养。当然，他已经立刻明了一切了，例如导演的企图，土耳其的趣味，用黑暗掩盖埃古的那种花招等等，但这一切都并不使他怎样惊奇或欢喜。他反对五光十色的布景、服装和导演手法，因为这些太吸引观众注意，结果使观众忽略了演员。

"这一切花哨的东西只在没有好演员时，才是必要的。一件美丽、宽大的服装可以很好遮盖一个没有艺术的心在跳动的可怜的身躯。对于那些没有才能的演员，这是需要的，但是你却并不需要。"罗西用了动听的语调和动人的手势把他准备给我吃的苦药包上美丽的糖衣，"演埃古的不是你们剧团的演员，"他接着说，"苔丝德蒙娜'真美'，但评断她还太早，因为她可能是才开始舞台事业。这就说到你了。"

这位大演员陷入了沉思。

"上帝给了你舞台上所需要的一切，扮演奥塞罗所需要的一切，演莎士比亚全部节目所需要的一切（我听了他的话心跳了）。事情在你自己手里。你所需要的是艺术。艺术会来的，当然……"

说出了真话以后，他开始用赞美的词句来装饰这些真知灼见。

"但是我从什么地方、怎么样，以及向什么人去学习那种艺术呢？"我问。

"啊！要是你身边没有你可以信赖的大师的话，我可以向你推荐一位独一无二的老师。"这位大艺术家回答。

"他是谁？"我问。

"你自己。"他以表演基恩一角时所用的那个著名的表情结束了他的话。

我心烦意乱了，虽然我极力暗示，但他对我的表演却丝毫不提。但后来，在我以较少的偏见判断自己时，我明白当时罗西不能说别的什么。不仅是他，连我自己都不了解我的表演。那种表演，目的只为了不中断地演完一场戏，只为了从我身上硬挤出悲剧性，只为了给观众留下某种印象，只为了求得成功，只为了不闹笑话。你能期望一个声嘶力竭的歌唱家在歌唱中表现最些微的声音变化，艺术地传达他所唱的歌曲的感情吗？一切都只成了使劲，一切都成了一种叫嚣。正如一个画家，他把一堵墙涂了一种固定的颜色一样。他们和那些能够控制自己、从容不迫地把自己创造的角色表演给观众看的艺术家是有天壤之别的。要达到这个目的，只凭才能和天赋是不够的；必须有能力、技术和艺术。罗西所告诉我的正是这一点,他不能告诉我别的了。

经验——在我日后工作中,以及为了做好我日后工作而注意吸取的经验与亲身实践——向我说明了同样的道理。

十四　与聂米罗维奇-丹钦柯的会晤

在《奥塞罗》演出中碰了钉子以后，我才发现演悲剧是可怕的，可是不穿西班牙靴、不佩中世纪短剑，生活也没有意思，所以我决定用演喜剧来给我打打气。这便是《无事烦恼》的演出动机。

但其中还有另一个原因，让我说出来吧。

在意大利旅行时，我的妻子和我偶然走到都灵公园中一座中世纪的古堡大门前。一架吊桥发出巨声，为我们放了下来，架在一道储满水的城壕上面，那轧轧作响的门开了，我们便置身于一座十六世纪的、封建的、梦一样的古城中了。湫隘的街道，许多有柱廊的房屋，行人在柱廊的平顶下通过；一个土坪，一所原模原样的古教堂，有积水坑的小巷，四周绕着另一道城壕和悬着另一架吊桥的领主本人住的巨堡。整个小城布满了色彩鲜明的意大利壁画。靠近大门口有武装士兵，装着楼梯的炮楼和许多入口，以及枪眼与安放钩枪的洞孔。小城由筑有雉堞的城垣围绕着，一队哨兵在城上巡逻。大群居民在城内往来——公民、领主的扈从、商人，他们经常居住在这神奇的城堡中，经常穿着中世纪的服装。猪肉店、菜蔬店、水果店排满了各条街道。高处，在某个朝臣的窗外，悬挂着中世纪的紧身衣裤，晾在市街的闷热的空气中。走过一家兵器店，你会被铁锤的敲击声震聋耳朵，炉火的热气会烤你。一个脸色阴沉的牧师走过，同行的是一个腰上系着绳子、秃头光脚的僧徒。一个街头卖唱的在咏唱一支小夜曲。一个形迹可疑的女人唤你走入一家中世纪的旅店，那里一只全羊正插在肉叉上，放在一只大火炉上烤。

"这堡垒是空的，因为主人和他的家属都走了。"士兵的指挥官告诉我们。这里是他的营房，这里是士兵用的小厨房，这是领主用的大厨房，厨房的天花板上吊着一只插在肉叉上的全牛，等着放到那个很大的炉灶里去。这里是陈设着领主和领主夫人的双位宝座的餐室，室内用安装在马背上用餐的餐板来代替餐桌；这里是内院，从内院可以看到最高一层房屋上的猎鹰在拍翅，听到它们刺耳的尖叫。一个穿中世纪服装的猎人把猎鹰带去休息。

我们走进领主的房间，墙上挂着领主祖先的画像，而且还写有一种有关伦理的、写成好像正从嘴里伸出来的白色长舌头一样的箴言。在卧室中有一幅大画像。这画像就像门一样可以开关，开出去，通一条狭窄的过道；经过过道，进入炮楼；楼中有一间圆形的房间、一张大床；床上有帐幔，冰冷的石壁装饰着缎子、花朵、文字，以及许多卷杂色的古纸。这里挂着裤子、一把剑和一件斗篷。房间里十分凌乱。这是扈从的住所。我们走进教堂，我们在牧师的修室里徘徊了片刻。

这以后，我开始明白了莎士比亚剧本中"叫牧师来"这句话的意思，而且也明白了牧师怎样能立刻就来，举手祝福。这里因为牧师和领主就住在一所房屋里，相隔只一两个房间的缘故。如果你经过过道，走入教堂，你当然可以立刻结婚了。凡是去过这古堡的人，就感觉到了中世纪的风俗。

我决定在这封建小城中住些日子，直接搜集中世纪的印象。但可惜，外人是不准在城内过夜的，我们徘徊到大门关闭前通知我们离去的时候。

从那时候起,醉心于我所见到的一切,我便寻求一个戏,并不是为了表现戏的作者,并不是为了创造一个可爱的形象,或传达一种对人心的亲切情感,或一个有益于人的思想,却为了在演出中运用这种绝好的材料。我并不是为了一个戏而需要布景和服装,却是为了服装和布景而需要一个戏。在我们的时代这是常有的事,在那些日子里,这似乎是很迷人、很狂热的事。就是为了这个目的,我才翻阅莎士比亚的剧作,而在我看来,仿佛我的演出意念是最适合于《无事烦恼》那个喜剧的。

此外,戏里还有服装角色——适合我的和适合别人的。但是我没有考虑到一点——一个乐天的、机智的、插科打诨者的角色是否适合像我这样身材高大的人扮演?只是在排演开始以后,我才想到这一点。

"人家可以从你身上看出两个裴尼狄克,"有人对我说,"而不是一个。"

在这角色的一切都跟我相冲突时,我怎样能在这角色身上发现我自己呢?经历了长期痛苦以后,我仿佛找到了一个不坏的解决方法,或者说,一个折衷办法。我决定扮演一个粗鲁的武士,一个必须全心致力于公务而憎恨一切女人,尤其憎恨贝特利斯的军人。他带着成见辱骂贝特利斯。我希望从军人外表的粗暴中去发现人物性格。我早已学会了把自己本人隐藏在人物性格里面,但可惜,我找不到那个人物的性格,因此又陷入旧时喜歌剧习惯的泥潭中了,那是当我不表演人物,而表演自己本人时经常发生的现象。剧场的结果是用不着我讲的。

从导演的观点来说,我是非常成功的。这戏在我的中世纪古堡中非常妥帖。我在这古堡中也觉得自在。这古堡的一切我都明了；例如，居民住在什么地方？远道而来的约翰公爵和他的朝臣在什么地方密谋。他们就住在这封建小城内的一所房屋中。鲍罗契奥和康雷特在什么地方相遇？当然在封建小城的湫隘街道中相遇。他们又被带到什么地方去？带到道格贝莱在那里开庭审讯的营房附近的小巷子里去。克劳迪奥在什么地方结婚？结婚时候出的那个岔子在什么地方发生？在古堡的教堂中。裴尼狄克在什么地方向克劳迪奥挑战决斗？就在约翰公爵住的那幢房屋中。蒙面舞会在什么地方举行？在内院，在狭窄的过道里，在领主的房间和餐室里。一切都清楚，自然、妥帖、得心应手，就像中世纪的情形一样。

那时候我以为，导演必须研究和体会戏的与角色生活的地方色彩，以便把这些地方色彩表现给观众看，强制观众生活在那个地方就跟生活在家里一样。后来我才懂得了所谓现实主义的真正意义。

"凡是超意识开始活动的所在，现实主义便告终止了。"其时我已充分理解参观博物馆、旅行、搜集导演工作所需要的书籍——木刻、绘画以及一切描写人的外在生活，从而显示人的内在精神生活的素材的需要了。到那时为止，我一直爱搜集各方面的材料。从那时候起，我开始搜集那些与剧场和导演业务有关的材料了。

这次演出的益处也在于下面一个事实，那就是我再一次证明性格表演的重要性，有了性格表演才能使我摆脱有害的、剧场性的表演方法。我以为创造的道路是从外部性格特征到达内在情绪的。以后我懂得了，这是各条道路中的一条，而不是惟一正确的道路。当性格化的表演自然地产生,我一下子便能掌握到角色的时候,这当然是好的。但在大多数情形中,这是不会有的事,于是我便手足无措了。我怎样才能使性格化的表演成为自己能够控制的东西呢?在这个问题上,我想了许多,做了许多,这是有益的,因为在性格化表演的探求中,我向真实生活去探求,当探求到以后,我便试图把它带到舞台上去。在这以前,在我探求一个特定角色的表演方法时,我只是叫自己埋头在那些古老而陈腐的传统与定型的尘封蠹蛀的案卷中。在那些令人窒息的仓库中,是找不到创造灵感的。但在大多数情形中,演员们却正是致力于从那些仓库中去寻求灵感的刺激。

"从生活中寻求你的蓝本。"伟大的史迁普金告诉我们。

这次演出是很成功的,多半是在舞台导演方面。作为一个演员,我只是投合了美貌而善良的女学生的脾胃而已。

如果以前莫斯科观众的冷淡让演员们放弃戏剧事业,迫使他们考虑转业,不得不向艺术工作诀别;那么现在,有了成就以后,戏剧的一种相反倾向就形成了。逐渐增加的名声,激发了事业心;喝彩和成功,变成不可缺少的东西了。他们愿意愈早愈好地变成真正的演员。大家都给惯纵坏了,那种在几间小屋构成的、收入微薄的小剧场里举行的、简单的、业余性的偶然演出,不能使我们满足了。我们需要自己的剧院,要有每天的、组织完善的演出。最快实践我的诺言就要建立我们的剧院,这一个直截了当的问题成为更迫切了。对于实现我的计划的可能性的各种怀疑的话随时听得到,而且愈来愈厉害了。有几个演员已被别的剧场经理拉走。于是命运又帮助我,使我会见了我寻访已久的那个人。我遇见了弗拉基米尔·伊凡诺维奇·聂米罗维奇-丹钦柯。他像我一样，醉心于同一梦想。这是怪事——我已经认识他很久了。他早已是戏剧界的知名人士、剧作家、戏剧艺术教师、舞台导演、批评家和专家了，而我不直接去找他，却从最少有希望获得帮助的地方去寻求帮助，那就是从那些只知道怎样买卖艺术的职业剧场经理中去寻找帮助。要完成文化任务的那种剧院对于在其中工作的人，要求是很高的。作为这样一种机构里的导演，必须是在他自己的业务范围内的一个有才能的专家。那便是不仅作为一个批评家那样了解艺术，而且作为一个演员、一个导演、一个演出者、一个文学家、一个行政人员那样了解艺术。他不仅在理论上懂得戏剧，而且在实际工作上懂得戏剧。他必须懂得舞台构造、剧场本身的建筑；他必须懂得群众心理、了解演员的气质与心理，演员的创造工作与生活的条件；他必须有广泛的文艺修养、机智、敏感、教养、沉着、智慧、行政能力和更多的条件。这一切品质都集中在一个人身上是稀有的事。但这些品质却集合在聂米罗维奇-丹钦柯身上。他正是人们所梦想得到的那种导演。仿佛聂米罗维奇-丹钦柯也曾梦想过我所梦想的这样一所剧院，而且寻求过像他想象中的我这样的人。我们彼此寻求了很久，虽然我们似乎无须到远处去寻求，因为我们早已相识，而且时常相晤，但我们彼此都没有发现。聂米罗维奇-丹钦柯要找我是容易的，因为我是一个抛头露面的演员，而他的导演工作却只在私家演出中每年表现一次，那种演出并非每个人都能去看的。

　　聂米罗维奇-丹钦柯在音乐学校里努力造就演员的那一年，学校里开设了一个毕业学生的特别班。完整的、似乎精选的一班人毕业了。学生们都或多或少有了舞台才能，其中几个还有特殊的艺术天赋。怎么能把这样一班仿佛机缘巧遇的人员放过呢？难道能听任他们流散四方，流散到各省的边隅去吗？怎么能不利用他们来建立那期待已久的剧场呢？

我们终于会晤了。在冬季，我们彼此更相熟，并且和我们剧团的未来演员们更相熟了。聂米罗维奇-丹钦柯来看我们协会的各种演出，而且看了每次演出以后和我谈，以十分诚恳的态度批评演出。这儿可以说一句赞美我们自己的话了：那时候我们已经不怕听真话。他挨次和每个演员谈话，向他们提出各种对他了解每个演员的个性所必要的问题。这方面，我是音乐学校一切演出的经常观众，我对待他的学生，也依我的方式做同样的事。

一八九七年五六月间，我收到聂米罗维奇-丹钦柯的一个请柬，邀我到斯拉夫商场饭店去相会。我们见了面，他向我说明我们会谈的目的。会谈的目的在于建立一个新剧院，由我带我的业余剧团，他带他的一班学生参加这新剧院。我们再从彼得堡、莫斯科，以及外省的职业演员中选聘人员增添到这核心组织里来。摆在我们面前的、最重要的问题有几个：这新剧院的主要领导人的艺术原则彼此统一到什么程度？他们任何一方愿做什么样的让步？我们双方有没有共同点？

凡尔赛和平会议，并没有把放在它面前的世界问题考虑得像我们考虑我们的未来事业的基础、纯艺术的种种问题、我们的艺术思想、舞台道德、舞台技术、组织计划、将来节目的设计和我们彼此的关系等问题那样明确和精细。

"聘请演员甲吧，"我们相互询问，"你觉得他有才能吗？"

"有很高的才能。"

"你愿意请他加入剧团吗？"

"不愿意。"

"为什么?"

"因为他已经适应自己的事业了,以自己的才能去迎合观众的要求,以自己的性格去迁就剧场经理的任性,用自己的一切去迎合剧场的低级趣味了。中毒这样深的人是不可救药的。"

"那么,你对女演员乙觉得怎样呢?"

"她是一个好演员,但不适合我们的事业。"

"为什么?"

"她并不爱艺术,只爱自己在艺术上的地位。"

"那么女演员丙呢?"

"她不行。她已经不可挽救地给舞台花招葬送了。"

"演员丁怎么样呢?"

"我们必须多多注意他。"

"为什么?"

"他有理想,他正在为自己的理想奋斗。他不安于现状。他是一个有自己理想的人。"

"我和你意见相同。请允许我把他的名字列入候选人名单。"

接着便提出了文学的问题。我立即感觉到聂米罗维奇-丹钦柯比我强,我心悦诚服地服从他的领导,在会谈记录上写着:对于一切有关文学的问题,他有全部否决权。

但在演员、导演和演出者这些部分,我却不能这么让步。我有一个重大缺点,这缺点我相信此刻已有相当大的改正。那就是我一旦对某项事物发生兴趣,我便像一只蒙上了眼罩的马似的,不容任何障碍阻挠,一意孤行地去实现愿望。在这样的时候,言词或理论都不能制止我。得益于我十五年的业余的实践,在导演方面当时我已很熟练了,聂米罗维奇-丹钦柯不得不把导演和艺术演出这两方面的否决权让给我。在会谈记录上我写道：

"文学的否决权属于聂米罗维奇-丹钦柯，艺术的否决权属于斯坦尼斯拉夫斯基。"

在以后几年中，我们谨守我们协定中这一要点。我们当中只要有一个人说出"否决权"这个有魔力的字，我们的争论便会在一句话的中途停止，全部责任落在运用否决权的那个人身上了。当然，我们运用自己的最后决定权是很慎重的，只有在我们各走极端，全都确信自己有理的那种场合才运用它。错误自然也有，但是从我们创立的这种惯例中得到了许多好处。我们两人中的每一个人被承认为他的特定部门的专家，他可以不受任何干涉来开始并完成他的工作。其他经验比较少的人便看着我们，学习他们起初还不了解的事物。在行政和组织两方面，我心甘情愿地把决定权让给我的新伙伴，因为我很了解聂米罗维奇-丹钦柯的行政能力和组织能力。

此外，我在工厂和商业公司里的行政工作已经够忙的，因为我是一家制造厂与贸易公司的董事兼董事会主席。在从事戏剧活动的整个时期内，我不得不一边从事表演、导演，同时继续兼任这一项职务，直到苏维埃制度开始建立的时候为止。在剧场业务上，我只限于凭我的商业经验做一个顾问而已。

财政问题在斯拉夫商场饭店相会时也考虑了。决定从音乐爱好者协会的理事中选任股东，因为这班人当中有许多富有的人，同时也从艺术文学协会的会员中选任。

在一般道德纪律方面，我们立刻取得一致意见了：在要求演员遵守一切礼仪之前，必须先把他们放到人的环境中去。请想一下，演员们通常在什么条件下生活吧。他们时常在布景片后面没有一个可以安身的角落。一般剧场的四分之三的面积全给了观众，观众有餐室、茶室、衣帽室、休息室、吸烟室、盥洗室、散步的过道。只有四分之一的地方留给在剧场里工作的人员。这四分之一的面积中包括了布景仓库、道具仓库、灯光器材仓库、办公室和工作室。

留给演员的是些什么地方呢？舞台底下的几间小房间，没有窗，没有通风设备，永远布满尘土和肮脏，因为无论如何勤于打扫，这些房间的天花板就是舞台地板，尘土永远会透过地板隙缝飞落下来。这是一种混着布景的干粉漆的尘土，这种尘土会伤害眼睛和肺部的。请想一下这些所谓"化装室"的陈设吧：几块没刨平的木板用马钉钉在墙壁上，当作化装台。一面小镜子，至少供两三个演员合用，通常都照出来变形，因为都是偶然从某一家玻璃拍卖店买来的。一只在舞台上已经不能用的破椅子。一块木板上面钉了钉子，代替衣架。一扇有裂缝的门板。用一只钉子和一根绳子代替了锁。

如果你望一望提示人站的地方，你会想起中世纪的异教徒裁判所。剧场的提示人被判处终生服苦役，这种苦役使人担心自己的生命。他有一个肮脏的箱子，上面覆盖着尘土的毡子。他的下半身处在舞台底下潮湿的地窖中，上半身与舞台台面相齐，被两面脚光的几百只灯烤得发烫。幕升起时，或演员在台上走动衣服拖地时所扬起的尘土径直地飞到他嘴里。在演出和排演时，他就不得不用一种不自然地压低的和时常是紧张的嗓音，无休止地说话，用这种嗓音说话，才能只让演员听到，而不让观众听到。结果四分之三的提示人得了肺结核病，这是众所周知的事实。每个人都知道这种情况，尽管在我们的时代发明很多，却没有一个人想发明一种多少好一些的提示箱。

包括在剧场总的暖气设备中的舞台与化装室，通常是只依观众需要来放暖气的。化装室的温度直接受观众席温度的支配。所以在大多情况下，演员们或者穿着角色所需要的夏季服装或紧身衣裤挨冻，或者像他们在《沙皇费奥多尔》那样的戏里，穿着皮袄热得受不了。在排演时，剧场通常是完全不放暖气的。在布景搬出搬入的时候，演员便冻得够呛。由舞台通往街道的大门一连几小时打开，直到舞台工人完成工作为止。排演开始通常总受到舞台工人的妨碍。演员们不得不呼吸从街上直接吹来侵袭他们的冷气。演员们自然不得不穿着外衣、戴上手套排演了，于是又把街上的泥泞带到了舞台上。因为在等场的时候没有地方可以休息，他们便不得不徘徊于两翼，徘徊于冰冷的过道中，徘徊于不舒适的化装室中。

我们也谈到艺术道德，而且把我们的决定写入记录，甚至时常引用格言。

"没有小角色，只有小演员。"

"必须爱好艺术，而不是爱好个人在艺术上的地位。"

"今天演哈姆雷特，明天演配角，即使演配角，也必须做个艺术家。"

"剧作家以剧本为基础提出一个目标，剧作家、演员、美术家、裁缝、舞台工人都为这一目标服务。"

"一切违背剧场创作生活的行为都是犯罪。"

"迟到、懒惰、任性、感情用事、坏脾气、对角色无知、同一件事情必须讲两次——这一切对于我们的事业同样有害，必须根绝。"

对我们未来的剧院有决定重要性的我和聂米罗维奇-丹钦柯的第一次会面，从当天上午十时开始，到第二天清晨三时止。会谈不间断地举行了十五个小时，甚或更久些。但我们的辛苦得到了报偿，因为我们对一切基本问题取得了谅解，得出了能够合作的结论。在我们剧院开幕以前，还有很多时间，确切地说，还有一年零四个月。然而我们立刻开始工作了。我们之间又举行过多次会面，不像我们第一次那样经历十五小时，但平均也有八小时到十小时。

十五　在普希金村度夏

冬季节目的准备我们面临繁重的工作。此外，我们遇到了第一个每日演出的季节，这就必须在夏天的几个月里准备好。我们到什么地方去做准备呢？我们没有自己的剧场，因为我们租用的那个剧场必须到秋季开始才交到我们手上，现在连一间可以听凭我们作排演用的房间都没有。切实合算起来，在郊外排戏和度夏是更有利的。幸喜我们艺术文学协会的一个会员尼·尼·阿尔希波夫（即日后的舞台导演阿尔巴托夫）答应把他的离莫斯科约三十俄里、靠近普希金村避暑地的庄园上一间很大的谷仓赠送给我们剧院。我们接受了他的盛意，按照我们的需要把那个谷仓改造——造了一个舞台、一个小观众席、一间男休息室和一间女休息室，又搭出一条有顶棚的小巷子，演员们可以在那里等场、饮茶。

起初我们没有仆役，我们全体人员、导演、演员、行政人员担任场地清洁工作。每人被指派轮流值勤。第一个被指派担任清洁工作和照料一切、使排演能够正常举行的是我。我这一角色的首次演出最初失败了，因为我把一只没有水的茶炊放在炭火上，茶炊烧熔了，大家没有茶喝。我又从没学过抹地板，拿铲子铲垃圾，或很快地掸去椅上的尘土。

但我总算建立了一种秩序，使得我们的排演具备了严肃工作的格调。首先我开始写日记或类似在记事本那样的一本簿子上记录有关这剧院工作的一切——什么戏要排演，什么人排，哪几个演员缺席，什么人迟到，为什么迟到，有什么犯规的事发生，为了正常进行工作，什么东西应该定购或制作。任何一个重要客人的访问，以及这天中一切愉快的和不愉快的事都记载上去。

排演从上午十一时开始，到下午五时结束。下午五时到七时，演员们自由地在附近河中沐浴、进餐和休息。但到七时，他们便回来从事一天中的第二次排演，直到夜里十一时，在这情形下，我们每天可以排两个戏。而且那是些什么戏呀！上午排《沙皇费奥多尔》，晚上排《安提戈涅》，或上午排《威尼斯商人》，晚上排《汉奈蕾升天记》或《海鸥》。这还并不是全部工作。和谷仓内进行的排演同时，对一二演员的个别排练也在进行中。为了这目的，在天气热的时候，我们去树林，天气凉的时候，我们去守庄人的草屋。对《沙皇费奥多尔》一角的演员莫斯克文所做的大部分工作是在草屋里进行的。聂米罗维奇-丹钦柯从城里一到乡下来，莫斯克文便去和聂米罗维奇-丹钦柯研究他的角色，我去面试另一个不甚适合于这个角色的演员。这一切工作都是在蒸人的暑热中进行的，因为那一年的夏天是当地从未经历过的最热的，更糟的是，我们的谷仓盖的是铁皮屋顶。不难想象，排演厅内的温度有多么高，我们怎样挥汗排演《沙皇费奥多尔》一剧中的贵族的礼节，《威尼斯商人》一剧中的欢舞和《汉奈蕾升天记》一剧中复杂多变的场面了。

剧团的演员在普希金村找到了住所。每一小组建立起自己的家务。每一小组中有一个人负责清洁，一个人负责伙食，一个人负责剧务，那便是把提前或移后的排演时间、导演与管理员的新的安排传达给他的小组。从最初起，直到一切新人都彼此了解为止，其间有过许多误会。有几次我们甚至不得不和某些演员分手。例如，在某次排演中两个演员在台上吵骂起来，彼此骂那种不准在剧场里骂的、尤其不准在从事指定工作时互相骂的粗话。聂米罗维奇-丹钦柯和我决定对那两个不守纪律的演员处罚，作为剧团中其他人员的殷鉴，而且让全团的人来审理他们两人。一切排演工作都立即停止。这个不幸事情发生后一二小时光景，全团举行大会，为了开会，派人徒步或骑马四出找回那些不在团里的演员。这么做并不是无目的的，目的在于对一件可以作为未来殷鉴的事件赋予更大意义。大会开始时，聂米罗维奇-丹钦柯和我向出席的人说明刚才发生的事件的危险性质，以及那件事情将可能变成一个有害的先例。换句话说，全团面临一个明确的问题：这剧团愿意学其他许多剧场——在那些剧场里，刚才发生的事件是很普通的——还是剧团的新人愿意永远根绝这些败坏事业的行为，使其不再重犯，因而处罚犯这种过失的人？演员们比我们所预料的严格得多。他们决定和他们犯错误的同志分手，可以说，这个人是剧团里一个最杰出的人员。他的离去使我们不得不把差不多所有在准备中的戏拿来重排，为的是训练那些接替他的角色的人员。一件相同的意外事情又发生了，但形式上较为温和，那位新的犯规者被罚了一大笔款子，受到公开批评，而且由全体演员轮流对他提出批评。这是一个深印在演员脑海中的大会，这个大会杜绝了一切违反舞台纪律的现象。

对我们的共同工作更深刻地认识以后，演员相互间更好的关系渐渐地形成了。不排戏的时候，演员们就开起玩笑来。我们过着一种友好的快乐生活。

演员们把空闲时间花在吓唬一位团员上。他们先散布谣言，说这所庄园上有鬼；有一个人曾在夜间听到鬼敲门和鬼叫；又有一个人说，大家睡熟的时候听到过脚步声；另一个人坚持说，他在自己房间里曾经清楚地看见一个影子在移动。这些谣言吓坏了几个女演员。有一次，那位被吓坏了的演员走进卧室，脱了衣服刚要睡觉，一件闻所未闻的事发生了：毛巾、毯子、枕头向四面八方飞起和爬走，一张椅子跌倒了，桌子移动了，衣橱的门开了。那个受惊的演员穿着睡衣跳到走廊上。那班准备好这一着的恶作剧者便涌进他的卧室去捉鬼，连忙移去一切会连累他们的粗细绳子。当然，那个被玩弄的演员立刻发觉了那些类似奇迹的缘由，但还是担心那些作弄他的人可能发起的新的袭击，因此神魂不安。他不能安静地坐在椅子上，椅子仿佛会从身下飞走；他怕躺在床上，因为芒刺就隐藏在被单底下；他不敢触摸房中任何一只箱子，因为他打开箱子，一定会有一只老鼠跳到他身上来。总之，那班恶作剧者做得已经达到我们不能不干涉，并且为那位可怜的演员求情的地步了。

至于我自己，我住在父母的庄园上，离普希金村大约六俄里。每天上午十一时，我到达谷仓排戏，留在团内直到深夜。在休息时间，我在剧院的一位演员谢拉芬·苏吉宾宁那里休息和进餐。苏吉宾宁后来成了有名的雕塑家。感谢他的款待，我在他的家里建立了我的基地，那屋子和排演谷仓贴邻。就在这同一间小屋中，美术家维克多·西莫夫制作将在莫斯科制造的布景的模型。经常和我这个主要导演在一起，他便不得不建立一个尽可能靠近我的住处的临时美术工场。

一八九九年七月十四日，我到排演用的谷仓去参加开幕典礼，途中拉我的车子的那匹马受了惊，撒野狂奔，几乎连车带我都给摔毁了。演员们都迷信。他们详细讨论这件事,想占卜这件事的吉凶。为什么这件事发生在开幕这一天?为什么这件事发生在我——新事业的代表人身上呢?显然,这是一个征兆。但据说,在这种神秘事件中,不幸就是大幸,而大幸却是不幸。因此我的意外被认为是我们事业的好运了。不久,又有一个好征兆——我们有两个演员已经相爱,而且宣布订婚,而婚事(这类事也被认为具有不幸的性质)却会带来好运的。

演员们运用这个稚气的方法,准备迎接那个使他们胆战心惊的未来。不管要我们付出多少代价,我们必须把事情做成功。我们全体都明白这一点,同时也明白成功是艰苦的,在剧院外面,一种对我们敌视的气氛很快就出现了。个别的社会人士和报纸(对我们最同情的一种报纸)在外面鼓吹,我们即将在莫斯科遭遇到失败。我们被称为业余演员;流言说,新剧团里没有演员,只有豪华的服装与布景;说这新事业是一位自吹自擂的商人的异想天开,这后一种流言本意在于攻击我个人。许多人憎恨我们所发布的每季只演十个戏的宣言,因为莫斯科的其他剧场都习惯于每周更换一个新戏,即使那样,他们还不能吸引足够的观众。但忽然一群业余演员出现了,胆敢梦想每季只靠十个戏生活。(日后我们发现,只要精心演出两个戏《朱理亚·恺撒》和《樱桃园》,就可以把我们的剧场塞得满满的了。)

在那些日子里,社会的、宗教的、政治的生活的贫乏,使报纸不得不以超过一半的篇幅供剧场事务刊用。于是有了聪明的特写记者,他们选中我们作为他们的讽刺与俏皮的牺牲品。为了取笑,他们肯定地说我们在培养蚊虫、苍蝇、蟋蟀和其他昆虫,目的是为了体现现实主义的缘故,把几个昆虫放在我们的额头上,再放几个在墙上，强迫受过训练的蟋蟀鸣叫，好让舞台上制造一种忠实于生活的气氛。一种行销的杂志把全部篇幅供给我们，全书中没有一页不登载我们的事。个别人士的这种态度使我们激动而惊恐，因为我们不懂得这种态度所给予我们的宣传与广告的价值。这个秘密是很久以后一位著名的法国批评家向我说明的。他在研究了我们剧院成立的历史以后，得到了这样的结论，那就是我们花费了大笔钱作宣传，甚至包了一家杂志，这家杂志的宗旨是不断谩骂我们所广泛宣传的事业。世间似乎再没有像报纸不公正的抨击那样引起观众兴趣的了。这种宣传比捧场的宣传更好，那位法国批评家告诉我。

　　在我们周围所造成的敌对情绪使我们不得不加倍努力工作，工作量达到了超人的程度。我们必须使剧团的全体演员，年轻的与年老的，业余的与职业的，熟练的与不熟练的，有才能的与无才能的，有习染的与无习染的，团结、统一，目标一致。必须建立一个复杂的剧场组织的行政总机构，必须建立一个财政机构。惟一能解决这最后一个问题、掌稳我们的船突破困难的人是弗拉基米尔·聂米罗维奇-丹钦柯，他具备卓越的行政能力。起初，他不得不独立承担这种吃力不讨好的工作。

　　我的工作也是艰苦的，但比较有趣味。这工作能使剧团全体新团员了解戏剧艺术的基本法则。这工作不是容易做的，因为对那些老资格的外省演员来说，当时我还不是一个权威，剧团的其他演员却愿意听老资格的外省演员的意见。当然，这些从外省来的人，宣传了与聂米罗维奇-丹钦柯和我所要求的恰恰相反的东西，因为我们的目的是摒弃剧场的古老的花招。这些外省演员时常对我说，我们的要求是达不到的，或者说，这些要求是不适合舞台的，或者说，观众会听不到、看不见，或不懂我所主张的一切精微细节；说舞台要求视觉化的动作，大声、快速和标新立异的表演。这种标新立异的表演，许多演员并不把它理解为内在情感的充沛和角色体验的深刻，却把它理解为叫嚣、拼命夸张的表情与动作，以及粗野的角色原始的描绘。对那班熟练演员的这些争执，我不作口头争论，只寻求艺术文学协会中我的老朋友和老同志的帮助。我要求他们走上舞台表演，叫那些顽固的人看见我的要求能辨别一下。当这种做法也不能说服他们时，我便亲自登台表演，博得那些相信我的表演和接受我们新的舞台信仰的人们的掌声；凭着这些成就，我坚持了自己的要求。有时候连这种做法也毫无用处。我不得不采取更严厉的步骤来贯彻我们的艺术原则。我会不去理睬那个顽固分子，却在同场演员身上加倍用力。对同场演员我会给他最有趣味的舞台调度，而且用一个导演所能帮助演员的一切方法去帮助他，排演以后陪他研究，让那个顽固分子去为所欲为。顽固分子通常想站在提示箱前，越过脚灯，望着观众，和观众交换眼色，沉湎于朗诵式的台词和剧场性的姿态中。我承认，为了给顽固分子一个教训，我甚至用了计策。我帮助他突出表演他所谓的传统的一切古老的演技。在答复熟练演员用假的悲剧感情说出的语句时，我教同场演员质朴地依照台词的内在实质说出来。质朴和真实立刻把顽固演员挤垮了。

  我的准备工作受到最后一次考验。那就是总排演，戏在全团人员、导演和剧院友人面前首次表演。在这次总排演中，年老的、顽固的、老资格的演员完全失败了，年轻同志却受到大为赞扬。这便使得顽固的演员清醒了。我记得在某次总排演中，看到一个老资格的演员的明显失败，总排演以后，他因失败而心惊胆战，竟在午夜坐着三匹马拉的马车到普希金村附近的我的家来，唤醒我。我穿着睡衣出来，我们一直谈到天亮。最后他像个考试不及格的学生那样听我讲，他发誓以后要服从和用功。这之后，我才能够把我认为有必要对他说的，而在他对我还有一种优越感时我不能对他说的一切话对他讲了。在别的时候，当必须使大家目标一致，我从梅宁根剧团的克隆涅克的方法中学来的导演的专制救了我。我要求演员服从我，而且我强迫他们服从我。诚然，他们当中许多人只在外表上依照我的指示做了，因为他们还没有准备通过情感去理解那些指示。我有什么办法呢？找不到别的方法呀，因为我们必须在几个月内建立一个完整剧团和一所有新的倾向的剧院呀。

如读者所知，我并没有把异常丰富的艺术知识与艺术经验带给这新的事业。聂米罗维奇-丹钦柯却贡献了他颇丰的艺术学识与艺术经验。同时还有"某种东西"，可以说是他对那个让例行演出弄得没有生气的艺术的一种可贵的鼓动。自然，在几个月内，要想把我们的全体演员塑造成新的形象是不可能的。所以我的主要工作放在演出本身的准备上，以便演出本身能使观众惊愕，至少获得物质的成功。说我们在那些日子里只有布景与服装，而没有演员，那些人是说得对的。我们的演员太不成熟，不允许我们依靠他们获得成功。所以必须发明某种东西，以便运用服装、装饰、布景、道具的豪华和足以迷惑观众的导演手法，暂时掩蔽演员。在这掩蔽体后面，演员便有了成长和形成的余裕。这便是为什么我们演出初期主要力量是布景、服装，以及被推到最显著地位的导演工作的成就的原因。

当西莫夫正努力成为一个真正的剧场美术家时，作为主要导

十五　在普希金村度夏　301

演的我不得不照顾到服装与布景的各种细节了。所幸,西莫夫是当时美术家中的稀有人物,因为他不仅对剧场绘画感兴趣,而且以演员的与导演的观点对剧本本身、剧本的处理和剧本的特点感兴趣。这使他深入到剧场最主要的因素中去了。他也了解到利用演出来帮助不熟练演员的极端必要。我们和他一同寻求那些方法,想暂时把观众的注意从演员身上移开,把观众所习惯的对于程式化与剧场性的通常要求改变为较好的要求。我以前否定、现在也否定、将来仍要否定通常所理解的那种在坏的意义方面的剧场性。我不承认剧场性,却承认在剧场中表现的事物的舞台性。创造舞台性的东西,去除发了霉的戏剧性——那是我们当时最注意的事。为了达到这个目的,我们不惜运用任何手段,去除剧场这棵树上不必要的、死去的丫枝。

例如乐队,在一出悲剧启幕前奏出的波尔卡舞曲和牙板。这种低级的音乐和《哈姆雷特》有什么关系呢?这于戏丝毫无助,只扰乱戏,因为它在观众席间创造一种和戏所要求的完全不合的气氛。可以这样说,和戏的调子相配的严肃音乐是可以用的。为什么不能用呢?但这很费钱,而且这样的音乐必须为每个戏专门创作。但在什么地方去找一个能懂得这戏所要求于音乐的条件与需要的作曲家呢?这些条件与需要和歌剧中或交响乐中的条件与需要是完全不同的,所以必须培养一个新颖的作曲家。在这个方面,我们也做过一次尝试,定购了特制的乐曲作为《沙皇费奥多尔》的序曲。那序曲从音乐上讲非常好,但是它对于我们的戏剧目的没有帮助,结果是在莫斯科第一次完全取消了幕间休息时的音乐。

另外一个问题。用在脚灯前面只会损害其他色彩效果的那些鲜明刺眼的红色翼片，在剧场里有什么必要用呢？所以红色的翼片，以及画着金色穗子的幕布和丝绒幕布也跟着音乐被取消了。我们用一种色调温暖而浅淡的折皱布条代替那些红翼片，这些布条是不会损害舞台美术家的色彩效果的。

十六　莫斯科艺术剧院的建立

当时演剧事业正处于一个低潮。首先几乎没有人注意服装的历史，根本没有人搜集古典服装、关于服装的书籍或其他这类物件。在戏剧服装店里，如果不把我们本国的贵族服装计算在内，只流行三种式样：浮士德式、新教徒式和莫里哀式。

"你有没有像浮士德式或新教徒式那一类的西班牙服装？"这是戏装店经常听到的询问。

"我们有各种颜色的华伦亭、梅非斯特和圣勃里斯的服装。"这又是戏装店通常的答复。

这些戏装商人甚至不会利用早已为他们创设了的范例。例如，梅宁根剧团逗留在莫斯科时，十分客气和慷慨地允许莫斯科的一家剧院去仿制他们所演出的一出戏的布景与服装。但要辨认那些服装是不可能的，因为每一个特地为他缝制服装的演员，都在服装的缝制上添加了自己的意思，吩咐成衣匠在某处增添，某处削减，结果所有服装看上去仿佛都是为浮士德式和新教徒式的服装而缝制的了。所有戏装裁缝都有自己的老套，甚至不愿参考书本和美术家的图样，而在服装上一切违反惯例的新奇创造与改革都被解释为美术家的经验缺乏。裁缝是缝制服装的最好鉴定人。

"我做过许多套了。任何一个人一看就可以明白，那位美术家是有生以来第一次做这种服装。"那些裁缝常常这么说。

但是也有少数人，我们对他们诚然要费很大的力气，不过我们还能够把他们从那固执的见解中摆脱出来。这样的情形在艺术文学协会存在的后期曾经有过。从那时候起，他们曾致力于创造一种"斯坦尼斯拉夫斯基式"的定型服装，这种式样丝毫不比先前的浮士德式和新教徒式的好，在那一段短短的时间内，我的指示竟被改变到这样的程度。这种情形跟艺术文学协会存在时期的情形一样，也迫使我不得不亲自来领导服装准备工作，才可以找到新鲜东西，前所未见的东西，照当时的话说，就是能"使观众开开眼界"的东西。在这项工作上，女演员玛·彼·丽莲娜（我的妻子）大大地帮助了我，她对于服装有良好的感觉，同时也有良好的鉴赏力与创造力。此外，在艺术文学协会中和我们始终合作、现在还和我们在一起的人们中，有一位对服装问题很感兴趣的女演员玛·彼·格列高里叶娃也给了我们帮助。此外还有其他自愿参加工作的人，亲戚与朋友，男人与女人。首先我们开始研究费奥多尔沙皇时代的服装，因为这是我们的第一个戏。被公认的贵族服装的式样是特别程式化的。诚然，在皇室人员面前演出时，我们曾经尝试过，使这些服装式样增加新的光彩，因为《沙皇费奥多尔》最初不准对公众演出。但这种旧样翻新的尝试，只表现在华贵质料与华贵色调的采用上，而那些布料与色彩大都远不像旧俄的服装，却更使人联想到时髦的现代服饰。就式样与剪裁而论，这类服装仍和我们所知道的那种服装一样，只是戏装裁缝的惟一的产品。在线条与剪裁上有着微妙细节的，这些微妙细节普通裁缝绝不会注意，但正是一个时代的服装有别于另一个时代的服装最典型的所在。这些微妙细节是难以发现的；需要美术家和鉴赏家的帮助。我们所寻求的正是服装的这些奥秘，这些无以名之的部分。我们阅读和研究在莫斯科所能得到的有关俄罗斯服装的一切书籍，我们寻觅在这富藏的城市里所能找到的版面、古代甲胄、僧服及教服。我们无法拓摹这些考古学的样本，所以便寻觅古代刺绣、头饰及其他。我组织了次远征，到各城市去访问旧货商人，访问乡村中的农民、渔夫，因为我知道农民和渔夫在箱子里保存着许多古代珍贵的物件。莫斯科大多数古物商人就是从乡间采购的。事情必须迅速进行，免得让我们的竞争者抢了先。这一次远征成功了。我们带回大批低价得来的战利品。于是我们又部署另一次远征，到那些以古物著名的俄国城市去，像雅罗斯拉夫尔、雅罗斯拉夫尔省的罗斯托夫、特罗伊茨-塞尔基耶沃等地。前艺术文学协会的会员和演员中有一个人在铁道部任要职，他有一辆自己专用的列车，他把这辆列车借给我们去远征。剧团的一部分团员由聂米罗维奇-丹钦柯率领，留在普希金村排戏。我、美术家西莫夫、我的助理导演萨宁、我的妻子、一位职业服装师和几个演员出去搜集材料。这是一次永远不能忘怀的旅行。这辆列车有一间大厅，我们每天在这间大厅里进餐，一位专职照料我们的乘务员，大厅里的舞会，琐碎的趣事，健身运动，严肃的讨论，对未来剧场的新计划，旅途中购得的材料与物品的展览等，我们所享受的全部舒适，构成了一连串的难忘的图画。在沿途的每一个小站，我们要停留整整一昼夜，我们举行了一次迷人的野餐。就在这种情形下，我们到达了雅罗斯拉夫尔省的罗斯托夫。这个有着光辉古迹的、有趣的城市，屹立在一个大湖边。城中心还有一座巨大而古老的克里姆林宫，其中有一座伊凡雷帝曾经住过的宫殿，宫殿里有一座古老的教堂，教堂中有一所著名的钟楼，由于钟声而遐迩闻名。这古迹早先已经处在坍塌状态，但是正如在俄国常见的一般，出现了一个奇怪的非凡人物，他用私产做了政府所应做的事。他把罗斯托夫的克里姆林宫、殿堂和教堂全部修复了。我们看到这座宫殿已恢复了原貌。他搜集大批古物、刺绣、布料、巾帛、墙饰和毡毯，那是他从乡间和从古物店中买来的。这位奇人的名字叫什里亚柯夫。他是个脑筋简单的马具制造商，而且几乎是文盲，但这并不妨碍他成为一个考古学中墙饰部门的鉴赏家。

什里亚柯夫把宫殿和博物馆的钥匙交给我们，我们便在那地方住了几天，不仅把宫殿和宫中房间的图样描绘下来，而且把博物馆中一切宝藏画了下来。从纯粹的剧场要求出发，为了尽可能地体会更多的宫殿气氛，我们决定在宫内住一夜。在夜的黑暗中，只有两支蜡烛向殿角投射过去黯淡的光，我们忽然听到地面石板上的走近的脚步声。伊凡雷帝寝宫的矮门开了，一个穿僧袍的高大身子弯下腰打算走进门来。最后这高个子挤进门，身子变得非常高大。我们认出这是我们的一个同伴。他的出现是意外的，我们忽然仿佛感受到了严肃的俄罗斯古风的真正气息。当我们的那位同伴穿着博物馆的衣服，走过古门拱梁上面的有顶的长廊，他的烛光在窗前摇曳，在窗户上投下吓人的影子时，就仿佛伊凡雷帝的鬼魂在宫殿石板上行走一样。

他们排定第二天把罗斯托夫钟楼上的那些著名的钟敲给我们听。这是我们以前从没听到过的声音。试想一所建筑在教堂顶上的长形的柱廊式的钟楼，整个楼上挂着一长串的各种音调的大钟与小钟。许多打钟人从一只钟跑到另一只钟，把这些钟敲出特殊的节奏。这是一个别具一格的钟乐队的别出心裁的演奏。为了获得所需的节奏和教导那些打钟人以特定节奏所必需的圆熟，用一定的速度从一只钟跑到另一只钟,这是需要多次进行练习的。

考察了雅罗斯拉夫尔省的罗斯托夫以后,我们又访问其他几个城市,然后从雅罗斯拉夫尔沿伏尔加河顺流而下,停泊滨河诸城,购买东方布料、服装和鞋袜。《沙皇费奥多尔》中,我们的演员一直穿到现在的靴子都是在这一段旅程中买来的。我们这幸运的一群人整个控制了那一只轮船,在船上造成了一种气氛。船主喜欢我们,不干涉我们。整天,加上几乎是整夜,听到的尽是笑声:我们笑,别的乘客也和我们一起笑,因为我们把他们大部分人都拉进我们圈子里来了。在离船的前夜,我们举行了一个化装舞会。所有的演员和几个乘客穿上我们买来的服装,尽情歌唱,玩乐和跳舞。这个机会对做导演的我和美术家西莫夫来说,有点像一种对购买来的物品的试用,测验在灯光下这些服饰穿在偶然聚合、时而分散的不同画面组合中移动的活人身上的效果。我们坐在一旁注视着,记我们的笔记,起草怎样利用我们所见的现象的计划。

回家以后,我们把随身带回的一切布料加进我们以前搜集的布料中。好多小时甚至好多日子,我们坐在破布、毡毯、刺绣堆中,寻找那种使不鲜明的衣料与服装显得鲜艳的色彩配合,然后试图模仿或捉摸一块块刺绣、贵族服装领圈的装饰品、皇族衣服、头饰等等,以及其他各种东西的色调。我们要摒弃庸俗的、剧场性的装饰和舞台上的廉价的豪华;我们要发掘另一种更单纯的、更丰富的、表现某些真正古代精神的衣饰。偶然我们也得到收获,但绝不是时常这样。我们从什么地方去找那适于缝制皇族服装的豪华衣料呢?在我们熟悉了古代的人物与地方情形以后,我们从书本上摘录来的一切文字,以及从博物馆中描摹来的一切图样都给了我们很有启发的课题。但我们没有找到回答这些课题的材料与方法。这使我不得不作一次新的旅行——去下诺夫哥罗德的市场，人们时常能在那儿的市场上物色到好古物。我的运气非常好，我还没有走到经常出售古物的地方，便发现了一整堆混杂着旧东西和旧衣服的废物。从这一堆废物底下，出现了一块缝制沙皇费奥多尔第一次出台时穿的那件衣服的料子。我找到了寻觅已久的东西。必须不惜任何代价获得这块料子。但是一群人早已挤在这一堆废物周围，他们仿佛都想买。他们告诉我，这一整堆东西是刚从一个郊外的寺院运来的，那寺院为了救穷而出卖资产。我翻动这一堆废物的其他几处——一块金色刺绣的女头巾露了出来，是《沙皇费奥多尔》剧中的命妇们佩用的一种头巾；在另一处，有一方古代的木刻画，一只小壶又从另一处露了出来。现在必须行动了。我决定照单全收买下这一堆东西。但却很难找到物主，因为这一堆东西放在那里没有人看守，而且很容易被人拿走。最后我总算找到了那个负责的僧人，用一千卢布从他手中买下了那一整堆东西，然后费了一整天工夫，亲手在里面翻扒，因为我怕夜间会有人偷窃我新发现的宝物。这是一件可怕的工作，又疲乏，又肮脏，一天终了时，我已筋疲力尽。然而，第一天我已经把所有最重要和最需要的东西拉出来了，把其余的塞进去，等待第二天检查。那天天气炎热，我满身汗水，满脸污泥，怀着胜利的心情回到旅馆，洗了一个澡，像普希金的《吝啬骑士》那样，花一整夜工夫，检查我买来的东西。我带了丰富的战利品回到莫斯科，因为我不仅带回了服装，而且也带回了《沙皇费奥多尔》演出用的许多别的东西。其中有第一场苏伊斯基王子宴会上用的许多木盆碟，有制造家具用的雕花木板，东方式的椅

十六　莫斯科艺术剧院的建立　309

套及其他。舞台上并不需要整个演出的全部物件从头至尾都豪华和独具匠心。舞台上所需要的是色点,而我在幸运的旅行中所找到的正是这些色点。

同时,我们的那些临时服装员在服装与刺绣的真正古代情调的创造上已经很熟练了。舞台上一切发光的东西,并非都是金子,一切发光的东西,看上去也并不都像金子。我们努力学习,竭力利用舞台条件把普通的钮扣、贝壳、特备与特制的石子、封蜡,以及那种上等钻石与螺钿片刺绣品的完美仿制品的普通项圈,来替代金子与宝石做成的物品。我买来的东西给了我们新意念,顷刻间,我们便开始对服装与真正古物的仿制加工。工作非常顺利。我们已经摸索到正路。以豪华"蒙骗市民"的那种新花招已经被我们找到,而且这种花招是重要的,因为我们不得不用演员服装的富丽堂皇来暂时掩蔽我们演员的缺点与不成熟。

当时在别的剧场里,布景的各种问题是以一种很简单的方式解决的。台上一幅后幕,四五块弧形侧幕。在这些侧幕上画一座宫殿,画个门、过道、走得通或走不通的巷子、一幅海景等。舞台中心是平坦的、肮脏的台板和足够剧中人坐的几张椅子,此外没有更多东西了。在侧幕与侧幕间的空隙,可以望见后台的整个场地、一群舞台工人、临时演员、制假发的人,以及正在台上走来走去与张望着舞台的成衣匠。如果需要一个门,这门便会安置在侧幕间。至于门顶上留一块空隙,那是不必考虑的。让想象去弥补这一堵欠缺的墙吧。如果需要的话,一条配着远处房屋的远景的街道和一个画有喷泉与纪念碑的广场会描绘到后幕和四块侧幕上去。站在后幕前的演员仿佛站得比远处房屋的透视线高得多。舞台的肮脏地板光光的,使演员有站在舞台中心、靠近提示箱的充分的机会，大家知道这往往会吸引悲剧演员。

这是画在布上的罗马帝国式或洛可可式的豪华亭榭的流行时代。用布蒙的门开关时布会震动，而且时常会自动开关，特别在明星出场，以鞠躬接受观众的碰头彩而开始表演的时候。

舞台调度和动作计划的问题，在那些日子里也用很简单的方式解决了。一成不变地应用于每个戏和一切戏的寻常舞台调度与道具陈设如下：右面一张沙发，左面一张桌子和两张椅子。第一场戏在沙发旁边，第二场戏在桌子和两张椅子旁边，第三场戏在舞台正中靠近提示箱处，然后又调到沙发旁和提示箱旁。一块染色的红布，布上有也是描绘的金色大穗子，用来代替富丽的丝绒料和真金的穗子，这块布有一只斜角，透过斜角可以看到一幅风景画，其中有山谷、河、海、城镇、乡村、树林、公园、喷泉和其他一切引发诗意、美感与豪华的东西。带位人穿着有金钮扣的红坎肩和有肩章的号衣，满场奔走，使演员无法表演，观众无法倾听与理解舞台上的表演。单独的、与别人不相干的乐队被安置在台前最显著的地方，打扰演员演出、观众看戏。幕间休息时的波尔卡舞曲与牙板，掌声中演员的下场，适才在台上死去的演员突然意外地转回，幕间休息时的或终场时的没完没了的谢幕——当时这一切可笑的习惯是每个戏的不可改变的附加品。

为了我们破坏性的目的，为了使艺术新生，我们向剧场的一切程式宣战，不管这些程式在什么地方——在表演上、道具上、布景上、服装上、戏的表演上、幕布上，或戏的、剧场的任何地方。在我们看来，一切新的和违反剧场习俗的事物，都是美好和有用的。

上演那些有效果的、服装布景的、属于演出性质的戏①的同时，也必须想到同时代作家的作品，那些作品中，反映出当代人的生活。在这个领域中，戏剧也得找一条新途径。因为当时舞台上表现的一切东西在我们看来，似乎可怕和古老了。确实，那是这样一个时代，甚至我们最好的剧院、皇家小剧院也充塞着拙劣地改编成俄国生活的、精巧而小型的、轻快而空洞的三幕翻译剧。得力于演员的特殊天赋，这些戏被表演得流畅而完美。演员的才能掩盖了剧本的缺点，大部分观众都不了解那种充塞俄罗斯剧场长达十年之久的节目的贫乏。看着当时有才能的俄罗斯演员怎样浪费天才是令人颇不愉快的。从文学方面更新节目的任务由聂米罗维奇-丹钦柯担当起来。他介绍的新节目从契诃夫的剧作开始，他很早就是契诃夫的朋友，契诃夫天才真正忠实的崇拜者与评价者。下面的记述可以作为一个说明。

当时聂米罗维奇-丹钦柯是一个最优秀的青年剧作家。他被认为承继了奥斯托洛夫斯基的衣钵。由于自己的一个剧本，他早已获得一半的格里鲍耶陀夫奖金。那份奖金的另外一半给了契诃夫的《海鸥》。但聂米罗维奇-丹钦柯认为奖金的这种分配是不公平的。他认为《海鸥》比他写的那个剧本不知高明多少倍。他把自己的一半奖金赠送给他的对手，后者的更大天才是他衷心承认的。当然，聂米罗维奇-丹钦柯的梦想是要在我们剧院的舞台上表演契诃夫的这个戏，因为他相信，契诃夫已经为当代艺术发现了新的途径。

但是一个障碍挡住了他梦想的实现。《海鸥》由圣彼得堡的一

---

① 意即以外表吸引观众的戏，此处尤指古典戏。

家剧场演出过了。契诃夫亲自看过,没看完就走了,因为演出失败了。在失望的心情中,他在涅瓦河畔度过一整夜,站在冰冷刺骨的寒风中。契诃夫这么做是冒险的,因为他患有肺结核病。他受了寒,病更重了,医生把他送到克里米亚半岛的雅尔塔去。聂米罗维奇-丹钦柯写信到雅尔塔,把我们要演这个戏的计划告诉了他。契诃夫许久没有同意,聂米罗维奇-丹钦柯却坚持着。他费了很大力气说服了契诃夫,说这个戏虽失败过,却并没有死亡,只是给表演坏了。契诃夫下不了决心再受他在圣彼得堡受过的痛苦,但聂米罗维奇-丹钦柯终于成功了,上演得到了允许。

但聂米罗维奇-丹钦柯又遇到另一个障碍。虽然现在我们大多数人看契诃夫的戏是很简单的,但在那时候只有少数人理解契诃夫的戏。仿佛契诃夫的戏不适合舞台演出,契诃夫的戏是单调乏味的。首先聂米罗维奇-丹钦柯开始说服我,因为我像其他人一样,在初读《海鸥》以后发觉,它奇怪而单调。那时期我的文学理想还是很幼稚的。有许多天晚上,聂米罗维奇-丹钦柯强迫我理解契诃夫作品的一切优点。他能把一个戏讲得非常动听,使人不等他讲完便喜欢那个戏了。在以后许多年中,他、我和整个剧院曾有多少次为他的这种才能而吃了苦头。他用一个戏的剧本引诱我们,但是我们独自阅读那剧本时,我们发现聂米罗维奇-丹钦柯讲给我们听的那个戏的大量情节是他自己编的,不是属于戏的原作者的。

这一次,当聂米罗维奇-丹钦柯讲角色和戏时,我们也喜爱那些角色和戏了。但等到我独自阅读剧本时,我便不喜欢它,而且讨厌它了。而制定戏的舞台演出设计和准备计划的却正是我,因为那时候我是剧院中惟一对这类工作最熟悉的人。由于不信服、心烦意乱，又由于这个我不感兴趣的剧本工作的责任，而那工作的前途并不令人愉快，我得到许可，离开莫斯科，住到我弟兄的庄园上去，在那地方写计划，把计划送到莫斯科，再从莫斯科带到普希金村，准备性的排演便在普希金村举行。

那时候我们的演员还没成熟，导演的专制方法是不可避免的。舞台导演几乎变成戏的惟一创造者。躲在书房里，他写出一个符合自己的情感、凭自己的内在视觉与听觉得到的详细舞台演出设计。他是不管演员的内在情感的。当时他以为，可以命令别人按照他的意志去生活与感觉。他对所有人，对戏的一切方面发布命令，这些命令是一切演员必须遵守的。这是不可争辩的，而且也没有人会争辩，因为演员还只是学生，不足以和导演交锋呢。

在导演用的那一册剧本上一切都写下了：演员应当怎样、从什么地方、用什么方法来理解角色与作者的暗示；应该用什么嗓音说话，怎样动作和移动，向哪方面而且怎样变动地位。按照这个原则，当时绘制了一些特别图纸，规定一切上场、下场和地位变动的动作。有一份关于布景、角色的服装、化装、形态、步法、方法和习惯等的详细说明。我只有三四个星期的工夫完成《海鸥》的这一切艰巨工作，所以我坐在哈尔科夫省我弟兄的乡居顶楼中不曾休息过。从楼上望出去，眼前展现一幅无边原野的单调景色，一片永远起伏的麦浪，这使我想起而且渴望着真的海。我面临着巨大的工作。必须承认，使我惊奇的是这工作似乎很容易。我终于看到这个戏，感觉到这个戏了，但我明白，我所写的那些东西搬到舞台上去是不动人的，或不需要的。我一边写，一边自言自语：

"如果你们非常需要这东西,我便写这些,但我不明白这些东西究竟有什么用处?"

思想被剧院的别的一些问题和一些完全不切实际的问题纠缠着,当时我便是这样自圆其说的。但使我惊讶的是,我从普希金村得到了许多对我的工作的赞誉。我所以高兴,与其说是因为聂米罗维奇-丹钦柯称赞我,不如说因为演员们称赞我,因为聂米罗维奇-丹钦柯已经被这剧本迷住了,可能偏爱我的工作,演员们先前并不喜欢这剧本,却写来了和聂米罗维奇-丹钦柯所写的相同的赞语。最后我收到一封信,说契诃夫本人认可了我的工作,他曾经出席过一次排演。从这同一封信中,我知道契诃夫对我们的剧院非常感兴趣,而且预言这剧院有远大前途。

"一旦让有教养的人出面管理,而不是由戏院的江湖术士领导,那么剧场是不会不成功的。"

这是契诃夫说的话,他是个真正的预言家。试看他的《樱桃园》一剧,那是对不久以前在俄国发生的事件的真实预言。

年轻人的朝气、幻想、工作能力和我们剧院在艺术的新生意义上的革命精神也鼓舞了契诃夫,为他所喜爱。

"仿佛他渐渐喜欢起我们来了。"他们从莫斯科写信给我说。

回到家,我已经无法在普希金村找到剧院了。剧院早已迁到城内,安顿在这一季节我们租赁的剧院中了。一到那剧院,我便感到大失所望。我记得,在度过了短短的假期以后走近剧场的时候,我不能控制一种兴奋的强烈震颤。这种震颤是因为想到,我现在去我们的剧场了,我们现在有了剧场、舞台、几间化装室、一些真正的演员。在这个剧场里面,我可以建立起梦想已久的那种生活,可以为艺术清除一切渣滓,可以建立一座圣洁的寺院,

十六 莫斯科艺术剧院的建立

而不是一个市场了。但是，当走进我们曾经攻击过的那个杂耍场的时候，我是多么失望呀。

卡列特街的"爱米塔兹"处在可怕的状态中，肮脏，尘埃满目，房屋修造得不坚固，没有暖气，还有啤酒与某种酸素的气味，那是这建筑物在夏季使用时留下来的气味。剧场附近有一个花园，观众在花园中露天欣赏各种娱乐节目，但下雨天这些娱乐节目便会移到剧场里面来。走绳索的、唱快板的、演哑剧的、丑角、表演节目的动物，以及其他等等，到处留下他们低级趣味与粗鄙举止的痕迹。过去剧场的陈设就是专为他们这些人安置的。这一层可以从色彩的选择，庸俗的装饰，低级趣味的豪华，挂在墙上的戏报，台上的广告幕，带位人的号衣，餐室里的菜单，以及建筑物的整个破败、凌乱状态中看出来。我们必须废除这一切，但我们没有钱做这样的事。我们便不得不发明将马厩改成寺院和建立起一种使有教养的人忍受得了的环境。

我们把所有的墙壁和墙上的招贴都刷白了。难看的座椅蒙上好看的布套；我们找到地毯，铺在观众席四周的走道上，减轻妨碍演出的脚步声。我们把门上和窗上的肮脏不堪的帷幔取下来；我们洗窗子，把窗格子洗刷了，挂上空纱幔子，用月桂树和花朵遮盖最不雅观的角落，让观众席看上去略见舒适些。

无论怎样修补旧疮痍，我们实际上却一事无成。我们清理或修补了一个疮口，接着另一个疮口立刻就显现出来了。我想在我的化装室墙上敲一只钉子，以便挂一个衣架，但那堵墙竟是这样单薄、古老，以至一块砖随着钉锤落下来（那些化装间都是原来那个普通谷仓的一部分），墙上有了洞，街上的冷空气便从这洞吹进来。我们最麻烦的事是剧场暖气问题，因为所有的烟囱都已经坏了，不得不加以修理，那时候严冬已经来临，剧场必须每天有暖气。

剧场的这种一般情况使我们在工作中受了许多苦，遇到许多障碍。但我们并没灰心丧气，继续和障碍斗争。但障碍是很严重的。我记得有一次演出，我的服装冻结在化装室的墙上了，我不得不从墙上把服装剥下来，不经烤暖，便穿上身去。多少次排演是在铁烟囱的震耳欲聋的敲击声伴奏下进行的，这种铁烟囱只经草草修理，所以第二天便又坏了。电线也凌乱，有待修理，排演在烛光下举行，有时在一片黑暗中举行。每天有惊人的事情发生。一会儿发现布景不能存放在舞台上，必须建一所新仓库存储；一会儿必须简化舞台演出设计、导演手法和布景，因为舞台不够大；一会儿不得不放弃某些我喜爱的效果，因为灯光和机械装置不够；一会儿不得不作更大的让步，使幕间的休息时间不超过全剧演出的时间。这一切在剧院开幕前最仓促的时刻妨碍我们的工作，而剧院开幕是必须尽快举行的，因为我们的经济已经到了山穷水尽的地步。

和这一切内部工作同时，剧院的行政工作也在进行。必须发布剧院开幕的预告；必须为剧院定名称，但因为我们只忙于推测剧院的将来面貌，所以这问题一天天拖延下去。"大众剧院""话剧院""莫斯科剧院""艺术文学协会剧院"所有这些名字都不恰当，仿佛没有一个没缺陷的。最糟糕的是，时间不容我们专心去思考名称问题。我的全部注意用在研究我们创造的东西会有一个怎样的最后结果。有时我坐着看排演，觉得某处太冗长了，某处又不完美；觉得导演手法不对，不能给人留下印象。如果我能够把一出戏从头至尾看完，一切便都会明白。但是这种完整的、不间断的排演从来无法举行。首先，阴暗的灯光不让我有细细观看画面组合或演员小动作的机会，整个布景的全貌也看不清。其次，小的计算错误与舞台机械的毛病使动作的进展停顿了。再次，在最意料不到的时间与空间发出的工人的嘈杂声破坏了印象的一切幻觉。那边，瞧，一个演员上场迟了，因为他被人唤去，商量与他在其中表演的这场戏有关的重要事情去了——也许是服装问题；此刻，在最重要的时候有人来了，为了必要的事情，我被叫到办公室里去了。像受难的坦塔鲁斯一样，我一心想抓住那永远抓不住的东西。

有一回我正在努力推敲那渐渐形成的戏的各个衔接段落，觉得再过一会儿，便会明白怎样改正剧情，发现改正剧情的奥秘在什么地方了，我耳边忽然听到聂米罗维奇-丹钦柯的声音：

"不能再等待了。我提议把我们的剧院定名为莫斯科艺术剧院。你同意吗？同意还是不同意？必须立刻决定了。"

请你明白，如果在这样一种时候，一个导演决定做一件罪恶的事，公正的法官必须用怜悯的心情看待他。这是很容易理解的，因为那时候我们的剧院叫什么名称都与我无关。所以不假思索，我便表示同意。但我要承认，第二天读到报纸上莫斯科艺术剧院开幕的通告时，我惊住了，因为我明白"艺术"这个词使我们肩负了何等的责任！这一点使我非常不安。但上帝赐给我慰藉。就在那一天，莫斯克文在《沙皇费奥多尔》中露演，在我心上留下了一个巨大印象。由于他的表演，由于我自己的情绪，由于喜悦，由于希望——我们中间产生了有才能的人，他们将来会成为伟大艺术家的——由于这些事，我哭了。有一种事是值得为它受苦，值得为它努力的。

时光流逝。开幕的前夜来临了。排演结束了，但仿佛什么都还没有完成，戏也没有准备好。我只想到不完整的细节会毁坏整个演出。我要通宵排戏，但聂米罗维奇-丹钦柯坚持停止一切工作，让演员在明天晚上——一八九九年十月十四日——之前，有时间集中精神与休息。

我不能离开剧场。尽管夜已深，我还坐在一个包厢里，等候着暗绿色的幕挂起，这幅幕在我们看来，好像是注定了要革新艺术的。我记得，那位永远愉快而乐观的费阿多·伊凡诺维奇·夏里亚宾——他时常到我们剧院来——此刻也来到我身边，我们一块儿考虑幕的缝裂的细节。

十七　莫斯科艺术剧院的演出

我把莫斯科艺术剧院的艺术工作划分为两个时期，第一个时期是从剧院的建立到一九〇六年，第二个时期是从一九〇六年到现在[①]。

第一个时期，是艺术文学协会工作的继续，那时候业余戏剧工作者的年轻而澎湃的热情，对一切偶然性的、时尚的、吸引我们注意的、转移我们感情的、充满我们心怀的事物，都产生了反响。在我们的这些探索中，有过许多白费的活动，没有体系，没有推动工作的基础，没有主导动机，没有程序。我们带着以前所发现的一切东西，一忽儿把自己投向这一边，一忽儿又把自己投向那一边。尝试过一种新东西以后，我们便把这种新东西放进我们的行囊中，把它带到相反的方向，朝着另一条时髦的道路走去。中途，我们竟把以前得到的东西也失落了。行囊中的许多东西因为运用不当而变了样。但某些重要的与必要的东西，却存留在心灵的秘密仓库中，或者就跟我们一直发展着的技术的收获结合起来了。

首先，我要叙述我们剧院的第一期研究工作。我要讲述第一期终了时的不幸结局和为第二期所做的奠基工作。我决不可能赘述我们研究工作痛苦与快乐的一切细节。我只能简单扼要地讲。我要说明，我的劳动使我得到的那个最后结果。但这结果的细节却是另一本书的题材，而不属于这本书。那么，便言归正传吧。

我们新的莫斯科艺术剧院的建立具有革命的性质。我们反对流行的表演方式，反对剧场性，反对假悲哀，反对舞台腔，反对过火表演，反对拙劣的演出方式，反对沿用的布景，反对破坏艺术统一性的明星制度，反对当时正在俄国舞台上植根的轻率而无聊的节目。那些最好的剧场被一群毫无天赋的剧作家把持着，他们为这个或那个演员的利益写内容空洞的剧本，还时常接受这个或那个演员的订货，并且由他指挥；不然，他们就拿德国的剧本或法国的剧本改编为俄国的戏，改写成俄国生活，加上"取材于……"的附注，自称为原作的改编人。

正如所有革命者一样，我们破坏旧事物，夸大新事物的价值。一切新的东西都是好的，就因为它是新的，不仅对于重大的事物是这样，对于细微的事物也是如此。例如，其他一切剧场的带位员和售票员都穿晚礼服或宫廷制服。我们的带位员和售票员却穿一种类似意大利军队的特别的制服。别的剧场每家都有一块可以升降的、上面有画的幕；我们的幕却是布做的，中间开启的。虽然开演以前总要奏一支前奏曲，但演过几场以后，我们便把乐队完全取消了。只在戏需要音乐的时候，我们才用音乐。即使需要的时候，乐队也隐藏着，不使观众看见。但最重要的事是，其他所有剧场表现了程式化的剧场真实，我们却要求另一种真实，即现实的、艺术性的舞台的真实。

以为我们在舞台上追求自然主义的那些人是错误的。我们从没倾向过这样的主义。无论是当时，还是现在，我们永远追求内在的真实，追求感觉与经验的真实，但是因为心理技术在我们剧

---

① 指一九二三年。

团的演员群中还只处在胚胎状态，由于事实的需要与力所不逮，我们往往违背自己的意愿，堕入一种浮夸的、粗糙的自然主义中。

我无法一一叙述艺术剧院的所有演出。那太多了，会占去我这本书太多的篇幅、读者太多的时间和注意。我必须局限于叙述那些较重要的演出，我们剧院的艺术发展所经历的各个阶段的最典型的演出。这样的阶段，或者不如说努力方向，是很多的。像一条发辫中的各缕头发分开了，合拢了，成为一条了。接着又分开了，又合拢了。我要把每一缕重要的所谓发辫取出来——分别检查一下。我要检查的每一缕发辫代表着长长一连串的相关的演出。

作为我们创造工作的典型的第一批演出是循着历史戏与世态戏的路线进行的。在这一系列中，有像《沙皇费奥多尔》《伊凡雷帝之死》《威尼斯商人》《安提戈涅》那样的戏，也有《马车夫亨歇尔》和其他的世态戏。在这一系列中，特别在剧院开创的最初几年中，导演是舞台上的专制君王。他运用瞒哄观众与震惊观众的那种演出方面的壮丽、外在美与惊人之笔，掩饰了那些年轻的、不成熟的演员（他们里面多数人都很有希望）。不这样做，又能怎样呢？这是迫不得已的呀。第一，因为观众对年轻演员的要求很高，他们不能达到这些要求；第二，因为导演创造一种外在的成功，便可以使年轻演员得以从容地成熟和长大。在行动中表现为激烈的革命者这一事实，使我们被人称为"极端宗派主义者"；我们这种行为是不聪明的，因为这使情势复杂化了，刺激我们的敌人，从而对我们提出了做不到的更高要求。

历史戏与世态戏的演出路线不是新路线，而是我在艺术文学协会进行业余活动时已经开始的路线的继续。在协会中，这一类演出也是用作掩护协会业余演员的屏障的。如今，整个演出以及一切历史的与世态的细节在内容上都变得更艺术化，也更丰富了。即使到这时期，主导原则仍然是为"新"而"新"，或，一切能使人摆脱旧事物的东西都是对的。我承认，演出的历史素材往往并不是用来增强戏的内容，只是为了变革陈腐的剧场定型而运用的。要不是这样，我们就该全心全意地欢迎作为剧情特征的一些细节的强调了。深思熟虑的强调绝不是坏事。这也要算是一种怪奇美①。但我们并不是追求最具特征的事物。我们是在追求最动人的事物。

在演员创造工作领域中，也正进行着恰恰相同的事。这里的问题是，不要演成普通的舞台上的俄国贵族，而这个问题的重大性遮蔽了其他一切问题。说实话，俄国贵族的普通剧场烙印与定型，是俄国舞台上的一切定型中最令人讨厌的一种。演员只要一碰到这种定型，这种定型便会把演员从头到脚卷进去，而且会钻到演员的神经与心脏中去。所以我们必须防卫，免得碰到这种定型，而且必须排除万难地寻求一种新的定型。这是无须我说的，这种新定型的寻求往往是由牺牲了某种东西，即牺牲了恰恰是艺术的基础的东西，那就是人类的精神生命而实现的。如果当时我们细心观察自己的心灵，问自己，我们究竟凭借什么力量在舞台上生活的，那答复将是："凭借不惜牺牲一切，以创造一种至今还没在舞台上见过的、新的外在的历史形象与世态形象的那种痛苦愿望的力量。"至于戏的内容和其他一切问题，却往往在角色的

---

① 凡艺术作品中表现荒诞无稽、空想的形象，皆称为怪奇美。

外在定型的摸索中忘掉了。

"只要我们能看到这个形象，看到它怎样走路、谈话、笑，知道他的嗓音，"当接近角色时，我们对自己说，"只要我们能找出形象，其他一切都会自然涌现的。"

"你感觉到的是什么东西呀？是身体的外在形象，还是角色的基本精神状态？还是剧作者为了它才写剧的那个思想？"

我们还没有向自己提出这一类问题。

正如在艺术文学协会时期一样，我们又穿上各种各样的服装、鞋袜和垫衬，去感觉角色的身体形象；我们粘上鼻子、唇髭、络腮胡子，戴上发套，希望偶然碰到那些当时我们还不知道、却正在痛苦地寻求的东西。怀着这一目的，我们研究相片，参观画苑，希望找到一种暗示，能够直觉帮助我们获得所要求的外在形象。我们的创造工作是依靠偶然性的。为了寻求这种偶然机会，进行了一连串的排演。演员找到一种说话的新方式，便力求把它和台词、动作与导演的舞台调度联系起来。偶然我们也有相当的成功，并努力使这种发现成为角色深入发展的基础。但你不要就此下结论，以为从外在到内在的道路是我们的惟一方法。不，即使在当时，我们也知道这绝不是最好的方法。但是，在我们还不知道更正确的内在方法，还没找到那开启角色心灵之门的钥匙时，我们又能怎么样呢？从外在到内在，我们往往能够深入某些奥秘，然后我们便会碰到角色发展的内在路线。只要有一点火星，就会燃起真实感情的火焰，出现一个奇迹。

但是我们的创造工作要依靠偶然性，依靠自己的能力、才华，依靠机会论，这对吗？我们只表演了形象而已。

参加这工作的全体人员，我们的首次演出，将要把我们的前途放在一张纸牌上翻开。那天晚上，要么我们进入艺术之门，要么艺术大门在我们面前关闭，我呢，只好以做商人、厂主和最无味的各种商业会议的主席过完我的下半生了。各种意念在开幕的那一天，我特别切身地感受到。由于感到无助，我的忧急便更强烈了。我的舞台导演工作做过了，这已经是过去的事；现在，事情就在演员的手上了。只有他们能把戏演好，我除了站在舞台侧幕受罪与惶恐外，是无能为力的。当舞台已经变成生死搏斗的战场时，我怎能坐在自己的化装室中呢？所以我想正是在开幕之前，充分利用我尚能为力的最后机会是不足为奇的事了。我必须最后一次去激励演员。

为了消除我内心对即将来临的事件的极度恐惧，为了想装作勇敢、快乐和确信成功，在开幕的最后一次钟声响起以前，我向演员们说鼓励的话。真糟糕，我的话因为呼吸不畅而时常中断。在我的话恰恰说到一半，幕外的乐队奏起序曲来，压倒了我的话。被剥夺了说话的可能性以后，我便无计可施，只有跳舞，以发泄内心沸腾的、我想注射给那些立即与观众见面的演员的那种热情了。我跳舞、唱歌、叫喊鼓励的话，脸却发白，呈死灰色，眼神丧魂失魄，呼吸断续，做出种种激动的姿势。

"康斯坦丁·谢尔盖耶维奇，离开舞台！立刻走开！不要打扰演员！"我听到演员亚历山德罗夫粗暴的命令声，演出的全部管理工作已经交给他了。在对演员心理的了解，千钧一发之际的机敏与果断这些事情上，他过去有、现在仍有卓越的能力。

我的舞蹈跳到一半停止了。被驱逐、受侮辱以后，我羞惭地离开舞台，把自己锁在化装室里。

"我为戏尽了这么多力，现在，在最紧要的关头，我却像个毫无用处的陌路人那样被驱逐了。"

请不要怜惜我。我的眼泪是演员的眼泪。我们演员是情感丰富的人，我们是喜欢扮演被伤害的无辜的角色的，不仅在舞台上，也在现实生活中。

后来，我才佩服亚历山德罗夫的当机立断。

我们剧院开幕的第一个戏是悲剧《沙皇费奥多尔》，这戏是用一种近乎电影的手法写成的。作者条理非常分明地描写了情节的每一过程。在当初写这个戏的时候，这样的描写被认为舞台上所必需的。但现代的趣味却认为，其中过多的细节是不适合剧场的，目前我们演的《沙皇费奥多尔》是删节本。

第一场是苏伊斯基王子家的宴会，他邀请朋友来赴宴，为的是签署一纸奏章，要求沙皇与皇后离婚。贵族们的宴会在俄国舞台上有许多古老、陈腐的定型。我们必须不惜任何代价避免这些定型。所以为了忠于我的"不惜一切代价以求新事物"的革命原则，我把这场戏导演得像演员们所说的"放到屋顶上"去了。舞台左边改成有顶的露台，台上有俄国式的大圆柱。一道栏杆把这左边和脚灯隔离，这道栏杆遮住了坐在和站在栏杆后面的贵族们的下半身。这使得那场戏有点别致。舞台的右部画着莫斯科的屋顶，以及消失在透视中的中世纪城市的高楼和拱顶。这便使布景有了气氛与美观，那露台只占舞台一半宽，于是无须运用许多群众演员了。如果宴会场面占用整个舞台，那么我们由于经济困难而仅能提供少数临时演员便会显得场面冷清了。

那个有顶的露台延伸到后台，在一个屋子的拐角处，然后折入台翼。在转折处坐着许多演员和临时演员，创造了从舞台到台翼的运动与重力，使整个场面有一种深广的幻觉。

贵族和平民代表的各色服装；仆役肩上抬着大盘，上面放着鹅、乳猪、大块牛肉、水果和蔬菜；在台上滚动的酒桶，我从下诺夫哥罗德带回来的木杯和木碟；微醉的宾客；手执大酒杯，以女主人身份在宾客间周旋的、美丽的姆斯齐拉夫斯卡雅郡主；欢快的声音和严肃讨论的声音，以及后来排了一长队的签字人到奏章那儿签字——这一切是我们第一次演这出戏时碰到的新鲜而稀罕的事物。

和这个画面相对照的是宫廷生活、宫廷礼节，博物馆的服装、织物、宝座、仪式。我不再叙述苏伊斯基王子和戈都诺夫王子之间的争执与媾和的场面，因为我们已经在西欧和美国表演过了。但还有些我们没有在欧美表演过的场面，例如戈都诺夫命令将苏伊斯基囚禁和处决，以及在城外桥上执行的场面。座木桥从画着大道的左边的第一块翼片起，一直架到右边最后一块翼片止，然后在那儿降落到地上。桥下有一条河，河上有几只帆船和划艇。桥上有穿古代俄国各省服装的五光十色的人群的无尽行列。桥墩上坐着几个乞丐，一个盲人歌手在唱一首俄国著名作曲家格里查尼诺夫特谱的歌曲。这支歌是为激起路人反对戈都诺夫而唱的。人们停步倾听，人数渐渐增多，由于苏伊斯基派的激烈支持者百岁老人柯留柯夫的煽动，人们产生了战斗情绪。苏伊斯基分子被禁卫军押着出场的时候发生了一场激战。禁卫军得胜。哭泣着的妇女们亲吻这位民族英雄的手和脚，向他告别，他向她们诀别。

在一八九九年《伊凡雷帝之死》的演出中，历史世态剧的演出路线的缺点和优点表现得更明显。在那个戏中仍然有导演掩饰演员的手法，诸如运用悉心创造的新奇事物，观众的震惊，外在形象的过火表演，从外形到内心的道路，以及对偶然性与才华的重大依赖等等。

阿·托尔斯泰的《伊凡雷帝之死》是三部曲的第一部，第二部是《沙皇费奥多尔》，第三部是《沙皇鲍里斯》。尽管这戏的演出有许多缺点，但其中还是有永远值得记忆的成功地方。例如，第一场地点是国会。清晨。全台黑暗。一间低矮的宫内室里沉郁和阴暗，像伊凡整个统治一样沉郁和阴暗。情调像教堂，像早祷以前，那时候聚精会神的礼拜者的身影在阴暗中相遇，慢慢移动，他们的姿态仿佛还在梦中，嗓音粗重而含糊。沉静的谈话。人们三五成群地站在那儿。他们不说话而沉思。这是一种忧郁的情调。这个会议是迟缓而懒散的。谁也不能做出任何决定。情形很尴尬。伊凡已经退位，没有人能接替他，所有的人都那么惧怕，甚至不敢去恳求那位沙皇重新考虑他的决意，再登皇位。光明开始冲破阴暗。第一道阳光从屋顶的小窗中透过来，照射到青年贵族鲍里斯·戈都诺夫的头上。他仿佛受到了振奋，说出一句惊人的话，这句话鼓起了大家的勇气，于是贵族们便去恳求沙皇了。

下一场戏是在上帝可怜的奴隶伊凡沙皇的寝宫中进行的。沙皇念完了祷文。他因为连夜失眠而痛苦，他穿着黑僧衣，和那明晃晃的烛光、闪烁的金光以及神龛内的宝石成对照。透过矮门，可以看见高大的黑影在一种极度困乏的状态中，做着那数百次夜间跪拜的最后一次。他弯下身子，穿过拱门走进来，带着一张死人般的脸和一双呆滞的眼无力地倒在床边的一张椅子上。光明开始在窗上微露。他听到贵族们走来。他急忙脱去衣服，一下子躺到床上一动不动，装作死人。贵族们蹑手蹑脚走近他的床，像被判死刑的人那样垂着头。他们四面围着他的床，静静地跪下，叩首，前额触地，不动弹地匍伏在地板上。伊凡不动，假装睡着了。其间有一段痛苦的静默时间。然后戈都诺夫说出了一句谨慎而聪明的话。贵族们请愿。那个任性的沙皇拒绝依照他们的愿望让步，坚持了很久，后来他应允了，不过带有可怕的条件。他从床毯下面伸出一只瘦削苍白的脚。他挣扎着从床上抬起身来。别人搀扶着他，替他穿上皇袍；他们把皇冠戴到他头上，把节钺给他。这位疲乏、垂死、干瘦的老人，明显地渐渐变成了伊凡老暴君，有着鹰似的眼睛与鼻子。他用沉静而刺耳的声音宣布判处那个没有到场恳求他复位的苏伊斯基王子死刑。钟声响起，皇族的行列走到教堂去祈祷。这时亘古以来最聪明和最残忍的君王之一伊凡雷帝神色严峻、脚步有力地跟在他们背后走去。

十八　幻想剧的路线

幻想剧的路线包括像《青鸟》和《白雪姑娘》那样的戏。

舞台上的幻想剧是我早已具有的爱好。如果一个戏里有美丽的幻想，我承认，我便会为了那幻想的缘故准备演出那个戏。因为幻想是有趣味的、美丽的、使人快乐的。这是我的休息，我的消遣。对于演员来说，这种休息和消遣有时是很必要的。一首法国歌谣说的不无意义：

有时候是必须
喝一杯美酒的。

就我而论，幻想主义是一杯泛着泡沫的香槟酒。这便是为什么我特别高兴演出《白雪姑娘》和《青鸟》的原因。你千万不可忘记，《白雪姑娘》里有非常优美的俄罗斯史诗，《青鸟》里有艺术地表现出来了的象征。

发明一种在现实生活中从没见过，却是人类和各民族中永远存在着的真理的东西是有趣的。《白雪姑娘》是一个神话，一个梦，一种民族传说被奥斯托洛夫斯基写成了卓越而铿锵的诗篇。当你读《白雪姑娘》时，你甚至会相信，时常被人称为写实主义者和世态剧作家的奥斯托洛夫斯基，不写则已，一写无不都是优美的诗，而且偏爱浪漫主义。

让我简述《白雪姑娘》演出的几个片段。例如，序幕表现的是一座积雪成堆、树木丛生的山上。山的下坡近脚光处，树丛最密。冬季与严寒使树木都凋零了，此刻是枯黑的树枝在阵阵烈风中咔嚓作响、震颤和互相碰撞。从台口到舞台后部深处，用各种起伏的平台铺成一个渐渐升高的倾斜面，这斜面和舞台本身一样宽阔。这倾斜面上堆放着填塞东西的大袋子，用以刻画出雪的凹凸面。雪厚厚地堆在高高的树上和灌木上，压得它们弯折到地。

远处传来一大群人的歌声。这些是贝仑台王国一个快乐乡村中的居民，他们穿着异教徒的服饰，携带着稻草人来庆祝圣灵降临周的。一群唱着歌和跳着舞的欢快的儿童和老年男女，从山上跑下来，跌倒又站起来，围着稻草人跳舞，后来他们又把稻草人带到别处烧毁。只有几对情人留在这里谈情说爱，等着斋日来临，在冰天雪地的树林中他们总觉得没法吻个畅快。但此刻他们也笑着和闹哄哄地玩着跑开去了。一种肃穆的沉静降临到这神秘的树林中，风刮得更大了，带来一阵大雪，立刻可以听到远处一片浩瀚的不能理解的声音。严寒老爷爷走近了。观众可以远远地听到他如雷的声音，以及野兽、树木和树林中各种妖怪的震耳的应声。

这时那布满枯枝的舞台前部有几百只手在挥动，树枝互相撞击，发出咔嚓声、震颤和哀号，全体树妖都出现了。它们原来是藏在树林中间的，或者更恰当地说，它们本身便是那些矮树。此刻它们仿佛从地底下钻出来似的，渐渐升起，露出全身，满台奔驰，似乎在舞台前部寻找一个人。这些树妖使森林活跃起来，并且创造了一种完全令人意想不到的舞台效果，使得坐在前几排的妇女大惊失色。

只有在观众还没有立刻明白那种效果怎样造成的时候，幻想剧才是好东西。这一回人家难于一下子明白舞台前部的那些矮树并不是别的，而是化了装的临时演员。

一只惊醒的黑熊从岩洞中探出头来，爬到那些奔跑着的树妖群中，黑乎乎的、巨大的、毛茸茸的，衬着雪的背景。那幻觉是完美的，而且无法猜到这样一只活生生的动物在舞台上是怎样造成的。那位穿着用金属线制成的熊皮而汗流浃背的演员，曾在动物园中观察笼中熊的生活，长期研究这一角色不是徒劳的。积雪掩盖了他的下半身和腿，人的身形根本不会被人看出来，因为那些会显原形的部分都用白毛皮遮盖住，与背景的色调混为一体了。

这时远处的声响愈来愈大。为了明白所创造的音响起见，我要带引读者到后台去。请您想象一下：全体演员（包括演员和临时演员）、合唱队、乐师、舞台工人、办公室助手，以及剧场许多行政人员集合在一块儿。他们每人拿着三四件乐器。这些乐器是哨子、牙板和别的器械，其中许多是我们为了造成特别音响而自己发明的。近乎一百个人，每人玩三四件乐器，组成我们的乐队。其中有几个人甚至可以用脚踩那些特别安置的木板，发出爆裂的声音，像老树的倾倒声。当乐队的强音到达最高点时，一阵由白纸屑做成的大雪，由几个电风扇吹出，从右翼的顶上飞落到舞台上。在这一阵大雪的背景上，飘着许多条彩色缤纷的薄纱的长飘带，那些飘带的一端就系在木棍上。在这一阵大雪中，体格魁梧的严寒老爷爷戴着白色的大帽子，留着一部大白胡须，穿着用各色毛皮装饰成东方式样的爱斯基摩人服装，抱着可爱的小女孩白雪姑娘——穿白毛皮衣，戴白毛皮帽——从山上滚下来。他大叫一声，滚到了舞台前部，然后坐在一个雪堆上，用奔放的感情和如雷的嗓音诵读一首美丽而富有诗意的独白，顽皮的姑娘这时却在和黑熊玩耍，骑在黑熊背上，和黑熊一起在雪中打滚呢。

十九　象征主义和印象主义

我们近乎幼稚地继续响应一切新的运动，我们把研究工作投向艺术界刚兴起的象征主义的流行趋势，但我们并未忘记自己的一切旧行囊：历史剧与世态剧、感情的直觉、我们的一切经验，以及聂米罗维奇-丹钦柯在我们剧院中培植的新的、很重要的文学影响。

我把易卜生的作品（除《人民公敌》外），梅特林克（虽然他自己不承认是象征主义者，但我们却认为他是印象主义者），汉姆森[①]和其他几个人的作品都算在象征主义系列的剧本与演出里面。

象征主义是个不容易啃的硬果。象征主义只有在它不是从心智中产生，而是发生在心灵深处的时候，才是成功的。在这个意义上，象征性和怪奇美是相同的。必须把一个角色表演数百次，凝结它的精华，完成结晶体，并在表现时演出它内容的精髓。象征性和怪奇美都综合着感情与生活。象征性与怪奇美都把角色的多样性的内容集纳于明朗的、敏锐的、压缩的形式中。当时我们不能创造这样一种象征性是有许多原因的。第一，由于我们艺术上的不熟练；第二，由于缺乏必要的技术；第三，由于我们还不曾把一个角色表演数百次，也还没有把角色演到象征性所压缩到的简练与深刻的程度；第四也是最后，由于我们无法在易卜生的作品中创造一个真正的象征性，因为那些作品对于斯拉夫人的心灵是陌生的。

契诃夫不喜欢作为剧作家的易卜生,虽然他对易卜生的才能推崇备至。他认为易卜生枯燥、冷酷,是个理智的人。《罗斯默庄》一剧中的那些白马,在我们看来仿佛是些枯燥的理智的动物,虽然我相信,这种象征性对斯堪的纳维亚半岛人来说,正如伊利亚的战车在伊利亚节大雷雨时驰过天空那样使俄罗斯人感到亲切。但更可怜的是,我不是一个斯堪的纳维亚人,而且从来没有见过易卜生的戏在斯堪的纳维亚怎样演出。曾经到过那地方的人告诉我,易卜生的作品表演得像我们表演契诃夫的作品一样单纯和生活化。我们也希望演成这样,但是我们表演易卜生的作品时却无力达到表演契诃夫的作品时那种单纯而深刻。我们不能把他的作品当作世态剧来演,我们也不能把他的作品作为情感直觉的戏来演。在我们演出的易卜生的戏中,舞台上的事物与音响不像我们演出契诃夫的戏那样生动。我们细心刻划易卜生的戏,但那是因为聂米罗维奇-丹钦柯是易卜生的伟大研究者,懂得怎样解释、说明、表现和感觉易卜生的戏。其他人都只是跟着他走而已。诚然,在演员中偶然也有非常例外的情形。例如,在《海达·加布勒》彩排时,我被罗普博格自杀前的最后一场戏感动而且迷住了。天才的奔放动动了我,我便不再装腔作势,而凭直觉表演。但一刹那的感受是并不能够完成一个角色的。

诚然,聂米罗维奇-丹钦柯和卢兹斯基导演的《布兰特》是另一种性质,这个戏不是很冷酷、呆板的象征。这个戏是在一九〇六年以后演出的,我此刻只讲那一年以前的阶段。

---

① 汉姆森(1859—1952),挪威作家。

我们和易卜生的关系契诃夫描写得最确切了。当他知道俄国舞台老将、他最喜爱的阿尔杰姆要在《野鸭》中演一个主角时，契诃夫沉默不语。阿尔杰姆是不适于扮演任何易卜生戏的任何角色的。他是一个典型的俄罗斯人，有着斯拉夫人的一切特征、优良品质与缺点，这些特征在异国生活环境中来看，往往会觉得粗野、可笑。

有一次，契诃夫坐在河边，等待鱼来上钩（他是一位有耐性的钓鱼者），他忽然出人意料地纵声大笑，使整条河上都响起了回声。

"什么事呀，安东·巴甫洛维奇？"他的朋友问。

"你听着，"他回答，"阿尔杰姆是决不能演易卜生的戏的。"

我们也笑了。

"你们笑什么？你们在笑自己呀！"

另一系列的演出与剧本是依据情感和直觉的路线进行的，我现在仍旧认为这条路线是惟一正确的路线。我要把契诃夫的一切剧本，霍普特曼的许多剧本，如《聪明误》，屠格涅夫的剧本，陀思妥耶夫斯基的剧本，以及其他作家的剧本都包括到这一系列中去。我们怎样会找这条路线，找上述的许多剧本，而不找其他剧本呢？

一个男人为什么会爱这一个女人，而不爱比她更富有、更美貌而温柔的另一个女人呢？显然，这些戏里一定有某种东西深入了我们的心灵，唤起情感的直觉路线上的创造性。这是一种什么东西呢？

有些戏初初一看，是看不出它们的深度的。在读过后，你会说：

"好。但是没有什么特别的东西,没有什么惊人的东西呀。一切平平稳稳;我们明白这是什么意思,这是真实的,可是并不新奇。"

这一类剧本初读往往会令人失望。甚至觉得读过以后,对这些剧本无话可说。情节和主题可以用两个字来概括。角色呢?其中有很多好角色,但没有一个角色是能吸引普通演员想表演的。其他的都是小角色,一张纸便能写尽。你会记得几个台词,少数几场戏——但是奇怪,你愈是不想去记住这剧本,你便愈是要细想这剧本。它在你的记忆中恢复了的某些片段,这些片段的内在力量使你不得不想起它们以及其他的片段,最后想起全剧。重读一遍以后,你便有新发现了。把同一个角色演过五百次以上,你在每次演出中都会从那角色身上发现新东西,仿佛那个戏里隐藏着一股深不可测的创造性的喷泉,或隐藏着一朵散发出纯粹的诗的芬芳的花朵似的。

日常生活的烦恼、政治、经济,以及较大部分的一般的社会利益,这些东西构成了现实生活的范围。艺术却生活在更高的层次,艺术从它鸟一般飞翔的高处,观察在它下面进行着的一切事情。艺术把所见到的一切事情具体化和综合化。

有一些戏写的是最简单的主题,这些主题本身是不动人的。但这些戏里却渗透着真理,体会到这种真理的人便懂得这些戏是不朽的。

契诃夫就是写这些戏的作家。当你处在现实生活中阅读契诃夫的作品时,你会发现不出他有什么,只有简单的情节、蚊虫、蟋蟀、厌倦、灰色的小人物而已。但如果你把他的戏带到艺术飞翔的所在去,便会觉得在戏的平淡情节中有着人类对幸福的永恒憧憬、人类的努力和俄国诗的真正芬芳,而且绝不比从屠格涅夫作品中所感觉到的分量少。那样,你便会理解特里普里甫的有才能的作品,而从他所说的那些戏剧规律中会认识到对一切时代的艺术都很重要的许多理论,就像哈姆雷特在对演员讲话的那场戏里所说的那一番话一样。那样,你便会理解,阿斯特洛甫和万尼亚舅舅并不是简单而渺小的人物,而是反抗契诃夫时代俄国可怕现实的理想战士。那样,你便会看到,契诃夫的戏是以观众的不断笑声相伴随的,观众从来没像看契诃夫的戏时笑得那么多,那么大声,那么爽朗,因为契诃夫本人是热爱生活的人们中的一个。当他和剧中人忘记生活的悲惨现实时,他是正常的、健康的,而且勇敢的。但当戏的情节把他和他的剧中人拉进上世纪八十年代的悲惨而黑暗的生活时,于是那些热爱生活的人的笑声反而使那些在革命日子里成为英雄的伟人们[1]在俄国所受的各种痛苦表现得更清楚了。我不能相信,像阿斯特洛甫那样的人在俄国举国奋起的时候会不被人认识。桑妮亚和万尼亚舅舅都活跃起来,谢里勃里亚科夫和盖叶夫那些人却和那个时代一同灭亡了,对那个时代,没有人能够像契诃夫那样地进行批评和谴责,那些把自己涂上新色彩的现代革新分子却把契诃夫当作了戏剧中的过时的人物。除了处身在绝望环境而坚信美好的未来的那种理想主义外,我不知道还有什么更伟大的理想主义。契诃夫所有的戏都渗透了和归结到这位病入膏肓、才华绝代、热爱生活的诗人对美好的未来的信念,这位诗人本身的生活是和他的剧中人一样艰苦的。

---

[1] 指劳动人民。

不单是契诃夫；当奥斯托洛夫斯基和果戈理被放在现实生活的范围里评判与分析时，他们也会受到责骂的。"果戈理是可笑的！"人们说。他们却并没看到诗人的笑声中闪烁着的眼泪。"奥斯托洛夫斯基是有趣的！"人们这样议论这位伟大的剧作家，却并没有看到这个伟人和他的作品的庄严的、史诗般的凝重。

说契诃夫不成熟的那些人还不够了解他。像契诃夫那样的作品比几个世代的人的寿命还要长，尽管那些作品中的主题是旧的，而且再也不时髦了。契诃夫所写的内容也许正在死去，但契诃夫的表现方法在我们的剧场和戏剧艺术中却还没有开始恰如其分地表现出来。莫斯科艺术剧院是因契诃夫而著名的，但莫斯科艺术剧院是否已经从契诃夫那里接受了他本人说过的，以及通过特里普里甫这个媒介说的关于艺术的理论呢？他所说的话是否已经实现了呢？在俄罗斯戏剧艺术上，从弗尔科夫开始，经过史迁普金、果戈理和奥斯特洛夫斯基，直到契诃夫，有着许多重要的篇章。但契诃夫的篇章距离终篇还远得很呢。首先必须出现一个新人来创造一个新的篇章，但在目前，那些愿意受艺术真理指引而生活的人必须理解，而最重要的是体会契诃夫给予全世界剧场和给予戏剧艺术的一切真理。如果你想从事新艺术的创造，越过契诃夫是不可能的。

在我称为情感直觉的这一条路线中，当时我们是不自觉地、偶然地，还不知其所以然地走到的，而且我们至今还在走。在这条路线中，我要寻觅新的种子来为新的世代播种。让时髦的东西创造出来吧——在时髦的东西中也有许多美丽而有用的东西。让我们热爱时髦的东西吧，但是让我们不要忘记永恒的东西；让我们不要忘记那些艺术的灯台，这些灯台是必须拾掇得有条不紊

十九 象征主义和印象主义 339

的；让我们守护着那些灯台内的长明火光。而最后一个灯台是属于契诃夫的。

你可以从大道上游离开去，去森林中采集花卉，拾浆果，但你不可以忘记大道的所在；你不可以离开大道太远，否则你会迷路的。

有人会这样说，我所讲的关于契诃夫的一切和契诃夫的作品所内含的那种真理并不是新东西。这种东西不仅有关于契诃夫，也有关于其他每一个伟大的剧场诗人，甚至有关于莎士比亚、易卜生——有关于一切以伟大思想与伟大情感充满剧作的作家。那么，为什么我不把他们的戏也包括到我们剧场按照契诃夫所指引的情感直觉路线而创造的那一系列的戏里去呢？

这一点我不能答复，或者我只能用臆测来答复。也许，契诃夫比别的作家更接近我们，更和我们同时代些。也许就因为这一点，所以我们认识他更深。但是莎士比亚的戏和角色也有使我读了不能不震颤的。然而为什么我能够表现我对契诃夫的理解，却不能表现我对莎士比亚的理解呢？许多著名的演员能够解释这位伟大的英国剧作家的精神吗？我知道有许多演员擅长于歪曲莎士比亚和其他大悲剧家的作品。他们甚至自称为莎士比亚演员。但是我要说：

"如果你想解释莎士比亚的精神和我们现在所讲的这种艺术的精神——那就是用最脆弱、最纤细和蛛丝一般的线，把我们和那些由我们沿着情感直觉的路线来刻划的诗人的心灵联系起来的那种艺术精神——那么，你就得做跟他们正在做的恰恰相反的事情。"我们在莎士比亚的戏里所以不能表现出像我们在契诃夫的戏里一定程度地表现了的那种东西的原因，虽然并不是由于内在情感本身的障碍，而是由于缺乏表现那种内在情感的技术。

那是惟一的答案。为了艺术地解释契诃夫，我们创造了一种技术和各种方法，但我们并没有一种讲出莎士比亚戏里的艺术真实的技术。这就是妨碍我们去体验莎士比亚的戏的一种阻力，它使我们不得不"表演"他的戏，高声朗诵、作假、装佯，而最终一事无成。

契诃夫向我们揭露了物体与音响的生命，依靠这一点，演出细节中的一切无生命的、死的、未经证验的东西，一切并非出于我们自愿而被造成为外在自然主义的东西，都自然而然地变成了有生命的和艺术化的现实主义，而在我们周围的舞台道具便和演员的心灵发生了内在联系。契诃夫无与伦比地能够创造内在的与外在的艺术真实。这便是为什么他能讲出人的真情的内在原因。如果人在舞台上被虚伪包围着，真情就说不出来了。契诃夫给舞台艺术以内在真实，这种内在真实便是作为日后被称为斯坦尼斯拉夫斯基体系的那种东西的基础，这体系必须通过契诃夫才能完成，或者说这体系是通到契诃夫去的一座桥梁。表演契诃夫的戏是无须勉强去寻找真实感的，而真实感是创造情感的非常必要的因素。

二十　《海鸥》

我已经讲过，初次看了契诃夫的《海鸥》以后，我不了解他的戏的精神、芬芳与美妙。我写了舞台演出设计，虽然我分明已经不自觉地感觉到了戏的本质，而我却依然不了解。当我导演这个戏时，我仍然不了解这个戏。虽然我并没有注意到，我的内心已经发生了那种变化，但是戏的某些内在线索却把我深深吸引住了。

时髦作家特里哥林这一角色——有才能的特里普里甫的文学上的反对派，特里普里甫是特里哥林的情敌，两人同爱剧中女主人公，一位年轻、质朴的外省女子尼娜·扎莱契娜娅——不是我所能胜任的。不过，无论如何我总算已经在演戏了，我的内心受到戏的约束，并和其他演员一同忠诚地创造舞台上的那种情感了。这种契诃夫情感是一个洞穴，那种往往不是单凭自觉意识所能触到的、契诃夫的心灵的一切看不见的和难于捉摸的宝藏便保存在这个洞穴中。这洞穴是一个容器，契诃夫的巨大财富便隐藏在这容器中。你必须懂得怎样发现那些财富隐匿的所在，你必须有能力发现那容器本身，这就是那种情感；你必须懂得怎样开启那个容器，以便理解那种使契诃夫的艺术如此令人不能忘怀的东西。要接近那些隐藏的财富，到达进入剧本的、角色的和扮演那些角色的演员的心灵门户是有着许多道路的。

聂米罗维奇-丹钦柯和我以各人自己的道路接近那些隐藏的财

富,聂米罗维奇-丹钦柯经由文学的道路,我却经由演员的道路,形象的道路。聂米罗维奇-丹钦柯能把他在戏里和在角色身上探索到的或预见到的情感口述出来。但我却讲不出来,宁愿把那些情感形象化地表现出来。当参加口头争辩时,别人不理解我,我也说服不了别人。但我登上舞台,把口述的东西表演时,我便被人理解了,而且有说服力了。诚然,对戏的分歧的处理方法往往妨碍工作与排演,引起从细节到原则、从角色到剧本、从剧本到艺术、从艺术到艺术基本法则的长时间的讨论。甚至还有争吵,但这些争吵时常是属于艺术性的,是有益无害的。这些争吵恰恰使我们认识剧本的精神,即以前我们似乎笼统地知道、却懂得不具体、无系统、无条理的那种精神。我们仿佛从相反的两端朝着一个中心点挖掘隧道。渐渐地,我们彼此接近了;一忽儿我们中间只隔一道薄墙了;一忽儿薄墙也挖穿了,我们可以容易地从文学之路到达艺术之路,把两条路连接起来,让全体演员循着我们已经发现的道路前进。当我们一旦发现了那个戏的内在路线——那时候我们无法用言语说明这种路线——那么,一切都豁然贯通了,不仅演员与导演,连美术家、灯光师和全体演出工作的合作者都对这一切理解了。循着这一条内在动作的路线——这路线在契诃夫的戏中比在其他剧作家的戏中具备得更多,虽然至今还只有演员理解这一点——一种朝着戏本身去的自然引力便形成了,这种引力使我们所有的人走向一个方向。有许多部分是由剧本解释人聂米罗维奇-丹钦柯正确推想到的,有许多部分是由导演、舞台演出设计、演员(除我以外)、舞台美术家和道具人员捉摸到的。

西莫夫了解了我的导演计划与目的以后,便开始大力帮助我从事情感的创造。在临近舞台的最前部，恰恰近脚灯处，和当时公认的舞台规矩与习惯相反，几乎所有的剧中人都坐在一张俄国农庄特有的长摇椅上，背向观众。这一张摇椅安放得和一座砍伐过的森林中遗留下来的几棵树的枝干成一直线，与一条两旁有着间隔很匀的百年古树的小道相接。在夜的黑暗中显得神秘的树干中间的空隙里，现出一个舞台镜框形式的、用一大块白布遮盖住的东西。这便是那个没有获得成功、没有被人认识的特里普里甫的露天剧场。剧场的布景与道具贫乏而简陋。但听了他的艺术阐述，你便会发现，这阐述是今天演员的一本完备的典章。特里普里甫在午夜，在潮湿的古园树丛中，谈论真正的艺术，等待月亮升起。就在这时候，远处传来了一支流行而无聊的华尔兹舞曲的庸俗的喧嚣，这曲子不时变换到一支甚至更无聊、但却悦耳的吉卜赛歌，是一个外省女演员、特里普里甫的母亲弹奏的。悲剧是显然的。那外省的母亲能了解有才能的儿子的复杂想望吗？因此无怪乎他不时从家里出来，到公园里去。

剧中那些家庭的观众坐在长椅、树的枝干上作无聊的谈话和嬉笑，他们背对着观众，很像一根电线上的一群麻雀。月亮升起来了，白布落下了，观众看见了一个湖，银色的月光照得湖面粼粼闪烁。在一块类似纪念碑的石基的高地上，坐着一个神色苦恼的女人，她年轻，全身洁白，眼睛发亮，不被苦恼所折磨。这便是尼娜·扎莱契娜娅穿着"世界苦"的服装，那衣服的长裙像条蛇尾，铺开在草和灌木上面。这件宽大的衣服是美术家的大胆手法，一种深刻的内容与美妙地概括的形式的表现。这位具有契诃夫心灵与对艺术真实理解的特里普里甫是何等有才华啊。

尼娜·扎莱契娜娅是特里普里甫这出好戏失败的原因。她不是一个演员,虽然她渴望成为一个演员,好赢得不值钱的特里哥林的爱。她不理解正在表演的东西。她太年轻,不能理解特里普里甫心灵中的深沉的阴郁。她还没有受够苦,所以不懂得世界的永恒悲剧。她得先爱上那个卑劣的浪荡子特里哥林,在某一下等旅馆内的一次偶然相会中,把女人一切美好的东西给了他,徒然给了他,然后才能知道什么叫做悲剧。那年轻而美丽的生命毫无意义地给毁了,给杀害了,正像那美丽而洁白的海鸥被特里普里甫由于百无聊赖而杀死一样。在理解表演的东西的深意以前,可怜的尼娜必须秘密生一个小孩,必须遭受许多年的饥饿与穷困,拖着自己的身子,走遍所有外省戏院的下层,必须渐渐懂得市侩们对一个年轻女演员的卑劣存心,必须渐渐懂得自己的无才,然后才能在第四幕中,她和特里普里甫最后诀别时,终于感觉到特里普里甫的独白的真谛与悲剧的深刻性,也许最后一次,而且仅有的一次,像一个真正女演员那样说出那一段独白,使特里普里甫和剧场内的观众不得不掉下被艺术力激发的圣洁的眼泪。

我们演出《海鸥》时的情况是复杂而困难的。由于我们剧场的经济状况,这戏的演出对我们是必要的。剧场营业状况不好。行政上催促我们演出。忽然安东·巴甫洛维奇·契诃夫又因肺结核复发而卧病雅尔塔。他的精神情况是这样:如果《海鸥》像在彼得堡初演时那样失败,那么这位大剧作家就受不了这个打击了。当他的妹妹玛丽亚·巴甫洛芙娜在上演的前夜恳求我们延期演出时,眼里含着泪警告我们这一点。你可以明白我们演员第一夜在一班少数而挑选的观众面前表演的情形了。票房收入只有六百卢布。在舞台上表演时,我们的心头有一种内心的低语:

"必须演好呀,必须演得特别好;一定要创造成功,而且创造胜利，因为你要知道，如果不成功，你所爱的那个人和剧作家就会死，是由你亲手杀死的。"

这些内心的低语并不能帮助我们创造性的灵感。舞台变成了绞刑架的地板，我们演员变成了刽子手。

我不记得我们是怎样表演的。第一幕演完了。场子里是一阵坟墓般的寂静。一个女演员在台上晕倒了。我们大家都站不直了。带着失望的痛苦，我们开始慢慢走向化装室去。忽然，观众席中一阵吼叫，舞台上一片惊慌或欢快的尖叫。幕拉起来，放下去，再拉起来，把我们惊喜的呆相给全场观众看。幕又落下、升起；落下、升起，我们简直慌乱得不会行答谢礼了。接着便是像复活节夜那样的道贺与拥抱，对丽莲娜欢呼，她演玛夏，她说出的最后的话是从心里迸出的、裹着眼泪的叹息。这便是使观众在开始吼叫和发出疯狂欢呼前有短时间沉默的原因。

我们再也不怕发一个电报给我们亲爱的、心爱的朋友和剧作家契诃夫了。

疾病使契诃夫不能在演出季节到莫斯科来。但在一八九九年春，他带着看《海鸥》的心愿来了，而且要求我们演给他看。

"听着，这对我们来说是必要的。我是这戏的作者。我不看，怎能写别的作品呢？"他遇到每个有利的机会，就要重复这些话。

我们怎么办呢？演出季节已经过了，整个夏天剧场在别人手里，我们的一切物件都已搬走，存储到一个小谷仓里去了。为了给契诃夫演一场戏，我们差不多必须做整个演出季节开始时所做的那样多的准备工作，那就是必须租一家戏院，雇用舞台工人铺设布景、道具、服装、发套，把这一切搬进戏院去，集合演员排戏，安置必要的灯光设备等等。这一切工作的结果必将是这场特别演出的失败。仓猝间，这一切是无法办到的。经验缺乏的演员不习惯于新的舞台，会完全不知所措，而这现象在所能发生的种种现象中要算是最糟的，特别是在契诃夫的戏中。此外，一家临时租来的戏院的观众席什么家具都没有，整个夏天，家具都在木匠和室内装饰商人的手里翻新。戏在一所空场子里是没有共鸣的。契诃夫会失望的。但是契诃夫的话对我们是法律，他一旦坚持，是必须满足他愿望的。

特别场在尼吉兹基戏院演出了。看戏的有契诃夫和十个左右其他的观众。印象正如我们所料想的，平平而已。第一幕演完后，契诃夫跑上台来，脸上没有任何内心愉快的表示。但他一看到后台活动时，便又恢复了勇气与微笑，因为他是喜爱剧场后台生活的。有几个演员受到契诃夫的夸奖，有的挨了骂。对于某个女演员尤其挨了骂，契诃夫完全不满意她的工作。

"听着，"他说，"她不能演我的戏。你们有另一个女演员，她演这角色要好得多，她是一个好得多的女演员呀。"

"但是我们怎么能在演出季节已过的时候取消她演这个角色呢？"我们替自己辩护，"这举动等于我们把她逐出剧团。试想，这是何等大的一个打击呀。她会受不了的。"

"听着，我要抽回这个剧本。"他用严格得近乎残忍的口气说出结论，他的强硬和坚决使我们吃惊。纵然他有自己的特殊的温厚、体贴和仁慈，但在艺术问题上是严格和无情的，而且决不妥协。为了不使病人生气和激动，我们不与他争辩，希望假以时日，一切都会忘记的。但是不。当谁也想不到他会再提的时候，契诃夫出人意料地又说了：

"听着，她不能演我的戏。"

在演特别场时,他仿佛想躲避我。我在自己的化装室里等他,但他不来。那是一个不妙的征兆。于是我亲自去看他。

"请骂我吧,安东·巴甫洛维奇。"我央告他。

"演得好极了!听着,演得好极了!只是你需要一双破鞋和一条花格子裤子。"

他再不对我多说话了。这是什么意思呢?是否他不愿表示意见呢?这是一种想撵我走的戏弄语吗?他在嘲笑我吗?《海鸥》里的特里哥林是一位青年作家,是一个女人所爱的人——忽然他应该穿破鞋和花格子裤子!我是穿了最典雅的服装演这角色的——白裤、白背心、白帽、白便鞋和一副漂亮的打扮。

一年多过去了。我又演《海鸥》中的特里哥林一角——在某一场演出中,我忽然明白了契诃夫所说的话的意思。

"当然,鞋子必须是破的,裤子必须是花格子的,特里哥林一定不能是漂亮的。"这角色的讽刺性就在这里:一个男人应该是一个作家,写动人而伤感的小说,这一层对一个年轻而涉世未深的女子来说是重要的,尼娜·扎莱契娜娅一流的女子便会一个个地跑来,搂住他的脖子,毫不注意他是无才的、不漂亮的,是穿花格子裤和破鞋的。只在以后,当女孩子们和这些"海鸥"所闹的恋爱事件过去了,她们才开始明白这是孩子气的想象,这种想象在她们的头脑里把一个简单的庸才变成了大天才。契诃夫这个简洁、丰富、深邃的指示又一次启发了我。这在契诃夫是很典型、很有特征的。

二十一 《万尼亚舅舅》

在《海鸥》演出成功以后，俄国所有的戏院都来要契诃夫的作品，而且开始和他进行另一个戏——《万尼亚舅舅》演出谈判。各家戏院的代表到他家里拜访他，安东·巴甫洛维奇是关着门和他们谈生意的。这便使我们心神不安了，因为我们也想演他的戏。但是有一天，契诃夫生气而激动地回到家来。情形仿佛是某家戏院的一位主持人无意得罪了这位名作家，契诃夫早已答应把他的戏给那家戏院，而且不得不和那位主持人进行谈判。那主持人可能因为这位世界著名人物到他的办公室来，在慌乱中不知该说什么好，所以他问安东·巴甫洛维奇：

"那么你现在在做些什么呢？"

契诃夫大吃一惊，回答他：

"我写短篇小说和中篇小说，有时写剧本。"

以后又谈了些什么我不知道了。但在谈话结束时，契诃夫拿到了那家戏院的节目委员会的一份报告，报告中对他的剧本说了许多赞扬的话，并且接受了他的剧本在该院演出，但有一个条件，即作者必须更改第三幕结尾，愤怒的万尼亚舅舅开枪打谢里勃里亚科夫教授的那一段戏。

"这是不能想象的，"报告上说，"像万尼亚舅舅那样一个文明、有教养的人能在舞台上开枪打一个有学位的人，即谢里勃里亚科夫教授。"

契诃夫为那报告的愚蠢而气红了脸,在讲到上述那句话时,立刻迸发出长久而快乐的笑声,那句话后来变成历史性的了。只有契诃夫才能够在别人最想不到他会笑的时候,出人意料地笑起来。

我们暗自得意,因为觉得我们一定会得到像过节那样高兴的日子,《万尼亚舅舅》命运的决定对我们有利。果然这个戏交给了我们,这件事使契诃夫本人很高兴。我们立即开始工作。首先必须利用契诃夫在此地的机会,请他说明,在剧作者的立场上,他要求些什么。事情似乎奇怪,他对自己的戏确实讲不出什么来。当他觉得自己仿佛在受审时,便会心慌意乱,为了摆脱僵局与打发我们,他会用自己习惯的话来搪塞:

"听着,我已经把它写下来了,都在剧本上了。"

或者他会对我们说:"听着,我决不再写剧本了。《海鸥》使我受的苦实在太多了……"

于是他便会从衣袋中摸出一枚五戈比的硬币给我们看,一边久久地笑着,一边转动着硬币。我们也不能控制自己,和他一起笑了。这时我们的谈话便会暂时不涉及业务。但过了一忽儿以后,我们会重新提起问题,直到最后,在偶然吐露的话里契诃夫会把他创作中的有趣的思想,或某一特殊的征象暗示给我们。例如,我们谈到万尼亚舅舅本人这一角色。我们承认,万尼亚舅舅是一个地主,管理着谢里勃里亚科夫老教授的庄园。那情形仿佛我们无须到远处去寻访了。地主的服装与一般形态大家都知道,高筒靴、便帽,有时手执马鞭,因为大家总认为他是时常骑马的。我们便为自己这样刻画了他的形象。但契诃夫却赫然生气了。

"听着,"他很激动地说,"剧本中一切都说明白了。你们没有读剧本呀。"

我们阅读原作,但除了把描写万尼亚舅舅打的一条绸领带的几个字算上以外,什么暗示也找不到。

"就在这儿,写在这儿呢。"契诃夫想说服我们。

"这儿写着什么呀?"我们感到诧异,"一条绸领带吗?"

"当然。听着,他有一条极好的领带;他是一个文雅的、有教养的人。表现我们的地主穿着擦了油的长靴走来走去,这是不真实的。他们是了不起的人。他们穿得很好。他们从巴黎定制衣服。这一切都写下来了呀。"

这一个小小的提示揭开了当时俄罗斯生活的戏剧:一个无才、无用的教授生活过得很舒服。他有一个美丽的妻子,享有学者的盛名,那是他不配享受的,他是圣彼得堡的偶像;他写那些愚蠢的故示渊博的书,他的岳母,一个老傻瓜把那些书籍当作《圣经》那样阅读。在大家的热心景仰中,甚至万尼亚舅舅本人也曾屈服于他的影响,根据彼得堡对他的误传而承认他,以为他是一个大人物,在庄园上为他全心全意地工作,维护他的声望。但最后看穿了谢里勃里亚科夫是一个吹大了的肥皂泡,他不劳而获地占据一个生活地位,而有才能的万尼亚舅舅和他的朋友阿斯特洛甫却不得不在外省的最黑暗的角落里潦倒终身。人们想唤起那些实际做事的人、劳动的人争得权力,把那些无才而徒有虚名的谢里勃里亚科夫之流从他们的高位上抛出去。从那个时候起,万尼亚舅舅在我们心中变成了一个有教养的、温和的、文雅的、诗人般的、细致的人,几乎类似那个令人不能忘怀的、迷人的彼得·柴可夫斯基了。

在分配角色时发生了许多有趣的事情。不问演员人数和剧中角色数目,契诃夫想要他所喜爱的演员扮演这戏的全部角色。不然,他便会威胁地说:

"听着,我要改写第三幕结尾,把这个戏送给那一家戏院的剧目委员会去了。"

但是契诃夫说完这句话,往往就会笑起来,他那纯洁的、孩子般的笑声感染了我们,我们也笑了起来。

二十二　克里米亚之旅

这一切都发生在我们剧院的春天，在它年轻而欣欣向荣的时期。一九〇〇年，我们到克里米亚去访问安东·巴甫洛维奇。这是我们初次作客旅行，也是我们初次巡回演出。我们是当时有名的人物，不仅在莫斯科有名，在克里米亚、塞瓦斯托波尔、雅尔塔也是有名的。我们对自己说：

"安东·巴甫洛维奇因病不能来看我们，我们现在去拜访他，因为我们身强力壮。如果穆罕默德不上山来，那么山便走去拜访穆罕默德。"

演员们、他们的妻子和孩子、小孩的保姆、舞台工人、道具员、男女服装员、做发套的人，几车道具与布景，从寒冷的莫斯科出发，去迎接南俄的太阳。脱下毛皮衣，取出夏装，取出草帽！冻一两天是不要紧的——你一到那里，便会觉得暖和了。我们要走两天两夜。我们有整整一个车厢的人。这一切使人愉快和欢乐，人是年轻的，气候是春天。我无法细说那一次旅行的嬉谑、逗乐的情形，旅途中发给我们友人的滑稽电报，合唱与独唱，新的友谊和那次旅行的轶事。在我们面前是希望，成功、光荣，不妨说，我们已经预感到幸福了。

到达巴赫契拉伊了，一个暖和的春天的早晨，鲜花，鞑靼人的鲜艳服装，他们美丽的头巾，太阳。到达白色的塞瓦斯托波尔了。世界上很少有城市比塞瓦斯托波尔更美丽的。白色的沙地，白色的房屋，垩白的山，蓝色的天空，浪花飞溅的碧海，白云和炫目的太阳。但是几小时以后，乌云遮住天空，海变成深黑色，风起来了，下起一阵夹着雪花的雨，传来永不停歇的一种令人毛骨悚然的汽笛声。冬天又来了。可怜的安东·巴甫洛维奇也许会在这样的气候里从雅尔塔作一次航海旅行来看我们吧。但是我们徒然盼望他了；我们在入港的轮船上找他，找不到他。契诃夫没有来，只接到他发的一封电报。他又病了，他不能确定是否能到塞瓦斯托波尔来。

我们要在那里演出的夏季剧场忧郁地屹立在海滨，剧场的门上钉了木板。整个冬天木板没有启封过，当门在我们面前打开，我们走进剧场时，仿佛忽然移居到了北极地带，迎面来的寒冷与潮湿实在厉害。每天排演以前，我们的青年演员们在剧场前面空地上集会。著名批评家瓦西里耶夫和我们在一起。他是来写通讯寄到莫斯科去发表的。

"这是哥尔多尼带着随行记者旅行的派头呀。"

我们大家都穿了最好的春装，但所有人都冻得发抖。

复活节到了。这时候契诃夫出人意料地来了。他参加我们剧院每天早晨在公园举行的聚会。当他听到我们正要找医生诊治生病的艺术家阿尔杰姆——他是契诃夫所深爱的——时，安东·巴甫洛维奇带着不高兴的口气大声说：

"听着，我是这个剧院的院医。"

他对自己的医道要比对他的作为一个作家的才能骄傲得多。

"我的真正职业是医生，我不过在空闲时候偶尔写作而已。"

他很严肃地说。不一会儿，他自己会笑起来，高兴得几乎打滚。他医治心爱的阿尔杰姆，后来他为阿尔杰姆特地写了《三姐妹》中的乞布奇金和《樱桃园》中的费尔斯等角色。他替阿尔杰姆开了一张缬草药水的方子，就是《海鸥》剧中多恩医生游戏地开的同一张方子。

演出的第一夜到了。我们给契诃夫看了《万尼亚舅舅》。演出是非常成功的。剧作者被请到幕前达数十次。这一次契诃夫对演出很满意。他第一次看到我们剧团的正式公演。在幕间休息时，他到我的化装室来，夸奖我，演完后，他只对于阿斯特洛甫离去那场戏提了一点意见。

"他吹口哨的。听着，他吹口哨的呀！万尼亚舅舅在哭，但是阿斯特洛甫却吹口哨！"我又无法从他那里得到更多的指示了。但是知道他指示的简练性与意义深刻之后，我便对他向我提出的那些新问题深思起来。

"那是怎么啦？"我自言自语，"悲惨、绝望，却吹出愉快的口哨？"

但在后来某一次演出中，他的指示自然地涌现出来。相信契诃夫说过的话，我吹起了口哨。情形又怎么样呢？我立刻觉得口哨是真实的，阿斯特洛甫必须吹口哨。他对人、对生活失去信心已经达到这样的程度，他对生活丧失了信心，变成一个玩世不恭的人。在任何情形下人们都不能伤害他或侮辱他了。但是阿斯特洛甫幸运的是，他爱自然，他全心全意地为自然服务，不图报酬；在造林的工作上，他相信他在保护河流，如果没有他和与他相同的人，河流便会干涸。

在我们访问克里米亚的时候，安东·巴甫洛维奇对霍普特曼的《孤独者》非常热心。他第一次看到这个戏，比对自己任何一个戏都喜欢。

"他是一个真正的剧作家。我不是一个剧作家。听着，我是一个医生。"

在《孤独者》演出以后，契诃夫对我们剧团里的演员弗西伏罗特·梅耶荷特表示了很大关注，梅耶荷特也觉得找不出话来表达他对契诃夫和契诃夫作品的崇拜。他扮演了《海鸥》里的特里普里甫，和《孤独者》里的约翰等主角。

我们从塞瓦斯托波尔到了雅尔塔，在雅尔塔，俄国的全体文学界在等待我们，文学家们仿佛专为看我们而到克里米亚来的。布宁、库普林、马明-西比利亚克、契里柯夫、斯塔纽科维奇、叶尔巴吉耶夫斯基和因肺病而住在克里米亚的新兴名作家高尔基都在那里。除了这些作家以外，还有许多演员和音乐家，其中有年轻和很有前途的拉赫马尼诺夫，他疯狂地崇拜作为作家和伟人的契诃夫。就在这地方，我们第一次遇见了高尔基，我们极力怂恿他为我们写剧本。有一个晚上，高尔基坐在露台上，听着克里米亚的海水声，在黑暗中告诉我，他想写一个新剧本，后来他把这个剧本定名为《在底层》。在初稿中，那主角是一个从富有人家出来的豪仆，这个人对衬衫领子比对世间任何东西都爱好，因为衬衫领子是把他联系于从前生活的惟一东西。寄居所被封闭了，居住者们咒骂着，房间里充满着憎恨的气氛。第二幕结尾是一次突然的警察搜查。搜查的消息传来，这整个蚁穴骚动了，居住者们纷纷隐藏赃物。第三幕，春天来了，有着阳光；又是花开草长的时候了；这臭房间里的居住者们走出来，走到了清洁的空气中，在一所田庄上工作；他们在太阳下、在野外唱歌，忘记了彼此间往日的仇恨。

每天在一定的时候，所有的演员和作家在契诃夫的夏季住宅里相聚，那里预备好了早餐。女主人是安东·巴甫洛维奇惟一的妹妹、我们众人的朋友、玛丽亚·巴甫洛芙娜。桌子的首端契诃夫的母亲坐着，她是一位可爱的老太太，每个人都喜欢她。听到契诃夫的戏演出成功后，我在早餐前到了她家，发现安东·巴甫洛维奇非常激动。原来他母亲取出了一件古旧的绸衣，想穿着到剧场去。安东·巴甫洛维奇大为惊慌。

"母亲要穿绸衣去看她的安托夏①的戏。听着，这是决不可以的。"

但说了脸红耳赤的话以后，他又发出欢快的、迷人的笑声，因为他想到母亲穿着绸衣，对她那个写了一个戏、现在走出台来向观众鞠躬的儿子鼓掌，这情形使他觉得很好笑。"剧场会因为这件事给我报酬——很多的报酬！"于是他便笑着从他衣袋里取出三戈比来。

在契诃夫家每天的早餐席上，有许多文学问题的讨论。这些最好的专家们的讨论使我懂得了许多重要而有益的（特别对舞台导演和演员来说）奥秘，这些奥秘是教文学史的那些冬烘学究们所不知道的。契诃夫努力说服大家为艺术剧院写剧本。有一个人提起契诃夫的某一篇小说很容易改编为剧本。那本书拿来了，莫斯克文被迫朗读那篇小说。他的朗读使契诃夫得到了很深刻的印象，所以从那一次起，他逼莫斯克文每天饭后朗读些东西。这便是莫斯克文以后怎么会成为一切慈善音乐会与其他音乐会上固定的契诃夫小说朗读者的秘密。

我们克里米亚的旅行结束了。契诃夫和高尔基答应每人为我们写一个剧本，以作酬谢。说实话，这便是为什么山要去拜访穆罕默德的主要原因之一。

---

① 安托夏是安东的小名。

二十二 克里米亚之旅　357

二十三 《三姊妹》

现在契诃夫的两个戏都获得了成功以后，我们剧院没有他写的新戏，便无法维持下去了。我们开始向安东·巴甫洛维奇进攻，要求他实践在克里米亚时对我们的诺言，为我们写一个新戏。我们不能不常常提出问题和以暗示去打扰他。我们继续不断地敲击他心灵的大门，在他是难受的，而我们不得不违背他的意愿，在我们也是难受的。但我们没有别的办法呀。从那时候起，剧院的命运掌握在他手里了；如果他给我们一个新戏，我们便可以有另一个演出季节，如果他不给新戏，剧院将失去一切声望。不幸，契诃夫的健康似乎在每况愈下。他那边的最新消息是奥尔加·克妮碧尔从克里米亚得到的。奇怪！我们开始怀疑她。对雅尔塔的一切情形，她知道得最多了：关于契诃夫的健康情况，克里米亚的天气，剧本写作的进程，契诃夫到不到莫斯科来等等。

"'喂！'我们跟彼得·伊凡诺维奇都这样说。"①

最后，皆大欢喜，安东·巴甫洛维奇送来了新剧本的第一幕，我们便安排了一个有作者出席的剧本朗读会。依照我们的习惯，在剧院的休息室里放一张大桌子，桌上铺了桌布，我们大家围坐着，作者和导演居中。空气是昂扬和兴奋的。剧团全体人员、带位员、几个舞台工人，甚至一两个裁缝都出席了。作者显然是兴奋的，在主席位子上感到坐立不安。他不时离座，站起来踱步，特别在他认为谈话朝着不符合事实或不愉快的方向发展的时候。剧本朗读以后，我们几个人谈起对剧本的印象时，称这剧本为一出正剧，有的人甚至称它为一个悲剧，没有注意到这些定义使契诃夫诧异。有一个发言者带有一种明显的东方口音，想显一显口才，便以刻板词汇激昂地说：

"虽然原则上我不同意作者，但是仍然……"

安东·巴甫洛维奇受不了"原则上"这句话。感觉到烦躁，受了伤害，甚至侮辱，他离开了会议桌，想不让别人注意。他果然走出去了，因为我们并不知道发生了什么事情，尤其说不出使他离开的原因。我担心他的健康情况使他不得不离开剧场，所以我立刻到他家里去，发现他不但神情抑郁，感到受了侮辱，而且在发怒。我记不得以后是否见过他这样发怒。

"不像话。听着……'原则上'！"

起初，我以为那陈词滥调以及发音的粗俗使得安东·巴甫洛维奇不能忍受。但真正的原因是他写了一个愉快的喜剧，而我们所有的人都以为这是悲剧，甚至为它哭了。契诃夫显然以为这个剧本被人误解了，失败了。

导演工作开始了。依照习惯，我写了一个详细的舞台调度计划。谁应该走到那里，为什么要走到那里，他必须感觉到什么，他必须做些什么事，他必须怎样凝视，这些事在现在被认为是奇怪的、多余的、有害的，但在当时由于演员的不成熟和演出的仓猝，却是不可免的和必要的。

我们精神焕发地工作着。我们排演这戏，一切都明白、易懂、真实，但是戏却不生动；戏是空洞的，似乎令人厌烦，而且冗

---

① 果戈理《钦差大臣》第一幕第三场中的一句台词。

二十三 《三姊妹》

长。一定缺乏某种东西。但不知道缺乏的是什么,要去寻找,该多么痛苦。一切都准备妥当了,必须公告演出日期了,但是如果让戏就像它现在这种模样搬上舞台,我们必然会遭遇到失败的。一旦失败,对安东·巴甫洛维奇会怎么样呢?对于剧院又会怎么样呢?然而,我们却又觉得某些因素预示着巨大成功,而且除了那一件小东西以外,其他的一切都具备了。但是我们猜不出那件小东西是什么。我们每天商谈,我们排演到失望的程度,散了场。第二天又商谈,又一次失望。

"朋友们,这一切现象是因为我们极力演得细腻,"有一个人突然断言,"我们在拖,在台上沉闷。我们必须像在通俗喜剧里那样,提高调门,用快速表演,再也不要呆头呆脑了。"

我们开始快速表演,那就是说,我们努力说得快,动得快,这样一来,我们不得不动作潦草,遗漏台词,并且把台词念得毫无意义。结果,由于混乱、无条理、快速,以及演员在台上的匆遽往来,戏变得更坏,更令人厌烦。台上在进行些什么,演员在说些什么都很难弄明白。初学的导演和演员常见的错误是以为声调的提高,便是速度的加快;以为用全力表演便是高声、飞快地说话与紧张的动作。但是,"声调提高""全力""速度加快"这些话对演员丝毫不相干,都是和观众有关的。提高声调意味着提高观众的情绪,增强观众对戏的兴趣;加快速度意味着更强烈、更深刻地体验,体验你在台上所说的和所做的一切。但是,说的和演的使观众既听不出字句,也不明白演员所提的问题,那么这个演员所做的一切的真正结果,便是冲淡和降低观众对戏的兴趣,和使观众的精神状态涣散。

在我们某次痛苦的排演中,演员中途停止了表演,因为看不出排演有什么意义，觉得排演停顿在一个地方，没有进展。在这样的时候，演员彼此间的不信任和对导演的不信任达到了顶点，好像就要造成纪律败坏与工作松弛的后果了。事情发生在深夜。两三盏电灯阴暗地照着。我们分坐在屋角里，无法控制眼泪，在半明半暗中默不作声。我们的心由于处境的无法可想和焦躁而怦怦直跳。有人在烦闷地用指甲抓他坐的凳子，声音像一只老鼠在抓爬。此刻我又遇到一种不可理解的东西，那就是在《白雪姑娘》的排演中遇到过的类似的遭遇后至今仍然不理解的东西。显然，一只抓爬的老鼠的声音——这声音在我早年的生活中对我一定具有某种意义——和那一整夜的黑暗、处境与情绪相联系，再跟无法可想与消沉相联系，使我想起我在某时、某地曾经历过的某一件重要的、深刻的、光明的事。心灵被触发了，我终于明白了所缺乏的那样东西的本质了。我以前也明白，但那是脑子里明白，而不是情感上明白。

契诃夫笔下的人物决不像我们当时所演的那样，沉浸在自己的痛苦中。正相反，他们像契诃夫本人一样，寻求生活、快乐、笑、勇气。契诃夫笔下的人物想活而不想死。他们积极，勇于克服他们生活中的那些困难与不能忍受的绝境。俄罗斯的生活毁灭了创始性和最好的事情的开端，妨碍男人和女人的自由行动、自由生活，这并不是他们的错。

我领悟了而且懂得了我应该告诉演员的是什么东西。我应该告诉他们在舞台上做什么事，以及如何做。他们也领悟了。我们便开始工作；每个人都明白彩排为期不远了。奥尔加·克妮碧尔对她的角色还有某种困难，聂米罗维奇-丹钦柯在单独帮助她。在某次排演时，她的心灵开窍了，她的戏便开始顺畅地进展了。

可怜的契诃夫不但没等到看第一夜的正式演出，甚至没等到看彩排，就走了。他以每况愈下的健康作为离去的借口，离开了俄罗斯。我想一定有另一个原因，那就是他对这戏的担心。我的这个疑心由下面一个事实可证实，就是契诃夫并没有留下一个地址，让我们把戏演出后的好评电告他。连奥尔加·克妮碧尔都不知道他到什么地方去了。这仿佛……

但是契诃夫留下了一个军事顾问，一个可爱的上校，由他负责照料剧中军队生活的习惯、军官刀枪的佩戴式样和方法，以及制服的细节等等，不致发生错误。契诃夫对他的戏的这种细节非常注意，因为外面流传许多谣言，说他写了一个反对军队的戏，这些谣言引起军人方面的激动、期待和恶感。实际上，契诃夫对于军人，尤其是现役军人很有好感，因为依他自己的话说，他们是在某种程度上的文化使命的负担者，因为他们深入各省的边远地方，带去对于生活、知识、艺术、幸福、快乐的各种新要求。契诃夫丝毫没有想到要伤害军人的自尊。

彩排时我们接到契诃夫从国外发来的一封信，但信上仍然没有说到他的地址。他的信说："把安德烈的整段话删去，用'妻子就是妻子'这几个字代替那一整段。"这句话是典型的，因为这个短句恰当地表现了契诃夫的简练。在原稿中，安德烈说了一段文采斐然的话，深刻地解释和强烈地批判了许多俄国妇女的庸俗习气。结婚以前，她们还保存着一点诗意与女人的气质。一旦结了婚，她们在家穿睡衣和拖鞋，出外穿华贵而俗气的衣服。在她们的精神生活与关系上也可以看到这同样的睡衣和这同样俗气的衣服。契诃夫这一段话的全部思想岂不是已经在他那句充溢着无助感与忧郁性的短句"妻子就是妻子"的隐藏意义与含蓄中表现了出来，用不着浪费笔墨了吗？

二十四　初次旅行彼得堡

我们在莫斯科的演出季节是在对我们全体人员表示告别的一个盛大欢庆会上结束的。以后几年，这种莫斯科欢庆会成为我们每年出发去彼得堡旅行前的惯例了，这些欢庆会甚至以一种特殊形式举行的，只有在我们迁入卡美尔格尔斯基巷的新剧院时候的那一次欢庆会，才超过了前几次会的盛况——在那个新剧院里，我们的转台第一次当着莫斯科观众的面转入后台。

怀着重重恐惧，为了经济上的需要，我们在一九〇〇年举行了第一次彼得堡旅行。我们的恐惧是由于下面一个事实引起的，那就是在莫斯科与彼得堡两大都市之间，经常存在文化上的敌视。新都把莫斯科看成一个省会，而把自己当作欧洲文化中心之一。一切莫斯科的东西在彼得堡一定失败，反过来，情形一样。莫斯科人很憎厌彼得堡官僚们的形式主义与冷漠无情。他们憎厌彼得堡这地方，憎厌它的雾、短暂而阴暗的白日、长长的冬天和明如白昼的夏夜。莫斯科自傲于干冷的严寒，冬天太阳下的皑皑白雪、炎热而干燥的夏天。

我们预料这种敌对的态度会用到我们这个来访问的莫斯科的剧院身上，这是没有什么奇怪的。但是我们大错特错了。我们受到热情接待。最可纪念的一次是在康廷大厦举行的盛宴。当代最好的演说家安柯尼、安德烈夫斯基、卡拉布采夫斯基用内容有趣而巧妙的言辞欢迎我们。柯尼装成一个严厉的检察官（当时他是彼得堡的检察官）的角色。他对聂米罗维奇-丹钦柯和我厉声说：

"被告起立。"

我们从座位上站了起来。

"诸位法官先生，你们面前有两个犯人，他们犯了一个残酷的罪行。经过预谋他们恶意杀死了那著名的、受人深爱的、被人尊敬的、被人尊崇的以及古老的……（在一个戏剧性的停顿以后）惯例。（又恢复检察官的严肃口吻）杀人犯们毫无怜悯地从这种惯例身上剥去了那件丑角的古装大衣；他们打穿了第四堵墙，向观众表现了亲切的人生；他们摧毁了剧场性的谎话，用真实代替了那些谎话，众所周知，真实对旧习惯是像毒药一样的东西。"

他对着全体出席的人说出他的结论，并且用正义的名义，恳求出席人对他们判罪，不要宽恕，那就是："判处他们两人，以及他们全体艺术家终身监禁……在我们的心头。"

在一个做得很技巧的停顿以后，柯尼以这种出人意料的方式结束了他的话。在说话停顿的时候，他的脸上失去了严肃表情，显出了一副仁慈而温和的面相。

另一个演说家安德烈夫斯基出人意料地宣布：

"有一家剧院来访问我们了，但使我们很惊讶的是，这剧院里没有一个男演员或女演员。"

他仿佛要批评我们了。

"我看不见一张刮过胡子的脸，"他继续说，"也看不见任何由每日运用理发匠的铁钳烫卷了的头发；我听不到人为的响亮的嗓子；我没有看见演员式的走路模样，没有看见戏剧表情，没有看见虚假的激情,没有看见挥手,没有看见不自然的暴躁脾气。他们是什么演员呀?他们的女演员在哪儿呀?我听不到她们拖地的裙子的沙沙声,听不到她们的后台闲话和是非之谈。她们的粉脸、她们的画眉、她们的带水珠的睫毛、她们的粉擦得白白的前额和手到哪里去了?她们到底是什么样的女演员呀?在这个剧院里是没有男演员也没有女演员的,有的只是男人和女人,这些人深深地相信……"下面的话被淹没在祝贺声中了。

第三个演说者卡拉布采夫斯基教授从历史的观点来讲,认为我们是史迁普金的继承人与信徒。

在那一个政治动乱的时期——当时距第一次革命已经很近——社会各方面的反抗情绪很强烈。他们期待着能不畏暴政而强烈、勇敢地说出真理的英雄。因此斯多克芒医生这人物能立即在莫斯科,特别在彼得堡家喻户晓是不足为奇的。《人民公敌》成为革命者爱好的戏,虽然斯多克芒医生本人轻视团结着的大多数人,而信任少数人,愿意把生活的管理权交给少数人。但是斯多克芒反抗了,他说出了真理,那已经被认为足够了。

在著名的喀山广场大屠杀那一天,《人民公敌》正在我们剧院的舞台上演出。那一夜的观众是一批彼得堡的知识分子、教授和学者。我记得乐队席中几乎坐满了白发的人。由于白天的悲惨事件,观众席中很激动,斯多克芒抗议词的每一句话,甚至最轻微的关于自由的暗示都得到了反应。在戏最料想不到的地方,掌声的雷鸣会闯入戏里来。这戏的政治性超过了艺术性。剧场里的空气激昂到了这样的程度,我们等候着随时被捕和停演。检察官们在《人民公敌》的各场演出都到场监视。只许我,扮演斯多克芒,用检查通过的台本,如果我念出未经检查批准的一个字,就要找我的麻烦，他们在这一晚上比其他各次都更严格。我便不得不加倍小心。角色的台词经过许多次删节以后，说错和多说或少说，是容易发生的现象。在最后一幕中，斯多克芒医生整理好被群众投石捣毁的房间，在凌乱中找到了他昨天出席大会时穿的那件黑上衣。发现了衣服上的一个裂口，斯多克芒便对妻子说：

"当你去为自由和真理战斗的时候，你绝不要穿新衣服。"

剧场的观众把这句话联系到喀山广场的大屠杀，在广场上，不只一件新衣服为了争取自由和真理被撕毁了。没料到我的话引起了大大的一阵喧哗，戏只好停止，一个现实的群众场面由于灵机触发而带入戏中来了。于是便发生了演员与观众打成一片的现象，观众把剧场的主要演员所扮的角色当成他们自己，那便是艺术理论家们论述颇多的那种群众行动。全场观众都从座位上站起，奔向脚灯，幸好舞台很低，而且台前没有乐队，我看见了几百只伸向我的手，我不得不一一握手。青年观众跳上台来，拥抱斯多克芒医生。要建立秩序和继续演戏是不容易的。那一个晚上，我由亲身经验理解了剧场所能发挥的力量。从那一晚起，曾经有过许多次，有人想把我们的剧院拉进政治关系中去。但是我们懂得剧场的真正性质，知道我们的舞台决不能变成宣传的讲台，惟一的理由是一丝一毫的功利目的或倾向渗入纯艺术的领域，便会立刻扼杀艺术的。

由于我们在彼得堡的成功，我们和那个城市建立了亲密关系，每年在莫斯科的演出季节结束以后，我们便把戏带到北都去，或在复活节，或在四旬节。不仅彼得堡的私家剧场，甚至皇家剧院都乐意打开大门欢迎我们。这在当时是被认为是极大的荣誉。我们大部分时间在米哈伊洛夫斯基剧院演出，在这剧院里由古伊特里、费奥台、考克林和莎拉·贝尔娜领衔的法国剧团曾在我们以前演出过。

我们在彼得堡的演出季节很受欢迎，各场的全部戏票在我们到达彼得堡很久之前，便已经销售一空。在我们每年旅行启程前的六个月，我们便接受定座。当戏票在彼得堡发售的时候，大批学生、教授、政府公务员、宫廷贵族、军官和其他民众，在米哈伊洛夫斯基广场上日夜露宿，烧火取暖，直至轮到他们买到票。他们用一种非常亲切的态度和我们见面与分手，那些相遇和分别的场面，成为街头行列与雷震的欢呼，在我们的火车出站向莫斯科开行很久以后，我们还听得见这些欢呼声。彼得堡季节的最后一场演出便是我们夏季休息的开始。在最后一场演出以后，我们通常都到涅瓦河的各个岛上去旅行。再也没有比彼得堡的春天更动人和更美的景色了。彼得堡美好的春天是诗意的、芬芳的。暖和的海洋空气，一片新绿，白夜的开始，春天的花朵，夜莺。

在某一个这样的夜晚，我们在岛上遇见年老的著名喜歌剧歌手亚历山大·达维多夫，他是俄国著名的吉卜赛歌曲演唱家。在他壮年的时候，没有一个人听了他的歌能够不哭的，他的歌中有那么深厚的心声和情感。著名的男高音马齐尼喜欢听他唱歌不是没有道理的。但是达维多夫已经老了，没用了，他嗓子不行了。然而他的光荣还活着。我们中间的那些年轻人从来没有听见这老人在台上唱过，却听过许多谈论他的话，要求他唱一点给他们听，好让他们能告诉自己的子女，说他们也听见达维多夫唱过。我们唤醒了一家咖啡店的主人，要他开门，为我们煮了一点咖啡。就在这地方，这著名的老人用苍老的沙哑的嗓音唱了，不如说音乐地朗诵了几首情歌,使我们哭了。即便在这并不能完全表现音乐家才能的吉卜赛歌曲的范围中,他也表现了自己的伟大艺术。除此以外,他还使我不得不想到那种他懂得的、而我们这些文字奴隶所不懂的、音乐朗诵的字眼与声音的秘密。愿这位多才的老人在坟墓里安息吧!这是我最后一次见到他,因为不久以后,他便死了。

二十五　到各省巡回演出

有些年，我们的演出季节，并不以彼得堡为终点地区，却伸展到某个大的省会，例如基辅，敖德萨或华沙。到南方，到海边，到第聂伯河，或到西部去的这些旅行是我们非常喜欢的。南方人胸襟宽阔是大家都知道的。

在莫斯科和彼得堡发生过的情形，在各省又照样发生。批评文字、人群、票房的拥挤和意外事故、隆重的欢迎与送别、雨一般投来的花朵，以及由成功而来的其他一切附属物品都是属于我们的。他们甚至为我们布置了一个"散心日"，那便是他们租了一条大轮船，在下舱里隐藏一支军乐队，罗马尼亚交响乐队，一个合唱队和几个独唱歌手。这些隐藏着的欢乐节目，会在旅途中突然出现在甲板上，引起每个人的快乐，为欢快的旅行增色。我们会在炎日下，按照军乐的节拍，在甲板上跳舞，或者轮船会在河滨的大草地旁停泊下来，我们便组织一个露天的游艺会，有各种运动比赛和游戏，以及由音乐伴奏的行进队列。事后我们再度登轮，继续航行，去参观基辅的伟大教堂和教堂里的卓越神像。在基辅演出最后一场以后，曾有一次在公园中举行了庆功宴，庆祝演出季节的结束，宴会一直继续到深夜。我们一直到天亮都没有睡。初升的太阳在我们眼前展现一幅无法描摹的美景，这美景有条辽阔的地平线，传说中的第聂伯河便在这地平线上像条有发光鳞甲的蜿蜒的蛇一般奔流着。

我们在河滨散步，古宫的大门打开了。我们置身于屠格涅夫时代的气氛中，宫中有古代的花坛、小径、凉亭和游椅。在御花园的某处，我们看到像屠格涅夫《乡村一月》第二幕的布景那样的地方，我们恰巧用这个戏结束了在基辅的演出季节。御花园里也有观众的座椅。这整个环境要求一次露天的、在大自然怀抱中的演出。有人要求我们把那个戏的第二幕再演一次。我们答应了，于是非常镇定地开始我们的即兴演出。轮到我上场了，此刻克妮碧尔·契诃娃和我按照戏的动作，沿一条小径走，念台词，然后按照我们的舞台调度坐在一张游椅上，但是……我停止了表演，因为我无法继续做假的和剧场性的姿态。我所作所为的一切对大自然和对现实景物显得不真实。但是有人却批评我们，说我们把单纯发展到了自然主义的程度！我们距离单纯的人类语言多么远，我们在舞台上习惯的一切行为显得多么程式化，我们把舞台真实性当作现实的真实性啦。理论家会说："这是一定会如此的。"于是他们讲出一整套理论，宣读一篇有关相对的真实、论舞台程式的论文。按照他们的法则来说，按照理论来说，他们或许是对的，但是，如果他们曾经像我一样经历过那次对我非常重要的清晨演出，那么他们便会明白：那树木、空气、太阳向我们暗示了非常现实的、美丽的、艺术的真实；剧场的呆板翼片所创造的真实就其美感而论，是万万比不上的。绘制舞台布景的美术家固然伟大，但另外有一位全能的"美术家"，他在冥冥之中，以我们不懂的方法，影响我们的超意识。大自然暗示我们的这种艺术真实比限制剧场创造性的那种相对真实与剧场性程式，往往不知道要美感多少，美丽多少，而且尤其重要的是，前者更富于舞台性。当时我彻底领悟到这一点，在以后的剧场活动中，我不止一次地证实了我所领悟的事物的真理。

在敖德萨,告别会几乎闹出事情来,我们的艺术几乎陷进政治的深潭。当时这城市处在革命前夜照例有的一次紧张时期。空气紧张到一触即发。警戒很严。当我们离开我们演戏的那所剧场时,发觉我们已经被一大群脾气暴躁的南方人包围了。他们带着我们经过几条街,走到本市的美丽的滨海马路,顺着马路走到我们住的旅馆。他们一路走,一路高喊革命口号,高唱歌曲,突然停步,发表革命性的讲演。在我们被带着走去的那条马路的尽头,一队警察在等候群众。当我们走近警察队伍时,我们周围的空气比以前更紧张了。为了避免发生不幸,我们开始和警察非正式交涉,请求他们在用武力驱散群众以前略等一下,由我们用劝导方式解决这件事。他们应允了。于是我们便向群众致谢,感谢他们给我们的荣誉,这荣誉会长留在我们的记忆中。

"不要因为我们而发生不愉快的结局,发生报警、逮捕和一场战斗,从而使这美丽的夜变得十分凄惨。"我们恳求他们,"让我们像朋友那样分手,带着我们相聚的快乐的记忆回家去。"

我们道别、分手了。只有一小群年轻人还留在那里不走。等我走进自己的房间,我还能够听到远处的呼喊声。显然,外面正发生着什么事,但在笼罩街道的黑暗中,谁也说不清发生的是什么事。

我们有些演员和导演已经积累了相当的知识与经验。他们开始想望一种比剧院可能给他们的更大的独立性。我的第一助手萨宁接受了彼得堡皇家亚历山特林斯基剧院的邀聘,演员梅耶荷德和剧团的另外几个演员按照艺术剧院的模样,在外省建立了一个组织,从我们的保留节目中,依照我们的舞台演出设计,选演了几个戏。这些演出在外省获得很大的成功。

我在本书开头曾提到的那位有钱的制造商莫洛佐夫近乎偶然地看到了我们的《沙皇费奥多尔》的第一场演出。他在我们剧院出现，是值得记载的事，因为这一位卓越人物注定要担任重要而光荣的保护者的角色，他不仅能把物质的祭品贡献给艺术神坛，而且也能忠实地、无私地、忘我地、无野心地、不计个人利益地服务于艺术。

莫洛佐夫看了戏，并且决定要帮助我们剧院。实行这个意愿的机会几乎立刻就来了，因为我们虽然有了艺术的成功，可是剧院的物质发展却还远不如意。每个月都有亏损。我们的基金已经用罄，必须召集一次股东会，请他们增资。这是一件可悲的事，大部分股东虽有帮助剧院的热忱，但限于个人资力不足，觉得无能为力。危机几乎是无可挽救的。

出乎任何人意料，莫洛佐夫忽然出席股东会，应允购买全体股东的股权。股东们答应了，从那时候起，莫洛佐夫、聂米罗维奇-丹钦柯和我成为了剧院的仅有的主人了。莫洛佐夫负责经济，负责管理剧院营业。他深入业务工作的最微小的细节，而且开始爱护剧院到了这样的程度，竟然把全部业余时间都用在了上面。

他是一位天生的艺术家，因此自然想积极参加剧院的艺术工作。他负责舞台与观众席的灯光管理。他在莫斯科过夏，因为商务繁忙，他不能离开莫斯科。他住在斯皮里度诺弗斯卡的一所华丽的房屋里，这房屋在俄国革命时曾做过美国救济署总部。他的家属一下乡，他便把自己家的客厅改成一所实验室，从事他的舞台实验，灯光的各种线路与方法的试验先在这里完成，然后运用到舞台上去。这所大厦的浴室被改造成一间化学实验室，在那里调配各种色彩的漆，涂到灯泡和玻璃上，以便造成各种更艺术的舞台灯光色调。那些需要较大空间的各种电器效果试验是在围绕房屋的大花园里做的。莫洛佐夫不怕繁重工作，穿着工作衣，和电气工与铁匠一起工作，他的电气知识使专家们惊讶。演出季节开始，莫洛佐夫便负起责任，充当剧院的灯光管理人，他把他那一部门的水准提得很高，就租来的卡列特街的"爱米塔兹"剧场的线路与设备的恶劣条件而论，这绝不是一件轻易的事。

虽然莫洛佐夫有十分繁忙的商务，但他几乎每场必到剧院，他不能来时，也必用电话和剧院联系，好完全了解在进行中的情况，不仅是灯光部分的，还有繁复的剧场机构每一部门的情况。莫洛佐夫的热心、对艺术的无私的献身，以及尽一切可能帮助剧院的坚决意愿是令人感动的。我记得有一次，一个已经预告演出日期的戏的布景和道具不能准备齐全，赶不上那次演出了。因为没有时间重做布景，我们不得不尽最大可能弥补缺点，我们全体开始从储藏室内的剧场物品堆中去寻找可用的道具。连导演也参加了，莫洛佐夫也和他们一起工作。看到他，一位无数的银行、学会、社团的主席，在商界里有特殊地位的人，以一个平常的舞台工人模样爬上梯子去挂帷幕和镜框、搬道具是令人感动的。在那时候我对他的好感更深厚、更亲切了。

为了更清楚了解莫洛佐夫的一切优秀品质，我们引导他更接近剧院的纯艺术方面的工作。这样做，并不是因为他控制了剧院的经济命脉，而是因为他在文学与艺术创造方面表现了很好的鉴赏力与理解。剧目问题、角色分配问题、演出与导演工作的缺点问题都得到了莫洛佐夫的帮助而解决了，在这方面，他也表现为一个有用的工作者。但是，在剧院租赁一所新屋的问题已经不可避免、不能拖延的时候，莫洛佐夫对剧院表现了最大的自我牺牲和对事业的无限热爱。

莫洛佐夫答应亲自解决这个问题，依照他本人的天性，以宽宏与慷慨的态度解决了这个问题。他用自己的钱为我们建造一所新剧场，或者说一个精美的新舞台，具有一切必要的装备，但观众席却维持原状，不过略加刷新、修理而已。一切为艺术，为演员，这是支配他的行动的格言。他以这样的态度做了和寻常建造剧场时所做的恰恰相反的事。寻常是四分之三的钱用来建造休息室和观众使用的各种房间，只有四分之一的钱用在艺术和演员上面。莫洛佐夫对舞台及其附属物，对演员的化装室的修建费用是决不吝啬的，但对观众席和休息室他修得特别简单。一层高的木格子镶板，格子里都蒙了布；镶板上面挂着大作家、大诗人、大演员、大美术家的相片；顺着镶板安置着许多有坐垫的木长椅，白色的墙上有一道浅黑色的边线，这便是观众休息室了，简单、质朴，没有一点色彩。观众席是用干橡木装修的，包厢和楼厢的栏杆、家具、门、斜面和镶板也是用相同木料做的。墙也是白色的，墙上有几乎看不出的边线，没有任何明亮色点或镀金颜色。观众使用的其他一切房间都以相同的格调装修。这样设计是为了不使坐在观众席中的人目光疲劳，把一切色点与效果保留给舞台。剧场的改建是在几个月中完工的。

为了常驻剧院照料修建工作，莫洛佐夫牺牲了一次他应当享受的夏季休假，整日整夜住在剧院办公室附近的一间小房间里，置身在嘈杂、尘土中。他甘愿用这一切来替代自己的无数庄园的田野与树林。必须承认，只有对我们剧院的伟大爱护与专心，才能使他做出这样的行为。他对舞台和舞台灯光特别爱好。依照我们共同拟订的计划，他建筑了一座转台，这在当时，甚至在国外也是罕见的。这个舞台比那只是地板转动的寻常转台完备得多。莫洛佐夫建筑一座下面有一个全部转动的底台的舞台。舞台上装着一块巨大的活动地板，可以用电降落，造成一条河，或一个山谷。这块地板可以上升，成为一个露台或一座山岩。灯光器材是当时所能获得的最好的，包括俄国造的或外国造的最新的反光镜和器材。用一块电闸板控制舞台与观众席的全部灯光。还有许多其他的成绩就不在本书范围内叙述了。

二十六　社会政治的路线

普遍的骚乱和即将来临的革命把一连串反映社会政治情绪——不满、抗议、向往一位勇敢地说出真理的英雄——的戏带到了我们剧院的舞台上。

检察机关和警察机关极度警惕，蓝铅笔在剧本上无止境地画来画去，删去那些或许会引起骚乱，或破坏治安的最微小的暗示。当局深恐剧场变成宣传场所。而且说实话，这方面的尝试是有过的。

但是艺术一旦走上倾向性、功利性、非艺术性的道路，真正的艺术便会消失。在艺术上，倾向必须变为艺术的本身意念，转化为情感，变为演员的真挚的意向与第二天性。只有在这样的时候，倾向才能进入到演员的、角色的和剧本的人类精神生活中去。但是这样，倾向已不再是倾向，而是一种个人的信念了。观众可以从剧场接受的事物中做出自己的结论，创造自己的倾向。自然的结论，会从观众就演员的创造努力所看到的事物中，自然而然地在观众的心灵上与思想上得出来。这是一种必不可少的条件，而且只有在这种条件具备了的时候，你才能想到在剧场里演出社会政治性的戏。我们是否具备这种创造的条件呢？

我们知道高尔基正在写两个剧本。其中之一，他在克里米亚时跟我讲过——这剧本至今还没定名，另一个定名为《小市民》。我们喜欢第一个，因为在那个剧本里，高尔基选择了他喜爱的那些人的生活，那些"原本是人的动物"，而且也正是这种生活给他创造了作家名声。我们坚决要求高尔基立即完成第一个剧本，以便我们作为莫洛佐夫为我们建筑的新剧场的开幕礼演出这个戏。但高尔基抱怨剧中的人物，无法完成这个戏。

"你瞧，困难在于我的所有这些人物包围着我，挤着我，他们自己也互相拥挤冲撞，我无法把他们安置在适当的地方，或者教他们不要再争吵。去他们的！他们说呀，说呀，说得这样好听，以致要他们停嘴的确可惜。这是我的坦白话！"

《小市民》在第一个剧本之前就成熟了。当然，我们也乐于得到这个剧本，而且决定以这个戏作为我们新剧场的揭幕演出。困难在于，我们没有能演契诃夫一角的演员，那是一个从乡镇教堂唱诗班里来的低音歌手，他是戏的主角。这角色要求明朗的性格和洪亮的嗓音。在我们的学生中，有一个人无疑适合于这角色。他有需要的嗓子，在教堂唱诗班里工作过，后来又在一家乡镇餐馆的合唱队里唱过歌。这学生叫巴拉诺夫，我们派他担任那个角色。他无疑是一个有才能的、心地很宽厚的人，但同时又是一个酒徒，而且完全没有教养。向他解释高尔基的戏的文学上的精神是很困难的。但是我们后来发现，他的野蛮行径对他演捷捷列夫一角却大有帮助。他把捷捷列夫在剧中所言所行的一切视同真理。在他看来，捷捷列夫是一个真的人，一个英雄和理想人物，而且正由于这一点，作者的倾向与思想在演员的心灵中得到了再创造。演员对剧情和角色思想的关系运用任何技术都无法达到这样严肃与真挚的程度。巴拉诺夫所以能达到这种程度，是由于他的孩子般的天真。他扮演的捷捷列夫不是一个剧场人物，而是一个现实的唱诗班歌手，而且观众立刻感觉到这一点，并且赏识它

二十六 社会政治的路线 377

的真正价值。至于其他方面，那是操在导演手中的。

《小市民》还在准备中。一九〇一年到一九〇二年的那个演出季节要结束了，但戏还没有到彩排的程度，我们通常是用彩排把戏确定下来的。如果戏不能及时确定，那么一切都会被忘记，结果我们必须一切重新做起。所以不顾一切障碍，我们决定在彼得堡举行彩排，我们是往往在彼得堡结束演出季节的。那正是某一次骚乱的时候；警察和检察官注意我们所做的每一件事，因为演出新节目，艺术剧院已经被人认为太激进了，而且高尔基本人正在被警察监视中。起初，当局根本不愿批准这戏的演出。但由于某些人物的大力斡旋，其中有韦德伯爵在内，我们终于获准在一批和检察机关与政治有密切关系的官方人士所组成的观众面前作一次不公开的演出。彼得堡的官方全体人员，从大公、大臣起，包括检查委员会的代表，警察和其他政府机关代表都来到米哈伊洛夫斯基剧院，戏就在这剧院里演出。剧院附近和剧院本身布置了一条特别的警戒线，骑马的宪兵驻守在剧院前的广场上。这使人以为这些戒备不是为了一次彩排，而是为了一场大战呢。

韦德伯爵比任何人都更尽力争取演出的批准。最后批准是得到了，但检察官在剧本上删改了许多地方。其中有几处删改得很奇怪。例如："商人罗曼诺夫之妻"几个字被改成了"商人伊凡诺夫之妻"，因为"罗曼诺夫"这名字是有暗示皇室的意味。

这戏是成功的。巴拉诺夫演捷捷列夫一角，比整个戏更成功。他是土生土长的，是第二个夏里亚宾。社交界淑女愿意和他结识。他被引到观众席中。他被郡主们包围。他和她们调情。那情景简直无法形容。第二天，报纸把他捧上了天。他就在这种捧场中走向了毁灭。他看了这些捧场文字以后所做的第一件事，便是买一顶高帽、一双手套和一件时髦外衣。然后他便开始痛骂俄国文化。

"我们一共只有十种到十一种报纸。而巴黎或伦敦，"他说，"却有五百种，五千种。"

换句话说，巴拉诺夫遗憾的是，只有十种或十一种报纸捧他，如果他在巴黎，那便会有五千种报纸恭维他了。从他的观点来看，这才是文化的真正意义。

巴拉诺夫的品格改变了。他立即开始喝酒。我们把他治好了，而且宽恕他，因为他是个天才。他开始好转。但是他继续演捷捷列夫一角，成功愈大，人却变得愈坏。他不遵守时间，借口生病，有一次甚至根本不到剧场来。我们不得不让他离开了。他流浪在莫斯科的街头，用雷鸣的嗓音朗诵那些名不符实的诗篇和独白，而且用渐次增强的声音吼叫。警察把他带进了警察署。他偶然会到剧院来看我们。我们热情地欢迎他，他在我们剧院里吃饭，但他从不要求我们邀他回剧院，他说：

"我知道我是不配回剧院的。"

后来，我们有一个同事在公路上遇见他，他穿着内衣，最后便不知所终了。这一位具有孩子般的心和头脑的、亲爱的、有才能的流浪者现在在哪儿呢？大概，他死了……由于过多的光荣，由于不能消受成功而死了。愿他安息！

我们从高尔基那里得到第二个剧本，剧本定名为《生活的底层》，后来接受聂米罗维奇-丹钦柯的意见，改名为《在底层》。在我们面前有一个困难：一个新作家，一种新体裁，作家写作上、演员表演上的新格调与新样式，以及一种近乎剧场性与宣传两者的、新的、特殊的浪漫主义与悲剧感情。

二十六　社会政治的路线

"我看不惯高尔基像个牧师那样走上讲台，用一种教会式的姿态向听众宣读他的传教文字，"有一次契诃夫这样谈论高尔基，"高尔基是一个破坏者，他必须破坏一切应该破坏的东西。他的力量和使命在这里。"

我们的气质和高尔基的宽宏气度、鲜明思想、锋利警语、激情奔放与特殊的悲剧感情是不相吻合的。必须善于把高尔基的字句说得生动而响亮。高尔基的那些说教性的与宣传性的语句，甚至像讨论"人"的那一类的语句都必须说得朴素，有真诚的热情，不带任何虚假与夸张的剧场性。否则，一个严肃的戏剧便会变成一个简单的闹剧了。必须把流浪汉的特殊风格变为我们自己的风格，而不要与剧场性的调子或庸俗腔调混淆起来。在流浪汉身上必须具备宽宏、自由、他自己的一种高洁。运用寻常的朗诵调子是危险的。这一切在我看来都是重要的，倒并不是从社会运动、政治运动和倾向性的观点来看，而是从艺术革新者的观点来看。对于革新者，一切新事物之所以重要，主要因为它是新的。

我们必须像在接近契诃夫时所曾做过的那样，深入高尔基本人的内心深处，从作者的灵魂中寻找秘密。把高尔基的一部分心灵变成自己的心灵以后，我们才有权利说话，才有权利解释戏的内容、思想和情节，无须紧张与使劲，无须说服人家，无须宣传些什么，而单纯地表演——观众才会不厌倦于看我们、听我们；他们才会觉得乐于永远相信我们，因为高尔基的精神内容和我们的精神内容会使戏的倾向性部分与演出的空洞之处变得正当而圆熟，如果在另一种情形下表演，这些部分便会变成剧场性的糟粕，不会变成别的任何东西。

我们如何深入这位新作家的心灵和他剧本的内容中去呢？

聂米罗维奇-丹钦柯和我又以各自不同的方式接近这位作家和他的戏。聂米罗维奇-丹钦柯按习惯,对剧本作精辟的分析。他是一个作家,懂得文学的一切秘密途径,这些途径是他走向创作的捷径。我呢,按照一切工作开端时的习惯,茫无头绪,从地方色彩跑到感觉,又从感觉跑到形象,再从形象跑到戏。我甚至去打扰高尔基,向他寻求创作素材。他告诉我,他是怎样写这个戏,他在什么地方找到典型,他早年怎样遇到剧中人物本人的。离开了高尔基,我跑去访问那些对他的作品提供了素材的剧中的原型人物。

我们组织了一次远征,戏里的许多演员、聂米罗维奇-丹钦柯和我都参加了。在作家吉里亚罗夫斯基领导下——他是流浪汉生活的行家,他时常用金钱与劝告帮助流浪汉——我们夜间到了希特罗夫市场。这市场占了那专住流浪汉的小城的大部分地区。流浪汉的信仰是自由,他们的生活范围是危险、夜盗、冒险、偷窃、杀人。这一切在他们周围创造了一种浪漫主义的气氛和一种特殊的粗犷美,那正是当时我们在寻求的。但是我们运气不好。从希特罗夫市场的秘密组织取得通行证是困难的。那一夜发生了一件大窃案,整个市场处于被包围的状态中。持枪的巡逻队驻扎在各处。他们在没有尽头的地下通道里阻止我们前进,要求检查我们的通行证。在某一处地方,我们必须偷偷溜过,否则灾祸便会突然降临到我们身上。通过了第一道防线以后,我们比较顺利了。我们顺着连绵不断的宿舍自由行走,宿舍内有无数木架床,床上躺着许多疲倦得像死尸样的人——男人和女人。在这地下迷宫的正中心,是本市场的大学和流浪知识分子集合地。他们都是能读能写的人,当时都在忙于替演员抄写台词。这些抄写人住在一间

二十六 社会政治的路线 381

小房间内。他们显得和蔼而殷勤，特别是其中一位有一双优美的手和一副文雅的仪表的、有教养的人。他会说许多种语言。他是禁卫军的一位退职军官，丧失了全部资产，堕落到了这底层里。后来他重新过上舒适的生活，结婚，获得一个好位置，穿上制服。

"我总要穿上这套制服在希特罗夫市场里露一露脸。"某一天，他这样想。

他很快便把这个念头忘记了。但这个念头却一再浮现在他脑海里。有一次，当他被征到莫斯科去从军的时候，他又在希特罗夫市场出现了，使市场的全体居民大吃一惊——从此以后，他便留在市场里过下半辈子生活，再没有出来的希望了。

所有这些人像迎接他们久已相识的熟客那样接待我们。实际上，他们也的确知道我们的本名与父名，因为他们时常为我们工作，给我们抄写角色的台词，尽力使他们所喜爱的演员满意。我们一进门，桌上放了伏特加和香肠，宴会便开始了。当我们告诉他们，我们要演一个表现他们这样人物的戏时，他们感动得哭起来了。

"这是我们多大的光荣呀！"其中有一个人大声说。

"我们身上有什么有趣的事，使他们想在舞台上表现我们呢？"另一个人天真地问道。

他们的谈话扯到这样一个题目，那就是等他们不再喝酒，成了正经人，而且离开这地方以后，他们就会怎么样，等等。

其中有一个人专讲他的历史。他惟一的纪念品是从一本有插图的杂志上剪下来的一张画，画着一个年老父亲给他儿子看一张支票，母亲却站在旁边哭。西莫夫不喜欢这一张画。这是纠纷爆发的信号。那些灌饱了酒的活酒桶暴跳起来，他们抓起酒瓶、棍棒、矮凳就砸西莫夫。再过一些时候，西莫夫便会被打死了，但是吉里亚罗夫斯基吼出了一句五重的咒骂，这句咒骂的复杂构词不仅使我们惊讶，甚至使底层的居民也惊讶了。用任何别的语言咒骂，绝不能像用俄国话咒骂这样生动。由于这咒骂的突如其来，以及这咒骂所引起的欣喜与美感的满足，那些抄写人顿时像石块似的呆住了。他们的情绪立刻转变了。这句咒骂的奇妙的构词引发了疯狂的笑声、掌声、欢呼声、感激和庆贺，这句咒骂把我们从死亡里救了出来。

希特罗夫市场的旅行比对剧本的任何讨论或分析更能激发我的幻想和创作情感。那里有可供你塑造得合于你愿望的原始材料；有可用于人物创造、舞台演出设计、形象、模型与计划等创造的活的素材。一切都得到了现实基础，都找到了恰当的地位。在草拟图稿和舞台演出设计，或向演员表现任何一个场景时，我都是根据那些活生生记忆，而不是根据杜撰或臆测的。但那一次旅行的主要结果却是这一件事，即它强制我去感觉那剧本的内在意义。

"不惜任何代价以求自由！"在我看来，这便是剧本的内在意义。就为了要取得那种自由，人们才落入这生活的底层，变成奴隶的。但是，他们是自己意志的奴隶，他们随时可以摆脱自己的枷锁，只是过后又把枷锁套上，再度变成奴隶罢了。据说，这剧本是有倾向性的，这剧本有社会意义与政治意义的。姑且如此说吧！在我和演员看来，这剧本即是"自由"，而观众是从我们所表演的舞台生活中自由地得出自己的结论的。

在这种情形下，正如人们常说的，我们"用敞开的心灵"是易于了解而且体会聂米罗维奇-丹钦柯对这戏的卓越的导演手法的。

但是可惜，在我扮演的沙金这个角色中，我有部分这样的了解和感觉。在内心，我了解和感觉到这一切；它（那个真实地反映了这角色的看不见的内在生活的东西）从我的心灵走到我的舌头，从我的心灵走到我身体的机能中枢和周围。但是，一接触到外在形象时，便发生一种朝我习惯的剧场性走去的趋向，我所表演的便不是角色，而是角色的结果，高尔基的倾向、思想和福音宣传了。我夸张了浪漫性，落入到寻常的剧场性的悲剧情感与朗诵中了。在我寻求创作情感时，我时而循感觉路线——但又并未直觉地体验角色——时而循象征路线，到达了最平凡的倾向性刻划、最冷漠的剧场性悲剧情感与虚假的怀抱中。这种现象继续了很长一个时期，直到我生活上的那个可纪念的时刻，就是某种创作的诀窍在我面前显露的时候为止。但那是后来的事。

这次演出获得了巨大成功。演员、导演和高尔基本人得到无休止的叫幕。看着高尔基第一次上台，嘴上衔一支烟，站在台上，微笑而发呆，不知道应该向观众鞠躬，还是拿下嘴上的烟，这是很有趣的。

"瞧，兄弟们，坦白说，这的确是成功，"高尔基仿佛在对自己说，"他们在拍手，真的呀。他们在叫喊！你们了不起！"

高尔基变成了时势英雄。在街上有人追随他。大批崇拜他的人，尤其是女性围着他。起初他有点局促不安。他走近他们，拉扯硬而短的胡子，用他粗壮的手指掠长发，或者昂一下头，把垂在脸上和额上的头发甩上去——发抖，鼓胀鼻孔，慌张地伛着背。

"兄弟们，"他对我们说，犯罪似的微笑着，"你们知道……这总是不舒服的……真的呀……坦白说！他们为什么那样盯着我看呢？我不是一个歌手、一个舞蹈家呀……谁会想到这种事呢？……确实的！……我坦白说……"

但是这种有趣的紧张和说话的异样、羞怯的态度更激起而且吸引崇拜他的人们。高尔基的个人吸引力是强的。他有自己的造型美、自由和潇洒。当他站在雅尔塔的海滨，等待我们的轮船离埠时，我的视觉记忆中留下了他优美姿态的印象。不经心地倚在行李上，手扶着他的幼子马克西姆卡，他深思地眺望着远方，仿佛再过一会儿，他就会从海岸上飞起，追踪自己的梦想，飞向无边无际的苍穹似的。

二十七　《黑暗的势力》和《人民公敌》

紧接着《小市民》的是托尔斯泰的《黑暗的势力》。继续探索新的东西，我们不能容忍那种剧场性的农民定型。对知道农村、知道俄国的人来说，对于了解什么是农村的黑暗，什么是黑暗势力的人，看到托尔斯泰笔下的农民穿拖鞋，头发上系着丝带，是一种侮辱。在现时，你不会相信在一个农民剧里，演员能够这个样子走出台来，但在我所记述的当时，这却是一件普通的事。

这类戏的布景和演出大致也是以相同的精力处理的。我们对这样一个农民剧的表现方式进行探索。我们要求表现真正的农民，不仅表现真正农民的服装，而且表现真正农民心灵的内在状态。但是，结果却并不是我们所要求的。我们表现不出精神这一方面，我们还没有到达能表现精神方面的水平。为了弥补空白，我们照例夸张了形式的、外在的、表层的一面。这种外在的夸张并没有内心根据，因为无生命的物件、道具和音响，使整个设计突出了。结果陷入了真正的自然主义。愈益接近现实，便愈益显得风土化——对我们便愈糟。因为没有表现出精神上的黑暗，所以外在的与自然主义的黑暗便显得不必要了。没有完成什么，也没有说明什么。风土化窒息了文学和演员艺术。

如果我们不能创造内在本质上的新鲜东西，那么我们可以在布景与服装方面创造出超过所需要的东西来，而且我可以肯定地说，舞台上还从没有见过像我们所表现的那样真实的农村。为了研究农村生活,我们作了一次远征,去剧情的发生地图拉省的庄园。我们在那儿住了两个星期,访问附近的几个乡村。美术家西莫夫和剧院的服装负责人格列高里叶娃同我们在一起。我们研究了庄园上的房屋,画出房屋的图样,院落、谷仓、外屋与主要建筑物的自然环境的图样和地形。我们研究当地的风俗、结婚仪式、日常生活程序、耕作细节。我们从农村带回来外衣、衬衣、短外套、盆碟和家具。除这些东西,我们还带回来两个农村生活的"活标本",一个老农夫和一个老农妇。他俩都有舞台才能,尤其是那个老农妇。他们来指导戏里的农村风俗习惯。几次排演以后,他们无须提词人而记住了所有角色的台词。有一次,扮演玛特莲娜一角的女演员病了,老农妇便代替她排演。老农妇的表演引起轰动。是她第一次在舞台上表现了真实的俄国农村,表现了俄国农村的一切精神上的黑暗与势力。当她给阿尼夏毒药,让她毒死她丈夫时,当她把弯曲的手伸到怀里,摸索那小包毒药,然后镇静地、有条有理地、仿佛不知道自己作恶似的向阿尼夏讲解,怎样逐步地、秘密地毒死一个男人时,我们的额上冒出了冷汗。托尔斯泰的儿子谢尔盖·列沃维奇也在场看排演,他十分倾倒于那老农妇的表演,劝我们把玛特莲娜这角色正式派给她。他的提议是很诱惑人的。我们和那扮演玛特莲娜的女演员谈过一次话以后,她同意把这角色让给老农妇。只有一个无法克服的困难。在剧中玛特莲娜发怒或骂人的那些场景里,那老农妇不用托尔斯泰的词句,却自己编了许多,这些词句是些难听的粗话,可以断定,检察官决不会准许这些粗话在台上说的。无论我们如何恳求她不要这样说,但她还是不相信她在舞台上能不说粗话演下去。照她的意见,在一个真实的农村里,不说粗话是不可能的。

另外还有一个情况：她把托尔斯泰的悲剧内在的与外在的内容表现得非常充分、忠实，而且色调非常鲜明，她使我们演出的每一个自然主义细节表现得如此恰当，以致我们没有人能代替她了。她下场以后，剧团的正式演员在台上表演时，他们精神的与肉体的模仿使他们显露原形了。所有的演员都是如此，只有布托娃例外，她演阿尼夏，对农村和它的势力与黑暗有敏锐的感觉。那老农妇和布托娃创造了叫人难以忘记的一对。这样，对其他演员却只有更糟。那个真的农妇把他们都破坏了。

我不得不忍痛把那个老农妇从女演员的名单上删去，因为她仍旧在台上咒骂。我把她转移到集合在彼得屋前的群众中去，彼得便是被阿尼夏毒死的那个丈夫。但在这地方，老农妇的形象仍然是其他演员的模仿对象。我便把她藏到群众行列的后排去，但是她一声哭泣，盖过了同场其他所有演员的呼叫。于是既不能放弃她，我便专为她加了一个哑场，在哑场时，让她从舞台这边走到那边，哼一首歌，叫唤一个远方的人。她苍老而疲弱的嗓子音域十分宽广，而且十分真实地表达了俄国农村的精神，以致在她下场以后，我们任何一个人都无法在台上表演了。我们作了最后一次尝试。我们没有让她走出台来，只让她在舞台侧幕内唱歌。即使如此，对演员还是有威胁。于是我们把她的嗓音做成了一张唱片，把她的歌当作动作背景，以免破坏我们的统一。

我们埋没了她伟大而无法应用的才能，这是痛苦的。但这种实验对我不是白费的。经验使我相信，而且看到我的信念几十次地被证明，舞台上的自然主义只有被演员的内心经验所证实时，才能算是自然主义。自然主义一经证实，它或者成为必要的（尤其在托尔斯泰的戏里，因为托尔斯泰比其他任何作家更喜爱人类生活中的细节与事物），或者由于演员情感的内心流露和内心生活与外在生活的彻底结合，才能全然不被人家注意了。我要劝告一切并没有凭自己的经验理解这一点的理论家们，像我一样去观察他们的话怎样在舞台上得到证验吧。他们批评我们的那些话是对的，因为我们未经证实的自然主义是一种错误。这种自然主义是不会获得预期成功的，我演的米德里奇一角也没有成功，虽然为了这角色我在额上粘了一些瘤，把手和脚以及全身都改变了形状，以期酷似一个农民。这种未经内心体验的模仿，只能演得更坏。我没有感觉到什么东西，既没感觉到米德里奇的心灵，也没感觉到他的身体。我用虚假的调子演戏，只表演了一幅舞台漫画而已。

这次演出的自然主义路线并没有和那更重要的"情感直觉"的路线合而为一。

《人民公敌》的演出和扮演斯多克芒医生一角应该包括在那一系列归入社会政治路线一类的戏里面去，因为在那些日子里，《人民公敌》不仅有艺术意义，而且有社会意义，它广泛地表现了那个时代。这戏立刻遭受检察官和警察的监视是不足为奇的。没有一场演出不受到类似示威的喝彩。

但是我个人——戏的主要角色的解释人——从来没有，甚至一刹那也没有感觉到我的舞台生活中有倾向性或政治性，也没感到和演出相伴的那些示威妨碍了我。我被一条完全不同的路线——斯多克芒对"真理"的爱吸引到剧本和角色中去的。我在剧中对我曾经爱过的那些人发怒，我通过斯多克芒的心灵的眼睛注视他们。我由衷地同情斯多克芒，当他的眼望着那些曾经是他朋友的人们的卑鄙心灵时，我了解他的心情。在那些时候，我害怕过——为斯多克芒害怕,还是为我自己害怕——我记不清了。我感觉到而且理解: 随着戏的逐步发展,我渐渐孤独起来,在戏的结尾我终于只剩一个人时,那最后一句台词:"最孤独的人是最坚强的人。"仿佛自然而然要冲出口来一样。

在我的直觉中,我认为自己演斯多克芒一角比演我保留节目中的任何一个别的角色都要更自在。在演这角色时,我本能地依循"情感直觉"路线。我觉得,斯多克芒不是一个政治家,不是一个会场上的演说家,不是一个理论家,而是一个具有理想的人,是他的国家和人民的忠实朋友。他是他祖国最优秀的、最纯洁的公民。

从我的感情直觉出发,结果演成一个有社会意义和政治意义的戏。从感情直觉出发,我自然地到达内在形象,抓到了内在形象的一切特点与细节: 那明明白白地暗示他内心完全看不见人类缺点的短视,那孩子般的和年轻的举止、动作,他和儿女与家人相处的那种友爱关系、快乐、开玩笑与戏玩的爱好,以及喜爱社交,和蔼近人,使所有和他接触的人不得不变得更纯洁、更善良,不得不在他面前表现他们天性最善良的一面。从感情直觉出发,我到达外在形象,因为外在形象是从内在形象自然流露出来的。斯多克芒与斯坦尼斯拉夫斯基的心灵与身体有机地合而为一了。我只要想到斯多克芒的思想与惦念,他那近视的特征便会自然产生,同时还产生了他向前倾斜的身体、快步子、信任地注视着与我同台的人或物的灵魂的眼睛、食指与中指自动伸出去,为了增强说服力,仿佛要把我自己的思想、感情和语言塞到听者的心里去似的,等等。这一切习惯自然而然地、不自觉地涌现了,而且完全不是我自己故意促成的。这些动作从什么地方来的呢?

从什么地方来的呢？自然的创作道路是超出人类理解的。谁会想到我从一所古旧房屋的一般外貌上找到了奥斯托洛夫斯基的《智者千虑，必有一失》中的克罗吉兹基将军一角的化装和外在形象呢。这所古旧房屋有点倾斜地矗立在一座更古老的庭院中，房屋好像长满了青苔的颊须一样！从这所古屋里跑出来几个穿普通军装的矮小老人，他们的腋下挟着许多不必要的文件和克罗吉兹基将军的那一类的计划。所有这一切凑合在一起，神秘地把我引向奥斯托洛夫斯基喜剧中我的角色的化装。斯多克芒一角的外形素材也是不知不觉地从回忆中得来的。

几年过去了，我仍旧扮演斯多克芒，渐渐地，我偶然发现了内在形象与外在形象的许多因素的源泉。例如，在柏林，我遇到一位学者，我以前在维也纳附近的一家疗养院里时常遇到他，而且我认出，我曾经从他身上发现了演斯多克芒的手指姿势。事实很可能真是这样。我又遇见一位著名的音乐批评家，从他身上学到了我演斯多克芒的某一处顿脚的姿势。我只需在台上或台下表演出斯多克芒的姿态与习惯，心灵上便会产生造成这些姿态与习惯的那种情感和理解。这样，直觉不仅创造了形象，也创造了形象的情感。这些情感有机地变为我自己的情感，或者更正确地说，我自己的情感变为斯多克芒的情感了。在这种转化过程中，我感到一个艺术家所能感到的最大愉快，那就是在舞台上说出别人的思想，使自己从属于别人的感情，把别人的动作当作我自己的动作去做。

"你们错了，你们是畜生，是的，畜生。"我在戏的第四幕中公开讲演时向群众说，我是真实而由衷地说出这句话的，因为我能够采取斯多克芒本人的观点了。我发现，说出这句话是愉快的，我还感到那些已经爱我所演的斯多克芒的观众激动起来，气恼我不该那么不通世故、过于坦率而激怒了那些敌人——这感觉也是愉快的。

我一人兼演员与导演的双重身份，确实很明白演员与观众两者中间产生的这种误会的舞台效果。这误会唤起了他们两方面的由衷的感情，和一刹那间的真实体验与生动同情，所以我更要依照剧本，尽可能真挚地说出我的台词，使观众更加被激恼，使他们对斯多克芒更生气，为了他的孩子般的真诚而更爱斯多克芒。

表演一连串社会性与政治性的戏中的一个戏的角色，我找到了"情感直觉"的路线，而忘记了戏的政治性，政治性却正因为我忘记了它而变得更强烈。循着"情感直觉"的路线，我本能地理解了角色形态的特征线索。角色的表征以其自身的力量自然地显露出来。也许在我们的艺术中，只有惟一正确的道路——情感直觉的路线吧！由感情直觉，不知不觉地涌现角色的外在的与内在的形象、思想与技术。直觉的路线也时时吸收一切其他路线，掌握角色的与戏的一切精神实质和外在实质。以前我创造《斯切潘奇科沃村》一剧的叔父一角时，也有过这经验。在那个剧中情形也是这样，那就是我愈确信他的不可救药的天真和好心，他的行动便变得愈不随和，观众也就愈激动。误会愈深，观众因他的孩子般的信任与心灵纯洁而愈强烈地爱他。在那个戏里情感直觉的路线也吸收了角色的所有其他路线，作家的创作目的和剧本的倾向性不是由演员创造出来，而是由观众根据他们在剧场中所见所闻的一切创造出来的。

演斯多克芒一角，我无意中达到了我演萨丁一角时虽然有意追求，却不能达到的一切。在斯多克芒身上，我并没有想到政治性和倾向性，但政治性和倾向性却自然地创造出来了。在萨丁身上，我想到了戏在社会、政治上的重要性，但那些东西却并没有表演出来。那么，在接触一个社会性与政治性的戏时，应该走哪一条道路呢？你必须以角色的思想与情感来生活，而且表演得符合那些思想与情感。正如合理的行为会产生反应一样，艺术的创造性会使戏的思想性与倾向性显现出来。让观众自己去作定论吧。

演员最应该注意的就是去创造艺术性的动作。

二十八　《尤利乌斯·恺撒》

"事情决定了，我们要演莎士比亚的《尤利乌斯·恺撒》。"聂米罗维奇-丹钦柯走进我的房间，把帽子放到桌上，对我说。

"我们什么时候演出这戏呢？"我纳闷地问。

"下一个演出季节的开头。"聂米罗维奇-丹钦柯答道。

"但是我们该在什么时候制订演出计划、制作布景与服装呢？要是今天不动手的话，明天我们全体要去过暑假啦。"我仍然觉着惊愕。

但是，每逢聂米罗维奇-丹钦柯讲得这样有把握的时候，那意思就是说，他已经不止一夜手执铅笔，制订出了演出计划，研究了庞大剧场机构的每一部门的工作细节了。

为我们剧院的节目选择一个戏，非常像历受难产的痛苦。在这一年，这个过程比往常还更艰难。此刻已经是五月了，正是我们出发去彼得堡作每年旅行公演的时候，可是还没有谁知道下一季节的工作是什么。事情已经没有讨论的余地；必须同意聂米罗维奇-丹钦柯的建议，着手做一切可能做的工作了。

彼得堡的旅行延缓了，聂米罗维奇-丹钦柯和西莫夫到罗马去搜集材料，在剧场里设立一个正常机构，负责准备工作。我们设立许多部门，各部门负责人和助理都从我们的演员与导演名单中产生。这些部门设立在剧场的观众休息室和与此相连的各个房间内。一个部门负责剧本的文学方面和剧本台词，台词的删改、翻译，与其他本子的台词的对照，以及从外国的与本国的出版物中搜集对剧本的批评等项工作。另一个部门负责搜集恺撒时代一切有关地方色彩的材料、社会生活、风俗、建筑物和习惯。第三个部门负责服装、服装的图样、剪裁、料子、采买与染色。第四个部门负责武器，甲胄和道具。第五个部门负责搜集布景图样的素材，制作舞台模型。第六个部门负责音乐。第七个部门负责上述各项决定的订购与制作。第八个部门负责演员的排演。第九个部门负责群众场面与临时演员。第十个部门是行政部门，它要检查其他九个部门的工作。

在剧院里宣布了一条军事纪律，全体演员、行政人员和工人都动员起来了。谁也不能以任何借口拒绝工作。那些已被动员而不担任剧院本身工作的人，去参观博物馆，访问古代文化的专家学者，访问私人收藏家，参观古物店，而且必须寻找材料，把材料带回特定部门，由演员、导演和美术家鉴定。剧院派代表去访问的所有个人与社团，对我们的访问都有反应，而且把他们的无价之宝的出版物、稀世之珍、甲胄等等送到我们这里来。可以自信地说，莫斯科所有的丰富材料都被我们充分利用了。聂米罗维奇-丹钦柯从罗马带回的更丰富的材料使我们的搜集完备了。

得力于这样的组织，我们能够在几星期内搜集了在平常情况下须费一年以上时间才能搜集到的东西。其中有许多东西，我们甚至在经历过战争的今天都梦想不到。例如，被派到店铺去的道具组组员，得到了大批各种质地、各种颜色的料子，用卡车装到了剧院。这些料子挂在舞台上特制的架子上。用脚灯、边灯、顶灯、聚光灯照射，或者用单独一种灯照，或者几种灯混合在一起照，从观众席上望过去研究。比较有效果的那些布料，便放在一旁，供特定部门应用。服装的色度选择得特别留意、谨慎，使得无论哪一群演员站在台上，都能造成一个和谐的、经过精选的、彩色的花束。

聂米罗维奇-丹钦柯从国外回来以后，担负起了整个演出的责任，我们其余的人帮助他。在我这方面，我首先会同美术家完成布景设计，以及容纳导演丰富的舞台演出设计的平面图。西莫夫草拟图样。每一堂布景都必须具备舞台独创性与特点，不仅在色彩与图样方面，而且在导演对舞台计划与舞台演出设计的意图方面。这一种"无以名之"的东西（我用"无以名之"这一词汇是为了避免那个不愉快和不确切的词：花招，这个词会把我对布景的概念范畴缩小），必须首先找出来。让我举例说明。

在一个比较小的舞台上，用较少的临时演员，我们要表现勃鲁塔斯的大军行进，前往作战。在这同一场景里，为了进行战前谈判，必须让勃鲁塔斯的敌人安东尼出场。安东尼的准备作战的军队，必须能在远处看到。这场戏是在一个宽阔的平原上进行的，适合大群人集合拢来。利用一条天幕的地平线和一块画的远景，我们可以获得我们所要求的广度。但由于远景的情况，我们无法在舞台后部安置任何现实人物，必须把一切人物都移到舞台前部来。那么我们在什么地方表现安东尼的军队呢？只凭布景的模型，我们无法解决所遭遇的一切问题，怎样布置那些路径，使那些路径有最低限度的空间，以便用少数临时演员造成大批群众的印象。我们为这个目的，便把那粗制的模型放到舞台上去，利用手边的任何道具在正式舞台上模仿并创造出布景的轮廓来。这样布置了并且试过了军队行进的路径以后，我们才明白这只能造成一种木偶式的印象。我们必须瞒哄观众才行。有一次试验证明，最好不表现行进着的士兵的全身，只表现到他们的腰部，那就是表现他们的头和上身。如果这些行进着的人时而消失，时而出现，那还会更好些。如果军队的行进在树丛背后，或在突出的山岩背后，那幻觉会更好些。凡是在舞台模型的粗略仿造中启示过我们的一切事物重又表现在舞台上。利用我们舞台上的那块巨大的活动地板——这活动地板放下时，台板上便造成一个巨大裂口——我们得到了使军队时而出现、时而隐没、又再度出现的效果。在军队行进的同时，其他临时演员带着许多戈矛，在军队后方更深远处行进，增加群众人数的幻觉。这一套"花招"还有另一个有利的地方，它使我们可以只装饰临时演员的头部和上半身就够了，因为他们的腿是看不见的。岩石与岩石间的空隙地位（从那儿可以望见军队行进），可以随时放宽和缩小，不致扰乱幻觉。临时演员经过活动地板，绕过天幕，又在观众面前出现。结果是用较少的临时演员，造成行进着的士兵的没有尽头的行列。当临时演员绕道天幕后面时，裁缝们便在他们的甲胄上添加新的装饰；那就是他们改换头盔，穿上别的外衣，这样造成了观众尚未见过的一队新兵的幻觉。这效果在经济上和演出上都是很有利的，但需要许多次排演。

　　这些少量的临时演员使我们在第一幕中逼真地创造了街头群众的效果。第一幕布景的舞台平面结构和创意是西莫夫和聂米罗维奇-丹钦柯从罗马带回来的。我们可以利用那块巨大的活动地板创造一条向山下消失的街道的印象。在街道的远方，我们用了和军队行进的同一方式，创造一个移动着的群众场面的效果；古罗马生活的整个横断面在舞台上表现出来了。一排排的店铺从台口伸展到那块活动地板那儿，消失在移动的人群中。商人们站在店铺门前，叫唤买主；随处可以看见兵器店，店中在冶炼剑、盾和甲胄，在戏的必要处所，店铺内的捶击声掩盖住群众的说话。这条街横亘舞台全面，深入侧幕消失，在右方有一条巷子，一架典型的意大利梯子从山上放到巷子里来。这样，市民们相向往来，走向前台，走向后部，横过舞台，他们相遇时的行动造成一幅罗马街道生活的五光十色的、逼真的图画。在街道从地底下升到台面来的地方，有一家理发店，罗马的贵族们便在这店内相会，交谈，像我们在俱乐部里一样。在这店铺的上面，一个典型的平屋顶上，有一座小花园，园内有一张长椅。护民官们便在花园里发表演说，暂时挤在舞台前部的群众便驻足谛听。

主妇们身后带着奴隶，奴隶们手里拿着购买来的物品，横过舞台。花花公子们从理发店里恭敬地招呼她们；主妇们走过以后，花花公子们赶忙叫那些站在街头的卖淫妇进去。

恺撒与卡尔布妮亚的这一行列从下面走上横过舞台的那条街道。当行列走到台中心时，那位预言者拦住行列。恺撒得意地倚坐在他的抬床上，卡尔布妮亚娇柔地倚坐在她的抬床上，顿时都焦躁起来了。在他们背后出现了勃鲁塔斯和他的拥护者。他愁容满面地追随着行列。公民们包围他，向他呈递状纸，控诉他们所受的迫害。我千万不能忘记一件有趣的事，这件事充分证明，对最不重要的临时演员也有加以严格训练的必要。我演勃鲁塔斯一角。有一次，那个向我呈递状纸的临时演员当时没有到剧场来。聂米罗维奇-丹钦柯在台翼看戏，叫来一位没有戏的临时演员，要他出场去把必要的文书递给我，这位临时演员的本身职业是某个市政机关的书记。送信人以一个书记走向上司的典型步伐走到我身边，向我行了一个完全现代化的鞠躬礼，很清楚地说："康斯坦丁·谢尔盖伊维奇,弗拉基米尔·伊凡诺维奇命令我把这个交给你。"同时向我伸出了那个道具——罗马画板。当然,我的心情立刻变了,我为了解释角色,经历过许多艰难而创造性的工作,那就是努力抑制自己不要在那可怜的书记面前笑出来。

我们研究服装、服装的剪裁,以及适用古代造型穿着的服装和甲胄的方法。我们必须不仅在理论上,而且在实用上熟悉那些造型。我们为着这个目的做了一些专为排演用的服装、大氅、古罗马人穿的外衣、屐,以及古装的其他物件,我们在剧场里把这些服装穿戴了许多日子。我们不仅穿着这些大氅与外衣排戏,而且穿了这些服装做别的工作。在剧场的日常生活中,创造了古代社会生活的画面,每一个角色的扮演人积累了穿戴那时代的服装的真实经验。这种经验教给我们书本、理论上或图画上学不到的许多东西。我想把启示我的一切感觉与经验整理成文字,用来创造一种举止行动的模式,一种有意识地抚摸大氅和大氅褶皱处并将其合拢一把抓在手里等动作的模式,然后把我所得的结果和别的演员们分享。他们凭亲身经验渐渐习惯了他们从理论上学到的东西。在造型方面,我们创造一套动作与姿态的模式,那是从古代的塑像与壁画上描摹来的。我们每个人,姑且如此说吧,用自己的身体画出了那些塑像与壁画,也就是说,他用自己的亲身感觉使这些模式复活并得到验证。在造型方面,我们发现了某些基本规则,这些规则对我来说,不仅在《尤利乌斯·恺撒》一剧中有用,而且以后的实验与研究工作上也是有用的。

二十九 与契诃夫相处的最后一年

一九〇三年秋,契诃夫身患重病,来到莫斯科。虽然他的病很重,但他几乎出席了每一场他的新戏的排演。那个戏的名字当时他还不能决定。有一天晚上,他打电话给我,说有事要我到他那里去谈。他病了,不能出门。去拜访契诃夫是难得的快乐。我放下一切事务,赶去看他。虽然他有病,可是他很兴高采烈。显然,他并不想立刻和我谈正事,却想把正事留到最后去谈,就跟儿童们喜欢把甜食留在一餐的最后一刻吃一样。那时我们都围坐在茶桌前,笑着,因为在契诃夫面前是无法不笑的。但是茶喝完了,契诃夫带我到他的书斋里,关上门,坐在那张长沙发上他平常坐惯的那个角落里,要我坐在他面前。但是,即使到这时候,他还是不立刻谈正事,还想把正事当作最后一道水果留着。此刻他努力说服我,说有几个演员不适合,应该调换别人才行。

"但是,当然啰,他们是了不起的演员。"他竭力缓和批评的口气。

我知道,这一切只是他真正想说的话的前奏而已。契诃夫是一个戏剧家,知道一个立即要演出的戏里的角色是没法调换的。最后我们谈到正事了。契诃夫沉默了一下,在这沉默中,他仿佛在思考要向我说的话。他抑制不住可爱的笑容,这种笑容在那一刻甚至显得是得意的,虽然他竭力装成严肃的样子。

"听着,我为那个戏找到了一个极好的名字。一个极好的名字。"他眼睛直视着我,说。

"什么名字?"我兴奋地问。

"樱桃园。"他发出了快乐的笑声。

我承认,我不很了解他快乐的原因,因为我觉得这个名字并没有什么新奇的地方。但是我不得不表面上装出他的发现使我很感兴趣的样子,同时,我想从契诃夫那儿寻找这个新剧名使他这么兴奋的原因。可是在这儿我碰上了他一个奇怪的特点。他对于自己创作的东西,是发挥不出,也说不出所以然的,所以他用各种不同方法、各种不同语调与音色重复念着,向我表明樱桃园这名字的美:"樱桃园。听着,这是一个极好的名字。樱桃园。"

他的声调使我体会到他正在谈到一种美丽的、热爱的东西,这名字的内在意义并不表现在这名字本身上,而表现在契诃夫的声调中。我小心翼翼地把这一层意思暗示给他。我的话使他不高兴,他脸上的快乐和得意立刻收敛了,我们的谈话也乏味了。

这次会见后过了几天,或许是一星期吧,契诃夫觉得舒服了些,便出门了。在某次演出中,他走进我的化装室,带着得意的微笑坐在我身旁,靠近化装桌。他爱看演员化装和穿服装。如果我们在这样的时候望着他,我们便可以不需要镜子了,因为他脸上的表情便能立刻告诉我们,我们脸上的油彩抹得合适不合适。

"听着,不是 вишневый,而是 вишнёвый сад[①]。"他得意地说,发出了一阵笑声。

起初我甚至不了解他在说什么,但契诃夫喜爱地重复着这个

[①] 前一个俄语词为旧俄语的"樱桃的",后一个俄语词为改革后的俄语词组"樱桃园"。下同。

剧名，加重"ё"这个字母的温柔的声音，仿佛他正想借助于这个字母的柔声来抚慰那种旧时的美丽生活，这种生活现在已不再需要，是他在戏里热情地、含泪地亲手破坏了的。这一次我懂得了这两个字之间巨大而精深的地方了。Вишневый сад 是一个有利可图的商业性的果园。这样的果园，即使现在还是生活中需要的。但是 вишнёвый сад 是无利可图的。这种果园，在它本身，在它正在开花时的一片白色中，隐藏着贵族没落生活的伟大诗意。Вишнёвый сад 是为了美而栽种的，为了满足那些娇生惯养的审美家的眼福而栽种的。破坏这种果园是可惜的，却是必要的，因为经济发展要求破坏它。

必须用大力气才能从契诃夫嘴里掏出来的一切意见似乎都是谜语。他并不喜欢表达意见，他往往躲闪时常纠缠他的导演的眼睛。如果任何一个人来看排演，看到契诃夫谦逊地坐在后排的某处，决不会相信这便是大作家和那个戏的作者。无论我们如何费力地请他坐在导演桌前，以便容易向他咨询，但我们的努力总是白费。我们逼他坐在导演桌前，他便笑起来。谁也没法了解什么事情使他笑起来：究竟是因为他变成了一个导演，坐在一张这么重要的桌子前面而笑，还是因为他正在想出方法，瞒过导演，要逃掉而笑呢？

"剧本呢，我写了，"他回答我们的问题，"可我不是一个导演，我是一个医生呀。"说了这话，他连忙走开，躲到一个黑暗的角落里去了。

把契诃夫在看排演时所持的态度和别的作家所持的态度比较一下，我不能不惊讶伟大人物的格外谦虚和小作家的盲目自大。例如，有一个小作家，当我提议要缩短他戏里的一段冗长而情感

虚假的独白时,他的声调里就含着完全的自信与被侮辱者的愤怒对我说:

"缩短吧,但是不要忘记,历史会叫你负责的。"

可是当我们胆敢向契诃夫提出删去一整场戏时,(《樱桃园》第二幕的整个结尾),他很苦恼,而且脸色十分苍白,我们觉得给他带来了痛苦,因而惊恐不安。但思考几分钟以后,他竭力控制自己,说:

"删吧。"

此后,对这件事他再没有向我们提过一个字。可是谁知道呢,也许如果他责骂我们,倒是正当的,因为想要删掉一场写得很好的戏的是导演,而不是他本人。当年轻人嘈杂地离开了瓦尔雅以后,夏尔达带着一支枪走出台来,躺在干草上,唱一支流行的德国歌曲。费尔斯步履艰难地上场,划亮一根火柴,在草丛中寻找他女主人失落的扇子。这两个寂寞的人相遇了。他们无话可谈,但他们非常想交谈,因为一个人是必须和别人交谈的。夏尔达告诉费尔斯,她幼年时怎样在马戏团表演,在我们的改编本中,她在这幕戏的开头,跟伊皮诃杜夫、雅夏和女仆同台的时候说的正是这些话。为了应对夏尔达讲的故事,费尔斯也终于说话了,而且冗长地、胡乱地说了一些他年轻时遭遇的莫名其妙的事——当时有一个人被人装在一辆车上拉到什么地方去,路上车子的吱嘎声和人的喊叫声响成一片,费尔斯用"克林—克朗"这几字来说明这些声响。夏尔达不明白他的故事,但她接着他的话说下去,以便这两个寂寞的人这种互相亲近的时刻不致中断。他们互相喊着"克林—克朗",一起很由衷地笑了。这是契诃夫所写的那一幕戏原来的结尾。

二十九　与契诃夫相处的最后一年　403

在年轻人出场的暴风骤雨般的场面以后,这样一个抒情的结尾降低了这幕戏的气氛,我们无法再把戏的气氛提高了。我以为这主要是我们自己的缺点,但是作家却为我们的无能蒙受了损失。如果一个新出道的名人处于契诃夫的地位,不知道会怎样呢?

三十 《樱桃园》

《樱桃园》的演出还需要叙述吗？我们在欧洲和美国已经演过许多次了。但关于这戏的演出，我还要讲一些事，这倒并不是为了叙述莫斯科艺术剧院在这个戏的演出中的发展路线，而是要叙述契诃夫生命的最后一年，以及他对我们剧院有巨大影响的死亡。

《樱桃园》的演出是经历了巨大的艰难困苦才完成的。这个戏是美妙的，有花的一切娇美。折断了花茎，花便枯萎了，花的芬芳也消失了。只有在导演和美术家深入挖掘得足以到达那隐藏着戏的人类重要精神宝库时，戏与角色才会有生命。我怀着想帮助演员的那种愿望，努力在他们周围创造一种气氛，希望这种气氛掌握住他们，从而激发出创造的想象力。在那些日子里，我们的内部技术和影响演员的创造心灵的能力是很差的。我用了我所能想到的一切办法。我发明各种各样的舞台演出设计、鸟鸣、犬吠，而且在追求舞台音响的这种强烈心情中，我走得太远了。以致受到了本身爱好舞台音响的契诃夫的一次反对。他向我表示不同意的那个方式是很有趣的。

"'多么美呀，多么寂静呀'，我戏里的主要人物会这样说，"他向某一个人说，为了要让我听见，"'多么美呀！我们听不到鸟鸣，听不到犬吠，听不到布谷鸟的叫声，听不到夜莺的啼叫，听不到钟声，听不到雪橇的铃声，听不到蟋蟀的叫声。'"

那一番话是专对我说的。

聂米罗维奇-丹钦柯和我没有想到这个戏在第一场演出时便会成熟。在戏上演之前，我们一直担心它会使人觉得沉闷。这戏要获得成功，必须不惜一切代价，因为契诃夫的健康状况处在危险状态中。所以我们决定利用庆祝契诃夫文学活动纪念日的机会，在纪念日演出这戏的第一场。我们的打算很简单。如果演员不能演好这个戏，那么戏不能得到巨大成功的原因可以推诿于纪念会的特殊情况，纪念会必定使观众的注意力离开演员，而集中在作家身上。但是指定的日期很近了，戏却还没有准备妥当。此外，我必须考虑送一件礼物给契诃夫。这是一个难以解决的问题。我走遍了莫斯科所有的古物店，希望找到一件礼物，但是除了一块很好的刺绣品以外，我什么也找不到。因为没有更好的东西，我们便用这刺绣品装饰在纪念花冠上。"至少，"我想，"我们要送他一件有艺术价值的东西。"

但是契诃夫从没有忘记过这一件礼物。

"听着，这是一件很好的东西，必须保存在博物馆里。"他在纪念会举行以后责备我说。

"告诉我，安东·巴甫洛维奇，我们应该送你什么礼物呢？"我惶惑地问。

"一只捕鼠器，"他想了一下之后，严肃地回答，"听着，老鼠是必须消灭的。"说到这里，他自己又笑起来了，"柯罗文送了我一件好东西，一件好东西！"

"什么好东西？"我很感兴趣。

"钓鱼竿。"

收到的别的礼物他都不喜欢，有几件礼物甚至由于庸俗而使他生气。

"听着,你不应该送一支银笔和一只古墨水瓶给一个作家。"

"那么,该送什么呢?"

"一根橡皮管。听着,我是一个医生。或者送袜子。我的太太并不好好照料我。她是个演员。我却穿着破袜子走来走去。'听着,小心肝,'我对她说,'我右脚的大脚拇趾跑出来了。把那只袜子穿到左脚上去。'她回答。那样下去是不行的!"

于是他发出了快乐的笑声。

但是在纪念会上他却一点儿也不愉快,仿佛已经预见到自己将不久于人世。第三幕以后,他站在舞台的右方,脸色惨白而瘦弱,当人们向他献礼物和发表祝词的时候,他止不住咳嗽起来。我们心里非常难过。观众中有人高声喊叫,要他坐下来。但他皱起眉头,站到纪念会结束,这种纪念会是他在作品里非常率直地嘲笑过的。即使在那一天晚上,他仍然面露微笑。一个著名的教授几乎用了与《樱桃园》第一幕中戛耶夫祝贺那只旧衣柜所说的相同的话开始他的演讲。

"亲爱的,非常可敬的……(教授没有接着说衣柜,而是接着说了契诃夫的名字)……我祝贺你……"

契诃夫转眼望着我(我扮演过戛耶夫),一抹微笑掠过嘴唇。

这真是一个盛会,但是带有葬礼的意味。我们的心情是沉重的。

演出本身只得到一般的成功,我们责备自己没能把戏里的东西充分表演出来。

契诃夫没有能看到他最后一个花一般美丽的戏真正成功,便溘然长逝了。

一九〇四年的春天快到了。契诃夫的健康一天天坏下去。胃部也发现了危险的症状，而且有肠结核的现象。医生会诊的结果，决定把他送到巴顿韦勒①去。他开始准备出国。我们大家尽可能时常去看他。可是他的健康状况往往使他不能和我们会面。尽管他有病，但对生活的爱却并没有从他心中消失。他很喜欢梅特林克的戏，当时那个戏正在排演。必须时常向他报告工作进程，必须给他看布景模型，向他解释舞台演出设计。

他自己想写一个格调全新的戏。他想写的那个戏的主题的确很不像契诃夫的风格。一个丈夫和他的朋友同时爱上一个女人。他们所爱的共同目标把他们联系起来，他们彼此嫉妒，构成了复杂的相互关系，结局是两个男人同赴北极远征。最后一幕的布景是一只在冰山上撞毁了的大船。戏是以两个朋友看见一个白色的幻影在雪上滑过而结束。这幻影显然是他们两人同时所爱的那个妇人的影子、灵魂，或象征，那女人在他们走后死去了。这便是所能从契诃夫那儿得到的关于他那永未写成的剧本的一切了。

契诃夫实实在在是一个恶作剧者和精神上的少年。在革命前的动乱时期，契诃夫乘着一辆敞篷马车，手抱一只大南瓜，他以为南瓜里面藏着特制的腌菜。南瓜包在纸里，外边绑着绳子。马车走到半路，他才发觉那些腌菜并不是自己喜欢吃的。

"赶车的，停。"当马车走到一个警察身边时，契诃夫命令道。

"拿去。"他用坚决的声调对那警察说，一边把那沉重的圆纸包交给警察。

---

① 德国的疗养胜地。

"走吧,赶车的。"

马车向前驶去了,契诃夫向警察转过头,指指那纸包,大声说:"这是一颗炸弹!"

警察呆呆地站在那儿,小心捧着那只南瓜,不让它靠近身子,契诃夫和他的朋友却在很远的地方大声笑着。

春季排演恰恰进行到一半的时候,在演出季节结束以前,契诃夫邀请我和我们剧院的几个演员、他的几个亲戚和朋友吃晚饭。显然在准备一个庆典活动。也许,他写完了一个新戏吧?我们有些奇怪,因为那晚餐并不在契诃夫家里举行,而在维希尼夫斯基家里举行。但我们把这一点解释为,契诃夫难于动员他的全部家人来准备晚餐,尤其是在他本人身体不很好的时候。

在约定的时间我们到了那里,等候契诃夫来。一小时过去了,晚餐已经冷了。我们打电话找他,但契诃夫家里没有人接电话。我们害怕起来,怕有什么不祥的事件发生。但我们忽然收到契诃夫和奥尔加·克妮碧尔发来的一封电报,要求我们祝贺他们的蜜月。为了不举行结婚仪式,契诃夫决定把所有的亲戚朋友集中在一个地方,他和克妮碧尔却在另一个地方结婚。随后免除了不必要的告别,出发到伏尔加河和奥卡河上去度蜜月了。

三十一　波瓦尔斯克研究所

偶然发生了一件事，这事虽小，却给我留下了一个很强烈的印象。有一次我们正在举行一个纪念梅特林克的晚会，我需要一个垂死的牧师的雕像，这个牧师是梅特林克《群盲》一剧中的无依无靠的盲人的精神领导者与引路人，于是我便请了一位有流行的现代主义倾向的雕刻家来做这种雕像。他来看了我们的舞台模型和设计图。我告诉他我的导演计划，这些计划，我可以说，我自己是很不满意的。这位雕刻家用一种在当时新产生的艺术革新派中间流行的很鲁莽的口吻对我说，像我们这样一个演出，只需要拿"麻屑"做个像就成了。他说完，就走了，连一点告别的礼节都没有。这一件庸俗的意外的小事，当时给我留下了一个很强烈的印象，倒并不是因为那位雕刻家态度的鲁莽，却因为我感觉到他所说的话里存在着真理，同时我开始更痛切地感觉到，我们的剧院已经走进了一条死胡同。没有新的道路，而旧的道路都被破坏了。契诃夫的明灯正在熄灭，事情是显然的，他注定了不能长久留在我们中间，他想写的那个新戏是写不成了。他一再说：

"我已经写了许多了，写了满满一书房了，确实的。我不是一个剧作家呀。霍普特曼才是剧作家，纳伊杰诺夫也是的。"

他的这种口头禅是一个凶兆。因为他感觉到自己的病情，所以他才用戏言来避免提起他的新戏。同时，作为剧院的一个股东，他又觉得有义务为剧院写作。然而，我们只有极少数的人想到将来。剧院是成功的,我们简直容纳不下我们的观众,一切事情仿佛都预示着成功,但是我们了解实际情形的少数几个人都满怀疑虑。对剧院,对所有演员,对我自己——作为导演,看不出前途远景,作为演员,已经僵化——都必须想个办法做点事情。我感觉到我上台时内心空虚,只有外表的剧场性习惯,毫无内在激情。在这种情况下,艺术只是变成了手艺、机械的玩弄、痛苦。不,与其继续这样工作下去,不如去修街道了。

"新"成为研究工作惟一目的的那个时期又来临了。为了求"新"而求"新"。"新"的根源不仅从我们的艺术部门里,而且从别的艺术部门里——文学、音乐、绘画等——去寻找。我会站在弗罗别尔的或别的现代主义画家的一幅画前面,按我导演的与演员的习惯,把自己挤进那个画框中去冥想,置身其中,希望不是从画的外在形式上熟悉它,而是从画的内在精神上熟悉,感受弗罗别尔本人的内在情感,并从形体上去适应。但是表现在画幅中的内在内容是不明确的;不是人的意识所能捉摸的;只在灵感来临的瞬间才能感觉到,感觉了一下之后,立刻又被遗忘了。在那些超意识的灵感来临的瞬间,仿佛你听任弗罗别尔通过你,通过你的身体,你的肌肉、姿态、表情,于是你的身体的这些部分便开始表现那幅画的内在精神了。你把形体上发现了的东西记在心头,你把这东西带到镜子面前,想借助镜子使你肯定你身体所表现的那些线条,但是使你惊讶的是,你在镜子里只见到了一幅弗罗别尔的漫画,见到那陈旧的、可恨的、用烂了的歌剧定型。

于是你再去看那幅画,你再在它面前站着,而且感觉到你正在用自己的方法表现那幅画的内在内容,但这一次你是站在自己情感的见证人的地位考察你自己,用内心视觉观察自己,可是,

三十一 波瓦尔斯克研究所 411

唉，你又看见了那陈旧的、可恨的、歌剧的旧相识了。你至多使自己模仿了弗罗别尔的线条的外在形式，却忘了那幅画的内在精神。在这样的时候，你觉得自己是一个在弹奏损坏了的乐器的乐师，是一个想表现美丽思想，而嗓音和舌头不听指挥，只发出粗暴、不悦耳、烦人的声音的瘫子。不，你对自己说，这问题不是你的力量所能解决的，因为弗罗别尔的形式太抽象了，太非物质的了。那些形式距离现代人的现实的、饱满的身体太远了，现代人的身体的线条是无法变更地永远固定的。你不能削去你的肩，使它们像画上一样倾斜；你不能拉长你的胳臂、你的腿、你的手指；你不能像美术家要求你的那样向外弯腰。

但是在另外的、勇气十足的时候，你又作出不同的论断。不，你对自己说，原因不在于我们的身体是物质的，而在于身体没有受过训练，不柔顺，没有表现力。身体已习惯于日常生活的要求，习惯于表现日常生活的情感。但是，对于表现诗人的抽象的或深厚的经验，以及这些经验的舞台表现，是有一整套陈腐不堪的刻板法。在我们身上有两种动作与姿态，一种是正常的、自然的、生活化的、用在日常生活上的；另一种是反常的、不自然的、非生活化的，用来模仿你所不能感觉的东西。这后一种动作与姿态，是从意大利歌手、拙劣的绘画、插图和明信片上剽窃来的。你能用这些庸俗形式来表现那超意识的高深，构成弗罗别尔的美吗？

于是我去研究雕刻，从雕刻中寻求新表演艺术的根源，但结果和结论是相同的。我又去研究音乐，想用我的身体和动作去反映音乐，但是别人又劝告我，说我们全都中了舞剧与歌剧的毒了。

"天呀！"我对自己喊叫，"我们这些舞台艺术家们难道由于我们身体的物质性而注定了永世服务于和永世表现那粗俗的现实主义，而不能表现任何别的东西了吗？难道不准我们比绘画上的现实主义者当时所走过的路程走得更远一些吗？是不是我们只能算作舞台艺术的先驱者呢？

"那么舞剧呢？它最好的代表——塔里奥尼、邓肯、巴甫洛娃——的形象来看，又是什么呢？她们摒弃了身体的物质性了吗？那么，那些像鸟儿一般从一个秋千飞上另一个秋千的体育家们又是怎样的呢？你甚至决不相信他们具有一具肉身。那意思就是说，我们也可以摆脱身体的物质性。我们必须这么做，并加以发展。"

夜深人静的时候，我又开始身体的研究工作，如同我年轻时在我父亲的住宅里做过的那种工作一样。

我也开始注意嗓音，那是我们久已忘记了的。人的声音是不是物质的、粗糙的，以致无法表现那种抽象的、升华的、高贵的精神的呢？例如，夏里亚宾，他当时步步高升，已经世界闻名了。难道他没有达到我们正在话剧中寻求的那种境界吗？

"是的，达到了，但那是歌剧呀，有音乐呀。"怀疑的声音在我心里响起。

但是对话的语言就不能音乐化吗？

我念一念散文，吟一吟诗文，我又遇见可恨的相识者，剧场性的刻板的朗诵。我愈寻求声音的动听，便产生愈多的花腔，这些声音极力要代替我所寻求的悠长颤动的音调。我摆脱了这种声音，而试着平易地说话，但结果成了平凡的日常语言。用平凡的日常讲话的嗓音，你是不能说出理想的情感，世界的痛苦，生存的奥秘和永恒的。

但是，在灵感来临的瞬息，由于我们所不理解的原因，你所感觉到的并不是文字本身的概念，却是隐藏在文字中的深刻意义，你发现了你所寻求的动听与高尚了。在这种瞬息之间，你的嗓音有了反响，语言的音乐性产生了。这种音乐性从哪里来的呢？那是大自然的一个秘密。只有它才能像一个有才能的音乐名家运用乐器那样支配人体器官。只有它才能使一个没嗓音的人发出强烈的声音来。让我讲一个故事。

我们有一个演员完全失去舞台嗓音了。他的嗓音低得台下几乎听不见。练声和其他任何人工方法都对他无效。有一次，他和我在高加索散步，我们受到了守羊犬的侵袭。我的同伴惊慌中大叫一声，叫得那么响，一俄里外都可以听到。他有一副很洪亮的嗓子，但只有天性能控制它。

"这意思就是，"我对自己说，"嗓音的秘密在于感觉一种情绪。一旦情绪感觉到了，嗓音便自然而然有了。"

于是我试着感觉自己的情绪和培养自己的灵感，但这种做法只造成喉头的压迫和身体的痉挛。我勉力进入台词的底蕴深处，但结果成了书呆子式的沉重而晦涩的语言了。

在这一个研究时期中，我又遇到梅耶荷德，他一度是莫斯科艺术剧院的演员。在我们剧院成立的第四年，他离开我们到外省去了。他在外省组织了一个剧团，开头演我们演过的戏，但后来便根据我们剧院的工作方法，创造他自己的演出。他像我一样，在寻求艺术上的新东西，寻求在精神上更适合于时代和现代化的东西。我们之间的差别在于下面一点，那就是：我只努力于求新，但对于到达"新"和实现"新"的那些道路，却一无所知。梅耶荷德却以为已经找到新道路和新方法，他所以不能实现这些新道路和新方法，一半因为物质条件，一半因为他的剧团中人力薄弱。善良的命运又带引我和这个人接触了，他是我研究工作的某一时期中我最需要的人。我决定帮助梅耶荷德的新的工作，这工作那时候在我看来是符合我当时的许多梦想的。

但是用什么方法、在什么地方实现我们的梦想呢？首先，这些梦想只有在实验工作中才能全部实现。由于每天的演出、繁重的任务和严格节约的预算，剧院里面是没有地方可供实验的。我们需要一个特设的组织，这组织我们很高兴地称为戏剧研究所。这研究所既不是一个现成的剧场，又不是一个初学者的学校，而是一个为那些多少成熟了的演员安置的实验室。

这研究所的创立工作占去我大部分时间。我重犯了在建立艺术文学协会时犯过的一切错误。开始最好这研究所的规模不太大，不需要许多经费。但是，我受到了下面一个事实的鼓舞，那就是一所很好的房屋被我们廉价租到了，而且我又相信了那一句旧的传说：只要有一个大的场所可以容纳观众，剧场事业是最有利可图的，所以我便决定为这研究所租用一家剧场。因此这新事业的开支就增加了十倍。必须改造全部房屋，必须雇用大批人员，给这剧场以相当的照管。那些青年画家以萨普诺夫和苏杰金为首，为这新意念所鼓舞，对于研究所的装饰提供了他们的珍贵的劳作——所以说珍贵，是因为他们的年轻而不羁的想象冲破了一切实际限制，他们甚至把一间观众休息室的镶木地板漆成了绿色。我承认那颜色的确很美，但可惜，一经髹漆，所有的细木地板都弯曲了，于是必须重新铺一层地板。

在装饰上，还有许多别的有趣而美好的想法，但是与其把钱用在一所不是我们自己的房屋的装饰上,不如用在舞台本身更为实际,而且无论我们费多大力量,我们也不能把那所房屋造出一个看得过去的观众休息室来的。

正如艺术文学协会时期一样,研究所又分设了许多部门。音乐部由伊里亚·萨兹和几个有才能的作曲家负责。他们不满意普通的管弦乐队的乐器,那些乐器完全不能表现各种声音,所以他们致力于寻求新的乐器来丰富管弦乐。"我们在夏天旭阳初升时的寂静中所听到的牧笛声不美丽吗?"他们说,"这种声音在音乐里不需要吗?管弦乐队的乐器能有可以和它相比的声音吗?竖笛、黑管发出的那些声音是工厂里制造的,不能从中感觉到大自然的声音。"他们研究其他各种民族的、古代的乐器,像盲人唱赞美诗或圣人亚历克谢歌时用以伴奏的竖琴和那从未在现代管弦乐队里出现的、有特别声音的高加索的乐器。于是决定组织一次全俄旅行,从民间搜集一批不知名的音乐家与演员,组成一个完整的团体,准备开一次演奏会,把新东西带到音乐与艺术中来。

旅行的计划实行了,我们发现了许多有趣的材料,而且带到了莫斯科——以前甚至从未听到过的乐器和人。有一位绝无仅有的牧笛专家,他在音量和声音的音乐性上能压倒管乐队的管乐器,在演奏中保存着田野和森林的质朴与芬芳。有一个出色的三重唱,一个母亲和两个孩子有着最卓越的嗓音,小女孩的高音,男孩的中音和母亲的次中音,母亲能恰似一架手风琴那样持续发音,无须换气的间歇。你决看不出她在什么时候换气。我一生中还从没有见过这样大呼吸量的人。

还找到一些讲故事的人和说书人,这种人半唱半诵故事。还有哭丧妇,这种人以相当原始的抑扬声调、腔调和音阶在丧礼中哭悼死人。还有一个完全特殊的人，他的审美观显然有问题，但他的天才和独创能力却毫无疑问。这是一位自修成功的说书人，他模仿一个因为忧伤而饮酒的人。他会号哭、捶胸、失望和涕泗滂沱地大哭大叫；他讲自己爱人的悲惨故事，讲他阵亡的弟弟的悲惨故事，讲他朋友的悲惨故事，讲那抛弃孩子而放荡的母亲的悲惨故事。眼泪从他眼中像瀑布似的流出来；情感攫住了他的心——看到他非常强烈但又不美观的表演，谁都不能不发抖、流泪。

不能让这新团体公开表演是可惜的，因为这一切新艺术家有的没有来，有的来了，又走了，因为第一次革命几乎与新研究所的开幕同时来临的。

我不但没有阻拦这些热心的年轻人的各种尝试，自己倒受到他们的鼓舞，甚至于助长了他们的热情。这些新意念使我产生了浓厚兴趣。所以我的榜样感染了其他人，那是很自然的。

我们在找出资方，可是在我们期待出资方的时候，已经支出了许多钱，打在将来收入的账上。许多亏损已经先期造成了，剧团的一部分人集中起来。可是没有出资方来，研究所的全部开支就落在我的肩上，虽然我为艺术文学协会所负的债至今大部分还没清偿。我心里倒还宽慰，因为研究所的预算相当小，第一年只亏一万五千卢布，以后几年，这亏损可以百倍收回。像常有的情形一样，预算似乎可以保证，而且没有什么疑问。

全部年轻演员都集中了，他们是从莫斯科和彼得堡来的。其中有现在著名的彼夫佐夫和科斯特罗姆斯科伊。

排演是在普希金村举行的，正如莫斯科艺术剧院创立时一样。我建造了一所仓房，这仓房几乎就是那所旧谷仓的翻版，把演员都带到村子里来过夏天,预付了他们薪水,我便离开莫斯科和莫斯科近郊,希望在我回来的时候,看到工作的结果。那时候我觉得为了事业的成功,青年演员需要完全的独立性。如果在时机还没成熟的时候我去干涉他们,只会惊扰他们。我的临场和权威会压抑与扰乱他们年轻的想象力、导演和演员的意志和能力。当知道他们在我回来的时候要给我看些什么东西以后,我便会凭我的经验,替他们的年轻艺术奠立基础。但是我和新研究所保持一段距离和离开莫斯科的最重要原因,是我的计划并不想让我承担两个剧院的责任,这会不可避免地带来因双重领导而引起的纠葛。

整个夏天我收到许多排演的报告和信件,这些文件向我报告研究所里所研究出来的演出的新原则、新方法。这原则与方法是有独创性的。但在实际上行得通吗?

这新研究所的原则,用尽可能简单的话来说,就是现实主义和地方色彩已经过时,观众再不会感觉兴趣了。舞台上表现非现实东西的时期已经到来。我们所必须表现的不是像现实中所存在的生活本身,却像我们在梦想中、在幻象中、在精神昂扬的瞬息中所朦胧地感觉到的那种生活。这种精神状态正是我们要在舞台上表现的,恰如新派画家在画布上所画的,现代主义音乐家在他们的曲调中所谱写的,新派诗人在他们的诗中所表现的那样。这些画家、音乐家、诗人的作品,并没有清晰的轮廓,并没有确定而完美的旋律以表现确切的思想。这些作品的力量在于色彩、线条、音符,与字音谐调的结合和补充。这些作品创造出一种情调,会下意识地感染观众。这些作品发出暗示,强制观众用自己的想象来创造。

梅耶荷德懂得怎样讲述自己的梦想和想法，并且找到恰当的字眼来给它们下定义。从报告和信件中，我理解了我们在基本原则上是相同的，寻求的是同一样东西。这便是那早已在别的艺术部门建立了、却还没有在我们的艺术部门运用过的印象主义。

现在从信件上判断，这年轻的研究所能够把印象主义介绍到剧场里来，而且能够为印象主义的表现找到一种优美而程式化的舞台形式。

"但是，也许这些信件和报告只是热情与自欺欺人的结果吧，"我怀疑道，"也许，他们把假货当作真货在接受吧。也许他们以为，那种外在表演——不靠内心体验，只靠耳朵和眼睛，只靠照相式地模仿所看见的画幅和所听到的声音——是表演的真正的新原则吧？在艺术领域里，欺骗自己是容易的；把艺术匠的剧场情感当作真正艺术家的灵感是容易的。但是把那些在已经超越我们很远的绘画、音乐和其他艺术部门中创立了的原则搬到舞台上来，却不是一件轻易的工作。那种平常说话的嗓音能表现那些只有在管弦乐队和乐器中才能听到的精湛、微妙的情感吗？我们的物质性的和定型的身体能表现我们在现代化画幅中所看到的那些意想不到的轮廓和线条吗？"

我没有找到任何方法能够创造自己想象中所感觉的事物，也没有找到任何方法能够创造我在弗罗勒尔的画中所见到的、在新的音乐中所听到的、在新诗中所读到的那些东西。我不知道怎样在舞台上体现那些用最微妙的语言尚且难于表现的感觉的细微之处。作为演员和导演，我没能力把我十分迷恋的东西付诸实现。我以为，若要满足观众向我们提出的要求（依我看，提得过早），还要等待好几十年，好几百年，而且必须产生一种全新的文化，才能使我们演员们走上其他几种艺术早已走过的那些道路。

手下没有那种经历过许多准备阶段而已经到达技术最高领域的新演员，那么我清楚地感到，只有一件事可做。我们必须学习、学习、再学习，工作、工作、再工作，以便追上其他各种艺术的进步。也许，我们现代的舞台文化会创造出许多新演员，他们能够克服或隐藏身体的物质性，从而增强他们的心灵创造。但是在实际上，我们却没有这种演员。尤其糟糕的是，我们甚至还不懂得创造和教育这种演员的手段和方法。

所以那些年轻演员，年轻得几乎是学生的演员怎么能克服摆在他们面前的那些困难，连伟大的、有成就的演员们，以及艺术大师们都觉得棘手的困难呢？

如果他们愿意教导我，我是由衷地愉快而感激的。

在另外较有勇气、存着希望的时候，我会相信每一代都有自己的东西，这些东西是前一代人所看不到的。谁知道呢，也许，成为年轻一代的重要部分的那个"新"东西，正是我们老一辈人经历过许多艰辛、在我们的艺术中寻求的那种东西吧。也许我们寻求不到的、只能想望的东西，在他们看来是正常的。如果这样，那么这事情是不足为奇的了，他们应该找得到那种技术和方法，能让他们克服身体的物质性，而且在舞台上过一种我们所只能梦想的生活，一种脱离肉体的、精神和创造性的生活。即使研究所的一切尝试都遭到失败，它仍然能够得到重要的结果，即使那些结果是消极方面的。那就是说，它虽不能证明什么是应该做的，但可以证明什么是不应该做的。

秋天来了，我回到莫斯科。研究所在普希金村的排演仓房里展现夏季工作的成果。研究所并没有表演全部戏，只选演几场最能表现革新者的任务的戏。有许多新的、有趣的、意想不到的东西。有许多美丽的画面组合，有效果的光点，导演的机智和有才能的想象。

我承认，我以浓厚的兴趣看了那次彩排，临走，觉得多少可以放心了。

于是我便再让那些年轻人享有他们所需要的全部自由。他们在普希金村继续自己的工作，我却在莫斯科艺术剧院开始我的正常工作，等待另一次总排演的消息。但是没有得到邀请，时间过去了，我们的经济状况迫切要求研究所的新剧场尽快开幕，因为我们的开支早已超出预算。

最后，举行了一次梅特林克的《坦塔基尔之死》、豪普特曼的《希洛克与乔》，以及别的作家几个独幕剧的彩排。看了这次彩排以后，我一切都明白了。那些年轻而未成熟的演员得到导演的帮助，在那些小场面里演得看得过去，但是，当他们试演一个具有深刻内容和细腻性格描写的戏时，而且以一种由身体和理智所接受的，而不是由心灵所接受的程式化的形式来表演这样的戏时，年轻演员们便彻底表现出幼稚和狼狈。那位有才能的导演竭力拿自己的工作掩饰演员，因为演员在他手中只不过是他用来捏成那借以实现他意愿的动人的画面组合和舞台演出设计的泥而已。但是也还没有足以充分表现导演的技术、机智与计划的条件，因为演员们在他们的艺术上都还太年轻。导演只能说明自己的思想、原则、探索，却没有东西能使这些表现具有生命力。没有了生命力，导演的一切动人的计划都变成了枯燥的理论，变成了一个不能引发观众内心反应的抽象公式。

我又一次地确信，导演的梦想与梦想的实现之间有一个很大的距离，剧场首先要有演员，没有演员，剧场便不能存在。新的艺术必须要有新演员，具有全新技术的新演员。研究所里没有这种演员，因此这个组织的悲惨命运我是明白的。惟一的解决办法是建立一个导演及其演出工作的研究所。但是，当时我并不十分喜爱剧场里的舞台导演。只有当导演帮助演员进行创造的时候，他才使我感兴趣；在他设法掩饰演员的缺点的时候，他一点也不使我感兴趣。舞台导演研究所虽然也许会有极好的设施，却并不能满足我当时的要求与梦想，尤其是考虑到我当时对画家们的舞台工作，对画布、颜料、纸板、演出的外在方法和对导演的花招都已经开始失望，那么舞台导演研究所更不能使我感兴趣了。我的一切希望寄托在演员身上，以及为演员的创作和演员的技术建立一个坚固基础的工作上。

研究所在当时这样不理想的情形下开办是危险的。在我看来，对于作为组织研究所的那个意念，对于我和梅耶荷德一样喜爱的那个意念是危险的。一个良好的意念被表现坏了，就要死寂一个长时期。不开办吧，那就是不把做了的工作公开表现，就纯粹经济原因来说，也是不可能。我们的处境是悲惨的。除这一切情况外，困难的是第一次革命在我们周围爆发了。莫斯科的市民没有时间想到剧场了。这新事业的开拓，鉴于事态的发展，势将拖延一个长时期了。如果拖延一个很长的时期，我便不能清理这个事业，支付每个人的薪水，所以付给了全体工作人员一笔维持整个即将到来的冬季的薪水以后，我不得不把研究所匆匆地关闭了。结果是债台高筑，这笔债务以后几年中我一直在清偿。

那时候形势渐渐明朗，甚至莫斯科艺术剧院那个主要团体也不能在莫斯科演出了。

三十二　第一次出国旅行

我们的剧院撞到墙上了。我们重演《海鸥》，由梅耶荷德扮演特里普里甫，他已经回剧院工作了。后来又演高尔基的一个新戏，名为《太阳之子》，这个戏虽然写的是我们正在经历的革命前的时代，却是用最陈旧的和最乏味的格调写成的。剧团的大部分人因为研究所失败而高兴，因为剧院妒忌我在研究所里的活动。研究所清理以后，我便全身心地回到剧院来了。

"斯坦尼斯拉夫斯基试过了，碰了钉子，如今他明白了，没有我们这些演员，他是玩不下去的。"

同时，聂米罗维奇-丹钦柯和我清楚地看到我们停在了歧途上；看到我们本人和剧团都必须振作一番；看到我们不能待在莫斯科了，这倒不是因为那迫近的革命和国内的那种普遍气氛妨碍了我们，却因为我们不知道该到哪儿去，该怎么办才好。惟一的出路是作一次国外旅行。

这时候发生了一种情况，正好给了我们必要的推动，为我们的出国旅行的真实原因提供了一个借口。在高尔基的戏第一夜演出之前，城里传遍谣言，说被称为黑色百人团的右派分子认为我们剧院太左，高尔基是祖国的敌人，所以准备在第一场演出时来跟我们捣乱。第一场的观众焦虑地等候着某种已经不可避免的纠纷。

在这个戏的最后一幕，舞台上正表演发生瘟疫的时候，发生了一次暴动。穿面粉搬运夫服装的临时演员们,衣服上沾了白色,从剧中主要人物那所房屋的篱笆外面爬过来,跳到舞台上,观众觉得这形象非常逼真,便把这些临时演员误认为意料中要来袭击剧院的黑色百人团了。在台上,依照剧本规定,有一声枪响,卡扎罗夫倒地。

"他们杀死了卡扎罗夫了!"观众中有人大叫。于是一阵喧嚷;大部分观众突然拿出了手枪。有人赶忙落下了幕。后来又把幕拉起。为了使观众镇静下来,卡扎罗夫走到台口,做着欢乐的表情,表示他并未受伤。我们全体都跑上舞台,大声叫观众镇静,但没法制止惊慌。许多女人晕倒了,别的一些女人发歇斯底里症了;休息室的长椅子上躺满了人。大部分观众走了,咒骂剧院;有一些人留着看完戏,保持示威性的肃静,绝不鼓掌。这戏完全失败了。这一件可悲又可笑的事给我们当作去国外旅行的部分原因。这事件仿佛说明了在莫斯科继续演出是不可能的了。

不久便燃起了一九〇五至一九〇六年第一次革命的火焰。演出暂时停止,我们把自己关在家里,演员们组织一个自卫团体,由剧场的稽查和他的助手领头,日夜守卫着剧院。短时间以后,街上的枪声停止了,但戒严状态还在继续。市政当局禁止居民在夜间八时以后外出。

为了解决出国旅行问题,剧院的全体理事在我的寓所里开会,待了一整夜。结了婚的人都把妻子带来了,因为他们不放心把妻子留在家里。现在必须立刻解决出国的问题,并且派一个前站人员去柏林租戏院和定制布景,因为当局不许我们从莫斯科带任何布景出国去。留在莫斯科的人员负责筹款和布署旅行事务。会开了一夜,甚至在客人回去睡觉、吹熄蜡烛(因为停电)以后,还在谈论。没有一个人睡得着，关于旅行情况的讨论，直到早晨才停止。

几天以后，演员维希尼夫斯基充任我们剧团的前站人员出国去了，一九〇六年一月二十四日剧团全体人员、我和妻子及儿子经华沙去柏林。在俄国境内的那一段旅程是在痛苦、焦虑中度过的。到华沙时是深夜，别人劝告我们不要从这一站穿过城市，去另一站换车，而乘环城火车去。

在柏林，仿佛美丽的天气在迎接我们。白昼可以穿秋装在街上走，虽然还只是一月底。因为德国皇族有婚姻大典，柏林到处人山人海，我们找不到旅馆，不得不租一所某剧团迁出后刚才空出来的公寓。我们在公寓的房间里住下，聂米罗维奇-丹钦柯和他的家属、我和我的家属、维希尼夫斯基、克妮碧尔等人合住。我不能说住那房子很舒适，但样样都令人觉得新奇别致，所以我们都很快乐。

起初，德国人用一种不能称为友好的态度对待俄国人——对待我们也是如此。戏院里的舞台工人对俄罗斯艺术有一种相当天真的概念。我猜想，他们似乎认为我们是东方卖艺者。有的人看见我们没有带任何秋千架、梯子、绳子和走索来，甚至觉得奇怪。我们定制的布景一半也没有完工，因为布景设计师和画师正忙着赶制美国剧团的订货。并没有人注意到俄国剧团。

我们自己的舞台工人救了我们，这些舞台工人是和我们一起从莫斯科来的，他们和我们一起建立了我们的剧院，他们爱我们的剧院，是喝我们喝的同一种艺术乳汁成长起来的。他们使出了全副力量。在集中工作的几个夜晚中——因为剧院白天被另一剧团占用——四个舞台工人做了我们在一个月内不能从一个完整工

三十二 第一次出国旅行

厂得到的东西。即使这样，困难还是有。为了获得夜间在舞台上工作的权利，我们不得不给那些并没有做工的全体德国工作人员支付加班费。我们从本地的俄国侨民中挑选临时演员。由于日俄战争和革命以后，俄国人在国外颇受人轻视；我们的任务就在于尽可能提高俄国人的名誉。首先必须用纪律和对工作的爱，使每一个人吃惊。演员们理解这情况，所以他们的行为都是可以作为模范的。

我们的排演从清晨进行到深夜，只有几次短时间的休息，工作的秩序是我们在那儿演戏的那家剧院所从未见过的。于是对我们的后台生活和工作立刻产生了各种传说。人们对我们的态度也改善了，但远不理想。

我们去柏林，并没有经理人的资助或保证，而是自力冒险的。物质条件与经验的不足不容许我们从事一次宣传，这在一个大城市里是需要的。西莫夫所画的海报有艺术价值，但是不够醒目和具有任何宣传价值。此外，仿佛海报也不够多，因为我虽然在城里走了许多地方寻找海报，却只有一次在许多俗气的漂亮的商店招贴丛中看到过。

虽然这样，第一夜戏院是满座的。但是从第二场起，却只有五成座了。我们的第一个戏是《沙皇费奥多尔》。当时我们的剧院正在向欧洲介绍俄国。我们正在拿我们的名誉冒险，不仅在欧洲，而且在俄国冒险，因为如果我们当时——那正是祖国非常艰苦的时候——遭受失败，俄国人永远也不会宽恕我们。除此以外，如果不带一个钱回俄国去，我们以后怎么办呢，因为我们所有的钱都在柏林的第一夜演出以前用光了。

我不想讲第一场演出时后台的紧张气氛。但在开幕以前，舞台工人已向我们道贺了。为什么呢？情形仿佛是这样，那位德国舞台上的优秀的老将，全柏林所喜爱的人，杰出的著名演员哈兹，同他的夫人来看戏了。他们是很可敬的、年高德劭的、可爱的一对儿。别人告诉我们，他们的驾临是好兆头，因为这一对老人只有在最特殊的情形下才到戏院来看戏。显然，我们的戏即使没有被广大观众看到，却被柏林知识分子中的代表人物看过了。

在《沙皇费奥多尔》短短的第一场以后，响起了一阵热烈的掌声。当第二场开幕时，掌声再次热烈响起。演出一幕比一幕成功。我们的老友和好友、著名的德国演员巴奈到我们的化装室来看我们。演出终场时，有人送花，有叫幕和成功。戏院的全体职工改变了对我们的态度。近乎崇拜的态度代替了以前的轻蔑态度。从那个时候起，我们便比较轻松地在一家不是自己的戏院里演戏了。

虽然我们不断取得艺术成就，但剧院的物质状况却很糟。我们连剧团最节俭的开支都几乎没有钱支付。我们需要增加宣传，但没有钱付宣传费。有些不平常的、例外的、热心捧场的批评文字却暂时帮了我们，因为这些批评文字把一小部分观众的注意转移到我们身上来了。但是广大观众对我们还是一无所知。柏林的报纸当时正处在黄金时代。首先它是收买不到的。戏院不仅不在报纸上花一个钱，甚至不能给报馆送优待券，因为按照柏林的习惯，戏票是由报馆付现钱买的。批评家们所表现的对俄国文学和生活的熟悉使我们吃惊。有时你会以为，那些批评文章是俄国人写的。我问一个记者，他们怎样培养这些杰出的批评家的，他告诉我在德国所用的一个很聪明而巧妙的方法。他告诉我，他们让一个年轻批评家专写完全赞扬的文章。骂一样东西是任何人都会

三十二　第一次出国旅行　　427

的，而赞扬一样东西却必须是一位专家。

我们用十分战战兢兢的心情期待决定我们在国外命运的报纸的报道。让我说明一下。清早报纸一买到，我的妻子和我便被几个和我们同住的演员吵醒了。忘记一切俗礼，他们一大群人手拿报纸，冲进我们的卧室，有的穿着上衣，有的穿着浴衣，有的穿着睡衣，脸上显得得意、兴奋。有一个演员的妻子德文很好，便把那些批评文章逐字翻译给这些人听。从这些批评文章上看，仿佛我们已经使整个柏林轰动了。但是报纸对《沙皇费奥多尔》和契诃夫、高尔基、易卜生的戏的赞扬，对剧院的收入没有多大帮助。剧院的经济状况很糟。我们需要的是比赞扬更重要的满座。

德国皇太妃看了一场《沙皇费奥多尔》，她本来是俄国的公主。显然她把这戏讲给皇后听了，因为后者也来看戏了。几天以后，我坐在戏院的办公室里。电话铃响了。我问："你是谁？""皇帝。"我从听筒里听到。

我想我没有听对。我便把站在身边的一个德国人叫来，请他代我讲，因为我德语讲不好。皇帝听皇后和太妃讲了《沙皇费奥多尔》的演出情形以后，要亲自来看戏，但是他只有今晚有空，可是今晚已经定下演另外一个戏了。他要求我们换演《沙皇费奥多尔》。对于戏院，再没有比皇帝亲临更好的宣传了，同时记起了有人告诉过我们："如果皇帝来看戏，你们的观众便会多得容不下。"所以我们立刻同意了他的要求。如今，不用我们出力，威廉自己要来看我们了。一小时以后，写着奉皇帝圣旨更换节目的窄小的红缎带早已贴在海报上了。这是当时柏林的习惯。

几小时后，我回到戏院，路上走不通了，因为满街拥塞着汽车和马车。一小时左右，全部票子都卖完了，戏院的每一个人都很喜爱的那块"只有站票"的牌子，显著地挂在休息室里。乐队席的前几排留给皇家剧院的演员们。他们甚至从邻近的城市赶来。俄国大使，依照他的习惯，是往往要迟到的。所以聂米罗维奇-丹钦柯和我便不得不迎接威廉。他穿一身俄国制服，立即和我们交谈，直呼我们的名字。

"我看过萨维娜演伊凡雷帝的皇后瓦西丽莎。《沙皇费奥多尔》仿佛是那个戏的续篇吧。这位伊凡雷帝的儿子是哪一年即位的？"

这问题提得这么突然，以致我们不能立刻回答出来。威廉不等我们答复，自己便把费奥多尔的统治年月告诉了我们。显然在他来到戏院以前，有人已把我们的名字和戏的史实告诉了他，他以一个演员的机敏运用了这些知识。除了机敏以外，他还有质朴和安详。他是一个不很高的、很有精神的胖子，脸上有相当多的雀斑和梳得微微翘起的唇髭，但远不如画像上所画的那样夸张。他坐在包厢里最前边的座位上，全家人围着他，他面部表情很自然，左顾右盼，几乎不断向坐在他周围的人发问，或者从包厢里探出去望着乐队席，对那些坐在下面的皇家剧院的演员做一些表示赞成的姿势。在幕间休息时，他大动感情地拍手。我们想，他要不是一个很热情的人，就是一个很好的演员。

休息时候，我们被召唤到皇室包厢中，他用非常正经的口吻问我们一连串关于戏院的问题。他的问话十分中肯，而且表示了丰富的舞台知识，以致我们不得不相信幕后一定经常有顾问跟随着他。戏演到终场，观众早已离去以后，皇帝和许多皇家剧院的经理还留在包厢内，问一些关于我们剧院的问题。我们把我们的剧场生活与工作从头至尾详细地告诉他们，皇帝却

三十二 第一次出国旅行　　429

时时打断我们的话,向他的侍从指出那些我们有而他们没有的东西。

正如预料的那样,威廉驾临我们的剧院后,收到了效果:收入增加了,柏林谈论起我们来了。我们作客时期终了时——历时约六个星期——我们获得了不仅是艺术上的,而且还有物质上的成功。德国演员、社团、个人,以及俄国侨民都设宴欢迎我们。但是留给我们最大印象的是那两次欢迎我们剧院的宴会。

其中一次是在哈兹的窄小寓所里举行的,另一次是在豪普特曼的寓所里举行的。平常宴会都在餐馆或旅馆里举行,为的是不干扰家庭生活秩序,但在要求超越寻常款待的特殊场合,欢迎宴会便会在家里举行。哈兹非常喜爱我们的戏,所以邀请了柏林全体戏剧界人士到他窄小的家里来,柏林各个主要剧院都被邀请了一男一女出席。在这盛会上,梅宁根剧团的演员也出席了,他们是到柏林来排戏,庆祝梅宁根老公爵五十寿辰纪念的。知道我对梅宁根剧团的钦佩,哈兹为了使我高兴,把我介绍给那些以前曾给过我很多愉快的演员。我们用无数的话表示相互的道谢,饭后,我被安置在一个小房间的角落里的一张圈手椅里,演员们围着我坐下。我一步步地、详详细细把我们舞台工作的全部过程告诉他们。这个艰难的和心理的复杂工作是用德语讲的,而德语当时我已忘记了。所以无怪乎我说话的中间有些措辞引起友好的哄笑,提高了听众的兴趣。这位伟大的德国演员和他的夫人赐予我的这一次款待,使我留下了愉快的回忆。

我提过的另一个欢迎宴会也有故事,我要谈这个故事。那时豪普特曼经常来看我们演出。与这位作家相识我是引为莫大愉快和光荣的,他给我留下了很强烈的印象。豪普特曼看过我们所有的戏。他看的第一个戏是《万尼亚舅舅》。豪普特曼在俄国文学上的影响，和他对俄国文学的爱好，大家都是知道的。我们的演出使豪普特曼初次认识了俄国的戏剧艺术。有人告诉我，说在幕间休息时豪普特曼虽然怕羞，却仍然相当大声地表示了他对契诃夫和对剧院的意见，而且对两者都很赞扬。戏终场以后，聂米罗维奇-丹钦柯和我去拜访这位大作家，当面向他表示敬意，我们是第一个在俄国舞台上表演他的戏的剧团。我们发现他的小房间里杂乱无章。他的夫人——据说，他曾根据夫人写出了《沉钟》里的劳登苔莲和《碧芭跳舞》里的碧芭一角的典型——对管弦乐队的音乐，如果不是我记错的话，她对指挥乐队的事很感兴趣。显然，他们正在准备某种音乐演奏练习，因为一间房里摆满了乐谱架。由于地方不够大，管弦乐队伸展到作家的书斋中，音乐仿佛想努力把文学逐出书斋。

豪普特曼在某些态度上使我们想起了契诃夫。此外，他的谦虚、怕羞和文辞简练也很像契诃夫。可惜我们的谈话无法长久、丰富和雄辩，第一因为在豪普特曼面前我们慌张，第二因为我们的德语还达不到从事文学与艺术的讨论。豪普特曼说，他时常梦想能够用他在我们剧院中所看到的那种演技表演他的戏，没有不必要的剧场性紧张与程式——单纯、深刻，而且内容丰富。专家们对他说，这样的演技是办不到的，因为剧场有它本身的要求与程式。现在，在他的文学活动的暮年，他终于看到了他时常梦想的东西了。

艺术的成年时期

一　蔬菜会和"蝙蝠"俱乐部

在俄国演员群中，有一种庆祝每年冬季结束的习惯。冬季是从八月起至大斋节（约在二月中旬）为止。在大斋节期间，一切剧场都关闭。依照希腊正教的教义，斋节的七个星期是祈祷与吃斋的日子。在节期，惟一被准许演出的是说外语的戏。所有的俄国演员都没有工作。这种强制的休业被认为是一种假日，这些假日的开始有一个盛大的晚会，以消除假日以前一个星期的工作辛劳。在那一个星期内，演员们每天要演两场。

在大斋节期内，俄国人的习惯是吃蔬菜，所以假日开始时的那一个盛大晚会，被称为蔬菜会。但是在这个会上，蔬菜只是被当作纪念品来分配而已。

我们剧院恪守这个传统，每年都举行这种蔬菜会，从这种宴会，逐步发展成巴里耶夫的"蝙蝠"俱乐部[①]。

我们剧院的蔬菜会的前身，就是为了剧院的年轻演员和学生的快乐而举办的所谓"欢乐晚会"，早在一九〇一年便举行了。举行的地点在鲍谢多姆卡的那间排演仓房里，那地方原来是著名的"爱米塔兹"公园，其中有几个剧场，以及其他游乐场所，我曾在本书前半部中叙述过了。但现在那个公园已毁坏，那地方已经盖了许多房屋。我们在那里造了一间仓房，其中有一个和我们正在卡美尔格尔斯基巷建造的剧院的舞台同样大小的舞台。这仓房里没有观众席，只有一间有露台的大房间，导演便坐在露台上，检查或改造正在为卡美尔格尔斯基巷的剧院准备的布景。就在这间仓房里，我们在一九〇二年布置了一个即兴晚会。

舞台分成两部分，左面一半是滑稽杂耍场，有专用的幕，演员在这场子上表演一切即兴小节目。右面一半有一道栏杆，紧贴着栏杆，有一所酒馆，或茶室，就像《在底层》一剧中布勃诺夫所想望的那种茶室。在所谓的观众席中，有无数意想不到的效果。那种闷热、拥挤、空气的混浊是没法描写的。那个晚上，有当场收罗来的和自己发明的各种服装，还有各种戏在杂耍场上即兴表演，而且获得了在剧场里少见的成功。

莫斯克文在杂耍戏里演一个仆人，一个尽可能少做事的懒人的角色。他常常不按时开幕与闭幕；他充任魔术师的助手，递送些不需要的物件给魔术师，或者泄露他们的魔术秘密；演到悲惨的地方，他走到台口纵声大笑，或者在演员努力耍滑稽的时候他哭。他创造了一个性格素描，后来被契诃夫用来塑造《樱桃园》一剧中的叶皮诃多夫那个角色。

为了反映对摔跤的浓厚兴趣，我们组织了一次滑稽性摔跤比赛。一个法国人和一个俄国人摔跤。法国人漂亮、苗条、穿紧身衣和女裤，由卡恰洛夫扮演；壮健的俄国马夫穿衬衣，卷起裤腿，由格里布宁扮演。自然并没有真的摔跤，只是一种滑稽表演，表现裁判员可笑举动的荒诞现象，以及摔跤人自身的欺诈方法而已。莫斯克文故意在他愚蠢的表演中把上述这一切情形都泄露给观众。节目中有一个心理推测家，他聪明地把我们剧院的各种秘密向观众说穿。观众笑得太多了，以致有一个人得了病。于

---

① 一个同仁性质的文娱活动组织，后发展为"蝙蝠"剧院，闻名世界。

是必须把表演停一下，但停下来，只会笑得更厉害。

一九〇八年十月十四日剧院十周年纪念的那天，就在剧院里的大舞台上，在庆祝会及其附带的仪式举行完毕以后，也布置了一个同样的即兴娱乐晚会。这大概是剧院所布置的晚会中最成功和最愉快的一次。

一九〇三年，契诃夫仿佛预感到自己即将来临的死亡，想最后一次快乐一下，为了使契诃夫高兴，我们布置了另一个滑稽晚会，迎接新年。在剧院的楼下休息室里举行晚宴；在楼上的休息室里年轻人跳舞，舞台改变成一个滑稽杂耍场和观众席，宾客中有契诃夫，他不愿意坐在为他保留的荣誉座上，却坐在后排一个不被人看见的地方。那一晚举行了最不能令人置信的杂耍节目，甲方是魁梧力壮的夏里亚宾，打扮成一个东方人；乙方是矮小的苏列尔日茨基，关于他我将在下面几章里详细叙述。这两位摔跤者合唱乌克兰歌曲。有四个维也纳少女——莫斯克文、格里布宁、卢兹斯基和小剧院演员克里莫夫用德语唱一支文理不通的四重唱：

    Ich bin zu mir heraus,

    Ich habe Offenbach,

    Zu mir spazieren Haus

    Herr Gansen Mittenschwach.

一九一〇年二月九日，举行了第一次售票的蔬菜会，所得的票款用来救济剧院的贫苦演员。这个晚会，以及与这几乎性质相同的其他几个晚会都是在俄国演员工作最辛劳的一周中，即大斋节前的一周中即兴准备起来的。他们随时随地都在忙着准备——在化装室里，在走廊里，在每一个角落里，在演出时，在幕间休息时，有时一连几夜。剧院所费的精力，以及仓猝准备的结果都是难以想象的。这种工作等于演出一个十五幕或二十幕的莎士比亚的戏。此外，还有剧院与观众席的装饰，所有的走廊和五个休息室的装饰。

从大斋节第一周的星期日到星期一的夜间，以及星期一整日，把剧院改变了，变得难以认出来了。乐队席的椅子都搬开，摆了许多桌子，那些购了票的人在这地方进晚餐。侍者都是不参加演出的年轻演员和学生。在桌子底下隐藏着各种电气效果。剧院的楼座用彩色的挂毡和花环装饰着；从天花板上挂下灯笼；每一张桌子上有一盏小彩灯，当剧场暗下来的时候，这些小彩灯创造一种优美的气氛。在更上一层的楼座上，隐藏着两个乐队，一队是弦乐，另一队是管乐。许多装满彩色纸条与纸屑、口哨与玩具气球的大篮子也准备了。

晚八时，观众进场，一一就座。灯光熄灭了，观众席渐渐沉入黑暗中。等观众刚刚有点习惯于黑暗，观众席里突然发出各种音响。喇叭吹起，鼓敲起，弦乐器奏着最高音，管乐器不断吹响，铙钹铿锵，剧院的雷震效果器响彻全场，凡是剧院所有的、使耳朵受罪的器具都发挥了最大威力。随着这种杂乱的音响，剧院所有的射灯都射向观众。观众的眼睛被照得看不清，这时从观众席的每一个角落里，飞出了纸屑和纸条，数百只各色小气球，在这狂欢的场景上空飞舞。这些小气球系在线上，一晚上在客人头上飘动，或爆炸而下坠，使画面达到了锦上添花的效果。

这一阵狂乱过去以后，开始表演节目。例如，一尊大炮从后台被推出来。矮小的苏列尔日茨基跟在大炮后面走出,穿着一件用皮革和油布做成的奇怪的制服。他用杜撰的英语发表一段冗长的演说。一位翻译解释,说苏列尔日茨基立即要试验到火星上去了,因此他要给人放在炮筒里射到天空去。接着他的妻子来了。于是出现一个动人而催人泪下的别离场面,也是讲杜撰的英语。

卡恰洛夫和格里布宁也打扮成奇怪的炮手,走近这无畏的英雄。他们刚才把炮拭抹干净,上了油,此刻手提小油壶,走近这位英雄,开始在他的衣服上涂油,使他容易滑进炮筒。在楼座上,有一个糊白纸的大铁圈,准备接住这位冒险家。一切都预备好了。告别礼已行过了。这位勇士发表了他行前的最后演说。他被抬起,送到炮口,推进去。于是卡恰洛夫和格里布宁便装火药,点燃了一根长木棍的首端,小心地把火引到火药线上。这时观众,特别是女人,掩住耳朵,怕震耳的炮声。但是使一切人惊讶的是,炮声并不比一支玩具手枪的射击声更响,虽然那两个燃放大炮的炮手因震动而跌倒了,观众席中响彻苏列尔日茨基的惨叫。那个纸圈破了,圈孔中是那位勇敢的苏列尔日茨基上校。军乐队奏起一支胜利曲。这一切对观众是这么意外,以致有人严肃地断言,他们曾看到苏列尔日茨基从空中飞过,有人真正不明白这种效果是怎样得到的。实际上,在装火药的时候,苏列尔日茨基循便道跑到了楼座,发信号叫他们放炮的。

这里有另一个轰动的节目。在我们的舞台上,有一个旋转的圆形场子。我们在这圆形场子的四周装了一道低栏。背景上有一幅挤满了人的马戏团的全景画。马戏团艺人的入口也在背景上,一队马戏团乐队在出入口上面的阳台上。出入口后面的过

一 蔬菜会和"蝙蝠"俱乐部 439

道上，挤满了穿红制服、白紧腿裤、黑皮靴的马戏团演员。其中我扮演马戏团管理人，穿着白裤、黑得发亮的皮靴、一件有绕肩竖领的外衣、一顶为取得更好效果而戴得微微倾斜的高帽，里面装着一个大鼻子、黑胡子和浓黑眉毛。在那旋转的圆形场子的边缘，放着一匹木马，布尔德洛夫穿着马戏团骑手的服装在木马上跳舞，跳跃着穿过各个纸圈。那些手执纸圈的人站在舞台外的地板上，而跳动的骑手与木马却随着那转动的圆形场子而转动。

接着便轮到马戏团管理人本身的节目了，他向观众介绍一匹受过训练的马。为了表演这个节目，我脱去外衣，穿一件黑色大礼服，戴一副白手套。马戏团的全部职员穿着红制服，排成几行，乐队奏胜利进行曲。我上场，向观众行礼，绕圆形场子走一圈。然后管马的领班走到我身边，给我一根马鞭，我挥鞭作响（我在蔬菜会前几星期的苦练中学会了这一手），于是由剧院的一位著名演员扮演的那匹受过训练的马便飞奔上场了。

一九○八年二月二十九日，在教堂附近的彼尔佐夫的屋子里，在一间窄小、舒适，但是简陋的地下室里，蝙蝠剧院诞生了。以后我们每隔四年一次庆祝它的诞生。它的讽刺、滑稽和怪奇美，对莫斯科来说是很新奇的。因为很难得到入场的准许，人们便越是想到这地下室来。最初只有演员和美术家才能够进来。也许那正是这个新组织的黄金时代。那里演出一些机智、少有的谐谑、多才多艺的节目，表现出该剧院的特色。

二　我的体系的开端

大事件的前夜，浓云密布的气氛笼罩着我们。契诃夫的逝世撕裂了剧院的大半个心。莫洛若夫的病以及后来的逝世撕裂了剧院的另外小半个心。在演出梅特林克的戏失败和波瓦尔斯克研究所撤销以后引起的不满与焦躁，对自己作为一个演员的不满，以及我面临的远景的一团漆黑，使我感到悒悒惶惶，失去了自信，弄得我自己都觉得呆钝、没生气了。

我就在这一种情况下，到芬兰去度过一九〇六年的夏季的。到芬兰以后，每天早晨，我照例坐在一块俯瞰海面的岩石上，回想我过去的全部艺术工作。我要弄明白我以前在创造工作上的一切愉快都到什么地方去了。为什么从前我在没有戏演的日子里感到苦恼，如今在不演戏的日子里我却感到快乐呢？有人说，职业演员每天演戏，而且常常重复扮演相同角色，所以情况就这样，但是我不满意这种解释。这里说到的职业演员，明明是不爱自己的角色和自己的艺术的。他们如果到一家银行或一家商店里去当职员，倒会更好些。上面的那种解释，只适合于某种机械的行业。但是角色与艺术是永远不会使人厌倦的。杜丝、叶尔莫洛娃、萨尔维尼表演他们的伟大角色比我表演我的那些角色多得多，但这并不妨碍他们每一次重演都很完美。那么为什么我重演我的角色次数愈多，就愈倒退、愈僵化呢？我逐步检查过去的工作，才逐渐看清楚：第一次创造时赋予角色的那种内在内容和当时我心灵上所产生的那种内在内容日久年深以后，已经像天与地一般邈远地分离了。先前，一切都是从一种美丽动人的内在真实发出来的。如今那种内在真实所遗留下来的只是个破败的外壳、灰烬和垃圾了，这些东西由于各种偶然的原因而附着在心灵深处，它们与真正的艺术没有丝毫共同之处。例如，在《人民公敌》中，我演斯多克芒医生一角。记得最初表演这个角色时，我觉得采取一个意念纯洁的人的观点是容易的，这个人只从别人的心灵中寻找善，看不见他周围那些小人的一切恶意与歹毒。我赋予斯多克芒这角色的概念是我从活生生的记忆中撷取来的。我曾亲眼看到我的一个朋友毁灭，他是一个老实人，内在良知不容许他去做世界上那班掌权者要他做的事。在舞台上表演这个角色的当儿，这些活生生的记忆常常引导着我，而且永远地、不变地唤醒我去从事创造工作。

但日久年深，我忘记了这些记忆，甚至忘记了作为斯多克芒的精神生活的基本要素、推动力以及作为全剧的主题的那种真实感了。

坐在芬兰海滨的一张椅子上，检查过去的艺术工作，我偶然触到那久已在我心灵上消失的斯多克芒的感情。我怎么会失去这些感情的呢？没有了这些感情，我怎么演下去的呢？但是，每一块肌肉的每一个动作，脸、腿、臂、身体的各种拟态动作，以及这个近视眼者的眼睛的眯缝，我却怎样牢牢地记住了呀。

在国外旅行和出国旅行前在莫斯科时，我机械地重复了角色的这些固定不变的东西，已经不复存在的感情的机械符号。在某些地方，我竭力装作尽可能有力，甚至兴高采烈，为了这个目的，我做出了许多快速度的、神经质的动作。在其他地方，我竭力装作天真，因此运用了技术方法，表演出天真无邪的眼神；在又一些地方，我夸张走路的姿势、角色的一些典型表情，以及一种久已沉睡了的情感的外在表现的结果。我模仿天真，但并不天真；我快速地移动我的脚，但并没有理解那足以造成快速碎步的任何内心的急躁。我或多或少艺术地表演着，模仿角色体验的和内心动作的外表形态，但我并没有体验到角色或动作的任何真实的必要性。一场又一场地演下去，我仅仅造成表演这一切技术操练似的一种机械习惯，而那种在演员们中间非常强有力的肌肉记忆却已经顽强地把我的剧场性恶习凝固了。

用这相同的方法，我检查了其他的角色，从头至尾检查那些当时用以创造这些角色的活的素材，也就是那些当时激起我去创作的我本人的回忆。我从记忆中，检查我经历过大量痛苦而得来的角色的某些部分和创造的某些瞬间；我回想了契诃夫和聂米罗维奇-丹钦柯的话、导演和同事的劝告、自己的创造痛苦，以及角色的产生与发展过程中的各个阶段。我重读自己的艺术日记中的那些摘记，使我回想起创造过程中曾经体验过的一切。我把这原来的一切和现在存留在心灵上的东西相比照，我大吃一惊。天哪，我的心灵和我的角色，怎样被剧场性恶习与机巧、被迎合观众的那种欲望、被不正确的探索创造性的方法，日复一日、场复一场地毁了呀！

我该怎么办呢？我该怎样避免角色的蜕变，避免精神上的僵化，摆脱恶习的专断、真实感的缺乏呢？在每一场演出以前，不仅有一种生理化装的必要，而且有一种精神化装的必要。在创造以前，必须知道怎样进入那种精神氛围的殿堂，只有在那种殿堂中才可能创造。

我心怀着这些思想与惦念，暑期休息后回来便开始举行一九〇六至一九〇七年度的莫斯科演出季节。

在某一次演出时，我重演一个我演过许多次的角色，忽然，并没有任何显著原因，我理解了早已熟知的那个真理的内在意义，即舞台上的创造首先需要一种特殊的条件，这种条件我称之为创造情感。当然，以前我也知道这一点，但只是在理性上知道。从那一晚以后，这个简单的真理，融入了我的脑海，我不仅以心灵去理解这个真理，而且也渐渐地以形体去理解这个真理了。对于一个演员，理解就是感觉。因此，我可以说，在那一晚上，我才"第一次理解了那早已熟知的真理"。我知道，对舞台上的天才，这种创造情感是几乎经常丰富而充沛地自然流露的。天赋差的人这种创造情感就不常得到，比方说，只有在星期日才会得到。那些才能稍少的人得到这种创造情感的机会就更少，仿佛每过十二个大节才得到一次。才能平庸的人只有非常少的时候才会得到这种创造情感。然而，所有演员，从天才到庸才，都可能得到这种创造情感的，不过他们没法用自己的意志去控制这种情感。他们把这种情感和灵感一块儿作为天赐的禀赋来接受的。

我绝不假托神灵，也不妄想恩赐天禀，向自己提出了下面的问题：

"有没有技术上的方法来创造'创造情感'，使灵感能比惯常更频繁地涌现呢？"这想法并不是我要用人工的方法创造灵感。那是办不到的。我所要研究的是怎样用意志来创造一种使灵感涌现的有利条件，有了这种条件，灵感就极可能降临到演员心中。以后我知道了，这种创造情感就是那种灵感最容易产生的、精神的和生理的情感。

"今天我精神焕发！今天我最得意了！"或者"我演得高兴！我体验到我的角色了！"这意思就是说，这个演员偶然置身于创造情感中了。

但是怎样才能使这种条件不再是偶然的，而是由演员的意志和听他指挥创造出来的呢？

如果不能一下子把这种条件掌握，那么你必须运用它的各种构成要素，一点一滴地积聚成这种条件。如果必须用一系列特定的练习把每一个组成要素分别地、有系统地在演员身上培养起来，那么就这样办好啦！如果天才天生能接受创造情感，那么，平常人在经过长久苦练以后，也许会到达相同的境地，虽不充分，至少也有几分吧。当然，平凡的、能力浅薄的人永远不会变成一个天才，但苦练可以帮助他接近，而且早晚总要变成相似于天才的人、与天才同一派别的人、和天才所从事的同一艺术的仆人。但是你怎样才能触到创造情感的本质和那些构成要素呢？

寻求这个问题的解决，这事情变成了我的朋友们所形容的"斯坦尼斯拉夫斯基的新狂热"。为了解决这一个奥秘，我每一个方法都试过。我密切地观察自己，观测到自己的心灵深处，不论在台上或台下。当我排演新角色，或为他们排演他们的新角色时，我观察别人和别的演员。我也从观众席中望到台上，观察他们。我对他们和自己做了种种实验。我折磨他们；他们生气了，怨我把排演变成了实验室里的实验，又说演员并不是实验用的小白鼠。他们的抗议是对的。但是我的研究工作的主要对象是那些俄国的和外国的大演员。如果他们是比别人更频繁地、几乎经常地用一种创造情感表演，那么不研究他们，我又该去研究谁呢？我所做的就是这个。这便是我从所看见的事物中学习到的：在杜

二　我的体系的开端　　445

丝、叶尔莫洛娃、费多托娃、萨维娜、萨尔维尼、夏里亚宾、罗西，以及我们剧院的演员们身上，他们表演角色最好的时候，我感觉到有一种他们全体共同具备的东西，由于这种共有的东西，他们使我联想到他们彼此很相似。一切伟大天才所共同具备的这一种东西是什么呢？那种共同点是我最容易看出的，那就是他们的身子放松，肌肉丝毫不紧张。他们的身体完全服从于他们的意志。

舞台上的创造情感特别在和那种紧张状态相比较的时候，是格外愉快的，没有创造情感的时候，演员就受制于那种紧张状态。这可以比拟于一个犯人多年来妨碍行动的锁链终于解脱时的情感。我享受着舞台上的这种条件，忠诚地相信：全部秘密和舞台创造工作的整个灵魂都在这种条件中，其他一切都会从这种身子放松的状态和感觉中自然涌现的。只有一件事使我焦躁：除了我因为强调表演了一两个姿势、动作和表情而得到几句赞扬以外，和我同场演戏的演员，以及看我戏的观众没有一个人注意到，自信已经在我身上发生了变化。

在《生活的戏剧》演出以后，直到一九〇六至一九〇七年度演出季节终了，我没有演新戏，也没有做导演工作。我一面演老角色，一面继续研究工作、实验工作、公开练习和戏剧艺术的技术问题与理论问题的探讨。那种在舞台上身子放松的创造情感的习惯一点一滴地培养起来，成为自发的了，而且逐渐地成为第二天性了。

于是像斯多克芒医生那样，"我有了新发现"。我开始了解，我所以觉得在台上这么愉快和舒适，是因为公开练习把我的注意集中到身体的各种感觉和各种状态上，同时使我不注意脚灯那一边——台下漆黑而可怕的观众席中所发生的事情。在我正在做那些事情的时候,我不再害怕观众,而且时时忘记我在舞台上了。我注意到特别在这样的时候,我的创造情感是最愉快的。

有一件事使我很高兴。一个外国明星来莫斯科举行演出,我非常密切观察他的表演。凭我的演员能力,我觉得在他的表演中有创造情感,有和聚精会神相联系的肌肉放松。我清楚地感觉到,他的全部注意是在舞台上,而且只在舞台上,这种出神的注意力使我不得不注意他在舞台上的生活,在精神上更和他接近,以便发现那吸引他注意力的究竟是什么东西。

在那一瞬间我了解了:演员愈想奉承观众,观众便愈是舒舒服服地坐着等待演员来奉承,甚至不想进入他面前的舞台上所表演的戏里去。但一旦演员不去理会观众,观众反倒开始注意演员了。当演员专心于某种严肃而有趣味的事情时,情形就更是这样。如果没有人去奉承观众,那么观众在剧场里便无事可做,只有去找注意的对象了。什么地方能找到那种对象呢?当然在舞台上,在演员身上。正在进行创造工作的演员的聚精会神,引起了观众的聚精会神,这样便使得观众不得不进入舞台上正在发生的事情中去,引起他们注意,激发他们的想象、他们的思想和他们的情绪了。那一晚上,我发现聚精会神对演员有更高的价值。此外,我在那次演出中注意到:演员的聚精会神不仅包括视觉和听觉上,而且包括其他一切感官。这包括脑、意志、情绪、身体、记忆和想象。演员生理的与精神的全部本性必须集中在他所表演的那个人物的心灵中正在发生的事情上。我理解了创造首先是演员全部本性的完全集中。我记住了这一点,便借助于我为这个目的而特地发明的各种练习,开始有系统地培养自己的注意力。我希

二 我的体系的开端 447

望在我下一本书中，能有不止一章的篇幅讨论这些练习。

我还观察过另外一个外国大明星演他的伟大角色。他念自己的角色的独白。但他并没有直接触动真正情感，而陷于剧场的机械习惯，运用虚假的悲剧感情。我细心注视他，看到他心中正在发生变化。确实，他像一个歌手正在用音叉寻找准确的音调。此刻仿佛他已经找到准确音调了。不，这音调略嫌太低。他取了一个比较高的音调。不，这又太高了。他又取一个低些的音调。他认准了那正确的音调，然后明白它、感觉它、摆稳它、掌握它、相信它了，于是开始欣赏自己的语言艺术。他相信了！

演员必须首先相信舞台上进行着的一切事情，最重要的是他必须相信自己正在做的事情。你只能相信真实。所以必须时时刻刻感觉这种真实，知道怎样去寻求真实，因此不可避免地要培养你对真实的艺术敏感。有人会说："但这是一种什么真实呢，舞台上的一切都是一篇谎言，一种模仿。布景、纸板、画、化装、道具、木杯、剑和矛这一切难道就是真实吗？"但是我所说的不是这种真实。我说的是情感的真实，是急切寻求表现的内心创造冲动的真实，是身体感觉与生理感觉的记忆的真实。对我身外的那种真实，我是不注意的；我注意的是我自身内在的真实，是我对舞台上所进行的这件事或那件事的态度，对道具、布景、和我同场演戏的演员、他们的思想情感等等的态度真实。

演员对自己说：

"这所有道具、化装、服装、布景和演出的群众性都是假的。我知道这一切都是假的，我知道我并不需要其中的任何一项。但是，**假使**它们是真的，那么我便会如此做，我便会用这种态度、用这种方法对待这件事。"

我明白了，创造性是从那个魔术似的、创造性的"假使"在演员的心灵与想象中出现的那个时刻开始的。当真实的现实存在、实际的真实还存在时，创造性还没开始。于是创造性的"假使"出现了，那就是想象的真实出现了，演员能够跟相信实际的真实一样真诚地，并且带着更大的热忱、相信这种想象的真实，正如儿童相信他的洋娃娃是活的，相信洋娃娃本身和周围全是有生命的一样。从"假使"出现的那个时刻起，演员便从真实的现实的领域，过渡到另一种生活的领域，他自己所创造和想象的生活的领域。相信了这种生活以后，演员才能够开始创造。

舞台的真实是并不相同于生活的真实的；它是独特的。我明白在舞台上，真实便是演员诚恳地相信的东西。我明白，即使是明显的谎话，也必须使它在剧场里变成真实，然后才能成为艺术。因此，演员必须把他的想象，孩子般的天真和信任，对真实和他身心中的真实的艺术敏感发展到最高度。这一切品质总括起来，我要称之为"真实感"。有了这种"真实感"，想象便可以驰骋，创造的信心便可以建立；有了这种"真实感"，便不容舞台谎话存在；有了这种"真实感"，就能掌握分寸感；有了这种"真实感"，孩子般的天真和艺术情感的真诚便可以产生。作为创造情感重要因素之一的真实感是可以培养，也是可以训练的。但这种工作的方法与手段不在此时此地讲了。此刻我只想说，感觉真实的这种能力必须达到这样一种程度，即不经艺术真实感这个过滤器净化的准备工作，在舞台上绝对表现不出任何动作，没有一句话能说，没有一句话能听到。

如果这说法是对的，那么关于肌肉放松和聚精会神方面的一切舞台练习，我都做错了。我没有把练习通过精神的与生理的真实这个过滤器净化。我在台上摆了一个姿势。而我在生理上并不相信这个姿势。我在此处或彼处放松了些，这便较好些了。此刻我稍稍改变那姿势。啊！我明白了。当我把身体向前探出去取一件东西的时候，这个姿势是这种探出去的结果。于是我的全身，随之我的心灵开始相信我正在向自己非常需要的一件东西探出去。

只有借助于真实感和对于姿势的内心体验，我才能在现实生活中，在演出舞台上，或多或少地放松自己的肌肉。

从那一次起，我在肌肉放松和聚精会神方面的一切舞台练习都用真实感来监督了。

三　列·安·苏列尔日茨基

一九〇六年左右，戏剧界出现了那位伟大的艺术家，我的朋友和伙伴列昂波尔德·安东诺维奇·苏列尔日茨基，或者像我们全体认识他的人所称呼他的"亲爱的苏列尔"。这位有特殊才能，或者不如说多才多艺的卓越人物，在我们剧院中起过很大作用，对俄国艺术史的发展作出重大贡献。

请想一下，这位身强力壮、有两条短弯腿的小个子，有一张漂亮、热情、而且永远生气勃勃的脸，一双明亮的、带笑的眼，两片细巧的嘴唇，唇髭和一部亨利四世式的胡子，一副音色迷人的高亢歌喉。苏列尔日茨基的完全特殊的气质给予他所从事的每一种事业以生气与热情。他的才能表现在一切工作中。他不仅是一位姿势优美、声音美妙的好歌手，而且也是一位在绘画雕塑学校里受过训练的美术家。年轻时是颇有成功希望的，后来他为了从事政治活动而放弃了美术，没有发展成为一个画家。他是一个有天赋的作家，他的作品之一是《随杜诃波尔派教徒去美洲记》，这本书在当时是很著名的。他死后遗留的手稿证明他具有第一流的文学才能。他是一个能说服人而且能产生实际效果的非常出色的演说家；他是一位自修出来的大学者，虽然在少年受过一点微不足道的教育；他是一位著名的革命家，接受所属的党的命令，完成过许多危险任务。在政治上失望以后，他变成一个狂热的托尔斯泰信徒，托尔斯泰最亲密而信任的朋友。在一个时期，他誊写这位大作家的原稿，晚上唱歌给托尔斯泰听，把他的流浪故事讲给托尔斯泰听。

确实，他这一生是一篇富有诗意的童话。他那有趣的故事简直叫你没法不听。在一生中，他什么事情没有干过呢？他做过克里米亚的渔民，在狂风怒号的冬天出海去，毫不恐惧地与大风暴搏斗；他做过海员，有过几次周游世界的航行；做过牧人；做过流浪汉，到处流浪，干过各种各样的活儿；做过漆匠。有一次人家叫他漆一辆马车，虽然他并不知道马车应该怎样漆，只凭在绘画雕塑学校读书时所得到的关于颜色的知识去干。结果搞坏了——马车上的漆龟裂而脱落，苏列尔日茨基含羞逃掉了，没有得到一个钱。

当轮到服兵役的时候，在托尔斯泰学说的影响下，他拒绝入伍。因此他受了审判，被判单独禁闭。后来又断定他神经错乱，把他送到疯人院去，几乎使他真的发疯。后来又被流放到边远的库希卡要塞去，那时候致命的寒热病正在那个地区流行着。途中一个押解他的军官用各种借口让他停留了一阵，救了他的命。就在这个地方，发生了一个故事，在他的一篇未完成的小说中曾经描写过。

在库希卡苏列尔日茨基已经准备死了，来视察要塞的库罗柏特金将军把他释放了。

他从流放地回来以后，受托尔斯泰委托把杜诃波尔派教徒从高加索移居到加拿大去。那条船经历了许多次风暴，不止一次地几乎撞毁，途中因疾病、饥饿和体力不支，死去了许多人。最后他们到达了美洲。在加拿大苏列尔日茨基和移民们同住了一两年，充任移居农民的代表，和加拿大政府谈判，领导那些农民，教他们怎样开始新生活。住在帐篷里,辛劳的照顾和繁重的工作这一切对他的健康造成了损害。我不知道在加拿大的那些富有的移民是否知道这种情形,他们又是否知道他的家属和他的两个孩子现在正在莫斯科过着穷苦、挨饿、受冻的日子。

苏列尔日茨基回到莫斯科以后,偶然来到我们的剧院。那时候他身上分文没有,他的情况使人想起麻雀来,惟一的区别是麻雀还有一个巢,而他连一个属于自己的角落都没有,因为政治活动,他已经丧失在莫斯科的居住权了。他被警察管制,而且当皇室驾临莫斯科的时候,他不仅会被押解出城,还要押解出省。在平时,他秘密地住在郊外的一个铁路守道夫的小屋里。他时常到我们剧院里来,戏散场以后,他穿着海员的工作服和厚呢外衣睡在马路上。

后来,他和我们全体都相熟了,演员们便邀他到他们家去过夜。时常有这样的事:某一个演员回家,开门,跨过躺在黑暗的走廊地板上的什么东西。苏列尔日茨基不久以前才来到这里,已经睡在走廊的地毯上了,因为衣服脏,他不愿意弄脏那房间。别人把他的衣服洗了,让他洗澡,给他吃东西,于是在那里过一夜,时而与这个演员同宿,时而与那个演员同宿,给同宿的演员带来热闹、哄笑、愉快和生命力。故事和歌唱一直继续到深更半夜。

我们剧院里的人很喜爱他,仿佛他已是我们的一员,是剧院的人了。他没有固定的工作,但时常悄悄地为剧院做事。排演的时候,他在场;如果需要搬布景,他也动手;如果需要做道具,缝服装,代别人排演,帮助别人研究角色,提词,苏列尔日茨基没有一件事不肯做。我和他渐渐熟了,我们两人成了最亲近的朋友。

　　后来苏列尔日茨基结婚了,不得不放弃他希望过一辈子的那种流浪生活。幸而,他的妻子也是一个特别好的人,知道怎样尊重他的自由。

四 《生活的游戏》

我并不因为差强人意的成功而沾沾自喜。恰恰相反，在我心中，还存在着对自己的不满。我觉得，自己正面对着一堵墙，是戏剧艺术的发展进程把我推到了这堵墙上的。然而，我并没有绝望。也许，我下意识地预感到某一种新事物将要来临，支持了我内心的勇气。此外，下一演出季节的节目已经顺利地全部排列出来，这鼓励着我继续从事自己的工作。下列几个戏，公告为剧院的下一演出季节的节目：格里鲍耶陀夫的《聪明误》，这是俄罗斯古典喜剧的高峰之一；克努特·汉姆森的《生活的游戏》是一个具有当时很流行的斯堪的纳维亚人的象征主义和印象主义倾向的戏；易卜生的哲理悲剧《布兰德》，和契诃夫最宠爱的俄国青年剧作家纳伊杰诺夫所写的旧情调的戏。这是在各方面和各种趣味上都丰富而多彩的一张剧目单。

在这些戏中，我觉得最有趣的是《生活的游戏》。这戏是汉姆森的三部曲《国门》《生活的游戏》和《晚霞》之一。在《生活的游戏》中，一切都是不现实的。仿佛作者通过他的主人公、有才能的卡连诺的眼睛，去看所发生的一切事物，卡连诺正经历着他创作生活中的紧急关头。他正在写一篇关于公理的文章，为了这个目的，他需要一座尽可能达到苍穹的玻璃塔，因为那篇文章在地面上是写不成的。卡连诺象征着作者的梦想，爱着卡连诺的苔丽西泰象征着女性的感情。那只"红色的公鸡已经在她心中啼叫了"，这意思就是说，她的血已经沸腾。爱着苔丽西泰的那个跛足的邮差、丑陋的加西莫杜象征着兽性的感情。从田庄上榨取利润的苔丽西泰的父亲象征着吝啬。时常伸一只手求乞的乞丐屠象征着公理。诗人卡连诺急于上达苍穹的意念和剧中其他人物的肉欲的情感、世俗的愿望相斗争。在塔的玻璃顶下产生的那些梦想不能在地面上实现是可悲的。人们放火焚烧了那座塔，塔毁了，敢于在人世间梦想神圣的东西的那位诗人的创作也和塔一起被烧毁了。

在这个人类精神悲剧的周围，便是尘世生活的扰攘。苔丽西泰在恋爱的时候，如醉如痴地弹琴，在受到疯狂的妒情打击时，便把灯塔的灯熄灭，意图使那只船倾覆，她的情敌正在那只船上，向她的爱人驶来。苔丽西泰的父亲愈来愈贪婪，逼得他疯了。集市上，在那些堆满了货物、挤满了买主和招呼许多人进门的伙计的店铺中，在疯狂的音乐和疯狂地旋转的旋转戏台上，一种时疫病在流行，染上病疫的人倒下来死了，但集市上那些疯狂跳舞的人一刻也没有停止过娱乐。在这种情绪的扰攘中，作为可怕征兆的是那些鬼魂似的乐师们的进出，乞丐屠的登场，冬日天空中出现的北极光，从石矿中传来的地底下巨大的捶击声，体格魁梧的工人正在石矿中为苔丽西泰的父亲开采大理石。这时候生活仿佛是一场恶梦。

这是一个才情卓绝的戏，戏要求特殊的气质，要求一种不同寻常的、特殊的表演形式；这是一幅大胆着色的画，具有红、白、黑三色明确的线条，毫不协调的色彩或阴影。剧中的每一个人物，没有丝毫逗留地、决然地遵循着各人自己的感情道路，走向各自的凡俗的或超凡的目的地，但都没有到达目的地，便死了。

在这个戏的演出中，我第一次有意识地把我作为一个导演和演员的全部注意力几乎完全用到戏的和角色的内在性格上。同时，为了不使任何东西——导演的舞台演出设计，或演员的舞台表演——阻碍这种内在性格的表现，演员的所有表情、动作和地位调动全部取消了，因为当时我们觉得这些东西都太实质、太具体、太现实了。在那些日子里，我们只追求演员心灵中自然萌发的那种不可见的、不具体的情感。我们以为要表现这种感情，演员只需要脸、眼睛和拟态动作。让他在不动的状态中运用情感所赋予他气质的全部力量去体验角色。

布景的图样和演出的总的计划相吻合。这些图样是用原色画成的截然分开的大块平面和线条；山非常陡峭，树木挺立，远处河流的线条笔直。

这戏演出的外在的和内在的表现是这样设计的。可惜，计划与计划的执行中间，正如理论与实践中间，或梦想与现实中间一样，有着巨大的差别。梦想者、我们的卡连诺在和剧场生活的实际条件斗争。我们也力图建造尽可能高达苍穹的玻璃塔，我们的玻璃塔却倒了。生活再一次用活生生的事实启示我：梦想或创造艺术理论是容易的，但实践这些理论却是困难的。看起来，再没有比赤裸裸的情感更单纯的了。可是事情愈单纯，做起来也就愈困难。单纯必须有丰富的内容。没有内容，单纯就和没有果肉的果壳一样无用。单纯的东西要成为主要的和突出的东西，就必须容纳一切错综复杂的生活现象。

怎样才能创造真的情感，而不是真情感的代用品，也不是真情感的丑恶的剧场性模仿呢？

"才能和灵感是必要的。"许多人会说。这是一句平凡而陈旧的话，但不是这个问题的答案。除了才能以外，一种内在的精神技术是必要的；如果没有这种技术，便找不到那通向人类心灵心理的与生理的正确道路，以便自然而自觉地在心灵中产生一种超意识的创造性动力。在艺术能懂得怎样自觉地创造潜意识感情以前，一切仍旧是老一套；正因为缺乏更好的方法，导演只好硬逼演员的情感，驱策演员前进，仿佛演员是一匹不堪重负的马一样。"使劲一点，更使劲一点，"导演大声叫唤，"更使劲、更强烈地表演给我看！加深体验呀！感觉一下呀！"

在《生活的游戏》的某次排演中，我的一个助手正在硬逼演员的情感，忽然发觉自己骑在那个悲剧演员的背上。那演员把情感撕得粉碎，冲动地咬啮着地板，而导演却骑在他身上，捶击他，以便激发他。实际上，这些是创造的折磨。

尽管遭受了这一切失败，《生活的游戏》的演出仍然是新颖而动人的，因为我们介绍了一些在当时还是新颖的演出方法的程式。

这次演出引起许多讨论，引出许多文章和许多次演讲。有的讨论剧本的文学价值，讨论导演、美术家、作曲家的工作，但对演员，除了评论中有几句说到这个演员演得好，那个演员演得坏，另外一些演员成功地配合整体以外，一个字也没提。这次演出只有一个好处：实际向我指明了我们的艺术和我们演员的艺术贫乏，我们的演员必须在艺术上从头学起，而且要为艺术创造出基本方法来。在这个意义上，我认为《生活的游戏》的演出是我的艺术活动中的一个历史性转折点。从那一刻起，我的工作和我的注意力几乎完全放在内心创造的研究和教导上了。考虑到天生的缺点，即我的研究工作的冲动性和直率性，同时转移战线，我便戴上了一副不透明的眼镜，忘却而且停止对艺术外在的爱好，专心致志于内心技术了。

《生活的游戏》的演出也标志着两位特别有天赋的人第一次在我们剧院中出现，这两个人是命定了在我们剧院的工作中扮演大角色的。其中一个是苏列尔日茨基，他决心做一个导演，愿意在我身边学习。在《生活的游戏》的演出中，他作为我最亲密的助手工作着。另一个人是乐师兼作曲家伊里亚·萨兹，他一生中第二次尝试为话剧作曲。他第一次尝试是在波瓦尔斯卡亚研究所。我以为，在剧场史上萨兹第一次表现了应该怎样为话剧作曲的范例。在开始工作以前，萨兹出席历次排演，在研究剧本和制订演出计划等工作上，像导演那样关心。深入工作的一切细节以后，他不逊于我们了解到，而且感觉到：在戏中的哪一部分，帮助什么人，即帮助处理戏的总气氛的导演，或帮助在角色的某些部分表演上缺乏某些要素的演员，或为了帮助表现戏的基本思想，他的音乐才是需要的。然后他把排演工作的精华包含到音乐主题中，以及曲调的主要素材的和声中。直到最后一刻，即曲子已不能再拖延的时候，他才写曲子。

作曲的过程采取了如下的方式。他要求家人把他禁闭在他寓所的一间最偏僻的房间里，不让他出来，直到曲子完全写成为止。他的愿望确实满足了，门一天只开启三四次，以便递送食物给他。几天几夜，从这自愿的囚徒的房间里，传来忧郁而庄严的主调与和声，有时听到他的哭声，或者听到一种很可笑而装模作样的朗诵，从这些声音中，以及通过这些声音，他显然在接近音乐主题。然后一连几天，什么声音也没有，家人以为他在饮泣，以为他遭遇了什么事，但他们不敢敲门，因为在这样的时候与外界发生任何接触，势必扼杀萨兹的一切创作欲望。他把写成了的作品给我和苏列尔日茨基看，苏列尔日茨基是一个很有成就的音乐家。然后，在乐队组成以后，他指导乐师排练，又为我们演奏乐曲。然后便进行作曲家一定难于忍受的长期修改工作，通过这工作，乐曲里一切不为戏所需要的部分都被删除。这之后，萨兹又把自己关起来，重写乐曲，然后他再指导乐师排练，再作一次新的修改，直到最后获得我们所需要的东西为止。这便是为什么他的曲子时常是演出所必不可少的有机部分的原因。他的曲子也许会比其他作曲家的曲子好或差，但他的曲子往往是与众不同的。《生活的游戏》的音乐是演出的主要成功之一。

至于苏列尔日茨基，在我们剧院今后发展的叙述中我会更多地讲到他，这里我只想记述他进入剧院工作和他的出色工作的开端。我和这位卓越人物在一起工作的记忆是充满了真正愉快的。

我们的剧院，或者毋宁说我们剧院的艺术，走进了一条死胡同。我们的研究工作停止了，只要把手中的材料清理出头绪，安排这些材料，重新评估这些材料，把这些材料集拢来，核查我们的资产负债表，便可看出我们完全破产了。

我们需要一个新的开始。我们需要一些由知识和自然规律所证实的新的基础和新的建设。这些基础的每一块基石是经过多少年努力而创建，再试验和琢磨，然后放到所谓"斯坦尼斯拉夫斯基体系"的建筑中的，这个体系现在早已有了确定的形式了。

通过自觉意识到达超意识。这便是我从一九〇六年以来所探索的、我现时仍在探索的、我日后活着一天就要探索一天的那种东西的意义。

五　失望

画家用油画颜料作画。他的所有色调和线条是和谐的。天空一片深蓝，绿树的轻淡色调配上密叶模糊的轮廓，那绿荫跟最挨近的树枝好像混成一片；树顶给太阳照亮，仿佛溶化在四周的空气里。这一切给那画幅以一种可爱的氛围。这画幅是画在帆布上或纸上的，帆布或纸都只有二度：长度与宽度，但是舞台上却有三度空间，因为舞台是有多层次的深度，这些层次在画家画幅的光滑的画面上，只是用透视来表现的。

当画家的画被移到舞台上时，便必须在画上强制加进这第三度，即深度。没有一张画，尤其是没有一张风景画能经得起这种手术。画幅上光滑、平坦、统一的蔚蓝色天空，在舞台上分割成五块或更多的平面，这些被分割的小块天空分几排悬挂，从台口起，到后幕止，每一排按照数学计算好的层次悬挂，使人联想到染过蓝颜色的长毛巾。以剧场用语来说，这些挂片被称为檐幕。噢，这些剧场檐幕是多么美丽！尽管它们看上去好像天空一样稀薄和透明，如果房屋和树木不经心地被安置在这些檐幕和美丽的蓝天后面的话，这些檐幕便会削去教堂的塔顶、树顶、屋顶、房屋。每一幅檐幕面前挂一只顶灯（里面装着许多电灯泡的长方形的金属匣子）。一只顶灯照得亮些，另一只顶灯暗些，每幅檐幕的蔚蓝色当然也跟着变化，但不和其他各幅的色调一致，而且明显地和其他各幅的色调不同。这种程式，分割了剧场天空的统一。为了去除檐幕的这些蓝色毛巾，舞台美术家用尽了一切聪明才智。例如，把树木的枝丫横亘舞台全面，结果是重叠的树枝拱形挂满了舞台。这时候那些檐幕已经不是蔚蓝色的，而变成绿色的了。但它们仍然挂在原来的地方。

舞台美术家的画稿上既没有檐幕，也没有侧幕，也没有纸板做的矮树丛，也没有土堆和沟渠。但在舞台上，由于那第三度，这些东西是不可避免的。侧幕和矮树丛好像从画稿上一件件地分割下来，放到舞台上，作为个别的和独立的物体。例如，画稿上有一棵树，树后有透视的房屋的一角，屋后有许多干草堆。于是必须把这些物件彼此分割开来，制成几块景片，一块块按层次放到舞台上，一块像树，另一块像屋角，第三块像干草堆。或者，你在画稿上看到了高树和矮树。但你辨别不出高树和矮树分界的地方。浓淡法的柔和在画上和在大自然中是一样迷人的。但在舞台上完全不同了。从画上分割下来并成为布景的一个独立部分的剧场布景片，是有它自己的纸板或木头的清楚明确的轮廓的。这种木头的树叶轮廓的粗糙性是剧场布景片的一种拙劣而典型的特征。舞台美术家的画稿的可爱的美丽细致在舞台上往往被丑化了。

但是甚至还有一种比这更糟的。那第三度，即舞台与布景的深度，使美术家不得不面对舞台的可怕的地板。舞台肮脏的木板还可以用画布遮盖起来，但只有戏里并无跳舞或芭蕾舞时才能这样。可是对那面积巨大的、平滑而可厌的舞台平面怎么办呢？只有用建造平台和活动地板等方法才能打破这种舞台平面。但是你可知道，在短促的换景时间内，搭起满台平台是何等的大事？想想看：那会使戏拖延多长的时间。我们姑且就这样做吧，可是你又怎样用侧幕和纸板的或木板的景片的直线，在地板上遮掩那些数学般计算好的舞台层次呢？你必须具有伟大的聪明才智，以及对舞台的彻底了解才能和这种障碍斗争，才能在画稿上与舞台上两方面遮掩这种障碍。

还有其他的困难。画家的画幅是用丰盈的、明亮的、生动的油彩，或者柔丽的水彩颜色，或者粉画颜料着色的，可是布景却是用劣质的搀胶的颜料涂绘的，演员又往往要求在颜料中尽量多搀些胶进去，否则颜色会从布景上剥落下来，失去鲜明和新的感觉，而且颜料的碎末对肺和喉都有毒。由于这一切舞台条件，当你把布景和画稿放在一起对照时，便往往很难从制成的布景中看出画家的画稿，或从画稿中看出布景来。不论画家如何努力，他也绝不能征服舞台布景的物质性与粗糙性。

剧场以及它的这一类布景是一种假定性，而不可能是别的。

但是是不是因此就可以说：这假定性愈大愈好呢？是否一切假定性都是好的，可以容许的呢？有好有坏的。好的假定性不仅可以听其存在，甚至应当欢迎，但坏的假定性是必须打破的。

好的剧场假定性是最好意义上的舞台性。凡帮助演员的表演和帮助演出的一切东西都是舞台性的。这种帮助首先是达到创作的基本目标。所以凡是帮助演员和演出舞台上创造戏的与剧中人物的人类精神生活的那种假定性，是好的和舞台性的。

上述的这种精神生活必须使人信服。这种生活不能在明显的谎言和瞒哄中打转。为了使人相信，虚假必须变成舞台的真实，或相似于舞台的真实。舞台的真实是这样的东西，即，演员、美术家，以及观众真诚而盲目地相信的事物。为了使人把它当作假定来接受，它便必须有舞台真实的影子，就是说假定性必须逼真，演员和观众必须相信它。

好的假定必须是美丽的。但这种美丽并不是那种剧场性地蒙蔽观众和吓唬观众的东西。这种美丽在舞台上和从舞台上提高人类的精神生活，也就是提高演员与观众的思想感情。

导演的手法和演员的表演是现实主义的、假定性的、现代主义的、自然主义的、印象派的，还是未来派的，只要它们能叫人信服，也就是说是真实的或逼真的；只要它们是美丽的，也就是说是艺术性的；只要它们是向上的，并且创造着真实的人类精神生活（没有这种精神生活，便不能有艺术）的，便都是一样。

不能满足这些要求的假定性，应当被指责为坏的假定性。

侧幕、舞台地板、纸板、掺胶的颜料、舞台平面木板在大部分情形下，促成恶劣的、不可信的、虚假的和丑恶的舞台假定性，这种假定性妨碍舞台上人类精神生活的创造，把剧场的殿堂变成了滑稽杂耍场。

布景的这一切恶劣的剧场假定性糟蹋了美术家的画稿，他们的画稿也是假定性的，但这是在好的舞台性意义上说的。

让娱乐场所去跟恶劣的剧场性共处吧。但在真正的剧场里，必须对恶劣的剧场假定性断然宣判死刑。

近来，不分青红皂白地对剧场假定性一律推崇，被认为是时髦的和风雅的事。在演员的表演，以及戏的导演方法两方面的剧场假定性被聪明的革新分子认为是可爱的天真。这些人只用脑子创造，竭力装作天真，而且相信自己所谓的"孩子般地缺乏审美力"的东西。

在我所记述的这个时代，我们是不同意这种看法的。对演出的剧场布景方法失去信心，并且对糟糕的剧场性宣战以后，我们便转向好的假定性，希望它能代替我们所憎恨的那种坏的假定性。换句话说，我们需要一些新的布景原理，以便继续从事剧场工作。我们需要为"艺术"作新的探索。

在我看来，我所记述的那些日子里，当时所发现和发明的演出的一切舞台手段与方法都早已到了智穷才尽的境地。我们从什么地方去找新的东西呢？是否我们需要建立一个专门研究布景的研究所呢？我没有钱建立这个研究所，因为在波瓦尔斯卡亚研究所的尝试以后，我至今仍债台高筑。我们不得不用一所临时的、流动的工作室，来代替一所经常性的研究所。我们决定这样做：某一天召集那些对演出问题有兴趣的人到我家来，把各种材料，诸如纸张、颜料、铅笔、图样、书籍、画幅、速写、捏塑的泥土，各种不同颜色、不同色调、不同质地的布料与布样都搬来。每个人都要尝试表现他所想望的一种模型式样，包括舞台的活动地板，剧场的新的建筑式样，布景或其构成部分的一种新原理，一件服装，或各种颜色的一种独出心裁的配合，也许是一种简单的剧场机巧，一种新的舞台能力，或者一种新的布景方法与风格。

第一次聚会只有少数几个热心分子出席。其中有我的朋友苏列尔日茨基，画家叶果洛夫（他当时在剧院工作），演员布尔扎洛夫（他是一个有特长的技术人员）和我。我们脑子里都一无所有地准时到会了，没有丝毫创造意念，甚至没有一个明确的、要解决的问题。我们都对旧的失望，旧的已经令人厌倦了，但却没有一个人知道该用什么来代替。这种情况开始时妨碍了我们研究工作的正常发展。最难的事是开始做探索工作，寻找一个目标、一个基础、一块基地、一个原则，或者甚至一个简单的舞台花巧，由它鼓舞起热诚来。热忱，甚至是最微弱的热忱，可以成为创造的开端。在你感觉到这种热诚以前，你明白自己并没有站稳。必须找寻一件东西，但是我们不知道该怎样而且该向哪儿去寻找。我们从自己心上硬挤创造的意念和感觉，在房里踱来踱去，拿起一样东西来做，但是没有做完，便失望而停止了。我们把各种色调的布料凑合起来，画舞台地板的分区图，我们想利用某一件意外事情，以期寻求一个重要的舞台原理。我们垂头丧气地工作着。

我需要一块黑丝绒，但它忽然不见了，刚才我们还看见的。我们寻找那块黑丝绒，打开箱子，拉开抽屉，却找不到。最后停止寻找时，我们看见那块黑丝绒安详地挂在房内通道显眼的地方。为什么在此刻以前没有看见呢？答复是简单的。因为更大的一块黑丝绒恰恰挂在它背后的墙上。在黑的背景上是看不见黑色的。还不仅如此，那块丝绒遮住了一张椅子的背，那张椅子变成了一只矮凳。起先我们不明白那个椅背到什么地方去了，而且不知道这只陌生的矮凳又是从什么地方搬到我房里来的。

有了！新的原理找到了。

但是说实话，这原理所以似乎觉得是新，只因为它是很旧的，被每一个人遗忘了。在黑的背景上看不见黑色，并不是重大的新闻。这是每一只照相机暗盒的原理。没有一个圆形监狱①的房间，其中的人、家具和物件会不在观众的众目睽睽之下忽然显现，忽然消失的。这样一个实际可行的原理怎么会直到当时为止还没有被运用到舞台上？这原理对剧场，例如对《青鸟》一剧的幻想来说，是有用的和不可或缺的，这些幻想由于剧场机械设备

---

① 圆形监狱的构造是看守的房间居中央，牢房在周围，看守能看见囚犯，而囚犯看不见看守。

的不全,我们不知如何演出。我们开始明白,这个新原理能够把梅特林克戏中的许多技术问题和变形简单化,而一旦简单化以后,我们的梦想就能实现,就能演出我们所喜爱的《青鸟》一剧了。

这新发现大大地鼓舞了我,而它的结果又似乎是那么重要,所以我想象起来,脑子开动起来,于是出现了一瞥即逝而又屡屡呈现的启示。这种启示并非随时都有的,所以必须在它出现的时候运用它。我跑进书房,想整理我心中产生的那些思想与情感,写下我在另一个时候和平时可能遗忘的那些东西。

哥伦布发现美洲的时候,也不会像我当时那样激动。我相信这种久已为每个人完全明了的新发现的重要性。

只要想一下,我们找到了一块背景,这背景类似一张黑纸,能使舞台只有二度空间——宽度与高度,因为有了那一块黑丝绒遮住了整个舞台,舞台的侧边、舞台的天花板和舞台的地板,那三度空间便会完全消失,而那块丝绒便会集中在一个平面上。在这样一大块黑丝绒上,你可以把人所能想出的一切用各种颜色和光线绘出来。在这块巨大的黑色平面的上方、侧边和底脚,可以显现演员的脸或整个身子,以及整套布景,这整套布景可以在观众眼前消失,或当黑丝绒的一部分拉开时又显现出来。这便可以使胖子变成瘦子,在演员的衣服两边缝上两条黑丝绒,因而仿佛把一切不需要的部分割去了。这便可以实行脚和臂的无痛楚的砍去,遮住身体,割下头颅,只需把砍下的部分用黑丝绒遮住就行。

在我刚叙述的那一晚的研究工作以后,我们在《青鸟》的演出工作上的尝试有了一个全新的方向。在一间不被好奇者看见的房间里，我们布置了一只巨大的暗箱，在那间房里一群原始发明人做了一连串的实验。我们发现了许多新的舞台变化技术和舞台效果。我们自以为是伟大的发明家，但是，唉！我们的希望比我们所得到的结果大得多。梦想、理论比实践要容易得多。许多事情在实际上和在理论上相比较是完全不同的。一套布景被遮住，或者它又在舞台的各个部分显现，时而左，时而右，时而上方，时而脚下，这难道不是一种发现吗？

但是，当把试验搬到一座巨大的舞台上时，我们就明白这种花招太花哨了。像这样的花招，可以用在某一出歌舞短剧里，却不能用在一个严肃的戏里，因为这有太多的剧场性意义上的效果。这又是一个失望。当看到布景由黑丝绒做成，看到舞台的全部台口变成一个阴森森的、棺材似的、恐怖的和令人憋闷的远景时，我们仿佛感到舞台上出现了死亡和坟墓。

伊沙杜拉·邓肯当时恰巧在剧场里，她惊怖地喊叫起来："这简直像一场噩梦！"她的话是对的。

"不要紧，"我们安慰自己，"我们要把这原理贯彻到别的颜色的丝绒上去。"

但可惜，这个原理只对黑丝绒有效，黑丝绒吸收一切灯光，由于这种质地，它把远景和第三度融合在一个平面上了。别的丝绒幔子却做不到，所以第三度又安然地存在丝绒中间，正如存在习用的布景中一样。

但是命运照顾了我们。命运给我们送来了安德列耶夫的戏《人的一生》。

"这才是我们所需要的这种背景的戏。"我读过剧本后大声说，我没有错。

六 《人的一生》

安德列耶夫是我们剧院的老朋友。我们和他的交往很久以前就开始了，那时候他是记者，用詹姆斯·林奇的笔名兼写戏剧批评。自从成了著名的作家和剧作家以后，安德列耶夫觉得非常痛苦的是，我们剧院的节目中没有一个他的戏。但这一次，采用他的新戏《人的一生》作为我们的戏目一切都很顺利，虽然这个戏和我们已往演的其他所有戏的风格都不同。有一种见解当时还存在着，这是一种不能推翻的见解，那就是我们的剧院只是一个现实主义的剧院，只喜爱乡土风俗，一切抽象的和不现实的东西都不感兴趣，好像这是我们所达不到的。可是，谁是第一个在俄国演出后者这种风格的戏的呢？对抽象事物的摸索、创造真正感兴趣的又是谁呢？但是一个意念一旦进入了观众脑中，便很难移去了。实际上，在此刻所记述的这一个时期里，我却独独喜爱那些抽象性质的作品，而且为这些抽象性作品的舞台表现寻求手段和方法。

安德列耶夫的戏来得适逢其时，满足了我们的一切要求。那个戏的外在表演形式已经找到。我指的是那块黑丝绒，当时我还相信那块黑丝绒。诚然，我觉得要把那种新的舞台创作手法勉强表现在《人的一生》一剧中是困难的，表现在《青鸟》一剧中却并不困难，那种新手法原是为《青鸟》创造的。但是，我以为丝绒的运用范围比实际上已经得到证明的范围大得多，所以我便断定,这种新的原理可以运用到许多戏里。这种黑暗的背景恰恰适合于安德列耶夫的戏。安德列耶夫的忧郁的天才、悲观情绪是黑丝绒在舞台上创造的那种情调的恰当补充。

安德列耶夫戏里的渺小的人生,只能在忧郁的黑色中、在不尽的深沉而可怕中表现。在这样一个背景上,那个"灰色人"的可怕形象便显得比原来的更阴森森。这个人物人们看得见,但又似乎看不见。你感觉到有一个人在眼前,却难于描画他的形态,他给全剧一种悲惨的与不祥的阴影。你必须把渺小的人生放在这种可以说是"永恒"的环境中,使这渺小的人生具有那种飘忽无常、阴森可怕、转瞬即逝的外貌。在安德列耶夫的戏里,这种人生甚至根本不是人生,只是人生的图解,人生的概貌和轮廓。

我是用绳索做成的布景来达到这一点的。这些绳索像一张画里的线条那样,勾画出一间房、几扇窗、门、桌、椅等的轮廓。试想一张黑纸,上面有白线画成的布景。在舞台上,观众感到了在这些白线背后有一种可怕而无尽的深度。在这间图式化的房间里的人并不是人,只是人的图式,这是自然的。他们的服装也是勾画出来的轮廓。他们身体的某些部分用黑丝绒遮住了,这黑丝绒与背景融为一体,仿佛根本不存在了。在这种图式化的生活中,诞生了一个图式化的人,这个人被他的父母、亲戚、朋友的图式化所欢迎。他们所说的那些欢迎话,并不表现活生生的快乐,却只是它的形式的记录,只是在这种情形中粗俗的人类话语的习惯呼喊而已。这些话语并不是由人的嗓子说出来的,仿佛是用留声机放出来的。这一切愚蠢的生活在观众的眼前,从黑暗中意外地诞生,而且又同样意外地在黑暗中消逝。人物并不从门里进来,也不从门里出去,而是突然出现在台上,又消失在背景的无边无际的黑暗中。

第二场的绳索布景，就是那个人和他妻子的年轻时代的那场戏的布景，是用较鲜明的玫瑰色线条勾画的。演员也表现了生命的更多征象。那几段爱情戏的调子和那青年人对命运的激昂挑战时时到达狂喜的程度。但是仅仅年轻时代燃烧起来的那种生命，第三场时便在上流社会中熄灭了。作为那个人的豪奢生活和财富的见证的那间大舞厅，是用金色的绳索勾画成的。一队鬼影幢幢的管弦乐队、一个幽灵似的乐队指挥、两个打旋的女人死板的、毫无生气的跳舞，以及台口脚光前一排丑怪人物——老妇人、年老的富翁、阔气的老处女、新郎和少妇。暗黑色和金黄色的财富，女人衣着刺眼的颜色，死气沉沉的黑晚礼服，呆板的、煞有介事的、毫无表情的脸……

"多么美丽呀！多么豪华呀！多么富有呀！"宾客们毫无生气地赞叹着。

第四场，那艰难地开始的生活已经走下坡路了。独生子的死亡使这对老年夫妇身心受到折磨。绝望中他们去拜访那个"灰色人"，但他却意味深长地沉默不语。于是那发疯的父亲用拳头打他，这个神秘人物却消失在无边无际的远方了，那男人和那女人便仍旧忧伤，得不到神的帮助。

那个人的死——最后一场戏中，他在一家小酒店里喝得烂醉——是一场连绵不断的噩梦。穿着长外套的黑色人形像有尾巴的老鼠，爬着走过舞台，他们的老母羊似的低语，他们的咳呛和哼哼声造成恐怖而又可怕的预兆。接着台口冒出了一个个单独的和成群的醉鬼，又消逝在黑暗中。他们用醉酒的嗓音咆哮，做出绝望的手势，或者装成醉得不能动的模样，像梦魇的幻影。他们的吼叫声在黑暗中响了一会儿后，接着便没有声音了，只剩下醉后呼吸的模糊声息。在那个"人"死去的那一瞬间，许多大得高及房顶的人影不知从哪儿出现了；一群飞的和爬的丑八怪在跳舞，这象征死亡的痛苦。接着是最后一下子猛烈而令人心惊肉跳的打击声，于是那个"人"的生命便结束了。一切都消失了，那个"人"本身、那些影子、酒醉的梦魇全消失了。只有在那无底的黑暗中又出现了那"灰色人"的巨大形象，这人物用一种决定命运的、冷峻的、令人无可抗拒的声音断然判决了全人类的死刑。

靠了黑丝绒的帮助，我们能获得这一切效果，黑丝绒在整个演出中起了很大的作用。剧本和演出都很成功。人们说剧院已经发现艺术的新道路。这些道路正如舞台的革新工作中所习见的那样，并没有丝毫超越布景的范围。就演员的艺术而论，只是重复了我们很久以前便已在《波兰籍犹太人》和《汉奈蕾升天记》两剧中所找到的表现幻影人物的那些方法而已。我们是否已经在自己内心，以及在演出中成功地找到和创造了安德列耶夫那种忧郁的灵魂，我们当时在舞台上寻求的那种真正的神秘主义，以及从现实主义退却而进入抽象的领域呢？我们应当公开地承认：我们并没有到达这些艺术目标。我们从现实主义逃脱以后，照例发现了一种单纯的剧场定型，这种定型我们觉得非常合意和有用，而且演员把这种定型错认为真实的生活和经验。和别的革新分子相比较，我们惟一稍胜一筹的地方是我们的定型并非全部剽窃前人的，其中有些是我们自己创造的。

尽管演出得到了成功，却不能使它的创造者满意，因为我清楚地知道，这次演出并没有给我们的表演艺术带来任何新东西。

七　拜访梅特林克

由于曾经看过我们剧院的几个戏，但我个人并不认识的某些法国人的推荐，梅特林克把自己的剧本交托给我们了。其他的剧院，包括这位诗人所在的国家的剧院在内都以为演出这个戏太费钱了。

熟悉了这个剧本以后，我们觉得为了不把这个戏作为一个简单的神话而把它当作更严肃的东西来演出，即不要让剧本中满篇的花招像剧场里的剧场性那样吸引观众，我们便需要获得作者的许可，冲淡剧中的某几个场景。我们本来可以写信给梅特林克，但是觉得在信上讨论这个问题的技术部分是不可能的，所以我们有一份详细的意见书给他。后来我决定把我在第一次排演前向演员讲的一篇讲稿寄给他。梅特林克对我的演讲词感到有兴趣，便开始和我们通信，同时全权委托我们改动剧本中所有我们认为必须改动的地方。我们研究他的剧本，直到一九〇七至一九〇八年度的演出季节终了，一心想摒除可恨而可恼的剧场性来演出这个戏。这使我们不得不作一些很重大的改动，我们认为必须在演出之前当面去拜访作者。夏季，我决定去会晤他，因为我得到了他的热情邀请，要我去看他。那时候他住在自己的古堡中，离巴黎约六小时的火车行程。

我渴望知道梅特林克怎样在他的庄园里生活。他所在的地方难道是一个真正的古堡吗？他的生活方式是简单的，还是复杂的？我是否需要带晚礼服去，还是带家常衣服就够了呢？接着是行李的问题。一只手提箱够不够？如果带多了行李，不会使人奇怪吗？但是我动身的时候，却带了大批礼物、糖果和别的行李。在火车上我如坐针毡。我此刻是去拜访一位著名作家，一位哲学家，必须准备一番聪慧，或者至少是伶俐的辞令，以便我们第一次见面时应用。我确实想出了一些辞令，而且坦白说，我把自己的聪明才智的辉煌成就记录在我的袖口上了。

最后，火车到站了。我下了车。站上连一个搬运夫也没有。站外有几辆汽车。司机拥挤在窄小的出入口旁边。包裹不断从我的手上掉下来，我疲累地提着这一大堆包裹走到了出口处。有人问我要车票。当我正在衣袋里摸索的时候，包裹纷纷掉落下来。在这危急之际，我听到一个司机叫唤我的声音：

"是斯坦尼斯拉夫斯基先生吗？"

一个剃干净了胡子的老年人，有一头白发，风度优雅，体格健壮，穿一件灰色外套，戴一顶司机便帽，他帮我拾掇行李。我的外套从肩上掉下来。他拾起来，细心地放在他的臂上。然后他领我上汽车，他坐在司机的座位上，把我安置在他身边。

"现在我带你到我家去。"

他是谁呀？梅特林克的相片我是很熟识的。这个人完全不像呀。由于某种原因，我断定这个人是梅特林克的或他夫人的一位亲戚。但是当我们以闪电般的速度行驶，以令人不能置信的车技在村道的儿童与家禽群中觅路前进时，我完全相信我的伙伴是一个真正的司机了。在我的一生中，还从没有用这样的车速旅行过。我无暇欣赏周围美丽的诺曼底的景色；迎面袭来的空气把我窒息、震聋了。在一个转弯的地方，我们几乎和一辆马车相撞，但司机用难以置信的技巧避免了撞击拖车的马,几乎把我从座位上颠出来。我们开始谈话了。我们谈到梅特林克和他的夫人,那位女演员约热特·勒勃兰,我说他对于汽车比对任何别的东西都喜欢。他解释说,起初坐汽车是很好玩的,但后来也厌烦了。

我老是偷眼看他。他是谁呀?汽车爬上一座小山后,我终于能够问他了:

"你是谁呀,先生?"

我得到的答复是:"梅特林克。"

我张开两只手,不知道该说什么好。我们两人久久大笑。唉,我精心准备好的辞令用不上了。这反倒好些,因为我们这种简单而意外的相见方式使我们彼此迅速地亲近起来。

我们到达了庄园,这庄园坐落在一座浓密的森林里,有两扇巨大的修道院式的大门。许多大雕像布置在近大门的一道深龛里,形似舞台上的许多演员。那两扇古门吱吱嘎嘎地响着为我们打开了,在这环境中汽车仿佛是一个时代的错误,它驶进了大门,又通过一个雄伟的拱门,这地方在古代是以酒著名的。这是一所大修道院;不论你走到哪里,你会看到一种早已消逝了的生活的几世纪的遗迹。许多建筑物都倾圮了,有的却还完整。我们向这大修道院的正屋驶去,这正屋曾经做过食堂。我被带进一所布满了雕像的大厅,厅内有许多拱门、柱子和一座大楼梯。我们在这里脱下了外衣;梅特林克夫人穿一件美丽的诺曼底人的长袍,从上面走下来迎接我,说:"你好吗,斯坦尼斯拉夫斯基先生?"她是一位很可爱的女主人,一位很聪明而有趣的健谈者。

大厅右首那几间现代化的舒适的房间是餐室和小客厅。如果你上楼去,你会看到一道长廊,在古代这地方是用作修室的。走

七 拜访梅特林克　475

廊的一边排列着许多房间。这些便是卧室、梅特林克的书房和可作现代应用的其他房间。这一家的亲密的家庭生活就在这里度过的。然后，经过藏书室、礼拜堂和厅房——这些房间的华丽我简直无法形容——便进入一间面向一个露台的大房间。从这房间处于树荫中这一点看来，一定是梅特林克白天工作的地方。

我不能忘记在一个大主教曾经住过的那所圆形塔楼中度过的几个夜晚。整个处在睡眠中的修道院的各种神秘的响声，在夜间想象到的模糊的碎裂声、呼号声、嗥叫声、敲钟声、守门人的脚步声——所有这一切响声都仿佛和梅特林克本人不可分离的。就他的私生活而论，我必须下幕①，因为描写某些只是幸运才偶然看到的事情是很轻率的。我只能说，梅特林克是一个可爱的、仁慈的、快乐的东道主和朋友。曾经一连几天，我们谈论艺术，他很乐于知道演员们正在深刻地探研艺术的真正本质、意义并作分析。他对演员的内在技术尤其感兴趣。

访问的最初几日是在一般性的谈话中度过的，只是彼此相熟。我们散步了许多时间。梅特林克时常携带一支小长枪。在一条小溪中，他捕到了几条特别的鱼。他把修道院的历史告诉我，从头至尾地讲述数百年内这修道院中曾发生过的骚乱。在夜晚，我们由大烛台前导，排成行列通过修道院的所有厅房和走廊。我们走在石板上很响的脚步声，围绕着我们的古物，闪烁的烛光和我们周围的一切东西的神秘性，这一切使我产生了一种很不寻常的心情。但是，梅特林克住在这样的一个地方，却仿佛是很自然的事。在偏僻的小客厅里，我们喝咖啡、谈话。狗在门上抓爬。

---

① 搁笔之意。

他放它进来，说雅科从它的咖啡店里回来了，说雅科刚才在邻村，在那地方过一次小小的爱情生活，但在限定的时间内，它回到主人那儿来了。两只狗便跳到他的膝上，狗与主人之间开始一番动人的谈话。我觉得那只狗懂他的话似的。雅科是《青鸟》中那只"狗"的原型。

为了结束我和梅特林克，以及他的夫人所共度的那些美妙日子的草草回忆，让我略谈梅特林克对他的神话的整个演出计划的态度。起初关于剧本本身、角色特征、梅特林克本人想在剧本中表现的东西等方面，我们谈了许多。在这些方面他明确地，而且以一种超乎寻常的态度表示了自己的意见。但是当讨论到导演问题时，他便不知所措，而且不能想象怎样把这些东西表现在舞台上了。我便不得不把这全部情形形象化地向他解释，而且用一些家中用具向他表现我的某些导演意见。我为他表演了所有的角色。和这样一个有才能的人交谈是愉快的，因为他很容易领会我的话。一位卖弄学问的创作者往往要求别人服从他最微不足道的指示。但是像契诃夫一样，梅特林克并不一味坚持他的要求。他容易被他喜爱的东西所吸引，他的想象乐于照我所暗示的方向活动。只有一件事情使他伤了心。他原想让儿童，而不是让有过训练的演员演他的戏。我们剧院对待这个问题却认为这是对儿童劳动的剥削。

在白天，梅特林克夫人和我往往幻想《阿拉丁和帕洛密德》和《普莱雅斯和梅丽桑德》①两个戏的演出。

在这庄园的各个角落，我们发现了"梅丽桑德"的井，和

---

① 均为梅特林克的作品。

"帕洛密德"的塔，以及可用于这些剧本的其他许多天然布景，我们甚至决定要在这庄园上演出其中的一个戏。日后梅特林克夫人在这里演出了《普莱雅斯和梅丽桑德》，实现了我们的梦想。

最后梅特林克又让我坐上那辆汽车，他和夫人带我到车站，但这一次走的是另一条路。我们彼此亲切地道别，梅特林克应允到莫斯科来看我们《青鸟》的演出。

时间飞逝。艺术剧院的十周年纪念来到了。无论如何要避免一种正式的典礼，但我们还是无法逃避。虽然这个日子正和俄国舞台上最可爱而最有才能的一个艺术家——亚历山大·巴甫洛维奇·连斯基的死巧合，但典礼还是举行了。纪念会的第一项程序便是成千群众肃立向死者致敬，并表示感谢。一个人就要给送进坟墓去了，其他的人活着受庆贺。

在那一幅挂在舞台后方的、上面绣着海鸥的灰色大幕的背景前，各界代表坐成圆形剧场的半圆形。台中央靠近脚灯处，是演说者站立的平台。近处有一个更大的平台，是为那些来庆贺的人用的。这里也有一架钢琴。从舞台到乐队席有一个宽阔的、铺了地毯的梯子，观众席中央还有一个平台，平台上面有一张大桌子，安放可能送来的礼物。礼物这样多，我们不只是把它们安放在平台上和桌子上，而且搁到脚灯前和梯子上了。所有剧场和文化社团的代表都来向我们庆贺；有演讲，有朗诵，有作诗、唱歌和跳舞。夏里亚宾诵唱了拉赫马尼诺夫——他本人在特莱斯登——的一封信。这是一首有才气的音乐作品，夏里亚宾把它表演得非常优美，没有人比得上。

"亲爱的康斯坦丁·谢尔盖伊维奇，"他唱着，"我从心灵深处祝贺你。这十年的全部时间，你前进，前进，找到了'青鸟'。"

接着他唱了"许多日子"的教堂主题旋律,由萨兹为《青鸟》一剧所谱的波尔卡舞曲作开玩笑的伴奏。这以轻快的波尔卡舞曲悦耳地交织着的教堂主题旋律让大家感到很有趣。

纪念会结束以后——这纪念会将长久留在我们的记忆中——我们送连斯基的灵魂去安葬。

庄严的葬礼完毕以后,我们回到剧院,青年演员们在剧院里布置了一个娱乐与闹笑的即兴晚会。

八　伊莎多拉·邓肯和哥登·克雷

大约在这个时期，一九〇八年或一九〇九年，日子我记不准确了，我认识了当时的两个伟大天才——伊莎多拉·邓肯和哥登·克雷，他们给我留下了很强烈的印象。我是偶然地出现在邓肯的表演会上的，事先丝毫没有听到过关于她的消息，也没有看到过报道她要到莫斯科来的任何宣传。所以我非常惊讶于前来观赏她表演的相当少数的观众中，占了极大的百分比的却是以马蒙托夫为首的画家和雕塑家、许多芭蕾舞艺术家，以及许多看第一晚演出的观众和剧场新鲜事物的爱好者。邓肯在舞台上的首次公演并没有给我留下什么印象。我不习惯于看一个几乎赤裸的身体出现在舞台上，所以我不大会注意，也不大会了解这个舞蹈家的艺术。节目单上第一个节目演出后，掌声并不热烈，而且有胆怯的嘘声。但接着表演了几个节目以后，其中的一个节目特别使人折服，我对一般观众的那些抗议，再也不能漠然置之，我便示威地鼓起掌来了。

幕间休息的时候，我这个大艺术家新受洗礼的弟子，奔到脚光前去鼓掌。我很高兴地发现我和马蒙托夫并排站着，他像我一样在鼓掌，靠近马蒙托夫的是一位画家、一位雕塑家和一位作家。当一般观众看到在那些鼓掌的人中有著名的莫斯科画家和演员，便大为狼狈。嘘声停止了，于是观众看到这表演可以鼓掌，掌声便满场响起，继而是叫幕，终场时又是一阵欢呼。

从那一次起，邓肯的表演会我从未错失过一场。经常去看她表演的这种需要是由我内心的一种艺术感觉促成的，这种艺术感觉是和她的艺术密切相关的。日后，当我熟知了她的方法，以及熟知了她的好友克雷的思想以后，我明白了：在世界的不同角落里，由于我们所不理解的种种情况，各种领域中的各种人士在艺术上追求着那些相同的、自然地产生的创造原理。会面以后，他们惊讶于彼此思想的共同性。我此刻正在叙述的这个相会也恰恰是这样的情形。几乎在交谈之前，我们彼此已经了解。邓肯初次到莫斯科来的时候，我没有机会认识她。但是在她第二次来莫斯科时，她到了我们剧院，我把她作为贵宾接待。这种欢迎成为全体性的了，因为我们剧团全体都参加了，他们都已经知道她是一位艺术家，而且爱她。

邓肯不善于有条有理地、有系统地讲述她的艺术。她的思想都是由偶然触发得来的，是最意外的日常事实的结果。例如，有人问她什么人教她跳舞，她回答：

"是跳舞女神。我从会站的那一刻起，就跳舞了。我跳了一辈子舞。人、全人类、全世界都必须跳舞。过去是这样，今后永远会是这样。妨碍跳舞，以及不愿了解大自然给予我们的一种自然需要都是徒然的。如此而已。"她以无法模仿的、英语夹杂着法语结束了她的话。另一次，她谈到她才演过的一场表演，在那次表演时，客人来到她的化装室，妨碍了她的准备工作，她说：

"这样我是不能跳舞的。在上台之前，我必须在自己的心灵中装置一只马达。当马达开始转动时，我的腿和臂，以及我的全身，才会不受我意志的支配而动作。但是如果我没有时间在我心灵中装置那只马达，我是不能跳舞的。"

当时我在寻求的正是那只创作的马达，演员在走上舞台之前，必须学会把这只马达装置在心灵中。显然，我的一些问题已经打扰了邓肯。我专心注意她在演出和排演的时候，她正在产生的情绪首先改变了她脸部的表情，接着那双发光的眼睛展示了她的心灵所产生的东西。我回忆我们偶尔进行的一切艺术讨论，并且把她所做的和我正在做的比较一下，我便明白了：我们在不同的艺术部门中，正在寻求完全相同的东西。在我们有关艺术的谈话中，邓肯不断提到哥登·克雷的名字，认为他是个天才，而且是当代剧场中最伟大的人物之一。

　　"他不仅是属于他的祖国，而且是属于全世界的，"她说，"他必须生活在他的天才能有最好机会发展的地方，生活在工作条件和总的气氛能最适合他的要求的地方。他合适的地方应该是在你们的艺术剧院里。"

　　我知道她写了许多信给哥登·克雷，讲我和我们剧院的情况，劝他到俄国来。至于我自己开始说服我们剧院的董事会，聘请这位大导演来，以便在我们觉得我们的剧院已经终于撞穿了横在面前的那堵墙的时候，给我们的艺术以一种新的推动力，并在面粉团中注入更多的酵母。我必须以完全公正的态度对待我的同事。他们像真正艺术家那样讨论这件事，并决定为了推进我们的艺术，花费一大笔钱。

　　我们给哥登·克雷一张聘书，签了演出《哈姆雷特》的合同。他担任布景设计和导演，因为他是这两方面的天才，他年轻的时候还曾经在亨利·欧文剧团里当过演员，并很有成就。他继承的艺术禀赋也是最优良的，因为他是伟大的爱伦·泰莱和著名建筑师克雷的儿子，出身是爱尔兰人。

在严寒凛冽的一天，哥登·克雷穿一件春大衣，戴一顶宽檐毡帽，颈上绕一条长围巾，囊中没有一分钱，来到了莫斯科，住在城内最好的旅馆里，开了一间有浴室的房间。我在那间房里找到了他，他在洗冷水澡。首先必须使他像我们那样穿暖和，好过冬，因为不如此，他便会有得肺炎而死的危险。我们从《聪明误》一剧的服装中找到一件毛皮大衣、一顶皮帽和一双毡靴，而克雷在莫斯科的时期便穿戴这些东西。他穿了这些服装看上去很别致，以致走在街上的时候，吸引了普遍的注意。这情形使这位多才多艺的舞台导演大为高兴，他立刻觉得自己在莫斯科，尤其在我们剧院里很自在。他和我的朋友、助手苏列尔日茨基很友好。他们彼此觉得对方有才能，在初次相见以后就不再分离。他们两人在一起的时候，是很好看的，两个人都永远快乐爱笑，克雷是大个子，有一头长发、美丽而有灵气的眼睛，戴一顶俄罗斯帽子，穿一件商人的毛皮大衣，苏列尔日茨基是矮小身材，穿一件加拿大的短外套，戴一顶圆锥形的皮帽。克雷说的英语中夹杂着德语，苏列尔日茨基说的英语中夹杂着乌克兰语，这引起误会、趣事、文字游戏和哄笑。

当第一次见到克雷在零下二十五度的严寒中赤身浸卧在冷水里时，我觉得我早已认识他了。在我们两人之间开始的那个艺术讨论，仿佛是我们在上一天讨论的继续。他穿着浴衣，披散着湿淋淋的长发，热烈地向我讲述他所喜爱的那些基本原则，对动作新艺术的探求的独到研究。他给我看这种新艺术的设计图，在这些设计图中线条、云彩、石块，以及相似于树身的那些东西，创造了一种不断向上的动力，你会相信，从这种动力中会产生某种至今还没有人知道的、新的艺术。他说到一个无可怀疑的真理，

八　伊莎多拉·邓肯和哥登·克雷　483

那就是把人的身体和平面的画景放在一起是不可能的事，必须以雕塑、建筑和立体物件作为那种安置演员身体的背景。他只容许画景安放在舞台上建筑物的过道的尽头。他在当时拿给我看他为《麦克白》和其他各剧的演出所做的卓越的设计，已经不能适合他的需要了。他像我一样早已憎恨剧场性的布景了。他所需要的是为演员设置一块单纯的背景，借助线条与光点，可以从这单纯背景中引导出无尽的情绪来。

克雷还说每一种艺术作品都必须用没有生命的材料造成，如石块、大理石、青铜、帆布、纸张、油漆，等等，而且必须永远固定在艺术形式上。按照这些基本原则，演员身体这块活的材料，这块变化无穷和永不相同的活材料，对创作是没有用处的；克雷否定演员，尤其否定演员中那些具有明显的或美丽的个性，那些本身并非艺术创造的人——像爱丽诺拉·杜丝，或托马佐·萨尔维尼，姑且用这两人来做例子。克雷不能忍受演员的习惯行为，尤其是女演员。

"女人，"他说，"毁坏剧场。她们很不好地利用她们控制男人的那种势力与影响。她们滥用这种权力，并把阴谋、偏爱和谄媚带进艺术领域里来。"

克雷梦想一所没有男人和女人、没有演员的剧场。他要用木偶来代替演员，木偶没有恶习惯或坏姿态，没有勾画的脸，没有夸张的嗓音，没有心灵的卑下，没有不值一文钱的野心。木偶会净化剧场的气氛，会给剧场事业带来高度的严肃性，而造成木偶没有生命的材料会给克雷一种机会，来表现生活在克雷本人的心灵、想象和梦想中的那种"演员"。

但是，正如日后明了的那样，对演员的否定并不妨碍克雷对男女演员身上有一点儿真正的戏剧才能的发现。当克雷感觉到这种真正的才能以后，他竟像一个小孩子乐得从椅子上跳起来，急躁地奔到脚光前，将灰白的长发凌乱地披散在脸上。当发现演员没有才能时，他会生气，并且又想起他的木偶来。如果他手上有萨尔维尼、杜丝、叶尔莫洛娃、夏里亚宾，而不是那些毫无才能的演员——他自己所制造的一些木偶——我相信他一定会很愉快，而且认为他的一切梦想都已经实现了。

克雷的这些矛盾往往使别人无法理解他的基本的艺术意图，尤其是他对演员提出的那些要求。

熟悉了我们的剧院、剧院的演员，以及工作条件以后，克雷同意在我们剧院里担任导演，而且接受了一年的任务。我们把《哈姆雷特》的演出交给他，他立即到佛罗伦萨去准备设计图和导演计划。

一年以后，克雷带了《哈姆雷特》的整个演出计划回来了。他带回了布景的模型，于是这有趣味的工作开始了。克雷指挥一切，苏列尔日茨基和我做他的助手。导演马尔德诺夫也参加我们的工作，装作剧场的革新分子，后来在莫斯科建立了自由剧场。在克雷专用的一间排演室里，安置了一个按我们的舞台比例制作的巨大的模型舞台。这模型舞台用和这戏将来在我们真的舞台上演出时一模一样的灯光设备照明着，任何效果的一个单独细节都不被忽略。克雷把布景的模型安装在这个小舞台上，用灯光来试验。正像我一样，克雷对习惯的剧场性的演出方法、手段，对侧幕、檐幕和景片失去了信心，拒绝和这些东西打交道，转而运用那些单纯的凸状的屏风，这些屏风可以通过无穷无尽的组合方式放在舞台上。这些屏风可以暗示建筑的形式、屋角、壁龛、街道、小巷、厅堂、楼塔，等等。这些暗示是由观众想象出来的，在这种状态下观众便成了演出的主动创造者之一了。

克雷用来制造屏风的材料我们还不确切知道，姑且说，这些材料应当是原生的，即尽可能地接近自然的，而尽可能地远离伪造的。克雷同意用石头、原木、金属，或软木来做。作为一种让步，他答应用乡下的粗麻布和草席，但他不愿意接受用纸来模仿这一切天然材料和原生材料的任何建议。克雷鄙薄一切工厂制造的和剧场性的作假。仿佛所能想象得出的东西再没有比这些屏风更单纯的了。对演员来说，再没有比这更好的背景了。这种背景是自然的、不伤眼睛的，像演员的身体一样，是立体的，由于照亮这背景的建筑的凸出来的无限的可能性，因而可以随意产生光、半明半暗和阴影的效果，所以它是生动逼真的。

克雷梦想使全剧用不要幕间休息，或不用谢幕的方式进行。观众到剧场里来，却丝毫看不见舞台。台上的屏风被当作一种观众厅的建筑的延伸，与观众厅相和谐。但在戏的开头，那些屏风优美地移动，屏风的线条构成各种新的组合。最后屏风不动了。从什么地方射来了灯光，灯光使屏风有了一种新的美观，剧场里全体观众蒙眬地被带到另一个世界，这个世界是由美术家所暗示的，但借助观众想象的色彩，却变为真实的了。

我看了克雷带来的布景设计图以后，明白邓肯的话是对的，她告诉过我，她朋友的伟大并不在他对艺术高谈阔论的时候，而是在他手执画笔、实地作画的时候。他的设计图比任何言词更能说明他的艺术幻想和艺术问题。但是克雷的奥秘并不在于他的画，却在于他丰富的舞台知识和舞台性的知识。克雷首先是一个导演天才。

他也带来了屏风模型,他把它们安置在那只巨大的舞台模型上。才能和艺术趣味表现在线所形成的角的组合上,表现在运用光点、光线照明布景的方法上,这光点、光线便是克雷投射在凸出的屏风建筑的线条和角的组合上。木头雕成的人像代表演员。坐在桌旁讲解剧本和演出设计的时候,克雷用一根长棍子拨动舞台上的人像,具体地显示演员在舞台上的一切动作。

当他在拨动人物的时候,我们循着戏的发展的内在线索,并在线索所指引,试图解释人像的地位变换的动机,把这些动作写在我们各人的台本上。当我们读剧本的第一页时,发现俄文译本时常把莎士比亚的内在的微妙译错了。克雷用他带来的关于《哈姆雷特》这个项目的全套英文藏书向我们指出这一点。由于翻译不准确,发生了很大误解。其中一个误解使我们的工作停顿了两三天。在哈姆雷特和他母亲的一场戏里,母亲问儿子:

"我该怎么办呢?"

哈姆雷特答复她说:

"再见,可不要再到我叔父床上去。"

哈姆雷特这一句回答通常是被解释为如下的意义:即他对母亲失去了信心,而且确认她已无法挽救以后,他说起讽刺话来了。从这种解释出发,扮演母亲的那个女演员,便往往把母亲这角色刻画成一个罪恶深重的女人。但依照克雷的见解,哈姆雷特是自始至终用最温柔的爱、尊敬和关心对待母亲的,因为她不是坏人,只是轻浮,而且被宫廷气氛纵容坏了的。哈姆雷特这些似乎要他母亲更趋放荡的话,克雷解释为莎士比亚语言的一种纯粹英文的机巧,这种机巧使这些话本身有一个反面意义。这便是何以克雷不把母亲这角色理解为一个反面人物,而认为她是一个正面人物的原因。

这并非我们误解的惟一例证。我能举出许多其他的例子来：当把译文逐行校勘时，我们发现许多地方在译文中被解释错了，原剧的这些地方，推翻了以前对全剧中的人物的解释。

克雷扩充了哈姆雷特这人物的内在内容。克雷以为，哈姆雷特是人类中最优秀的分子，像基督一样，他经历了尘世，成了净化的献身的牺牲者。哈姆雷特不是一个神经衰弱的人，更不是一个疯子，他所以与别人不同是因为他曾经一瞬间透过生活的围墙，望到他父亲正在那里受苦的那个未来世界。在他知道了另一个世界中受苦受难的生活以后，现实生活在哈姆雷特心中改变了。他深刻地观察尘世生活，想解决存在的秘密和意义；爱与憎，宫廷生活的习俗，对他开始意味着完全不同的意义了，受害的父亲向他提出的、凡人所难以解决的那些问题使他陷入了烦乱和绝望。如果只要杀死新国王便可以解决一切，那么哈姆雷特便会一分钟也不延迟地去做，但问题并不仅仅在于杀死国王。为了减轻父亲的痛苦，必须洗清这整个罪恶的宫廷；必须在这王国的全境使用火与剑，消灭有害的人，驱逐那些心灵败坏的老朋友，像罗撰克兰兹和吉尔腾司登；拯救那些心灵纯洁的人，像莪菲丽亚，为避免尘世的堕落，最安全地把她幽闭到修道院中去。必须设想，哈姆雷特作为尘世上最优秀和最受苦的人，在完成了尘世的事业以后升到天上，会在天上遇见他被解救了的父亲。这些残酷的苦难，使哈姆雷特在那班带着生活琐碎的忧虑过着单调宫廷生活的凡人眼里看来，成了一个超人，一个与众不同的人，因而就是疯子。讲到宫廷，克雷是了解宫廷全部生活的。

对哈姆雷特这种扩大的解释，也表现在演出的外在方面。克雷关于哈姆雷特的意想显得庄严不朽，气魄宏伟，舞台装饰富于概括性与单纯性。国王神圣的权利、势力、专横、宫廷生活的豪奢被克雷用一种近于质朴的金黄色处理了。因此他选用那种很像用来装饰圣诞树的平常的金纸，把这种纸糊在用于几场宫廷戏的所有屏风上。他也很喜爱平滑的、廉价的织锦缎，在这种织锦缎中，那种金黄的色彩往往保存着孩子般天真的印象。国王与王后穿着金色的和织锦缎的衣服，坐在一只高高的宝座上，周围是宝殿的金色墙壁，从他俩的肩头垂下一件金紫色的大斗篷，张开来，铺满整个舞台，垂入活动地板。在这非常宽大的斗篷上开着许多洞孔，透过这些洞孔，伸出许多朝臣的头，仰望宝座。这整个布景相似于一片金浪汹涌的大海。这一片大海并不是用恶劣的剧场性效果照明的，因为克雷是用阴暗的灯光，而且是在幻灯的潜入的光线下面来显示这布景的，幻灯的光线使得那些金色的东西处处带着可怕而带威胁性的闪光熠耀。你自己想象一下用丧礼的黑纱遮住黄金，就可以明白了。以哈姆雷特的痛苦的眼光，以他在父亲死后的极端的孤独看来，这是一幅王室的伟大的图画。

克雷的导演手法表现在哈姆雷特的那一场单人戏中。他坐在台口，靠近宫殿的石栏杆，陷入愁思中，他目击了他所憎恨的国王宫廷生活的愚蠢的、放荡的、不必要的穷奢极欲。此外，增添到这场戏里来、使戏的想象、神秘的印象主义越发显著的，是那些铜号以令人不可想象的不谐和曲调发出莽撞的、威胁性的、刺耳的吹奏声，那些不谐和的号声向全世界宣告那登位的国王的罪大恶极和伪善。这号声以及《哈姆雷特》演出所用的其余乐曲，都由伊里亚·萨兹非常成功地谱写的，萨兹依照自己的习惯，在开始作曲之前出席我们的排演并参加导演的工作。

克雷导演的《哈姆雷特》的另一个使人不能忘记的场景，显露出那场戏的全部深刻内容。试想一下，一条没有尽头的走廊从台口第一道侧幕起，呈半圆形地伸展到舞台另一边后方的最后一道侧幕，在这最后侧幕处，走廊在伸入宫阙的巨大建筑中间消失。走廊的墙高耸入云，所以墙顶看不见了。墙上糊着闪光的纸，由幻灯片的侧光照明着。在这绵长而狭隘的金笼中，哈姆雷特黑色的和垂头丧气的身子静悄地、孤独地、忧郁地踱来踱去，反映在走廊墙壁的金色镜子中。在犄角的那一头，金色的国王和他的朝臣们在窥伺。金色的国王与他金色的王后顺着这同一条走廊走了过去。

也就在这条走廊上，一群宫廷演员穿着鲜艳的戏装，帽子上插着羽毛，嘈杂地和得意扬扬地上场，他们排着队，以剧场性的效果步伐齐整而美观地行进，步子和着横笛、钹、高音笛、小笛和鼓的节奏。演员们携带着漆得很亮的服装箱和画得惹人注目的一块块布景片。他们体现了那美妙而愉快的剧场艺术；他们使这位伟大的审美家快乐了，并且使哈姆雷特可怜和痛苦的心灵充满了愉快。克雷通过哈姆雷特的眼睛看这些演员。当演员们进场的时候，哈姆雷特显露出来自己是一个热情的人，直到父亲死的时候为止，他都是这样的。他怀着特别欢快的心情欢迎亲爱的宾客；在宫廷日常生活的烦扰中，演员们的来到暂时为他带来了极好的艺术的松散，他热烈地把握住这种松散，以便暂时消除精神痛苦。哈姆雷特在演员们的后台王国里看着他们在乐器调音声中化装、穿服装的时候，他的确感到了艺术上的激动。哈姆雷特是阿波罗的朋友，艺术对他是合适的领域。

在宫廷演出的一场戏里，克雷展现了一幅伟大的画面。舞台前部被他改造成了宫廷演出用的舞台。舞台后部的最深处用作观众席。演员与台上观众之间由我们剧院的莫斯科舞台上所有的那块大的活动地板分隔。两根大柱子表示舞台上的小舞台台口。从小舞台台口到那块活动地板有一个台阶，从那块活动地板到舞台后部，又另有一个台阶，这台阶一直通到国王和王后坐着的那只高耸的宝座。两旁顺着墙壁坐着几排朝臣。朝臣们以及国王、王后都穿发光的金色衣服和斗篷，宛如铜像。宫廷演员们穿着俗气的戏装走上舞台前部，背向脚光和剧场观众，面向国王和王后，表演他们的戏。

这时候躲开了国王的视线，在舞台前部的一根柱子背后，哈姆雷特和霍瑞旭从有利的地点注视着国王。国王和朝臣陷入暗中，只是偶尔有一道摇曳的灯光照到一件金色宫廷服装上。但舞台前部的哈姆雷特和霍瑞旭，以及宫廷演员们却在全部通明耀眼的灯光中，使丑角们的彩虹色服装更美丽了。当国王吓得发抖的时候，哈姆雷特像一只虎似的跳入活动地板中，向国王和朝臣们扑过去。在黑暗中发生了一阵骚乱，一件耻辱的事，国王穿过台口的明亮的灯槽奔跑，哈姆雷特在跟着跑，跳跃地紧追国王，仿佛一只猛兽在追逐猎物一样。

最后决斗的那场戏庄严的气氛丝毫不逊色，这场戏是由许多高低不等的平台、台阶、柱子装置的，国王与王后坐在舞台后部的大宝座上，决斗的人在下面舞台前部。这场戏里有朝臣奥斯立克的服装的绚烂奇观，有着短兵相接的搏斗、死亡、哈姆雷特的尸体躺在一件黑披肩上等等景色。透过大殿的拱门，望到遥远的所在，看见不断移动的密密层层的长矛和方廷勃拉斯的旗帜，方廷勃拉斯来到了；他像一个天使长升登宝座，在他的脚下，躺着

八　伊莎多拉·邓肯和哥登·克雷　491

国王和王后的尸体，响起压抑的送葬曲的庄严乐声；缓缓地放下的巨大旗帜，以及白色的折皱盖住了哈姆雷特穿黑衣的尸身，只露出这位伟大的、使这尘世净化的人死去而愉快的脸，他终于在死神的怀抱中找到了尘世生活的秘密。克雷如此表现宫廷，以致宫廷成了哈姆雷特的殉道所了。

哈姆雷特的个人生活是在另一种具有神秘主义的气氛中进行的。戏开始的第一场便具体表现了那种生活。神秘的屋角、过道、怪诞的光、沉重的影子、月光、宫廷警卫，启幕的深邃莫测的地下音响，与地下音响交织起来的各种不同调子的合唱，风的呼啸和一种奇怪的隐隐的哭声。这时候从那些作为城堡的墙垣的灰色屏风间，出现了那个鬼魂，他四下寻找哈姆雷特。他很难令人辨认，因为他的服装和墙壁是同样颜色。有时候他让人完全看不见，过后又在一只幻灯半明半暗的光中出现了。警卫的吆喝声吓坏了他，仿佛隐入墙垣的凹角而消逝了。

在宫廷警卫岗哨上进行的其他几场戏里，哈姆雷特和他的伙伴们躲在深凹的斜屋面上等待鬼魂显形。那鬼魂又顺着墙溜出来，和墙融合为一色，观众像哈姆雷特本人一样差不多没料到鬼魂就在那儿。鬼魂出现的戏是在宫墙的最高处进行的，背景是一片月色清朗的天空，后来，初升旭日的光芒使这天空变成了红色。鬼魂引他的儿子到这里来，为的是更远离他在其中受苦的地狱，更接近于他的精神所努力奔赴的天堂。遮盖哈姆雷特父亲的"死者身体"的那些透明布料在月色天空的背景上仿佛跟空气一样了。但穿着重裘披肩的哈姆雷特的黑色身影却清楚地证明了这一事实，即哈姆雷特本人依旧被束缚在这忧愁与痛苦的、可怕的物质世界，而且徒劳地想猜测那个幽灵的难以理解的暗示和死人的生活。

这一场戏和其他许多场戏都渲染了浓厚的神秘主义气氛。但在"生存还是毁灭"那段独白的戏里,神秘主义气氛甚至更浓厚,这场戏是由克雷设计,我们却无法按照他的计划实现。在设计图中,克雷以下述的方式表现他的意图。一条宫中长廊阴森而幽暗,在哈姆雷特的眼中,这条长廊已经失去它昔日的皇室金光了。墙壁变得暗淡,看不清楚的影子从下面爬上这些墙壁。这些影子体现了哈姆雷特所憎恨的那种尘世生活,体现了哈姆雷特在他父亲死后,尤其是看到另一个世界以后,他心中的巨大恐怖。他说到尘世生活,恐怖而厌恶地说出了"活下去",那便是继续活着、生存着,这对他来说是受苦和折磨。在设计图上,哈姆雷特的另一边是用一片明光烘照着的,引诱哈姆雷特过来的那个女子的银色身影便在阳光中出现并隐去。哈姆雷特把这个叫做"不活",即不要生存在这个毫无价值的渺小世界中,走出这个世界,去死。黑暗与光明的交织运用是为了表现哈姆雷特心中生与死的斗争。所有这一切在设计图上画得非常好,但是作为导演的我却没法把这计划在舞台上实现。

克雷把他的一切演出幻想与计划告诉我们以后,就动身到意大利去了,苏列尔日茨基和我便着手完成这位首席导演和演出创导人的意图。

从这时候起我们的苦难开始了。

一个画家,或一个舞台导演的舞台幻想和这种幻想在舞台上的实现,这二者之间有着多么大的距离呀。一切现有的舞台表现手段是多么粗劣呀。舞台技术是多么原始、简单和微不足道呀。在有关人杀人的事情上,或在谋求日常生活的养尊处优的问题上，人的脑子为什么竟那么富于创造性？可是人在努力满足发自最纯洁的、具有美感的灵魂深处的精神渴望，而不是满足肉体的兽性的要求，那些相同的机械设备为什么又这样粗糙和原始呢？在这个领域中仿佛毫无发明。无线电、电气、电灯光在各个场所都创造了奇迹，但惟独不在剧场里创造奇迹，在剧场里，这些东西可以发现一种在美的意义上完全特殊的用法，并且把可厌的掺胶的颜色，涂胶的厚纸板和道具永远逐出舞台。希望有这样一个时代到来，那时候新发现的光线可以把各种色调的影子和线条组合起来，悬空地表现。让其他的光线照射人体，使人体具有那种我们在幻想和睡梦中都能认识出的、轮廓的模糊感，飘飘忽忽，像幽灵一样。这样，我们便能运用一个女人形象的蒙眬鬼影实现克雷在哈姆雷特的"生存还是毁灭"那场戏的意图了。但是运用平常的剧场手段，克雷所建议的这种表现手法从台下来看，就像是导演的花招，使我第一百次地想起了剧场演出手段的无用、粗劣。因为知道除了伊莎多拉·邓肯以外，没有人能表现这种在照耀通明中的死的幻影，因为找不到舞台手段来表现像设计图中所画的那种生活的幻影，我们不得不放弃克雷为"生存还是毁灭"那场戏的演出所设计的计划。

但是这并非是我们最后一次失望。另一些不愉快的意外，正等待着可怜的克雷呢。我们无法找到一种天然材料来制造屏风。我们试验了每一件材料——铁、铜和其他金属。但只要一想到这些屏风的重量，就得抛弃用金属的。用这种金属的屏风，我们必须改建剧场，安装电动换景器。我们试验过木屏风，而且把木屏风拿给克雷看，但是无论是他，还是我们的舞台工人都不愿搬动这些可怕而危险的屏风墙。这些墙随时会倒下，而且会压死所有站在台上的人。我们试验软木屏风，即使是软木屏风，也太重了。归根结底，我们不得不让步拿轻便的木框钉上剧场用的原色帆布当屏风用。帆布的轻飘色调和宫殿的阴森情调是不和谐的。即使如此，克雷还是决定用帆布，因为帆布可以接受电灯光的各种颜色和半明半暗的光线，如果用深色的屏风，那么颜色和光线都会完全被吃掉。在实现克雷的布景意图时，为了戏的情调的表现，灯光的变化是很需要的。

但是我们又遇到了另一个困难。那些巨大的屏风无法站稳，会倒下来。如果一块屏风倒下，那么其他几块会跟着倒下。我们发明了无数方法以防止屏风倒下，但所有的方法都需要特殊的舞台构造和舞台建筑上的改动；要完成这些改动，我们既没有技术，也没有钱。

拆搭屏风的换景工作需要和舞台工人进行许多次长时间的排练。很长时间我们没有成功；时而一个工人不小心跳到台口，暴露在观众面前了；时而两块屏风相接处有一条隙缝，观众可以看见后台生活了；时而屏风的反面朝向观众；时而一块屏风在某处拉不出来了。在首场开演前一小时，发生了一件糟糕的事。我坐在观众席中最后一次排练换景。排练结束了。第一场的景已经搭好，工人们获准在开演前休息、喝茶。舞台上一个人也没有，观众席静得像坟墓。但是忽然一块屏风倾斜了，渐渐地倒下来，后来就倒在旁边的一块屏风上，于是整个布景像一间纸板房子那样倒在了地板上。响起木框折断的声音、帆布撕裂的声音，最后是满台破碎与毁损的屏风，一堆废物。观众已经进场了，重做布景的紧张工作便在幕后动起手来。为了避免演出中发生祸事，我们不得不放弃当着观众的面换景的做法，而接受惯例的落幕方法，这种方法虽然笨拙,却可靠地掩护了舞台工人的艰苦工作。但克雷式的换景方法,将会使整个戏具有如何的一贯性和统一性呀!

另一个并不比我刚才说的那个失望小的失望——有关演员的表现,正等待着克雷。当克雷回到莫斯科时,他检查了我们在演员部门的工作,他对此并不满意。他不承认演员的通常的剧场性表演,我们也不承认,但他连崇高感情的真实的、但是单纯的那种表演也不认可。我们也不认可这样的单纯化。在我们演员的表演中,没有高贵的单纯性,没有完美的自信,没有巧妙的控制。没有洪亮的嗓音和美丽的台词,没有和谐的动作和姿态。但是还有我们最惧怕的东西——通常的剧场性的悲剧感情,不然便是另一个极端,一种很令人厌倦的、沉重而平淡无趣的角色体验。为什么我们找不到中庸之道呢?在现代剧里我们已经找到了,在那些戏里,台词虽然说得拙劣,却还有人情味,但一旦念韵文的时候,我们便倒退到朗诵,倒退到一种呆板的、翻来覆去的节奏,倒退到一种单调的声音和单调的语言程式化了。最糟糕的是,这种坏毛病吸引了和正吸引着一切没有鉴赏力的演员,这样的演员多得数不清。

我苦思着,一心要克服这个障碍,而且想拿出一些克服这个障碍的方法。某一天晚上,在一天忙碌以后,我们喝着茶,又第一百次地谈到演员、演员的艺术和对艺术的要求。这次谈话由于我的妻子丽莲娜在场,谈得特别活跃,因为她不仅谙熟英语,而且是克雷所满意的一个女演员,她理解讨论的主题,所以是一个理想的翻译。为了使彼此更了解起见,我在克雷面前以各种方式和方法,表演我保留节目中的角色的个别段落和个别场面。开始我以陈旧而程式化的法国方式念台词,后来以德国式、意大利式、俄国式的朗诵调、俄国现实主义的方式来念。我也表现了新印象主义的方法。

这一切方式、方法没有一项使克雷满意。他用自己的一切力量一方面反对剧场的古老程式，另一方面不接受乏味的自然与单纯，这种自然与单纯使我的表演丧失了一切诗意。克雷要求完美，要求理想，那就是活生生的人类情感的单纯的、强烈的、深刻的、提升的、艺术的和美丽的表现。

我在克雷面前失败了，非常狼狈。第二天，为了使自己平静下来，我拉苏列尔日茨基躲到我们剧院的一间排演室里，向他表现许多角色，要求他怀疑我的情感的真实性，或不满意我表现情感的那种艺术形式时，随时叫我停止表演。唉，苏列尔日茨基对我提了非常多的意见，不得不时时刻刻叫我停止。这一次会谈竟然非常重要，甚至在我的一生中是历史性的。那一天我了解了，许多我以为是自然的东西，实际上却是由陈旧的剧场性过时货所产生的。演员的自负，演员身体与心灵之间、角色体验与角色体现之间的脱节，这是最可怕的。这样的时候演员的体质、嗓音、表情、拟态动作都变得很糟，像架损坏了的和变了音的钢琴。我的信心动摇了，从那以后，我度过了许多焦躁不安的岁月。

我对所谓"体系"的一切努力竟会毫无结果，这是可能的吗？

《哈姆雷特》的演出得到了很大的成功。有些人热心赞美，有些人批评，但每一个人都很激动，他们辩论、读报告、写文章，国内别的剧场悄悄地剽窃了克雷的思想，当作他们自己的东西发表了。

八　伊莎多拉·邓肯和哥登·克雷

九　艺术剧院第一研究所

苏列尔日茨基开始感觉到我在艺术上的寂寞和我的煞费苦心的研究；他对我所从事的工作感到有兴趣，而且以他对我的工作的兴趣鼓励我。我们共同试着向演员们宣传那些新的发现，但没有成功。于是我们转向年轻人，开始给那些从剧院的群众演员和从学校学生中间选拔出来的青年男女演员上课。但这一种办法也没有成功。最后苏列尔日茨基去我们剧院一个演员办的一家私立戏剧学校，根据我的计划开了一个班。几年之后，这个班的许多学生被剧院招收为演员了。他们中间有叶弗基尼·瓦赫坦戈夫，他注定要在我们剧院的历史上担当大角色。初步的推动力量具备了，有几个演员和年轻人看到实际结果以后，便要求我们给他们一个学习和一显身手的机会，由于剧院本身每天的演出和繁重的剧场工作，他们要学习是很困难的。在那些提出要求的人中间，许多人日后在俄国，甚至在国外成了有名的人物。

当苏列尔日茨基和我开始向群众演员、年轻人和学生传授我的体系（这一切并不是在剧院内进行的），在剧院里所引起的那种人心浮动、方兴未艾的时候，托尔斯泰的《活尸》要演出了。这个戏里，人物非常多。全体群众演员和几个学生都被邀参加演出。在第一次排演前的预备会上，聂米罗维奇-丹钦柯非常出人意料地向全体同志说了一番话，在这一番话中，他坚决主张：剧院本身的演员应该详细研究我的一切新的工作方法，而且剧院应该采用这些方法。怀着这个目的，聂米罗维奇-丹钦柯认为必须在演出工作开始之前，由我详细讲解他们称为我的"体系"的那种东西，一定要记住我的"体系"，才能开始新的工作。

聂米罗维奇-丹钦柯的帮助感动了我。我至今仍然感激他的这个帮助。但是我承认，当时我还没有把握解决聂米罗维奇-丹钦柯向我提出的那个困难问题。我还没有找到表达我思想的简明扼要的语言，所以我的任务完成得很不圆满。演员们并没有像我希望他们那样的振奋，是毫不足怪的。

当我开始引用新的实验成果，以便把我所发现的东西给予同事时，我遭遇了拒绝。起初，我把这现象归咎于他们懒惰，他们缺乏兴趣，恶意与阴谋，并在他们中间搜索隐藏的敌人，但最终我才明白了不成功的真正原因。

所有演员，尤其是俄国演员都喜欢在纯体力工作的范围内工作，而且工作得有劲。让他们排演一百次，以最大的嗓子喊叫，使大力气表演，用他们身体的外部创造没有动机的外在情感，他们会耐心地和毫无怨言地做这一切，以便学习如何"表演"某一个角色。但是，如果你非常轻微地触动他们的意志，并且向他们提出内在精神问题，以便唤起他们的情感意识或超意识情感时，你便会遇到一种抵抗了，因为演员的意志是未经良好锻炼的；它是懒惰的、任性的。要想唤醒演员的意志，便需要赞扬、成就、鼓掌、叫幕、物质馈赠，或只需要烟和酒。演员会变得十分固执，使你不得不用自己对那作品的兴趣去强迫他做动作。为了使演员的懒惰意志至少有一刹那的时间领悟导演的愿望，可怜的舞台导演必须表演十次，流汗十次。我所宣传的和为了创造适当的创造情感所必需的那种内心技术、它最重要的部分就是奠基在意志的过程中的。这便是剧院的剧团为什么对我的要求充耳不闻的原因。有好几年,在一切排演工作上,在剧院的一切房间里和走廊上,在街上,我热心地宣传我新的艺术信条,但没有得到任何成功。他们恭敬地听我讲了,表示了一种意味深长的沉默,就走开了,彼此交头接耳地说:

"为什么他自己演戏却愈演愈坏呢?在他没有这些理论、简简单单表演、不使用任何花样地表演的时候,倒强得多。"

他们的话是对的。作为一个演员,一个暂时变换习惯的工作去从事实验家研究工作的演员,我自然是退步了。这现象是所有人都见到了,不仅我的同事,而且观众也见到了。这使我很焦虑。我是难以不改变坚定不移的新方向了,但是我还得设法保持住我的演员的权威与导演的权威的一小部分。虽然如此,我还是继续从事我的实验工作,尽管这些实验大部分是错误的。

我的学说还处在初级阶段,不为演员们所接受,因为我还没有找到修筑一条不通往演员的脑,却通往演员的心,通往他超意识直觉的道路的正确语言。我小心而大力地试图在听众的冷淡之墙上打开一个缺口。我必须时时捕捉他们。

"让他用自己的新方法表演,我才能折服。然后我才能相信他,听他的。同时我看,斯坦尼斯拉夫斯基在没有这样博学以前,戏倒演得好些。"我的同事们固执地反复这么说。

但是在热情高涨的时候,我不能够,也不愿意做不是我新发现所要求的范围以内的事。固执使我愈来愈不得人心。演员违心地和我一起工作。我与剧团全体人员之间形成了一堵墙。有好几年我们之间的关系是冷淡的。我把自己关闭在我的化装室里，责备他们因循守旧、背信弃义，并以愈益增强的专心继续研究工作。那种时常控制着演员的渺小的利己观念，在我心中洒下了微妙的毒汁，我用自己所能想象出来的不真实的看法对待那些最小的事情。这样，我和演员们之间的关系变得更尖锐了。演员们觉得难于和我合作，我觉得难以和他们合作。当时我把这现象归咎于他们的恶意，但现在我明白原因完全不是这样，惟一应该受责备的是我。

年轻人的、群众演员的和学生们的尚未耕耘的精神园地，接受了一切播种在他们心灵上的东西。他们容易被给予他们的一切新的东西所振奋。经验的缺乏倒使他们能认认真真地听我们讲课。

但成熟了的演员已经在内心形成了某些固定的方法，不可能不经过亲身的体验和批评就接受新的东西。他们并不全部接受这个体系，却把它放在他们熟练的和训练有素的艺术三棱镜下照一下。所以，凡在我的工作和研究中当时已经具备了完整形式的一切东西都被他们接受了，并非以青年的一时热情，而是严肃地、思考地和深刻地接受的。他们明白，这个体系不过是一种理论，演员本人必须以长期工作把这种理论转化为实践。他们每一个人尽可能地接受我所能给予他们的些微的真正帮助，并且悄悄地来研究所接受的东西。但是我的体系中当时还没有完成和还不明确的一切东西都受到演员们的严厉批评。

我本应该对这种批评衷心喜悦，而且采纳这种批评，但我性格的急躁，对新事物追求的热忱，或许还有一些轻微的自负，妨碍了对事情的正确判断。我自己还没有明了的那些术语，演员们却用脑而不是用感觉了解了，这既不能使他们满意，也不能使我满意。此外，我的体系并不是一个小时或者一天所能讲解明白的。这个体系必须系统地和实际地研究几年。只有当这个体系变成演员的第二天性，当他不再有意识地想到这个体系，而这个体系开始自然地、自发地出现时，这个体系才会有用。这需要时间和耐心，我却一样都没有。

然而，在聂米罗维奇-丹钦柯的那一番话以后，我的体系部分地被剧院接受了。演员们仔细地询问我关于研究那个体系时我们所运用的特殊名词。这便产生了一种自己的和演员方面的错误，这种错误使我至今仍然受到巨大损失。说实话，不仅演员，甚至研究所的学生都或多或少盲目信任地接受了这个体系。他们学会了那些名词，学会以后，他们便运用这些名词来掩盖自己的理解，这些理解有时候是创造性的，但大部分时候只是剧场性的。这些理解大多数是陈旧的、充满了剧场性刻板公式的、人为的习惯。这些被作为那个体系所谈论到的新东西而接受了。但是，那种继续不断的练习，就像日以继夜苦练正音与发声的歌唱家所进行的练习，像培养自己的正确艺术音调的小提琴家或大提琴家所进行的练习，像研究手指的技巧、手的位置的钢琴家所进行的练习，像锻炼自己身体，以获得姿势、舞步的每个舞蹈家所进行的练习——却显然缺乏，而且直到现在，无论演员或研究所的学生都还没有做过。这就是为什么我说我的体系至今还没有表现出任何真正结果。许多人学习了集中，但这只是使他们重复一切旧的错误，而且使旧的错误表现得更清楚，可以说，只是重复那些错误而已。但演员感觉自己那样生活在舞台上是舒服的，他把这种剧场性情感的习惯错误当作了他对角色的自然体验来接受。相信这样的演员正在体验自己的角色,相信他们已经懂得了一切,相信我的体系给了他们异乎寻常的帮助,他们亲切地感谢我,并且赞扬我发现了一个新的美洲。但是我只能从这种赞扬中感到不舒服而已。

十 艺术剧院第一研究所的建立

我用自己的钱为那些向我寻求帮助的年轻人建立了一个研究所，苏列尔日茨基担任研究所所长。偶然的机会提供了一个非常奇怪的巧合。新研究所租用的那所房屋就是莫斯科艺术文学协会最初成立时的会址，这个场所也曾一度设立过狩猎俱乐部。在顶层的一间大厅里，把其中的一间房布置成了一块平地的小舞台，因为房间的高度不容许建筑一座高台。大厅容纳了有关研究所的一切设置：教室、排演场、布景工作室、缝纫室和办公室。我们把一切愿意研究所谓"斯坦尼斯拉夫斯基体系"的人都集合到这地方来，建立这个研究所的主要目的就是为了进行这种研究工作。不仅群众演员们到这里来，我们剧院的某些演员也来。他们全体并不具有相同天赋，却几乎都对这工作热心，因为他们明白，在这里他们将个别地受到全部关注，而在剧院里，由于日常排演很难得到充分余暇和进行系统的研究。我开始教他们全套的研究课程。这课程是他们用教实用而有意识的方法唤起超意识的创造。很可惜，我不能抽出大量时间参加新研究所的这项工作，为了弥补这个缺陷，苏列尔日茨基极尽辛劳地工作，按照我的指示，教授各种练习，以建立创造情感，分析角色，在一贯性和情感合理发展的基础上构成角色等方面进行各种练习。和研究工作同时进行的，是准备《希望号的沉没》一剧的演出。这戏是由鲍里斯拉夫斯基排演，由苏列尔日茨基正式上演的。排演屡屡因演员在剧院中的工作而停顿，剧院也将要演出一个新戏了。有时候好像不可能使青年演员的研究工作在两个地方同时进行，而必须放弃研究所的演出和研究所的其他工作。对这种情形，我坚决地答复：

"戏必须不惜一切来演出，甚至必须做不可能做到的事。记住，这次演出将决定你们的未来。"

从此以后，研究所的戏的排演在夜间进行，直到天明。戏排好了，由苏列尔日茨基修改，演给我看过，最后宣布一次公开彩排。剧院的演员、聂米罗维奇-丹钦柯、画家贝诺阿和别人都被邀请来看戏。彩排异常成功，在参加演出的所有人身上都清楚地表现了某种特殊的，甚至当时还不为人所知的、人类精神生活表现的单纯性与深刻性。

彩排以后便开始了售票的公开演出，得来的钱维持研究所的运行。研究所还谈不到支付演员薪金，演员是不支薪工作的。报纸上、社会上和各种剧场中，发表了许多关于新研究所的情形的文章和言论。时时有人把研究所作为榜样，向我们老演员提起，老演员们开始觉得和我们产生了竞争，大家都知道，竞争是进步的最好的动力，尤其在有关剧场的一切事情上。老演员们开始思考了。他们开始对我所说的关于新表演方法的话给予了很大关注。我的名声又恢复了，尤其在年轻人中间。年轻人往往是新思想的最好的宣传家。

这时第一研究所的工作在苏列尔日茨基天才的管理下，进行得很顺利。他是个有理想的人、人道主义者、托尔斯泰的信徒。在剧场里他要求学生终身服务艺术。在这一点上，他得到了我的热烈支持。他学生的一切粗俗行为、不懂礼貌和轻率冒失深深使

十 艺术剧院第一研究所的建立　505

他难受。他和他们争吵，劝导他们，以身作则地教导他们，他教育了这新的一代人，这一代人由于社会政治条件的限制，没有受过适当的教育。他们在剧院担任群众演员的时候，曾幸运地受过一种剧场性的训练。他们全体几乎都在《青鸟》一剧中出台过几百次，观众看不见他们，他们在戏中表演各种飞过舞台的东西。这种工作，这种属于纯粹群众演员性质的工作使他们培养了一种责任感，这在剧场里是必要的。

但是在其他方面，他们需要一次再教育，苏列尔日茨基可不是轻易地，而是花了心血，给予他们再教育，因此他的健康受到了影响。当时医生早已诊断出他患肾炎，那是他在加拿大时候得的。教育那些成年人是不容易的。但苏列尔日茨基有一种愉快而活泼的天性。他的责骂和命令夹杂了开玩笑与诙谐，没有一个人比他运用得更好的了。要想一一说出不仅在空闲时，而且在排演中为了活跃气氛时所开的一切玩笑与恶作剧是不可能的。这里只举一个例子。一个年轻有才能的学生，在排演时遭遇些微挫折，便会陷入失望。必须拍拍他的背，夸奖他一下，说他有天才，然后他又会高兴起来，充满希望了。为了不老是重复这同一种鼓励方法，苏列尔日茨基做了一个木牌，上面写着："某某是一个很有才能的人。"把木牌钉在一根木棍上，一旦某某人对自己发生了些微疑虑时，便会被人拿着游行通过排演室。门一打开，拿木牌的人严肃而可笑地出场，这造成了哄堂大笑的效果。充分理解了他的任务的重要性以后，拿木牌的人照例从另一个门出去。排演工作的气氛便重新活跃起来，某某人高兴了，排演便又生动地进行下去。

苏列尔日茨基和我梦想建立一个演员的精神上的团体。这团体内的成员必须有高尚的见解、有广阔的视野和远大的理想，他们懂得人的心灵，致力于高贵的艺术目标，他们能像在庙宇里尊敬神那样地在剧场里尊敬艺术。在幻想中我们想到过各种计划。例如，在剧场里观众是不应该付钱的，因为正像庙宇一样，剧场是应该对一切人免费的。但是这些幻想因为不能实现，必须待诸异日。以为观众到剧场来是偶然的，只是在工作余暇来寻求轻松愉快，这种见解是错误的。这种精神疲惫的观众，只是不能接受任何向上的事物的破旧机器。我们幻想另外的情形，我们想租一座田庄，这田庄有公路或铁路可通往城市，在田庄的正屋里建筑一座舞台，研究所的戏就在这个舞台上演出。演员经常住在这所正屋里，两边的侧屋改成一个旅馆，有戏券的客人有权利在旅馆住宿。在戏开演前很久，他们就来到了。观众在房屋四周的花园中散一会步，休息过了，和演员一起进餐，洗涤肩上的尘土以后，带着圣洁的和净化了的心灵走进剧场。这样，他们才能有充分的准备来感受艺术印象。

这样一个研究所的经费不单依靠演出收入，也依靠家庭作业和土地耕种。春种、秋收都由研究所演员自己来做。这对整个研究所的总的情绪和气氛将会有很大帮助。人们每天在舞台的紧张气氛中相处，不能建立艺术上真诚合作所必需的那种亲密而友好的关系。但是，如果除了在舞台上相处以外，他们相处在大自然中，在田间的共同劳动中，在新鲜空气中，在阳光中，他们的心胸便会开朗，体力劳动会促成他们之间的和谐。在春季和秋季，舞台工作停歇，直到户外劳动的几个月过去以后才重新恢复。冬季，他们不从事农田工作，要做演出工作，他们去画布景，去缝服装，去制作模型。家庭作业和土地耕种的意念是苏列尔日茨基最早的幻想之一。他是这个意念的创造人，因为不和大自然亲密接触，他是不能生活下去的，尤其在春、夏、秋三季。他憧憬乡村生活。所以研究所的这种耕种生活应该由他亲自主持。但我们当时所梦想的一切只是一场梦而已。不过我们总算实现了一部分。

我在克里米亚半岛黑海海滨买了一大块土地，离欧巴托里亚城只有几俄里，我把这块地送给了研究所。在这块地上建造了几所公共房屋、一家小旅馆、一间马厩、一个牛棚、几间储藏农具的房子和一间冷藏室。研究所的每一个演员都亲自劳动，建造自己的屋子，那所屋子便成为他的财产了。

有两三年，研究所的一批演员在苏列尔日茨基的领导下，到欧巴托里亚去避暑，过原始人的生活。他们搬来石块，建造临时房子。所有的人都晒着太阳度过了整个夏季，皮肤晒黑。苏列尔日茨基袭用了他曾在移居到加拿大去的杜诃波尔教徒身上用过的那些方法，建立一种严格的制度。每个演员都有一种义务：甲任厨子，乙做车夫，丙任总务，丁做船夫，等等。这种原始人团体的名声传遍克里米亚，吸引了好奇的人，他们来看莫斯科艺术剧院研究所的这些野生学员。

苏列尔日茨基把全部热情投入到研究所的工作中，使研究所欣欣向荣了。他和以他为首的整个研究所爱上了狄更斯，在这个作家身上找到了苏列尔日茨基所赖以为生的一切理想的共鸣。他们想把这伟大的英国人的作品搬上舞台，但因为这些作品狄更斯并不是为剧场写的，然而他的小说与故事中的人物又仿佛是为舞台创作的，于是决定把他的一部作品改编为剧本。我们选中了《炉边蟋蟀》。苏列尔日茨基把全部精力放到这工作上。他为研究所的演员奉献了许多高尚的情感、精力、热烈的信念和美丽的幻想，直到他们真正被他的热情所感染，这种热情使演出异乎寻常地脱俗和动人。这戏要求的不是普通的剧场演技；它要求一种亲切的、与观众密切联系的、能注入观众心底的演技。研究所的那种建筑——观众身处其中觉得自己坐在发生事件的一个房间里——有助于他们的演出。

就在这一次演出中，也许，才第一次听到了那些以我当时所幻想的程度与形式表现的、超意识情感的深刻而打动人心的音色，这些音色在正规剧场的宏大而不舒适的观众席里是听不到的，在那种剧场里演员不得不提高与硬挤嗓音，按剧场要求使劲表演。

某年暑假，我时常遇见一位著名的画家，他是一位绘画鉴赏家。在我们早晨散步的时候，谈话往往自然地扯到舞台绘画上。我们就画家与剧场诸问题，尤其与演员诸问题的关系，研究和评论了许多俄国画家和外国画家的舞台作品的优缺点。

"请告诉我，哪一个戏的布景你以为是最成功的？什么样的布景最适合我们舞台演出？"我问这位画家。

"让我想一下。"他回答。

好几天过去了。虽然我们又遇见许多次，他却没有答复我的问题。

"我还在想。"他为自己辩解。

某一次相遇时，他和我相隔很远，便向我招手，要我到他面前去。我走近他，看见他兴高采烈的模样。

"我知道了，"他得意洋洋地向我宣布，"我所见过的最适合你们舞台演出的是《炉边蟋蟀》的布景。"

我完全没有料到有这样一个答复，但当他开始说明理由，我把这些理由和我所知道的关于戏的演出、布景制作的一些情形结合起来思考时，我便明白，我的朋友认为演员由内在动机和受某个角色的启发作出的表演，以及根据剧本的基本思想而制作的那种布景是最成功的。

十一 《乡村一月》

什么东西把我们吸引到早已被人否认为剧作家的屠格涅夫那儿去的呢？我们需要一个描写复杂心理状态的戏作为实验。屠格涅夫的《乡村一月》，正是建筑在最细致曲折的爱情体验上的。

戏的女主人公娜塔丽亚·彼得罗芙娜在一间富丽堂皇的客厅里，过着穿紧身衣、远离自然、受礼教束缚的日子。由于三角恋爱的发生，她和接近她的人们之间的关系，以及她的心理陷入了一种不平静的状态。丈夫对她很关心（她不爱丈夫），拉基廷对她也很关心（她不敢委身于他），她丈夫和拉基廷保持着友谊，他们两人因她而发生了微妙的感情变化，这一切使她的生活变得不能忍受了。

作为这三株温室花木的直接对照，屠格涅夫表现了维罗奇卡和别里亚耶夫一对恋人。如果在贵族家庭中，恋爱是温室中人工培植的花木，那么，这里却另有一种自然的、质朴的和单纯的恋爱。看到那一对相爱的人，并且为他俩彼此关系的单纯所感动以后，娜塔丽亚·彼得罗芙娜听到了大自然的召唤。这朵温室的玫瑰要求变成一枝野花，这位上流社会的女人向往于田野和森林了。她爱上了别里亚耶夫。这便造成了一个悲剧。彼得罗芙娜吓退了可怜的维罗奇卡的单纯而自然的爱情，扰乱了别里亚耶夫的心，却没有跟他一同出走，失去了永远崇拜她的拉基廷，终生守着她只知道尊敬，却并不爱的丈夫。她又把自己禁锢在死气沉沉的小客厅中了。

屠格涅夫以这么精巧的方式编制的恋爱心理的织物,对演员要求一种特殊的演技,这种演技能使观众深入地看到恋爱的、痛苦的、嫉妒的、男女内心的诸种情感的奇妙变化。

演员怎样才能把他的心显露到这样的程度,使观众能看到他的心底而了解他心中的一切呢?这是一个很难的舞台问题。这不是用脚或手,或任何公认的舞台表现方法所能解决的问题。演员需要某种创作意志、情感、热望的看不见的闪射;需要眼睛,拟态动作,难于捉摸的声调和心理的蹿踏。此外,还必须除去足以妨碍观众通过演员眼睛进入演员心灵的那种理解过程的,或通过嗓音、声调,以接受剧中人物的思想、感情的内在本质的一切东西。

因此,又必须用不动状态和绝不装腔作势的方法,除去多余的走动,取消导演的一切舞台调度。让演员们不动地坐着,让他们感觉、说话,以他们体验角色的态度感染观众。让舞台上只有一张凳子或一张长椅,让所有的剧中人物坐在这张凳子上或椅子上,以便表现屠格涅夫这一心理织物的内在本质和复杂图画。

我不顾在《生活的游戏》中跟这类似的实验的失败,决定再作这种实验,指望从汉姆森的戏演出以来的这些日子里,我们的舞台技术已经有了进步。演拉基廷一角的我对导演的我提出的问题的实质,知道得实在太清楚了。但这一次,我还是相信演员,拒绝导演的帮助。我想,至少我要看看,我们剧团里究竟有没有能够创造人类精神生活的真正的艺术家。至少我们要实地试验,演员究竟是不是剧场的首要人物和首要创造者。要不折断脆弱的情绪线而编制精工的织物,演员必须具备熟练技师的完美技术,而不是运用折断情绪线的那种粗糙的肌肉紧张的普通工人的技术。首先必须摧毁在大多数演员身上非常充斥地存在的这种肌肉的紧张。要做到这一点是不容易的。使演员的生理自在与不动状态能不勉强和自然，就更艰难了。

和《生活的游戏》相比较，这个戏还有另一种困难，从一方面说，这戏的困难较小，而从另一方面说，这戏的困难又较大。其所以较小，是因为这个戏不需要在不动状态中表现像《生活的游戏》中那种沉重而强烈的情感；其所以较大，是因为屠格涅夫的人类心灵图画较之《生活的游戏》中原始的人类情感更为细致——细腻、复杂和混乱。要理解这一幅细致的图画，需要观众的全部注意力，观众被强制进入演员的心灵中去。演员在精神的放射上，要用更大的力，在外在表现上要给予更大的注意。

我对剧场的演出方法日益失望、日益进入演员的内心创作工作以后——有才能、有技术的演员在我们剧团中成长和增加的时候——我们的演出的外观方面便日益退居次要地位了。同时莫斯科和彼得堡的其他剧场却表现了对演出外观的日益增长的兴趣，和戏的内在内容形成对照。结果是我们在上世纪八十年代就首先把像柯罗文和列维坦这样的大画家介绍到舞台上来，现在却在这方面赶不上别的剧场了。在莫斯科和彼得堡的皇家剧院中，布景工作操在大名鼎鼎的画家——贝奴阿、柯罗文、哥洛文、杜布金斯基的手上。画家们不仅是值得期望的，而且成为剧场家庭内的必要成员了，观众的欣赏力和要求自然采取了更大的和更复杂的形式。但是，从哪里去找一个能够满足我们一切要求的画家呢？要和大部分画家谈我们的艺术的实质是绝不可能的。他们中许多人缺乏必要的文学修养来详细了解剧本的思想和作者的问题，了解心理学，理解一般舞台艺术的问题。许多画家还显然漠视这一切戏剧艺术的基本问题。他们加入剧场，或者由于物质的原因，或者为了他们自己的绘画目的。他们把舞台拱门看作一个装设自己画幅的大画框，把剧场看作一个画苑，一个每天向数千人展览他们作品的场所。直到那时为止，剧场未曾向画家提过特殊要求。因为画家们只为歌剧、舞剧画布景，在歌剧和舞剧中，内在性质的纯粹舞台的要求当时是不很大的。但是在话剧中，他们能享有这相同的完全的独立性吗？能够恰当地运用这种独立性的画家是非常少的。我们往往遭遇这样的情形，画家的布景模型被接受了，配合这模型舞台演出设计也制订了，戏也按照这模型排演几个月了——布景竟会和模型完全不同，被画家按自己的目的改动了，<u>丝毫不照顾这个事实</u>：布景的改动破坏了导演、演员的所有计划和劳动。有一个时期，完全不可能和这些绘画方面的大师们在剧场里合作，我们剧院便不得不转向青年画家，他们比较好商量，还没有给娇纵坏。

有一次我们到彼得堡旅行公演时，我认识了贝奴阿和他的团体"艺术世界"，这团体在当时被认为很先进。贝奴阿在一切艺术部门和各项学识上的广博和多方面的素养使我不得不惊讶：一个人的脑子和人的记忆力怎么能保存这样丰富的知识。他是那个团体的领导，拿广博的学识使自己的所有朋友得到益处，答复他们的各种问题，仿佛他是一本活的百科全书。因为他自己是个大艺术家，所以懂得怎样把有才能的人集合在自己周围。他的画家团体已经在吉雅基列夫舞剧团的国外演出中表现过它的剧场工作成绩了。彼得堡的剧场也雇用他们，这使他们得到了许多实习机会和经验。他们确实懂得剧场的布景、服装、道具方面的全部业务。这是惟一最适合我们剧院要求的团体了。但是,有一个重大的"但是"。一流的工作者是必须接受一等的酬金的。由政府支持的皇家剧院所能应允他们的酬金,我们一个比较贫困的私立剧院是无力办到的。所以我们只能偶尔为之地享受到和这些熟悉我们艺术上各种问题的大画家们合作的愉快,这便是原因所在了。

十二　革命

一九一七年，二月革命爆发了，之后又是十月革命。剧院又在自己的工作上增加了一个新任务，必须接纳广大的观众群，接纳数百万以前没有机会享受文化娱乐的人民。正如安德烈耶夫的《安那太马》一剧中所描写的那样：群众向善心的莱兹尔要面包，他虽然有钱，也感到无力供养数百万人，面对来到我们剧院的广大观众，我们也束手无策。但是我们的心激动而愉快地跳动着，意识到落在我们身上的这个任务非常重要。起初，我们想研究这些心地单纯的观众对那种并不是为单纯、质朴的观众写的、我们知识分子的剧目，会有什么样的反应。有一种意见认为，对农民必须表演描写他们自己生活的戏，适合他们对这个世界的看法的戏；对小市民必须表演描写小市民自己生活的戏。这种意见不仅是一种误解，而且是完全不正确的。看了描写自己生活的戏以后，农民批评这戏，觉得这戏不像他所知道的生活，不承认戏里的语言是他自己的语言，因为他和舞台上的人说话完全不同。他声明他在家里已经对这种生活厌倦，实际上他已经看够了这种生活，他非常想看看别人是怎样生活的。这种心地单纯的观众憧憬于美好的生活。

革命后有一段时期，剧场的观众是复杂的；有穷人和有钱人，有知识分子和非知识分子。有教师、学生、马夫、看门人、店员、清道夫、汽车司机、售票员、工人、雇工、士兵。我们每星期在索洛多夫尼科夫剧院的大厦里演一两次我们的通常的剧目，把我们的布景和道具从艺术剧院里搬来。原来为一所小剧场表演用的布景和戏用在这庞大而不舒适的屋子里，效果便会大打折扣，这是自然的事。然而，我们的戏是在观众屏息凝视和拥挤的观众席的坟墓般的肃静中进行的。

俄国人比任何其他国家的人更喜欢看戏。戏愈激动，愈抓住人心，便愈吸引他。这种心地单纯的俄国观众喜欢这样的戏，他看了戏，可以流一点眼泪，讨论一下人生，听一些机智的话，却不喜欢那种吵吵闹闹的、看了以后心灵上一无所获的通俗喜剧。我们剧目中那些戏的精神不知不觉地被新的观众接受去了。诚然，某些优点并没有被他们理解，并没有在观众席中引起惯常的反应与笑声，但其他地方忽然发生了意外的反应，观众新的笑向演员暗示台词下面的那种滑稽性。可惜，群众对舞台印象的反应规律至今还没有弄明白。这种规律对演员的重要性是不能夸大的。至今还不知道为什么一个戏的某几处，在一个城市里每场必引起全体哄笑，而同一个戏在别的城市里，却在完全不同的地方引起了全体哄笑。我们不知道为什么新的观众不接受这个戏里的某些著名的哄笑之处，我们也不知道怎样变更我们的个人表演与集体演出，以便打动他们的情感。

那几次的演出是有趣味的，并且教会了我们很多东西；它们使我们感觉到观众席中的一种全新的气氛。我们开始了解，这些人来到剧场不是来娱乐，而是来学习的。我记得有一个农民，他是我的好朋友，每年到莫斯科来一次，特意来看我们剧院的全部剧目。

他通常住在我姐姐家里，从一个衣包里取出一件年代已久、穿起来显得太短和太小的黄色绸衬衣，穿一双新皮靴，丝绒裤，头发上擦了油，然后走出来和我一起进餐。当他在镶木地板上走来，以一种近似于虔敬的神情在洁净的、布置得很好的餐桌前坐下时，当他把干净的餐巾围在衣领下面，拿起一把银调羹，仿佛拿我们的日常餐饭当成一种宗教仪式时，他掩饰不住自己愉快的微笑。

饭后，他更愉快地向我们打听我们剧院的新闻，然后穿了盛装到剧院去了。看戏的时候，他会因兴奋和热情脸上红一阵白一阵，戏演完以后，他不能入睡；他独自在街上走几小时，为了领会印象，平复思想和情感。他回来以后，我的姐姐便帮助他做这件很困难的工作。

他看完了我们的全部剧目以后，便折好自己的绸衬衣、裤子和皮靴，捆成一个包裹，回到老家去，住到第二年。从老家他写来许多富有哲理的信，这些信帮助他消化和继续体验他从莫斯科带回去的丰富印象。我想，这样的观众在我们的剧院里是不少的。我们感觉到他们的存在，并感觉到我们对他们的艺术责任。

"是的，"我当时这样想，"我们的艺术并非不朽的，但就我们同时代人而论，它是一切艺术中最令人难忘的。戏剧艺术中有何等样的力量呀！它的影响并不是由一个人造成的，而是在同一时间内，由演员、画家、舞台导演和音乐家等一群人造成的，并不是由一种艺术造成的，而是在同一时间内，由许多种各不相同的艺术——音乐、戏剧、绘画、朗诵、舞蹈，综合而成的。这种剧场影响不是被一个人接受的，而是在同一时间内被一大群人接受的，这群人培养了一种群众情绪，使得感受力更加强了。这种集体性，即许多不同部门的艺术工作者的共同创作，这种丰富性，即不是一种，而是许多种艺术同时起作用，这种感受的共同性——戏剧艺术的这一切性能在给新的、没有娇纵坏的、信任的和坦率的观众留下的印象中，显示了全部力量。"

这种控制观众的舞台力量在某次演出中表现得最显著。那次演出我会永远记住。那次演出几乎是在十月革命的前夜举行的。那一夜，大队士兵集合在克里姆林宫周围，秘密的作战准备正在部署，穿灰衣服的群众在某些地方走动，有几条街已经完全没有人了，街灯也灭了，巡警队已经撤走了，索洛多夫尼科夫剧院却集合了一千人左右的平民观众在看契诃夫的《樱桃园》。这个戏里，深刻反映平民正要对它作最后革命的那一个阶级的生活。

几乎完全由平民占据了的观众席发生了剧烈的嘈杂声。脚灯两边的情绪都是担惊受怕的。我们演员化好了装在等待开演，站近幕，侧耳倾听观众席的沉郁气氛中观众的嘈杂声。

"我们没法演完这个戏了，"我们相互交谈，"一定会出事的。不是他们把我们赶下舞台，便是他们打我们一顿。"

幕拉开的时候，我们的心因预料可能的过火行动而怦怦直跳。但是契诃夫的抒情，俄国诗的不朽的美，旧俄庄园的生活情调即使在当时的情势下也产生了反应。从观众对它的注意来说，这是我们最成功的演出之一。我们觉得全体观众都愿意把自己留在这诗的气氛中，在这种气氛中歇息，对现在需要他们去作洗清罪恶的牺牲的那种古老而美丽的生活作永远的诀别。这次演出以热烈的喝彩声结束，观众肃静地离开剧院。而谁又知道，也许其中许多人直接到作战工事那里去了。不久，枪击便在城内开始。我们无法在剧院中躲避，便在夜间觅路回家。

十月革命爆发了。我们剧院的门，专门给穷苦人民开放，暂

十二 革命 519

时不招待知识分子。我们的演出概不收费,并送票子给工厂和机关,观众便从工厂和机关领戏票。在法令刚一颁布,我们便面对着在我们看来是全新的观众,其中许多人,也许大部分人不仅对我们剧院一无所知,而且对任何剧场都一无所知。只不过昨天,我们的剧院还被那些我们教育了几十年的老观众所占据。今天,我们却面对着不知怎样跟他们接近的全新的观众。而这些观众也不知道怎样接近我们,怎样在剧场里和我们共同生活。我们不得不从头做起,教育这些新观众怎样静静坐着,怎样不说话,怎样准时到剧场来,不吸烟,不在大庭广众前吃硬壳果,不带食物到剧场来吃,穿最好的衣服,以便与剧场里那种优雅的气氛相一致。起初,这工作是很难做的,曾有两三次,在一幕戏完了以后——那幕戏的气氛被还没有受过教育的观众破坏了——我不得不走到幕前,用陷入绝境的演员们的名义向观众请求。

有一次我无法忍耐了,说话尖锐得超过了应有的程度。观众肃静,很注意地听我讲。直到现在,我无法想象那两三次观众怎样把发生的这件事告诉了所有其他观众。关于这件事报纸上并没有记载,也并没有因这事件而颁发任何新的法令。为什么在那次事件以后观众的态度完全改变了呢?他们在开演前十五分钟来到剧场,不再吸烟,不再啃硬壳果,不带食物。当我不上场,走过拥挤的新观众的剧院回廊时,小孩子们会奔到休息室的各个角落,警告那些在场的人:

"他来了。"

在战争和革命时期,数目众多的人——各种各样的人,各省的和各民族的人都到过我们的剧院。如果西线在敌人面前退却,莫斯科便会充斥着渴望到剧场里来找休息的新的人了。新的观众带来了自己的习惯，好的和坏的品质；我们便不得不教育他们遵守我们剧院的纪律，但是当逃难者的新的洪流从北、东、南三方注入到莫斯科的时候，我们是很难对观众进行教育的。他们都从我们剧院的大门进来，又从我们的大门出去，也许永远不再来了。随着革命的来临，社会的许多阶层进出我们的剧院——有一个时期是士兵，另一个时期是从俄国各边疆来的代表，再一个时期是儿童和青年，最后一个时期是工人和农民。他们是"观众"这词的最好意义上的观众；他们来到我们剧院，不是兴之所至，而是战战兢兢和期待着某种重要事情——以前从未经历过的某种事情。他们以令人感动的爱慕对待演员，但可惜的是，出现了一批毫无天赋的人，他们自称为剧场艺术家，却和艺术没有任何关系。他们连累了我们这些永远为美与崇高服务的人。这大大损害了演员和这些心地单纯的俄国观众之间的亲密关系。

对来自工农阶级的观众的最好测验是拜伦的哲理悲剧《该隐》的演出，由才华卓绝的悲剧演员列昂尼德·列昂尼多夫任主角。这是一个以戏剧形式表现的充满灵感的题材，在剧场里演出，你会以为只有最睿智的观众才会注意。但在彩排的时候，观众席中坐满了大批普通的工人和农民。他们以最深沉的静默倾听台上的戏。这首戏剧诗的严肃、深刻的情调使他们不像平常那样喝彩。戏演完后，观众一动不动地坐了很久，随后无声无息地离开了剧场，仿佛祈祷以后离开教堂一样。

因为有几个演员生病，这戏不久便从我们剧院的剧目中剔除了。但在很长一段时间内，我们从这些单纯的新观众口中得知，他们在打听《该隐》一剧什么时候重演。

不久发生了另一件不幸的事。我们的一批演员，包括卡扎洛夫、克妮碧尔、盖尔曼诺娃、马沙里奇诺夫和巴克希耶夫在内，到哈尔科夫去旅行公演，遭到邓尼金军队的意外袭击，与我们阻隔了。他们无法越过战线，因而数年之间，我们的母体剧团被分割成了两个。

　　留下的小部分人失去了演出任何新戏，以及继续演出我们的旧剧目的一切机会。被分隔开的那一部分同事也遭遇到相同的困难。我们不得不去一些研究所找演员，并吸收与艺术剧院毫无关系的院外演员。

十三　大剧院歌剧研究所

读诗方法在《莫扎特与萨列里》一剧中不被人称许后，引起了我的急躁。有人批评我节奏慢，有人说我根本没有节奏。有人提出别的剧院其他演员们的读诗方法，即我对之回避如瘟疫的那种读诗方法。我无论如何不愿像他们那样诵读。与其以一种在诗与音乐性的意义上被认为法定的、必要的和专有的方法来读诗，不如根本不读诗。节奏并不在于加重抑扬格和抑抑扬格。我受不了节奏的进行曲式的跳跃。当听到以一种矜持的单调的嗓子，运用逐度上升的半音读诗的时候，我想打瞌睡。我不愿听嗓音跳跃到三度音阶或五度音阶，每一行的结尾又降到二度音阶。世上再没有比读抒情诗时用的一种矫揉造作的、故作甜美的、类似诗的嗓音更庸俗的了，这种嗓音像那无风时的水波那样起伏。音乐会上那些温柔的、装模作样的、神采奕奕的小姐穿着轻盈布衫，打开一本粉红色丝绒面的书诵读："小星星呀，小星星呀，你为什么不说话？"还有什么东西比这可爱的诗篇更难受的吗？

命运又来帮助我了。莫斯科大歌剧院想提高戏剧演出的水平。它请求莫斯科艺术剧院帮助。聂米罗维奇-丹钦柯和鲁日斯基同意为他们导演一个歌剧。我答应组建一个研究所，歌剧院的艺术家们可以在研究所里和我磋商歌剧演技的一些问题，青年艺术工作者可以在研究所里进行研究，有系统地学完我本人创设的一门必修学科。歌剧院与莫斯科艺术剧院的亲密关系建立了。于是在一九一八年十二月举行了一次庆祝宴会。歌剧院的艺术工作者当主人，宴请莫斯科艺术剧院的演员。整个那一晚是愉快的、动人的、值得纪念的。歌剧院的厅堂和休息室里安放了许多桌子，并且搭了一座舞台。歌剧院的男女演员招待我们，给我们食物，这种食物在那些饥饿的日子里算是奢侈的。全体都穿了晚礼服。

莫斯科艺术剧院的全体人员到达的时候，所有的独唱家站到舞台上，唱一支专为这盛会谱写的歌曲。然后是一次友好的晚餐，席间有演讲和互相祝贺。歌剧院的独唱家涅日达诺娃、男高音斯米尔诺夫、男低音彼得罗夫，以及其他歌手在舞台上唱歌；卡扎洛夫、莫斯克文和我朗诵。晚餐以后，莫斯科艺术剧院研究所的演员带着一连串娱乐节目来了，这些节目很像我们在创办早年的蔬菜会时用过的那些节目。后来又有跳舞、开玩笑、变戏法。

几天以后，我和歌剧院的歌唱家们在歌剧院的休息室里举行了一次恳切的艺术座谈会。他们向我提问题。我答复他们，我用表演来解释我的意思，还尽最大的能力唱给他们听。自从我追随老柯米萨尔日夫斯基从事歌剧研究以来，一直存留在我心中的那些旧日的、半遗忘了的感情与热情又渐渐地在我心中苏醒了。那种永远没有满足过的、对歌唱时的戏剧的、节奏性的动作的爱好重又在我心中复活了。

歌唱家们对我的领教态度我是无话可说的。他们很注意地听我讲。其中有许多人对我告诉他们的那些实验和练习感到有兴趣。他们心甘情愿地工作，没有任何虚伪的剧场性的羞涩。有的人觉得不便以学生的身份出现，只像观众那样到场旁观，误以为从旁观察一下，他们便能学到剧场艺术的全部奥妙。他们是错误的。只旁观别人锻炼身体，自己是不会强壮起来的。我们的艺术要求大量的、有系统的练习。那些实地研究过而且不断研究下去的人有了许多进步，过了些日子，他们的演技便受到了普遍的注意。

一小部分珍视这个新研究所的歌唱家，对研究所作出了很大的贡献，而且表现得很英勇。革命的风暴刚过不久，城内秩序还没有恢复，因而夜间行走街头依然危险，可是他们都无报酬地工作。许多具备美好嗓子的歌唱家也不得不穿着破靴子踩在雪里和水里。然而他们却想方设法到研究所来上课。

但还有一些他们无法克服的情况。例如，他们要参加歌剧院里的歌剧演出，以及他们为了获取足够的面包以度日而举行的演唱会，便是他们在研究所里工作的不可克服的障碍。

当时演唱会很风行，因而新的观众群全都饥渴地需要艺术。正规剧场和音乐厅绝容不下这么多观众，人们便在各社团和公共场所布置了私家演唱会。在那些上午办理经济事务的房间里，晚上就进行艺术活动了。莫斯科全城歌唱和朗诵起来。对歌唱家和演员的需要是极大的，因为新的观众真诚而纯洁地爱好艺术。他们的爱好帮助了艺术工作者，供给艺术工作者必要的收入以应付生活支出，但这种爱好也贬低和损害了歌唱家的艺术，而且妨碍了他们的研究工作，因为研究所无法把正在排演的歌剧所需要的演员集中起来。在那年冬天，我无法为某一彩排组织一个完整的四重唱。今天女高音不到，明天男高音缺席，后天女中音不来。或者由于某一演唱会，男低音八点到九点钟有空，而男高音因为在歌剧院本期演出的歌剧第一幕中有戏，九点钟以后才有空。在四重唱排演时，我们没有男高音便开排了，当男高音来到，男低音又走了,赶他的演唱会去了。千辛万苦地克服了这些异常的障碍以后,我们才能在冬季的终了,即第二年春季时准备好了几段由歌剧院歌唱家合作演唱的歌剧,我们把这几段歌剧在研究所的大厅里演给几个专家看,不用任何布景和服装,因为问题不在于布景和服装,再则,我们也没有钱置备这些东西。这个特别排演是很成功的,而且引起了许多讨论。最重要的一点,是这次总排演使我相信了这个事实,那就是我是能够为歌剧艺术尽力的。

在下一个演出季节,我同意继续在歌剧研究所工作,但要有不同的条件。研究所的成员必须从青年歌唱家中选拔,他们在我的指导之下,必须透彻研究某些学科,然后才被允许作为艺术家在研究所舞台上演出。我创立了一种班制,教授别的学校从未教过的各门学科,即所谓的"斯坦尼斯拉夫斯基体系"的理论与实践,从事各种练习,不仅发展运动中的节奏感,而且发展内心感觉的和视觉的以及依次类推各部分的节奏感。我试图在学生们身上培养的,不是运动和动作的外在节奏,而是那种激发运动和动作的看不见的力量的内心节奏。这样,我便能在学生身上培养运动、姿态和走路的内心感觉,以及生命的全部内在脉搏了。这些是纯粹实用的方法和课题,是对我们的工作有用的,想从这些方法和课题中寻找科学根据是一种错误,我觉得自己离科学根据还远得很呢。由一位钢琴家的即兴作品伴奏,学生们在节奏中生活数小时,用他们的动作说明自己怎样感受那个曲子。凭内心节奏感和动作的这些相同基础,他们学习走路,做体操,练姿势,做我的体系中的其他练习,以培养准确的自觉意识,在自觉意识中,节奏发挥着一种巨大而重要的作用。在研究所里还有一整套培养吐词的感觉的练习和课程,因为在歌剧中吐词是十分重要的。

十四　总结和未来

我已经不年轻了,我的艺术事业快到最后一幕了。戏剧艺术现时的发展又开始了它新的无始无终的循环。形式上和程度上,我或此或彼,或多或少看到了自己艺术青春时期所见过的事物的重现。也和我们的时代相同,出现了新的人民和新的理想、梦、要求、批评、焦躁、自负。新的天才降生了,写出了跟新的生活情况相适应的新法则。我的老同事和我也担当了对我们来说还是新的角色。我们成为经验的代表人;我们被看作保守分子:革新者认为,他们的神圣任务就是跟我们这些保守分子斗争。人必须要与敌人斗争。我们的新角色不如我们以前所担当的老角色那样动人。但是每一代人都有它自己的界限。我并不抱怨,我只是叙述事实。抱怨在我们看来是罪恶。我们曾经生活过。我们更应该感谢上帝,容许我们用眼睛望见未来的蒙眬景象,望见在我们身后将会出现的世界。我们必须设法了解那些远景,那个吸引年轻一代的最后目标。能够活着注视青年人脑子里和心中的事物是有趣的。但在新的地位上,我要避免扮演两种角色。我怕变成一个老少年,一个善于钻空子的空头艺术家,奉承年轻人,竭力装作年轻,分享他们的趣味和信念——竭力与跑在最前边的人并驾齐驱,不顾自己的呼吸困难,颠踬着,蹒跚着,追随在年轻人后面,惟恐落后于年轻人。一句话,我不愿成为一个鹤发童颜、向每个美貌的女中学生追求和自己的孙辈争爱的老少年。

我也不愿担当另一种角色，那就是和第一种截然相反的角色。我怕变成世故极深的老古董，自以为见过一切世面，不耐烦，爱生气，反对一切新的事物，忘记了自己年轻时候的探索和错误。

在暮年，我愿意成为一个本来面目的我，成为一个依照自然法则的力量而演变，在自然法则的指导下，在艺术上业已生活和工作过、至今仍在生活和工作着的人。

那么我是个什么样的人呢？在新生的剧场生活中我将代表什么呢？我能否像以前那样毫无遗漏地了解一切进行着的、使青年狂热的事物呢？我想我不能有机地了解今天年轻人想望中的许多东西了。人必须勇敢地承认这点。你从这本书中已经知道我们在童年时期和青年时期怎样地受教育。请把我们的生活和从贫穷、危险的统治中成长的目前这一代青年相比较。我们的年轻时代是在一个太平的俄罗斯度过的；我们痛饮过生活的满杯。这一代人却是从战争、饥馑、举世灾祸、相互误会与仇恨中长大的。我们知道许多欢娱，却并没有将很多的欢娱分飨给那些很接近我们的人，我们现在尝到了自私的后果。新的一代人不懂得我们所知道的欢乐，他们寻觅和创造适应于生活环境的欢乐，而且时时刻刻设法将逝去的青春岁月追回和复归已有。我们不应该以此责备他们。我们应该同情他们，怀着兴趣与善意，追随自然规律所创造的新生活和新艺术的正在进行的发展。

但是在一个领域我们还不能算太老。在这个领域里我们依然大有可为，而且能够以自己的学识和经验帮助青年。说得过分些，在这个领域中，如果没有我们，年轻人是不能前进的，除非他们甘愿重新发现一个早已发现了的美洲。在创造工作上，大部分的原理是适用于所有人的，青年与老年，男人与女人，有才能的和没有才能。所有人都用嘴吃东西，用耳朵听，用眼睛看，用肺呼吸；而所有演员绝无例外，都必须依从自然规律接受创造食粮，都必须把所得的食粮积储于智慧的和情感的记忆中，都必须在艺术的想象中再创造；依照那适用于所有人的著名法则，都必须塑造形象，发掘人类的精神生活，深入地体验，自然地体现。

在节奏、造型、讲话的规律、发音、呼吸、人类感觉连续发展的逻辑等领域中，许多规律是适用于所有人的。但就在这适用于所有人的原理的领域中，初学的演员时常紧张和痉挛。我们能够帮助他们，使他们脱离灾难，他们可以饱聆我们从经验的宝库中得来的、必须告诉他们的一切。这将拯救多少有天才的男女呀！这可以使年轻演员避免多少错误，避免多少不必要的实验与摸索呀！我们从亲身经验中知道，每个人在舞台上必然会遭遇许多错误和障碍，因而尽我们所能，警告没有经验的人，以免他们误入歧途，这是我们的责任。当然，年轻人需要的东西的大体情形，我们是了解的。

契诃夫所描写的那种生活已经过去，但是他的艺术仍然在我们身边。许多青年对那种生活一无所知，因为他们出生的时候，它早已过去。革命和战争造成了人生残酷而又有趣的瞬息，人在一天或一小时中能够经历他的前辈几十年中才能经历的事情。把这种愉快、美好、紧张的生活反映到舞台上，是需要天才、伟大的内在力量、出色的技术、理想、个人对社会任务与文化任务的自觉性和宗教的。这一切因素怎样才能集中在一个人身上呢？大自然对待人类是不仁慈的，很少给予人在生活里所需要的东西。

十全十美的演员还没有诞生。年轻人渴望做这种演员，便作了一些让步，只图能使他对艺术创造的追求和需要得到部分满足。这虽然没有达到预期结果，然而毕竟已经获得了某些必要的胜利，但没有得到正确估价或运用到实践中去。最重要的是，切勿背离艺术的基本道路，即从无法记忆的年月起艺术所遵循着发展的基本道路。不认识这条永恒道路的人是注定了在走不通的绝路上，在引向荆棘丛生，而不是引向光明、自由的歧途僻径上无止境地徬徨不前的。

什么是艺术发展的这条道路呢？那就是自然发展的道路。必须稳步前进，不能急躁。但是革命和它那一代人是没有耐性的。新的生活不能等待，它要求速成的结果，要求生活的另一种加快的速度。它不等待自然的创造发展，妨碍了艺术，用内容和形式的尖锐性填塞了艺术。这种辛辣食物中的调味品，一方面是显著的豪奢和富丽，华美的布景、服装，未来派的浮夸，惊人的演出效果，表演过火，以及在台上的大声疾呼，另一方面却创造了一种过分的舞台单纯性，完全不用布景，代之以各式各样的所谓单纯的平台、转动的轮子和机器，以及舞台导演以所谓单纯化为名创造出来的其他新发明。但这种单纯化较之公开的剽窃更坏；它在台上高声吼叫和扰乱目光较之演出上的豪华和富丽更甚。

自然是不能投机取巧的。自然的真正有机创造不能用寒伧或豪奢的剧场性来代替。时机将会到来，那时候艺术的发展将要走完它的既定的循环，自然本身就会教给我们以表现新生活的尖锐性的方法和技术的。

在艺术的这一发展进程中，我们可以帮助新的一代人，因为我们所经历过的事情大多目前正在重现，只是名目和我们所知道的不同而已。怪奇美、综合、概括在艺术上并非新的现象；它们都曾经以或此或彼的形式存在过，存在于各个时代，存在于所有改革者和革命者中间。萨尔维尼的奥塞罗不是悲剧的怪奇美吗？叶伏基尼和瓦尔拉莫夫不是至今还没有重见过的光辉灿烂的喜剧的怪奇美吗？已往的被称为印象派的改革运动，不就是引导艺术走向未来派和极端派的同一条道路吗？形式和名目是新的，发展的本质和发展的主要法则却是相同的。

很早就有一种见解，说演员在台上只需要才能和灵感。才能是上帝赐予的，灵感是阿波罗赠送的。为了找到根据，他们举出类似我们的莫恰洛夫那样的天才演员，粗粗看来，莫恰洛夫的艺术生活似乎可以证实这种意见。他们更不会忘记著名的闹剧中所描写的基恩。你试向对艺术所知既贫乏，对技术更是一无所知的演员说，你必须承认技术的存在，那他们便会大叫：

"那么你否认才能？"

另有一种传说，在我们这一类艺术老手中间流行很广，那就是第一重要的东西是技术，至于才能，那是不必提的。这一类的演员，听到你承认技术的时候，他们起初会为你鼓掌。但是，如果你设法告诉他们，技术只是技术，然而在技术之前，必须有才能、灵感、超意识、角色体验，而且技术就是为这些东西存在的，技术是有意识地用来唤起创作情感的，于是他们便会对你的话吃惊了。

"创作情感！角色体验！"他们会高叫，"那是老生常谈！"

这岂不正因为这些演员把在台上体验情感与体验角色视为畏途，所以他们就不能在台上感觉或体验角色吗？

上述这两种偏见顽固地扎入了演员的心和脑。灵感派的最好演员，当他们不能立刻把一个角色演成功的时候，他们就用同样的才能的神话来为他们的失败辩解，并且在自己和艺术技巧之间筑起一堵墙来。

"所以失败，是因为我还没有感觉到这个角色。只要我一感觉到角色，就可以成功。"

这岂不等于说，"我所以没有演好，是因为我没有演好。可是等我开始演好的时候，我就会演好的"吗？

演员的工作十之八九是在于从精神上去体验和感觉角色。这一步做到以后，角色就近于完成了，所以把工作的十分之九寄托在纯偶然的机遇上，只把十分之一寄托于自己的艺术，这是无意义的行为。我们同意，罕见的有才能的人能够立刻感觉和创造角色。一切规则不是为他们设立的。他们有他们自己的规则。但最奇怪的是，我从没有听他们说过技术无用，才能必需，或技术第一，才能第二。恰恰相反，演员愈伟大，便愈在自己艺术的技巧上用功夫。

"才能愈大，愈需要技术和进步，"一位大演员对我说，"嗓音细小的人叫喊和用假嗓叫喊，听来是不舒服的，但如果泰曼约用洪亮的假嗓子发出声音，那就好极了。"

这是一个天才的回答。

所有伟大的演员都确认需要表演技术。他们全体，每天以歌唱、击剑、体育和运动发展与增强自己的技术，直到暮年。他们经年累月地研究一个角色的心理，内心体验它。只有自封的天才才夸耀他们和阿波罗接近，夸耀他们的无所不能的内在激情，他们用酒和烟激发自己的灵感，把他们的气质、能力和天赋早早摧残了。请你们向我说明吧，为什么乐队里那个第十小提琴手必须每天进行一小时的练习，否则就不能演奏？为什么舞蹈家每天锻炼全身肌肉？为什么画家、雕刻家、作家每天实践，中辍一天，便认为虚度了一天？那么又为什么戏剧艺术家可以无所事事，终日消磨在咖啡馆中，空望着阿波罗在夜晚赐予恩惠呢？够了！当艺术的祭司像公子哥儿们那样考虑事情的时候，这难道能算作艺术？没有一种艺术不需要技术的。

在剧场中，我实验过创造工作的一切途径和方法；醉心过循着一切创造路线（如历史世态剧、象征剧、幻想剧等）的各种各样的演出；研究过一切艺术倾向的演出形式和原则（如现实主义的、自然主义的、印象派的、未来派的、雕塑的、图案的，过度单纯，用布幔、屏风、花边，以及各种各样的灯光效果和导演），我找到了结论：这一切都毫无意义，都不能创造出一种内在的活的戏剧艺术。舞台上惟一的君王与统治者是有才能的演员。但是，唉，我不能够替天才演员找到一个真正的舞台背景，不干扰他而能帮助他繁复的精神工作的背景。所需要的是一个单纯的背景，但是单纯是可以由贫乏的想象产生，也可以由丰富的想象产生。我不知道怎样才能使由丰富的想象产生的单纯性不至于比夸张的、奢侈的剧场性在舞台上更突出。屏风、布幔、丝绒和绳索布景的单纯，是一种比剽窃更坏的单纯。它较之通常剧场所用的习惯布景更吸引注意，因为那些因袭的东西我们已经习以为常，而且已经不注意了。如果能解决一切最难的舞台装置，给演员以单纯的艺术的背景的伟大画家，至今还没有诞生。

没有一种艺术是不需要技术的。技术的完美是没有最后尺度的。法国画家德加[①]说："如果你已经有了价值十万法郎的技巧，

[①] 德加（1834—1917），法国印象派画家。

十四　总结和未来　533

请再付五个苏①买一些吧。"这种取得经验和技术的需要，在戏剧艺术上尤其显然。绘画的传统被保存在博物馆和画集中；语言艺术的传统被保存在书籍中；音乐的传统被保存在乐谱上。青年画家可以在一张画面前站几小时，逐渐观察提香②的着色，委拉斯开兹③的谐和，安格尔的绘画④。但丁的充满灵感的诗句和福楼拜的杰作可以一读再读。巴赫和贝多芬的作品的每一弧线可以细加研究。但是诞生在舞台上的艺术作品只能一瞥即逝，无论它怎样美丽，我们不能命令它永远留下来。

舞台艺术的传统只存在于演员的才能与本领中。观众所得到的印象不能重温，这就使剧场不能成为研究舞台艺术的场所。在这意义上说，剧场对于初学者不能像图书馆和博物馆对于作家和画家那样给予如此多的成果。利用近代完备的科学条件，把戏剧艺术家的声音灌录成唱片，把他们的姿态和动作摄制成影片，这都是可能的，而且可以给青年演员以很大的帮助。但是，感觉的内在过程以及到达潜意识之门的有意识的道路这一点，惟有这一点才是剧场艺术的真正基础，却依然无法铭记下来，留传给子孙。这是属于活的传统的领域。这是一个只能亲手传递的火炬，而且并不是在舞台上传递，必须经由亲身教导，一面发掘奥秘，一面为了接受这些奥秘而练习，顽强而带灵感地工作。

演员艺术和其他艺术的主要区别还是在于：任何其他的艺术家可以在具备了灵感的情况下从事创作。但舞台艺术家却必须自

---

① 法国钱币，二十个苏为一法郎。
② 提香（1490—1576），意大利画家。
③ 委拉斯开兹（1599—1660），西班牙画家。
④ 安格尔（1780—1867），法国画家。

己掌握灵感，必须知道如何在海报贴出去时唤来灵感。这是我们这门艺术的主要奥秘。如果没有这种奥秘，那么最完美的技术，最伟大的天才都无济于事。更可怜的是，这种奥秘向来都被人很小心地深藏着。舞台巨匠们，除了极少数的例外，不仅从未想到过向青年同事们公开这种奥秘，而且把这种奥秘深藏在高不可攀的壁垒后面。这种传统的缺乏，使得我们的艺术陷入了无知的状态。由于没有能力找到通往潜意识创造的有意识的途径，演员们出现了十分有害的偏见，否认内心技术；他们停滞在舞台技术的表面，接受了空虚的剧场性的自觉意识，以为那便是真正的灵感。我只知道演员抗拒这种非常危险情境的一个方法。那就是以我长期摸索所得的结论写成纲举目张的体系；这样给演员和有志登台的人一个指南，那就是一系列使演员感到实用、以之锻炼自身、研究角色素材的练习，这一指南将说明演员怎样才能创造有利于真正的舞台灵感来临的条件和当他的艺术工作需要的时候，即刻唤来灵感。

当回顾我悠久的艺术生活所走过的道路，我愿自比于一个淘金者，他开始必须从几乎无路可通的丛莽中披荆斩棘，寻觅一处可能发现金沙的所在，然后淘尽了数百吨沙石，希望至少找到几粒金屑。同时，正如一个淘金者那样，我无法把我的辛劳、探索、困苦、欢乐和沮丧留告后人，但是就只这几粒金屑也是耗尽了我毕生精力得来的呀。

愿上帝帮助我做这个工作！

МОЯ ЖИЗНЬ В ИСКУССТВЕ в 1926 году
К. С. Станиславский

图书在版编目(CIP)数据

我的艺术生活 / (苏)斯坦尼斯拉夫斯基著；瞿白音译. —上海：上海译文出版社，2022.11
ISBN 978-7-5327-9119-4

I.①我… Ⅱ.①斯… ②瞿… Ⅲ.①斯坦尼斯拉夫斯基(Stanislavsky, Konstantin Serqeievich 1863-1938)—自传 Ⅳ.①K835.125.78

中国版本图书馆 CIP 数据核字(2022)第 200463 号

我的艺术生活
［苏联］斯坦尼斯拉夫斯基 著 瞿白音 译
责任编辑/刘晨 装帧设计/小阳工作室

上海译文出版社有限公司出版、发行
网址：www.yiwen.com.cn
201101 上海市闵行区号景路 159 弄 B 座
苏州市越洋印刷有限公司印刷

开本 889×1194 1/32 印张 17.5 插页 6 字数 321,000
2022 年 12 月第 1 版 2022 年 12 月第 1 次印刷
印数：0,001—6,000 册

ISBN 978-7-5327-9119-4/K·306
定价：98.00 元

本书中文简体字专有出版权归本社独家所有，非经本社同意不得转载、摘编或复制
如有质量问题，请与承印厂质量科联系。T：0512-68180628